Inhalt

Politische Essays

Leitartikel und Kommentare

Die Schuld der Gesellschaft
Anmerkungen zu einem modischen Vorwurf

(20. Mai 1974)

Zu den Gewißheiten, die sich seit einigen Jahren mit der Kraft des Gemeinplatzes breitmachen, zählt die Vorstellung, daß an den Mißlichkeiten des Daseins, an öffentlichen Übelständen wie an allen Erscheinungsformen individuellen Versagens die Gesellschaft schuld sei. Kein aufgeklärtes Bewußtsein bis hin zu den Fernsehansagerinnen vor dem Besonderen Film, das nicht vor allem darüber aufgeklärt wäre. Im «Spiegel» ist ein Gerichtsreporter seit Jahren dabei, immer neue Schuldumwälzungstheorien zu entwickeln, die Nachtprogramme sowie alle subventionierten Kultstätten des Gemeinplatzes und gewiß doch auch die Rahmenrichtlinien wissen es längst: die Gesellschaft ist an allem schuld.

Unstreitig gibt es zahlreiche Formen öffentlichen Versagens: das Unvermögen beispielsweise, die annähernde Gleichheit der Chancen herzustellen; die vielfach hervortretende Borniertheit des Gesetzgebers oder die Gefügigkeit der Institutionen gegenüber dem Druck mächtiger Interessen. Aber daß dafür (wie für alles andere auch) immer nur die Gesellschaft schuldig zu sprechen sei, ist weniger, wie es zu sein behauptet, Ergebnis neuer sozialtheoretischer Einsichten als vielmehr Ausdruck fortbestehender Blindheit in lediglich modischem Gewand. Im Grunde ist es in jenem rationalen Aufputz, den auch der Aberglaube heute braucht, die alte Spielfigur für ratlos vagabundierende Aggressionen: die «Gesellschaft» hat den Platz eingenommen, den einst Hexen, Jesuiten, Freimaurer oder Juden innehatten.

Auch die Motive für dieses exzessive Anklagebedürfnis sind vertrauter Natur. Die Verdikte stammen, allen anderslautenden Ver-

11

sicherungen entgegen, weniger aus dem Solidaritätsbewußtsein mit den Schwachen und Hilflosen. Vielmehr sind sie weitaus häufiger Ausdruck persönlicher Problemlagen angesichts einer zunehmend anmaßender und ruinöser ins Leben des einzelnen eingreifenden Welt. Dahinter wird, nach Jahren der Verdrängung, wiederum jenes pessimistische Lebensgefühl sichtbar, das, allen linken Erwartungseuphorien zum Trotz, seit über einem halben Jahrhundert die wirkliche Signatur der Epoche bezeichnet: die Ahnung, daß alles ganz falsch gelaufen und mit dem Umschlag der Fortschrittsidee die große Katastrophe unaufhaltbar sei. Das Verdammungsurteil über die Gesellschaft, vage und undefiniert wie der Begriff dabei verwendet wird, ist nicht zuletzt ein Versuch, sich selber eben davon freizustellen; denn indem man der Allgemeinheit Unrecht und Schwäche vorhält, bekundet man jene Verantwortung, die man zugleich damit los wird.

Nichts anderes als diese Fluchtneigung steht, reduziert man es auf den festen Kern, hinter allen gesellschaftlichen Schuldvorwürfen. Sie trägt auch den von den gleichen Anklägern verbreiteten Soupçon gegen den Leistungsgedanken, stützt das Ressentiment gegen den Erfolg und rechnet zu den Ursachen der Aureole, von denen die vielfältigen Formen des Verweigerns umgeben sind. Eine merkwürdige Suggestion geht vom Versagen aus.

Unterstützung kommt diesem Fluchtbedürfnis durch die verbreiteten Theoreme der Linken. Ursprünglich die Sammlungsidee einer sozial unterlegenen, doch siegesgewissen Klasse, wird der Marxismus in seiner modischen Form mehr und mehr zur persönlichen Rechtfertigungsideologie von Unterlegenen, die es bleiben wollen. Allzu viele versorgt er nur noch mit apologetischen Floskeln für die eigene Ohnmacht.

Es mag kein Zufall sein, daß dies alles sich gerade in Deutschland auf so ausschweifende Weise bemerkbar macht. Denn vielleicht sind es die Söhne Adolf Eichmanns, die hier ihren Fluchtbedürfnissen nachgehen. Dieser hatte ja, wieder und wieder, behauptet, an der moralischen Katastrophe seines Lebens sei niemand anderes als die Gesellschaft schuld; er sei nur immer deren Reflex gewesen. So, wörtlich, sagt das der linke Schicksalsglaube von heute auch.

Aber das Beispiel der älteren Generation offenbart auch den Rechtfertigungscharakter, der in den sozialen Schuldtheorien so oft einschlägig ist. Schuld ist vorab eine individuelle Kategorie; Leistung, Erfolg oder Versagen sind es auch. Die Umweltbedingungen, die gesellschaftlichen Verhältnisse können das eine wie das andere erschweren oder begünstigen: sie können den persönlichen Anteil indes nicht verflüchtigen.

Dem Grundsatz nach soll man die Intervention durch die Verhältnisse dort, wo sie irritierend wirkt, dämpfen und dort, wo sie hilfreich ist, fördern; in jedem Fall jedoch dem Dasein des einzelnen so viel an Identität sichern wie möglich. Die These von der gesellschaftlichen Verhaftung des Menschen ist in der frühen Nachkriegszeit lange erörtert und zuletzt im leicht versetzten Zusammenhang mit der Kollektivschuldthese zurückgewiesen worden. Aber die Nation hat kein Gedächtnis, und selbst dreißig Jahre sind zu lang für ihre Erinnerung.

So wird das überwunden Geglaubte unentwegt wiederbelebt: ideologische Bedürfnisse, Illusionen, Formen des Aberglaubens. Wer in den Verdikten gegen den Generaldelinquenten Gesellschaft einen Fortschritt sehen will, sollte ihn nicht auf der Ebene des Bewußtseins suchen; denn der irrationale Ansatz besteht unverändert fort. Allenfalls ließe sich sagen, die «schuldige Gesellschaft» sei nur ein Begriff und – sicherlich doch – anders als Hexen oder Juden bluten Begriffe nicht.

Manie der Reformen
Zur herrschenden Veränderungswut in der Bundesrepublik
(20. Mai 1975)

Seit Jahren befindet sich die Bundesrepublik in einem umfassenden, fast revolutionsartigen Veränderungsprozeß. Zwar ist der Vorgang gewaltlos, schleichend und von mancherlei abschwächendem
Vokabelwerk verdeckt. Leute mit biederen Mienen und unscharfen
Begriffen, vom Altbundeskanzler Brandt bis hinab zu den Heerscharen reformeifriger Fachdezernenten, verstellen vielfach den
Blick dafür; aber: Das Land wird umgebaut. Ist es falsch, zu sagen,
es habe sich in den vergangenen zwanzig Jahren tiefgreifender verändert als in Generationen zuvor?

Von den ehemals tragenden Schichten und Strukturen hat kaum
eine überdauert, Machtpositionen haben sich verlagert, traditionelle Ideologien sich zersetzt, das Gesicht der Städte hat sich
ebenso wie das der Menschen verwandelt: Ein Land, das stets so
eifersüchtig wie schroff über seine nationale und kulturelle Identität gewacht hat, ist dabei, sich von sich selber zu trennen. Was, trotz
aller einebnenden Wirkungen der Weltzivilisation, italienisch oder
englisch zu nennen wäre, läßt sich vergleichsweise leicht definieren;
wer wüßte noch zu sagen, was deutsch ist?

Gewiß hat der Veränderungswille, der gegen Ende der Ära Adenauer einsetzte und bald die suggestivsten Formeln für den politischen Meinungsstreit abgab, manche positiven Entwicklungen hervorgebracht. Vor allem hat er die charakteristische Enge und
Dumpfheit der deutschen Verhältnisse abgebaut, die Aufstiegschancen für die große Mehrheit egalisiert, ein bis dahin ungekann-
tes Selbstbewußtsein des einzelnen gegenüber den Institutionen
geweckt sowie überhaupt einen ausgreifenden Emanzipationspro-

zeß in Gang gebracht. Doch haben Radikalität und Dauer der Kritik am Bestehenden auch zahlreiche Verheerungen angerichtet. Die Verhältnisse wie die Menschen selber wurden immer aufs neue zu Objekten einer nahezu voraussetzungslosen Experimentierlust; sie sind es noch. Man muß, um dies zu illustrieren, nur vor Augen rufen, was alles an gesellschaftskritisch motivierter Quacksalberei in wenigen Jahren die Schulen und, was schlimmer wiegt, die Kinder heimsuchte: eine Weile antiautoritäre Erziehung, eine Weile Ganzheitsmethode und Mengenlehre, dann eine Weile Rahmenrichtlinien, heute Gesamtschulversuche, morgen eine Weile etwas anderes.

Es hat den Anschein, als fühle sich fast jedermann in diesem Lande, vom Gesetzgeber bis zur Kindergärtnerin, einem hektischen Reformdruck ausgesetzt. Im steten Bedürfnis, den eigenen Neuerungswillen zu beweisen, werden unzureichend durchdachte Programme verabschiedet, die entweder finanziell nicht gedeckt sind und folglich wieder rückgängig gemacht werden müssen wie die Nahverkehrsplanung oder aber von nahezu sämtlichen beteiligten Gruppen abgelehnt werden wie das neue Berufsbildungsgesetz unseres braven Wissenschaftsministers.

Weil niemand zurückstehen will, tauscht dieser die Briefkästen aus, jener die Zwei- und dann die Fünfmarkstücke, dieser die alten Laternen gegen Peitschenmasten, jener die städtische Straßenbahn gegen Busse; hier wird eine Straße gebaut, daneben eine geschlossen. Der Vorzug ist kaum greifbar. Es soll nur alles anders werden.

Was sich da als Reformwille ausgibt, ist vielfach lediglich Unrast, die als Ressentiment gegen das Bestehende in Erscheinung tritt. In Umkehrung der berühmten Hegelschen These gilt das Wirkliche heute als unvernünftig, und das aus keinem anderen Grund, als weil es wirklich ist: modische Wegwerf-Mentalität, bezogen auf die gesellschaftlichen Verhältnisse. Zahlreichen Reformideologen geht es denn auch weniger um die Verwirklichung des vernünftigen Neuen als vielmehr um den Bruch mit dem Überkommenen.

15

Angesichts der beispiellosen und pessimistischen Dynamik, die der zivilisatorische Prozeß entwickelt hat, liegt jedoch die Funktion des aufgeklärten Reformwillens eher darin zu bremsen, als fortzubewegen. Das haben, vor Jahren schon, Teile der studentischen Protestbewegung, trotz aller ihrer Artikulierungsschwäche, schärfer erkannt als so viele zukunftsbewußte Reformer mit ihrem Überschuß an dummem gutem Willen.

Bezeichnenderweise führt der sich erstmals verbreitet regende Protest gegen die herrschende Veränderungswut zu unvermuteten Nachbarschaften: neben den Hausbesetzern stehen die Elternverbände aus Hessen oder Nordrhein-Westfalen, die sich gegen den Neuerungswillen der Kulturbürokratie formieren, oder Arbeiter aus dem Ruhrgebiet, die das ärmliche, aber vertraute Wohnviertel gegen die Begriffsgötzen moderner Städtebauer: Licht, Luft und Beton, verteidigen. Gemeinsam ist allen die Bereitschaft, etwas von der vorgeblichen Lebensqualität einer hygienischen Asphaltwelt für ein Stück vertrauter Lebensform zu opfern.

Der Begriff der «Reform» ist unterdessen dabei, zum Schreckwort zu werden; die Sache, die er meint, desgleichen. Wie in den fünfziger Jahren der Slogan gegen alle Experimente die Wähler mobilisierte, so wird man sie, denkbarerweise, bald mit der Devise «Keine Reformen!» gewinnen. Denn nicht das Bestehende muß verändert werden, sondern das Verkehrte. Das ist nur ein Gemeinplatz; aber gleichwohl kompliziert zu denken für alle.

Angst als Bildungserlebnis
Die akademische Jugend und der Radikalenerlaß
(6. Juli 1976)

Wird von der jungen Generation gesprochen, taucht, zusehends redensartlicher, die Formel vom Hang zur «Anpassung» und «Duckmäuserei» auf. Kanzler und Kanzlerprätendent, zahlreiche Universitätslehrer, vor allem aber die machtvolle Bekümmerungspublizistik dieses Landes registrieren insbesondere innerhalb der akademischen Jugend einen auffallenden Veränderungsprozeß. Vereinzelte Ausnahmen hartnäckiger Restgruppen nicht gerechnet, die noch immer einigen anachronistischen Tumult aufführen, sei der Phase des Aufruhrs, so heißt es, nun die der Angst gefolgt.

Gewiß steckt in dergleichen Feststellungen stets ein Maß an besorgter Übertreibung; aber daß es verbreitete Zustände der Angst gerade an den Universitäten und Pädagogischen Hochschulen gibt, daran kann, bei einigem Wirklichkeitssinn, niemand vorbeigehen.

Insinuiert wird zumeist, daß diese Angst ganz wesentlich aus politischen Motiven herstamme; daß es sich um eine Gesinnungsangst eingeschüchterter Jugendlicher handele, die sich und ihre Überzeugungen nicht mehr zu exponieren wagten.

In der Tat hat die vor allem mit der Überprüfung der Bewerber für den öffentlichen Dienst in Gang gekommene Praxis der Ausforschung erhebliche Verängstigungen wachgerufen. Überwiegend mag es sich dabei durchaus um hysterische Reaktionen handeln, aber auch die Hysterie kann, sofern sie eine hinreichende Zahl ergreift, politisch wirksam werden. Genährt wird sie vor allem davon, daß bei den Überprüfungen vielfach «Erkenntnisse», die nicht justiziabel sind und dem Betroffenen folglich keine Möglichkeit der Rechtfertigung gewähren, gleichwohl zur Beurteilung herangezo-

17

gen werden. Die daraus folgende Einschüchterung geht an einigen Universitäten, wie unsinnig auch, bereits so weit, daß ideologisch «verfängliche» Promotionsthemen gemieden werden. Nicht selten wird den Bewerbern auch eine jahrelang zurückliegende Zugehörigkeit zu einer anarchistischen Gruppe vorgehalten: Eine Öffentlichkeit, die der Vätergeneration selbst späte politische Irrtümer nur zu bereitwillig verzieh, zeigt jetzt, daß sie selbst angesichts von Jugendeseleien rigoros reagieren kann.

Solche Vorkommnisse sind besorgniserregend, und niemand sollte sich ein Gefühl der Befriedigung darüber leisten, daß es den Studenten, die sich vormals herausnahmen, «am Staat zu rütteln», nun heimgezahlt werde. Wenn Angst, Konformitätsdruck und Denunziationsstimmungen zum Bildungserlebnis einer Generation werden, müssen die Folgen für den Staat ruinös sein.

Doch rührt diese Angst nicht nur von den gelegentlichen Übergriffen des Staatsschutzes her. Zu einem erheblichen Teil ist sie vielmehr in demagogischer Absicht gerade von denen erzeugt, die ihre Verheerungen zugleich beklagen. Man denke an die Gerüchte über ein angeblich in Baden-Württemberg angewendetes System der Negativpunkte, dessen Existenz sogar durch gefälschte Karteikarten bewiesen werden sollte, oder an die Methoden verbaler Verdrehung, die den Anspruch auf rechtliches Gehör in eine illegale Praxis der «Verhöre» umfälschen, sowie überhaupt an die ingeniöse Strategie der Erfindung und publizistischen Durchsetzung widersinniger, gleichwohl verwirrender Schreckvokabeln, deren jüngstes Beispiel «Berufsverbot» lautet. Das alles fördert ebenso die Angst.

Die teils begründeten, teils manipulierten Ängste verbinden sich mit einem erstmals in den akademischen Bereich durchschlagenden ökonomischen Pessimismus. Zu jener wirklichen Bildungskatastrophe, die wir in Abwehr einer vermeintlichen herbeigeführt haben, gehört nicht zuletzt eine weithin verfehlte Bedarfspolitik in den lehrerausbildenden Fächern. Die Reduktion in den Stellenplänen bei wachsendem Überangebot erzeugt einen Konkurrenzdruck, dem viele junge Menschen nicht gewachsen sind und aus dem sie in jene moderne Anspruchshaltung gegenüber dem Staat flüchten, von dem jeder alimentiert zu werden verlangt. Die Nichterfüllung dieses Anspruchs wirkt häufig wie ein Akt des Liebesentzugs, der panische Reaktionen auslöst. In Offenbach verübten unlängst zwei Studienreferendare Selbstmord. «Wir haben alle dieselben Ängste», versicherten ihre Kollegen.

Wer die verschiedenartigen Ursachen der so spürbar verwandelten Psychologie der jungen Generation bedenkt, sollte schließlich nicht übersehen, daß zumindest in der politisch motivierten Angst auch ein Stück vulgärer deutscher Untertanengesinnung zum Vorschein kommt. Allzu häufig bleibt außer acht, daß zur «Duckmäuserei» jedenfalls Duckmäuser nötig sind. Jener Theologiestudent, der sich von den Staatsschutzbehörden drangsaliert fühlte, doch nicht bereit war, dieser Zeitung zu erlauben, seinen Fall mit allen Namensangaben aufzugreifen, ist eben jener Untertan, dessen Heraufkunft er zugleich beklagt. So verhalten sich viele.

Die Londoner «Times» bemerkte unlängst, daß die Angst seit undenklichen Zeiten zum Charakterbild der Deutschen gehöre. Die Gründe dafür, innere wie äußere, sind zahlreich. Woran es vor allem fehlt, ist das Bewußtsein, in einer Gesellschaft des humanen Beistands zu leben. Das macht die Praxis der Extremistenabwehr in ihrer mitunter subalternen Starre ebenso deutlich wie jener Computer, der in der Dortmunder Studienplatzzentrale über Lebensschicksale entscheidet und der wie eine Art Symbol der Gesellschaft ist, in der wir alle leben.

Eine Erinnerung
Zu den Spielregeln der öffentlichen Auseinandersetzung in Zeiten des Terrorismus

(15. Oktober 1977)

Alle wissen es: ein demokratisches Staatswesen besteht nicht nur aus den Grundsätzen und institutionellen Regeln eines geordneten Zusammenlebens in Freiheit; die Formen des Zusammenlebens selber machen es eigentlich erst aus. Sie sind seit einigen Wochen tief und wie noch nie gestört. Es scheint höchste Zeit, wieder zur Vernunft zurückzukehren, für die einen wie für die anderen.

Eine unduldsame, jede Proportion mißachtende Gereiztheit breitet sich aus. Da werden Listen angelegt, «Aktionen» angedroht und Dokumentationen zusammengeschustert. Leserbriefe, die bei den Redaktionen wohl aller Zeitungen eingehen, wetteifern in Vereinfachungen, Grobheiten und leichtfertigem Gerede.

Nicht weniger unvernünftig verhält sich die Gegenseite. Auch wer den Schriftstellern ein hohes Maß an Empfindlichkeit und rhetorischer Emphase zugute hält, hört ratlos von «Hexenjagden», vom großen «geistfeindlichen Aufräumen». Günter Grass, sonst eher besonnen sich äußernd, findet zwischen den Terminen einer beifallumrauschten Lesetournee rasch mal die Zeit, sich als «Freiwild» zu fühlen, Heinrich Böll sieht sich und seine Familie im Mittelpunkt gezielter polizeilicher Großeinsätze. Vor dem Hintergrund der Frankfurter Buchmesse werden vom Podium herunter Exodusstimmungen verbreitet.

Maßlose Überreaktionen hier wie dort. Jede Unbedachtheit auf der einen provoziert neue, heftigere Anwürfe auf der anderen Seite, und wie unter einem selbstzerstörerischen Zwang treiben sich beide in einen Zustand äußerster Unversöhnlichkeit hinein. Die sich gegenüberstehen, erkennen kaum noch, wie ähnlich sie einander geworden sind: ein jeder das Spiegelbild seines Gegenübers.

Fraglos gehört die Kontroverse, auch die leidenschaftliche und ohne Ängstlichkeit geführte Auseinandersetzung, zu den Lebenselementen demokratischer Gemeinwesen. Die Figur des Gegners hat darin geradezu konstitutiven Rang. Aber von dort bis zu dem kopflosen Geschrei ringsum, den Verdächtigungen und Denunziationen, ist ein weiter, die Qualität der Positionen verändernder Weg: aus politischen Gegnern werden dabei unversehens Feinde, zwischen denen kein Gespräch mehr möglich ist. Die Bereitschaft dazu ist aber die Voraussetzung jeder sinnvollen Kontroverse.

In den ersten Tagen nach der Schleyer-Entführung ist die Gemeinsamkeit der Demokraten lautstark beschworen worden. Sie ist weniger eine Sache inhaltlicher Übereinstimmungen. Vielmehr besteht sie in der Bereitschaft, die Aufrichtigkeit der Sorgen und Befürchtungen auf der Gegenseite ernst zu nehmen.

Die Schriftsteller können sich, in der ganz überwiegenden Mehrheit zu Recht, gegen die schrecklichen Vereinfachungen wehren, sie hätten den Terror ermutigt oder auf unzulässige Weise bagatellisiert. Es ist ihre legitime Funktion, immer wieder aufs neue die übereilten, kompakten Einverständnisse der Gesellschaft kritisch aufzubrechen.

Doch sollte auch begreiflich sein, daß eine wachsende Kritikmüdigkeit viele erfüllt. Unter den anklägerischen Dauergesten, den präzeptoralen Brusttönen, ist vielfach vergessen worden, daß Kritik nicht zuletzt ein Akt der Loyalität ist. Sie bedarf eines normativen Hintergrunds, und noch im schärfsten Angriff muß der Ton der Treue zu der Sache, um die es geht, unüberhörbar sein. Bundespräsident Walter Scheel hat in seiner Tübinger Rede den engen Zusammenhang von Kritik und Wertvorstellung hervorgehoben. In dieser Gesellschaft aber werden die Menschen von frühauf zu einer Art kritischem Bewußtsein an sich angehalten, die Werte haben kaum noch einen Anwalt, und die wenigsten wissen, wofür sie noch einstehen können. Die Aggressionen, die jetzt sichtbar werden, sind auch ein Symptom der Ratlosigkeit.

Zu fragen ist, was hier, gewiß nicht nur von einigen Schriftstellern, versäumt wurde. Die besondere moralisch-politische Kompetenz jedoch, die einige von ihnen immer beansprucht haben, bürdet ihnen naturgemäß auch eine besondere Verantwortung auf. Sie sollten sich ihr nicht mit jenen Gebärden der Wehleidigkeit entziehen, die in diesen Tagen, viel zu oft schon, sichtbar geworden sind.

Die Wortführer auf der anderen Seite müssen einsehen, daß Schriftsteller nicht die Sündenböcke für die Mißgefühle der Gesellschaft sein können. Was immer auch die ganz und gar unerforschten, im Dunkel individueller wie gesellschaftlicher Faktoren sich verlierenden Ursachen der terroristischen Aktivitäten sein mögen: die Rechthaberei wird nichts davon aufklären. Sie versperrt nur die Einsicht, von der alles abhängt.

Sucht man in der gegenwärtigen, mit so viel blinder Emotion geführten Auseinandersetzung den rationalen Kern, so stößt man auf verwandte, wenn auch charakteristisch verschobene Ansätze: in beiden Fällen ist die Geschichte der traumatische Ausgangspunkt aller Reaktionen. Die einen sind beherrscht von der Erinnerung an die liberale Schwäche der Weimarer Republik, die anderen vom Blick auf das Zwangssystem des Dritten Reiches. Beide gehen davon aus, der Lektion der Geschichte die richtigeren Schlüsse entnommen zu haben. Im Affekt jedoch verfehlen die einen wie die anderen sie.

Sollte tatsächlich darüber keine Verständigung mehr möglich sein? Noch haben wir einen freiheitlichen Staat. Aber er wird seine Zeit gehabt haben, wenn die Verachtung der Spielregeln, die gegenseitigen Bezichtigungsexzesse anhalten. Das ist keine Frage des pessimistischen Temperaments, sondern fast schon eine der politischen Physik. Daran sollte man sich, im Blick auf die ganze Geschichte, erinnern.

Filbingers Uneinsichtigkeit

Zu den fatalen, das politische Leben dieses Staates belastenden Erscheinungen gehört die Figur des nachgeholten Widerstands gegen das Dritte Reich. Während Angehörige der älteren Generation ihre gelegentlichen Unmutsempfindungen aus jener Zeit vielfach zu einsamen Verschwörerrollen hocherinnern, suchen andere, die durch Alter oder Zufall vor jeder Bewährungsprobe bewahrt blieben, im häufig moralisierend getönten Rundumprotest zu beweisen, daß sie die Lehren der Geschichte erfaßt haben.

Es ist schwierig für jeden, die Arroganz des verschont Gebliebenen zu vermeiden. Nicht wenige Einlassungen zu der Auseinandersetzung, die um den Ministerpräsidenten Filbinger und dessen Mitwirkung an dem Todesurteil gegen den Matrosen Gröger, wenige Wochen vor dem Ende des Krieges, entbrannt ist, machen das deutlich.

Wer ein Beispiel will, denke an den Vorwurf, Filbinger hätte sich dem Auftrag, die Anklage zu übernehmen und auf die Höchststrafe zu plädieren, mühelos entziehen können. Der Einwand liegt aber nahe, daß er sich damit jeder Möglichkeit zur Verhinderung oder Milderung von Unrechtsakten begeben hätte. Immerhin kann er glaubhaft machen, in einigen anderen Fällen erfolgreich interveniert zu haben. Im ganzen war er denn wohl auch nicht der «furchtbare Jurist», den Hochhuth in ihm erkennen will; es gibt erschreckendere Beispiele. Aber er war korrekt, von Ordnungsängsten beherrscht und, wie viele seines Berufes zu jener Zeit, arm an humaner Phantasie.

Die eigentlichen Irritationen beginnen später. Ehrgeiz und Op-

23

portunitätserwägungen haben Filbinger dazu gebracht, sich zunehmend als aktiver Widerstandskämpfer aufzuführen. Nur mit Beschämung kann man angesichts der jetzt bekanntgewordenen Osloer Vorgänge vom Frühjahr 1945 nachlesen, was er 1960 am Grabe dreier Bürger von Brettheim über das «himmelschreiende Unrecht» geäußert hat, das jenen zugefügt worden sei; denn einer von ihnen hatte etwa zu der gleichen Zeit, da Gröger exekutiert wurde, die sinnlose Verteidigung des Dorfes verhindern, die anderen beiden hatten das daraufhin ergangene Todesurteil nicht unterzeichnen wollen. Anstößig wirkt jetzt auch Filbingers Rede vom 20. Juli 1974, in der er die Verschwörer gegen Hitler rhetorisch feierte. Bei alledem kein Wort persönlicher Betroffenheit. Statt dessen beispielsweise: «Der menschliche Wein in ihnen ist rein gekeltert worden.» Nicht nur das Empfinden für moralischen Takt erscheint hier verletzt. Filbinger hat auch sichtlich nicht bedacht, daß er sich mit der Stilisierung zum Widerstandskämpfer selbst das Argument entzog.

Denn der Vorwurf liegt eigentlich weniger darin, daß er so kurz vor dem Ende des Krieges ein Todesurteil zu erwirken hatte und vollstrecken ließ, wiewohl man fragen mag, ob nicht etwas weniger beflissener Erledigungswahn dem Verurteilten das Leben hätte retten können. Doch die Verblendungsmechanismen nahmen ja mit dem näherrückenden Untergang keineswegs ab. Angst und Ungewißheit steigerten die Blindheit vielfach noch, und man würde dies alles sicherlich auch dem Marinestabsrichter Filbinger zugute halten. Die Behauptung aber, zum Widerstand gehört zu haben, enthält zugleich den Verzicht auf jene Nachsicht, die dem politisch-moralischen Irrtum, sofern er nur Irrtum bleibt, durchweg zusteht. Filbinger gibt vor, sich die moralischen Maßstäbe auch damals bewahrt zu haben. Folglich muß er auch sein Verhalten daran messen lassen. Als Mann des Widerstandes aber hätte er nicht handeln dürfen, wie er gehandelt hat.

Im Saarländischen Rundfunk hat Filbinger sich unlängst zur

Frage der Schuld erklärt. Aber er hat es auf eine Weise getan, die Epplers Wort vom «pathologisch guten Gewissen» nachträglich erst rechtfertigt. Ins Theologische ausweichend, hat er sein eigenes Verhalten einem sehr allgemeinen, in Schicksalsnebeln verschwimmenden Schuldbegriff unterworfen: «Wir alle sind an allem für alles schuldig.»

Wiederum kein Wort betroffener Einsicht. Statt dessen der Versuch, alles denkbare Verschulden, das stets an die einzelne Person gebunden ist, in einer universalen Komplizenschaft aufzulösen. Hannah Arendt hat in kleinem Kreis erzählt, wie sie kurz nach dem Krieg, erstmals wieder in Deutschland, von einer einfachen Frau, die über Jahre hin einer jüdischen Mitbürgerin beigestanden hatte, das weinend vorgebrachte Eingeständnis gehört habe, am unerträglichsten sei das Gefühl, schuldig geworden zu sein. Damals, so bemerkte sie, sei ihr aufgegangen, daß die Kollektivschuld-These nichts anderes als die grandiose Vertuschungschance für die wahrhaft Schuldigen sei.

Zweifellos sind viele der gegen Filbinger erhobenen Vorwürfe von politischen Nebenmotiven bestimmt. Ressentiments gegen den Anwalt von Gesetz und Ordnung spielen hinein. Aber wiederum ist es nur ein anderer Ausdruck der Uneinsichtigkeit, wenn er hinter den Angriffen lediglich ein Komplott von Linksextremisten wittert. Viel eher steht ein extremer Moralismus dahinter.

Das hat seinen guten Grund. Man mag über den Schriftsteller Rolf Hochhuth denken, wie man will. Doch steckt in seinem eifernden Rigorismus auch ein Gefühl dafür, daß die Demokratie ein höheres Maß an moralischer Irritabilität besitzt als jede andere Staatsform. Darauf gründet ganz wesentlich ihre Legitimation. Jedermann kann denn auch ein Versagen, das strafrechtlich irrelevant ist, mit sich selber abmachen. Ein Ministerpräsident kann es nicht.

Vom Kopfe her

Nach dem Ausscheiden der deutschen Fußballer aus der Weltmeisterschaft in Argentinien

(26. Juni 1978)

Das klägliche Abschneiden der deutschen Fußballer in Argentinien ist gewiß nicht die Katastrophe, die manche darin erkennen. Wer schon das Endspiel oder gar neuerlich den Titel winken sah, sollte nach all dem überheblichen Getue der vergangenen Wochen Trost in so billigen wie vernünftigen Formeln finden, daß der Sport eben doch nur eine schöne Nebensache ist, daß das Risiko der Niederlage dazugehört und deren gelassene Hinnahme geradezu die Moral sportlicher Auseinandersetzungen ausmacht.

Gewiß haben die unbefriedigenden Resultate der deutschen Mannschaft mit einem sportlichen Leistungsrückgang zu tun, der sich gerade nach Jahren großer Erfolge regelmäßig einstellt. Der deutsche Fußball, der zu Beginn der siebziger Jahre nahezu vergleichslos an der Spitze stand, ist nur noch ein Schatten von einst. Wer sich des durchaus ingeniösen Zugs erinnert, der ihn auszeichnete, konnte nur mit Kopfschütteln die einfallslose, ängstliche Kikkerei der Spieler während dieses Turniers verfolgen. Nicht die schwachen Ergebnisse, sondern die Umstände ihres Zustandekommens waren so blamabel. Die Frage ist, ob sich dahinter nicht mehr verbirgt als die zeitweilige Formschwäche einer ehedem großen Mannschaft. Ihr Rang war stets von einigen eigenwilligen Spielern wie Beckenbauer, Netzer, Overath oder Breitner geprägt, die sich unter dem milden Regiment des vielbelächelten DFB-Präsidenten Hermann Gösmann und seines Trainers Helmut Schön, allen gelegentlichen Reibereien zum Trotz, im ganzen ungehindert entfalten konnten. «Spielt, wie ihr wollt, ihr werdet es schon richtig machen», gab Schön einmal einigen Spielern als Ratschlag mit.

Das ist inzwischen anders geworden. Mit Hermann Neuberger hat ein Mann die Führung des DFB übernommen, dessen Ehrgeiz und Dynamik nicht nur von den Interessen des Fußball-Bundes, sondern ebensosehr vom persönlichen Machthunger gelenkt sind. Mit hemdsärmeliger Robustheit hat er den Verband seinem autoritären Stil unterworfen, ein ambitiöser Provinzkönig, dessen Gängelungsgelüst den Spielern noch vorschreibt, welche Socken oder Pullover sie außerhalb des Spielfelds zu tragen haben. Unvergessen ist, wie er 1974, nach dem Gewinn des Weltpokals, den Frauen der deutschen Spieler beim Festbankett die Tür weisen ließ, während er selber und sein Funktionärstroß mit dem ganzen persönlichen Anhang zu Tische saßen. Man wird gewiß nicht jedes Wort des in Dauerfehde mit dem DFB verstrickten Paul Breitner auf die Goldwaage legen dürfen; aber zutreffend und jetzt auch von anderen Spielern belegt ist seine Bemerkung: «Ich erkannte bald ein System, das mir nicht erlaubte, zu denken, was ich wollte, zu sagen, was ich dachte, und zu handeln wie ein selbständiger Mensch.»

Bezeichnenderweise hat Neuberger denn auch alle Spieler, die sich seiner derben Potentatenallüre nicht fügten, aus der Mannschaft verdrängt. Mit Recht hat man darauf hingewiesen, daß in Argentinien lediglich die halbe deutsche Vertretung aufgeboten war. Ihr Spiel war nur der Ausdruck ihres Mangels an Persönlichkeiten. Man kann den selbstbewußten, eigenwilligen Spieler nicht unentwegt verpönen, ihn gleichzeitig aber, in kritischen Situationen, auf dem Spielfeld fordern.

Überbaut ist das System der Entmündigung, das Neuberger im deutschen Fußball eingeführt hat, von einer Ideologie der «verschworenen Gemeinschaft», der «elf anständigen Jungens» und manch anderem altbackenen Phrasengut aus Turnvaterzeiten. Die Tatsache, daß Franz Beckenbauer oder Ulrich Stielike nicht in das deutsche Aufgebot berufen wurden, hat nicht zuletzt mit dem Vorwurf zu tun, daß sie um gemeinen Mammons willen ins Ausland gingen; ein Element deutsch-nationaler Empörung über so viel vaterlands- und sportvergessene Geldschneiderei blieb in allen Weigerungen, sie zu nominieren, unüberhörbar. Unterdessen bestreitet Hermann Neuberger selber seinen Lebensunterhalt auch über den Sport, wenngleich (als Direktor bei der Saarland-Toto- und Lotto-GmbH) im eigenen Lande. Ideologie ist hier wirklich, was die Traktatliteratur darin sieht: das falsche Bewußtsein der dummen Kerls, erzeugt und verbreitet zum Zwecke von Herrschaft.

Autoritär geführt, ein Relikt aus obrigkeitlichen Verhältnissen: so existiert der DFB, trotz seines Millionenanhangs, merkwürdig abseits dieser Gesellschaft und vielfach auch im Widerspruch zu ihren Normen und Vorstellungen; der Skandal einer Verbandsgerichtsbarkeit, die sich weitgehend frei weiß von den Grundsätzen einer ordentlichen Rechtsprechung, ist nur der auffälligste Ausdruck dafür. Es paßt ins Bild dieser Welt von vorgestern, daß die DFB-Funktionäre einem Mann wie Hans-Ulrich Rudel den Zutritt zum Mannschaftslager in Ascochinga erlaubten, einem ehemaligen Spieler wie Günter Netzer dagegen nicht.

Die Weltmeisterschaft ist vorüber. Lange nicht hat eine deutsche Mannschaft in diesem Wettbewerb eine so schlechte Figur gemacht. Daher fällt es auch schwer, in der eigentlich viel zu späten Niederlage gegen Österreich ein Unglück zu sehen; sie könnte sogar eine Chance sein. Die Konsequenzen, die Hermann Neuberger jetzt fordert, betreffen vor allem ihn selbst. Denn nicht nur der deutsche Fußball ist, nach Art und Anlage, rückständig; seine Funktionäre sind es weit mehr. Die Misere des einen spiegelt nur die Misere der anderen. Der Fisch, sagt der Volksmund, stinkt vom Kopfe her.

Nachwort zu Holocaust

Eine Fernsehserie wirft Fragen auf

(29. Januar 1979)

Niemand wird umhinkönnen, die vier Abende, an denen die Serie «Holocaust» ausgestrahlt wurde, ein bedeutendes Fernsehereignis zu nennen. Die hohe Zuschauerbeteiligung, die Anrufe sowie die ungezählten Briefe, die selbst über die nur mittelbar beteiligten Zeitungsredaktionen hereinbrachen und von Empörung bis zu erschütterter Selbstanklage reichten, setzten alle diejenigen ins Unrecht, die der Öffentlichkeit seit Jahren nur Gleichgültigkeit und Überdruß gegenüber der Vergangenheit bescheinigt hatten.

Unbestreitbar bleibt dabei, was über die Trivialität des Films gesagt worden ist. Der rüde Kolportagezuschnitt, der, von Eichmann bis Babi Yar, jeden populär gewordenen Namen oder Begriff des Völkermords ins Spiel bringt; der Verzicht auf Vorgeschichte und Hintergründe des Geschehens, der die Nazis wie eine Mörder-GmbH aus dem Nichts auftauchen und agieren läßt; das Sentimentale, vordergründig Effektvolle, routiniert Abgeschmeckte des Films, in dem das Grauenhafte unterhaltsam wird: das alles hat manchen kritischen Beobachter nicht ohne Gründe bemerken lassen, hier würden die Toten jener Jahre gleichsam noch einmal gemordet.

Und dennoch neigt man am Ende dazu, das Unternehmen zu bejahen. Denn es hat für viele das, was damals geschah, einprägsamer denn je zur Anschauung gebracht und das von Zahlenkolonnen, Dokumenten sowie komplizierten Analysen zugedeckte Grauen, die Verzweiflung und das Sterben von Millionen, am Beispiel einiger weniger Menschen nachfühlbar gemacht. Zwar trifft es zu, daß zahlreiche Sendungen des deutschen Fernsehens dem Schreck-

29

lichen jener Zeit schon weit anspruchsvoller, weit glaubwürdiger gerecht wurden und auch, wie beispielsweise der Fernsehfilm «Ein Tag», nicht weniger Zuschauer fanden. Die Tatsache aber, daß «Holocaust» im Ausland produziert wurde, der wirkungsvoll inszenierte Begleitlärm und nicht zuletzt die vorausgegangene Kontroverse, die sich an den vielen Fragwürdigkeiten des Films entzündete, sicherten ihm eine weitaus größere Bereitschaft, sich auf das Thema einzulassen. Alexander Mitscherlich sprach wohl zu Recht davon, daß «Holocaust» einen Durchbruch bewirkt habe.

Gewiß wird manchem unbehaglich zumute sein, zumal im Gedanken an die Mittel, die diesen Durchbruch zustande brachten. Zu fragen ist aber, ob nicht die Trivialität des Films dessen große Resonanz erst ermöglicht hat, ob also die tausend Peinlichkeiten nicht gerade seine Stärke sind. Hat jener Neunzehnjährige mit der Behauptung recht, die Serie beweise nur, daß man der Mörderei des NS-Regimes allenfalls auf die Weise eines Paul Celan sowie durch sachlich interpretierende Dokumentationen beikommen könne? Oder ist der anderen Auffassung zu folgen, daß vor dem absolut Entsetzlichen aller höhere Kunstanspruch suspendiert sei, wenn nur die Erinnerung an die Opfer nicht ausgelöscht werde? Gibt es eine Banalität des Gutgemeinten, vor der die Kritik zu verstummen hat? Die Anwälte von «Holocaust» verweisen auf das beispiellose Echo des Films und sehen darin schon eine Wirkung. Aber hat Wirkung, die zu humanerem Verhalten führt, nicht immer auch mit künstlerischem Rang zu tun? Können schlechte Filme, Bücher oder Stücke bessere Menschen machen? Solche Überlegungen rühren an Grundfragen unseres ästhetischen Verständnisses.

Richtig ist sicherlich, daß die spontane Welle des Mitgefühls, die «Holocaust» hervorgerufen hat, für sich genommen wenig bedeutet. «Man müßte eigentlich heulen», äußerte der für die Sendung zuständige Redakteur in einer der Anschlußdiskussionen; aber Kenntnisse erwerben und denken müßte man eigentlich auch. Die bloße Emotion bewirkt sowenig wie das bloße Wissen. Erst aus der

Verbindung beider kann jene gefestigte Einsicht kommen, die unseren geschichtlich begründeten Pessimismus verringern würde.

Zu den Fragen, die dieser Film aufgeworfen hat, zählt am Ende aber auch, ob und wie das derzeitige Verlangen nach Erkenntnis befriedigt werden kann. Wer die im ganzen kläglichen Diskussionen verfolgt hat: die ängstliche Gesprächsführung, die Schaustellungen kundiger Selbstzufriedenheit, wo mit hochtrabenden Gemeinplätzen Fragen abgefertigt und betroffene Anrufer allein gelassen wurden, wer die in wechselnden Zusammensetzungen immer neu offenbarte Unfähigkeit zum Dialog beobachtete, wird wenig Hoffnung haben dürfen. Die Entfremdung zwischen Fachleuten und Öffentlichkeit ist selten so entmutigend sichtbar geworden. Das von Historikern und Publizisten seit Jahren beklagte Desinteresse der Öffentlichkeit an der Vergangenheit entpuppte sich hier als das, was es in Wahrheit ist: das Desinteresse von Historikern und Publizisten an der Öffentlichkeit. Es war wie ein Offenbarungseid.

Im ganzen ist «Holocaust» nicht mehr, aber auch nicht weniger als eine Chance. Sie gilt noch für einige Zeit, und vielleicht läßt sie sich nutzen. Die offenkundigen Mängel des Films könnten diese Chance sogar erhöhen. Denn gerade sie machen deutlich, was viele der nach Erklärung verlangenden Fragen erkennen ließen: daß Mitgefühl rasch, Erkenntnis dagegen mühevoll zu gewinnen ist. Und daß man sich nicht nur dem Schrecklichen aussetzen muß, sondern dem Schwierigen auch.

An den Parteien vorbei
Die Begleiterscheinungen des Wahlkampfes
Schmidt gegen Strauß

(1. September 1980)

So schleppend lustlos ist noch selten ein Wahlkampf in Gang gekommen. Es scheint, als zögerten die Politiker, in die Auseinandersetzung einzutreten. Das gilt vorab für Franz Josef Strauß, dem die Umstände nahezu alles zugespielt haben, was er und sein Anhang sich erhofft hatten. Es gilt aber auch für die Gegenseite.

Infolgedessen produziert der Wahlkampf bislang nur seine Begleiterscheinungen. Die zunehmende Anrufung der Schiedskommission ist ja nicht ein Indiz für die Leidenschaft des Meinungsstreits, sondern für das Ausweichen davor: mehr als ein paar skandalisierende, die Kommissionsverhandlung instrumental einbeziehende Herabwürdigungen sind bisher kaum zu verzeichnen.

Das legitime, angesichts der Gegnerschaft Schmidt–Strauß noch gesteigerte Bedürfnis nach Kontroverse hat sich unterdessen, an den Parteien vorbei, Befriedigung verschafft. Ersatzkämpfer, mitsamt einem Heer randalierender Hilfstruppen, haben sich der Szenerie bemächtigt: unpolitische, leicht mobilisierbare Gruppen, die sich auf eigene Faust den Spektakel schaffen, den der Phoney-Wahlkampf vermissen läßt. Dazu zählen Initiativen wie «Rock gegen rechts», «Freiheit statt Strauß», aber auch eine Vielzahl von Pamphleten. Sie malen düstere Horizonte, lassen Monstren auftreten, beschwören Katastrophen: Deutschland ist bekanntlich immer im Herbst, wenn gewählt wird.

Für solche Dramatisierungen leistete bislang der Rekurs auf die Nazizeit unschätzbare Dienste. Zu vermuten ist aber, daß Querelen, wie sie mit so viel bebend falscher Entrüstung an der Vergangenheit von Carstens oder Strauß, von Helmut Schmidt oder Heinz

32

Oskar Vetter entfacht wurden, bald keine Rolle mehr spielen werden. Das Dritte Reich wird dann für diejenigen, die sich als seine entschiedensten Gegner empfinden, seine letzte billige Schuldigkeit getan haben.

Doch zur Zeit ist die Vergangenheit noch gegenwärtig. Sie ist es sogar in einem weit umfassenderen Sinne, als diejenigen, die ihre Rückstände aus alten Dossiers und aktuellen Redetexten unermüdlich herauswittern, offenbar selber wissen.

Es geht dabei nicht um vereinzelte Mißgriffe, sondern um die verbreitet durchschimmernde Neigung, die Welt in schwarze und weiße, prinzipiell gute und prinzipiell verworfene Lager aufzuspalten. Sie entspringt einer Mentalität, die demokratiefremder, im Grunde totalitärer Herkunft ist und, wenn auch vielen unbewußt, zu den authentischen Hinterlassenschaften der Nazizeit zählt. Dieses rabiate Manichäertum ist gerade die Verneinung dessen, was es vielfach zu verteidigen vorgibt: der Demokratie, deren Farbe eben nicht Schwarz oder Weiß ist, sondern Grau wie aller Kompromiß.

Zur Hinterlassenschaft der Hitlerzeit gehört auch, im politischen Gegner den Feind zu sehen. Wenn Argumente zur Sache ausbleiben, beherrschen Verteufelungsstrategien das Feld. Das Fatale an all den Rattenvergleichen und anderem ist weniger das Kraftwort selber als die hervortretende Tendenz, im Gegner nicht den Vertreter eines anderen, sondern des bösen Prinzips an sich zu sehen.

Der Tatbestand läßt sich zurückverfolgen bis in die Zeit der Auseinandersetzung über Brandts Ostpolitik. Damals machte sich erstmals die Neigung bemerkbar, statt des besseren Arguments die bessere Gesinnung hervorzukehren und die politische Entscheidung zu einer Frage auch von Anstand und Charakter zu machen. War dies angesichts von Schuld und millionenfachen Verbrechen verständlich, so war es weit problematischer im Rahmen der Brandtschen Reformpolitik, deren Kritiker vielfach so fassungslos angestarrt wurden wie jemand, der sich außerhalb des Gesittungszusammenhangs stellte. Höhepunkt all dessen war der Wahlkampf 1972, als Willy Brandt unter großem, von ihm selber unnachahm-lich vorgegebenem Orgelton zum Wortführer weniger einer «rich-tigen» als einer moralisch überlegenen Position emporstilisiert wurde.

An diesem Kontrastschema kranken die Verhältnisse bis heute. Kaum ein Meinungsstreit, der nicht im allgemeinen Moralisieren die Schar der Gutgesinnten gegen den finsteren Haufen der Bös-willigen führte. Es geht nicht um konkrete Streitfragen, sondern immer gleich um Definitives, mindestens um die Zukunft der Re-publik, ganz ob alle Tage Harmaggedon sei. Helmut Schmidt ist vielen, nicht zuletzt seiner eigenen Parteigänger so fragwürdig, weil er jene «radikaldemokratische» Emphase vermissen läßt, an die sich der Sinn fürs Extreme anschließen kann, ein Mann der prakti-schen Mitte nur, ein «Macher», wie der törichte, inzwischen frei-lich auch von der CSU übernommene Vorwurf lautet.

Aber noch ist da Franz Josef Strauß. Derzeit genügt er zweifellos den Exzeßerwartungen derer, die in der Politik ein Feld der grellen Gegensätze sehen: in der Tat ein «Wunschgegner». Doch was wird nach ihm sein? Wenn er den sich ausbreitenden Dämonisierungs-tendenzen keinen Vorschub mehr leistet? Wenn gleichzeitig auch der Rückgriff auf die Hitlerjahre sein denunziatorisches Pathos verliert? Die unterdessen geweckten Bedürfnisse nach pseudodra-matischer Aufladung der Politik, nach Aggression und prinzipiel-ler Verdammung werden sich neue Feindfiguren suchen müssen. Sie werden sie auch ausfindig machen. Vorsorglich hat schon ein Verlag ein Schwarzbuch über Ernst Albrecht herausgebracht. Aber wer kann sich Gutes davon versprechen? Für die Besorgnisse, die Franz Josef Strauß vielen einflößt, lassen sich zweifellos Gründe nennen; doch für die Besorgnisse, die seine lärmendsten Gegner wecken, auch.

Weltsensation und Weltblamage
Zur Veröffentlichung der gefälschten Hitler-Tagebücher
(9. Mai 1983)

Schneller als erwartet hat die Affäre der Hitler-Tagebücher ihre Aufklärung gefunden. Ganze drei Tage nur haben das Bundeskriminalamt, das Bundesarchiv und die Bundesanstalt für Materialprüfung benötigt, um die Fälschung kriminologisch und dem Inhalt nach zu belegen. Noch wenige Tage zuvor hatte «Stern»-Herausgeber Henri Nannen behauptet, alles, was zur Verifizierung der Tagebücher habe getan werden können, sei geschehen. Und in der Ausgabe des Blattes vom vergangenen Donnerstag hatte dessen Chefredakteur Peter Koch unter dem ganz und gar nicht doppelsinnig gemeinten Titel «Die Fälscher» einen reichlich groben Rundumschlag getan und diejenigen Historiker, die Bedenken vorgebracht und zur Skepsis gemahnt hatten, als «Internationale der Neider und Fälscher» attackiert. Gerühmt dagegen hatte er noch einmal die Sorgfalt, die der «Stern» selber beachtet habe. Und jetzt: drei Tage nur, und die Fälschung, plump, wie sie war, hat sich erwiesen: das «grotesk oberflächliche» Machwerk eines in seinem «intellektuellen Vermögen beschränkten» Kopisten, wie der Leiter des Bundesarchivs versicherte.

An alledem wird noch auf lange Zeit vieles schwer begreiflich bleiben. Nimmt man zusammen, was die beteiligten Redakteure des «Stern» bei diesem Streich geleitet haben mag: der versessene Ehrgeiz, sich mit einer Sensation hervorzutun, das Konkurrenzmotiv, die geradezu verblendete Geheimniskrämerei und der Blick auf die Auflage, so bleibt doch das Maß an Dilettantismus und Leichtfertigkeit erstaunlich, mit dem erprobte, in ihrem Metier erfahrene Journalisten hier zu Werke gegangen sind.

Damit ist vorab nicht einmal die kriminaltechnische Behandlung des Fundes gemeint, mit der man offenbar so nachlässig verfuhr, daß zunächst behauptet wurde, man habe die verwendete Tinte analysiert, während sich bald darauf schon herausstellte, daß dies versäumt worden war; desgleichen hatte die Prüfung des Papiers, der Einbände und Siegel, der Ausstattung sowie des verwendeten Leims nicht oder nur unter den zweifelhaftesten Umständen stattgefunden. Vielmehr waren auch die bekannten Schreibhemmnisse Hitlers, für die es psychologische wie gesundheitliche Gründe gab, gänzlich unberücksichtigt geblieben. Am 29. März 1942 beispielsweise hatte er im Führerhauptquartier vor seiner abendlichen Gesprächsrunde geäußert, er habe noch vor dem Kriege, geängstigt von dem Gedanken, an Krebs erkrankt zu sein, «auf einem amtlichen Briefbogen *handschriftlich* (im Original kursiv!) sein Testament niedergeschrieben. Dies sei, wie alle wissen würden, für ihn eine besondere Anstrengung, da er auf Grund jahrelanger Übung gewohnt sei, seine Gedanken in die Maschine oder ins Stenogramm zu diktieren.» Und von Goebbels weiß man, daß er seine Tagebücher, bevor sie in den letzten Kriegstagen aus Berlin herausgeschafft wurden, mikrokopieren ließ, um den Text sicherzustellen. Warum verfuhr Hitler nicht ebenso? Zu einer umfassenden Verifizierung hätte sicherlich gehört, dergleichen in Rechnung zu stellen.

Ebenso hätte die Herkunft der Dokumente größtes Mißtrauen erwecken müssen. Der Verfasser dieses Beitrags ist, was immer Peter Koch behaupten mag, nach wie vor der Auffassung, daß sie aus der gleichen Quelle stammen wie das ihm vor Jahren angebotene Material. Davon hatte es geheißen, es stamme von einer hochgestellten Persönlichkeit aus der DDR. Gerade dieser Hinweis hatte damals die stärksten Zweifel wachgerufen. Denn keine Herkunftsangabe eignet sich besser zur Spurenverwischung als diese. Sollten die Bände statt dessen aber von ehemaligen SS-Offizieren kommen, so muß man fragen, ob da wohl größeres Zutrauen am Platze war.

Zu den wenigen Anhaltspunkten für die Echtheit der Tagebücher schien anfangs deren Umfang zu zählen: zweiundsechzig Bände. Aber seit uns in Erinnerung gerufen wurde, daß die Witwe Rosa Panvini und ihre Tochter Amelia, die vor Jahren in Heimarbeit die ebenfalls zunächst für echt erklärten Tagebücher Mussolinis fälschten, es immerhin mühelos auf rund dreißig Bände gebracht hatten, mußte man davon ausgehen, daß die Schriftfälscherei offenbar nur zu Beginn einige Schwierigkeiten bereitet und bald zur reinen Routine wird. Das jedenfalls hat ein einschlägig ausgewiesener Fachmann bestätigt, Clifford Irving, der vor Jahr und Tag die Memoiren des geheimnisumwitterten amerikanischen Milliardärs Howard R. Hughes fälschte und über die Hitler-Tagebücher einen Satz sagte, der sprichwörtlich zu werden verdiente: «Give me a pot of Wehrmacht-ink and I'll do the job.»

Ähnlich unfaßbar ist, daß der «Stern» zur Prüfung der Tagebücher nur Historiker heranzog, die auf die eine oder andere Weise mit dem Vorhaben geschäftlich verquickt waren. Gewiß kann man dem Blatt schwerlich vorwerfen, daß es das lebhafteste Interesse daran hatte, die Echtheit bestätigt zu bekommen. Aber von diesem Interesse bis zu dem, was wie eine bloße Alibibeschaffung aussieht, ist es ein ebenso großer Schritt wie von der journalistischen Verantwortung bis zum reinen Vabanque-Spiel. Selbst wenn die Begutachtung durch den englischen Historiker Hugh R. Trevor-Roper und dessen amerikanischen Kollegen Gerhard L. Weinberg, wie der «Stern» zur eigenen Verteidigung vorgebracht hat, einige Stunden länger hätte dauern dürfen: sie fand in den Räumen einer Zürcher Bank statt, die zu allem möglichen geeignet sein mögen, nicht jedoch zur wissenschaftlichen Untersuchung von Dokumenten, die immerhin für einen Mann stehen, der eine der größten historisch-moralischen Katastrophen der Geschichte zu verantworten hat.

Das führt zu der politischen Leichtfertigkeit, mit der verfahren wurde. Denn es handelte sich ja keineswegs um die Aufzeichnungen eines Hochstaplers oder Heiratsschwindlers. Wie soll man glauben, daß keiner der verantwortlichen Redakteure des «Stern» die materielle Brisanz der Sache erkannt hat, zumal das Blatt sich sonst so viel auf sein Gespür für die vielfältigen Bedrohungen unserer Gesellschaft zugute hält und Gefahren wittert, wo alle Welt noch ahnungslos ist? Es ist gewiß unsinnig zu vermuten, daß der neonazistische Ungeist in der Bundesrepublik an jeder Straßenecke lauert. Aber wie kein anderes Blatt hat gerade der «Stern» in den zurückliegenden Jahren ebendies immer wieder glaubhaft machen wollen – und zunächst gleichwohl behauptet, man müsse die Geschichte des Dritten Reiches nun umschreiben. Etwa im Sinne jener ungeniert verharmlosenden Tendenz, die in den wenigen ersten Textproben schon erkennbar wurde? Die Ankündigung mag in der Tat «etwas großmäulig» gewesen sein. Aber wer sich so sehr um unser aller Bewußtsein sorgt, hätte auch viel weniger großmäulig niemals auftreten dürfen.

Es fällt, solange man sucht, erheblich schwer, ein verständliches oder gar halbwegs rechtfertigendes Motiv für das Geschehene ausfindig zu machen. Neben offener Bestürzung stößt man derzeit auf viel unverhohlene Schadenfreude. Aber dazu ist kein Anlaß. Denn den Schaden hat sicherlich nicht nur der «Stern». Was sich als Weltsensation ausgab, ist eine Weltblamage geworden, die mit dem Rücktritt der beiden Chefredakteure gewiß nicht ausgeräumt wurde. Henri Nannen hat tapfer erklärt: «Wir schämen uns», sich zugleich jedoch damit getröstet, daß dergleichen dem Blatt zum erstenmal unterlaufen ist. Ein weit größerer Trost ist aber, daß nach einer Blitzumfrage aus der vergangenen Woche, noch vor der Aufklärung des Falles, nur sechs Prozent der «Stern»-Leser so leichtgläubig wie die Redakteure des Blattes waren und die angeblichen Tagebücher Hitlers für echt hielten.

Cargo-Kult
Die Bundesrepublik im Umbruch
(3. Januar 1984)

In Melanesien, der Inselwelt im Süd-Pazifik, haben die Anthropologen einen sonderbaren Kult ausgemacht. Die materiellen Güter, die im Verlauf des Zweiten Weltkriegs zur Versorgung der amerikanischen Truppen herangeschafft wurden und deren Segnungen auch den Eingeborenen zugute kamen, beflügelten dort uralte Verheißungen von einer Zeit der Fülle und des Überflusses. Magisches Denken verband sich mit zunehmender Begehrlichkeit zu der Vorstellung, daß Cornflakes, Seidenstrümpfe und Dosenfleisch von den Göttern herkommende, auf gewaltige Schiffe und silberglänzende Metallvögel verfrachtete Gaben seien. Man spricht daher von Cargo-Kult. Die Folge war, daß die Einheimischen allmählich Jagd und Fischfang einstellten, ihrer Bequemlichkeit nachgingen und ein Lebensverhalten entwickelten, das mehr und mehr auf wundersame Hilfen baute: die Götter würden schon sorgen. Als Jahre später die Truppen abzogen und die Lieferungen ausblieben, kam es zu Ausbrüchen heftigen Volkszorns. Unfähig geworden, den Zusammenhang von Arbeit und Wohlergehen zu begreifen, breitete sich das Empfinden aus, von dunklen Mächten, von Dämonen oder von den Weißen um Glück und Reichtum betrogen zu sein.

Der Zauberglaube der Papuas hat gute Aussichten, in aufgeklärteren Weltgegenden Nachfolge zu finden. Seit den fünfziger Jahren hat die Bundesrepublik Selbstbewußtsein und Stabilität aus einem stetig wachsenden Sozialprodukt bezogen. Sie hat darüber aber den Übergang in eine neue technologische Epoche versäumt. Noch immer brilliert sie in den Erzeugnissen einer zurückliegenden Zeit; doch hat man Gründe zu fragen, wie lange noch. Die gesamte in-

39

dustrielle Basis Westdeutschlands sei im Zerfall, urteilte unlängst einer der Herausgeber von «Business Week».

Solche Einsichten sind zwar jedermann zugänglich, doch bewegen sie wenig. Die Götter werden schon sorgen. Und bleiben die Cargos aus, werden gewiß dunkle Mächte am Werke sein.

Am tiefsten in solche magischen Vorstellungsmuster verstrickt ist offenbar eine Mehrheit vor allem der jüngeren Gewerkschaftsführer. Ihre Politik spiegelt im ganzen die gedankliche Lethargie und den Zukunftsverlust zahlreicher Unternehmer wider. Statt den radikalen Veränderungsprozeß zu erkennen und die ganz neuartigen Anstrengungen, die er verlangt, fordern sie, alles auf einmal, Lohnerhöhungen, Vollbeschäftigung und die 35-Stunden-Woche, als wären es angeborene Rechte (eine «Frage auf Leben und Tod»). Schwer zu sagen, ob es mehr Unfähigkeit oder Überdruß ist, in der modernen Industriegesellschaft ein komplexes System zu sehen, das nur mit einiger Umsicht erhalten werden kann.

Desgleichen verschließt sich die Opposition dem, was die Lage erfordert. Statt der Regierung unzureichende Entschlußkraft zu einschneidenden Neuerungen vorzuwerfen, schürt sie die Erwartungen auf wundersame Hilfen: sowohl in der Erhaltung veralteter Industrien als auch in der Fortdauer unsinniger, schon zu ihrer Regierungszeit ruinös gewordener Transferleistungen. Ihrem perspektivischen Ehrgeiz genügt das Gerede von der «sozialen Demontage». Nach wie vor hängen ihre Wortführer den großmannssüchtigen Träumen einer Reformpolitik nach, deren Devise es war, daß man doch mehr ausgeben als leisten könne. Alles Cargo-Kult.

Der Regierung sind immerhin einige hausväterische Ansätze zugute zu halten. Aber der Kanzler hatte zu Beginn von «geistiger Führung» gesprochen, und die Skeptiker, die sich schon damals fragten, was darunter wohl zu verstehen sei, fragen sich das noch immer. Zweifellos stößt man in unserer Gesellschaft auf zahlreiche Widersprüche, die Ausdruck des Umbruchbewußtseins sind. Teile der jungen Generation haben die «postmateriellen Werte» entdeckt und lehnen weiteres Wachstum ab – doch wollen sie die Sozialleistungen erhalten und ausgebaut sehen. Gegen die Kernkraft gibt es verbreitete Vorbehalte, aber man will auch saubere Luft und folglich die Kohlekraftwerke nicht – und der Energiebedarf soll auch gedeckt werden. Ähnlich verhält es sich mit den Umweltschäden, ähnlich mit vielen Protestthemen. Verlangt werden mehr Freiheiten und zugleich immer mehr Staat. Weniger Staat auch. Lauter papuanische Widersprüche.

Wenn geistige Führung denn sein soll, kann das derzeit kaum anderes heißen, als den Einsichtsfähigen solche und andere Ungereimtheiten zum Bewußtsein zu bringen sowie Verständnis dafür zu wecken, daß alles seinen Preis hat. Dazu kam wenig. Nicht zuletzt war es die Sprachlosigkeit der Regierung, in der die anfangs vorhandene Bereitschaft der Öffentlichkeit zu materiellen Einschränkungen, zu neuen Initiativen und Inanspruchnahmen, kurz zu einem nüchternen Begriff von Wirklichkeit verlorenging. Fast alles, was die Regierung an Kritik verdient, geht darauf zurück, daß sie sich die defensiven Haltungen sowohl der abgetretenen Koalition als auch der Besitzstandsstrategen zu eigen machte. Soll die Bundesrepublik im Übergang zur dritten industriellen Phase nicht weiter zurückfallen, muß sie endlich zur Realität finden und zugleich eine Vorstellung der Zukunft gewinnen. Alles verteidigende Denken jedenfalls zielt nur auf die Cargos, die nicht mehr kommen werden.

Die Anthropologen, so wäre noch anzumerken, berichten, daß die Papuas, als die Schiffe und Flugzeuge der Götter ausblieben, jede Zuwendung von wohltätiger Seite mit verstärkten Wünschen beantworteten und daß ihre Unzufriedenheit mit dem Grad der Alimentierung wuchs.

41

Sieg und Niederlage

Zum 40. Jahrestag des Kriegsendes

(20. April 1985)

Das gebrochene Verhältnis der Deutschen zum 8. Mai tritt in diesen Tagen immer neu in Erscheinung. Vorausgesetzt wird dabei, daß die Sieger des Krieges uneingeschränkten Anlaß zur Feier hätten und nicht gefangen seien in dem Zwiespalt zwischen Gefühlen von Befreiung, Trauer und Schuld, der alles deutsche Zurückblicken so ausweglos macht.

Zwar scheint die Feststimmung nicht mehr ganz ungetrübt. Die Regierungen sowohl Frankreichs als auch Englands haben erklärt, von allen aufwendigen Zelebrationen abzusehen, um, wie Mitterrand es ausdrückte, «Herz und Gefühle» der Deutschen zu schonen. Man kann, wie viele es tun, dergleichen befriedigt und als Zeichen dafür zur Kenntnis nehmen, wie eng die Deutschen in die Gemeinschaft des Westens integriert sind. Aber zu fragen bleibt, ob Mitterrands Gedanke das richtige Motiv zur Zurückhaltung ist oder nicht.

In einem Leitartikel schrieb die «New York Times» unlängst, die Vereinigten Staaten hätten «tatsächlich beides, ein Recht und einen Grund», den 8. Mai zu feiern. Aber etwas von jenen gebrochenen Gefühlen, mit denen die Deutschen sich des Tages erinnern, wäre ihnen doch zu wünschen. Denn unter politischem Aspekt, gemessen an den eigenen Zielen, endete der Krieg für die Demokratien mit einer verheerenden Niederlage, fast mit einer Katastrophe.

England und Frankreich waren 1939 für Polens Freiheit in den Krieg eingetreten. Zwischen ihnen und Hitler gab es kein unmittelbares territoriales Streitobjekt. Vielmehr gründete sich der Entschluß zum Kampf vor allem darauf, das Selbstbestimmungsrecht der kleineren Nationen vor totalitärem Expansionshunger in Schutz zu nehmen. Und es gereicht England für immer zur Ehre, daß es an diesem Kriegsziel mit aller Intransigenz festgehalten und Hitlers Friedensfühler mehrfach zurückgewiesen hat: nach der Niederlage sowie der Teilung Polens, und dann noch einmal nach der Kapitulation Frankreichs, als es, ganz auf sich allein gestellt, den riesigen, von den beiden Diktatoren einvernehmlich beherrschten eurasischen Block gegen sich hatte.

Um so schwerer fällt es, zu begreifen, wie sehr dieses Kriegsziel verlorengehen konnte. Zwar läßt sich nachempfinden, daß, nicht zuletzt angesichts der Hitlerschen Verbrechen, sich alle Kräfte mehr und mehr darauf konzentrierten, ihn niederzuringen. Aber konnte man je vergessen, mit wem man sich zu diesem Zwecke einließ? Daß es der Sowjet-Diktator gewesen war, der Hitler den Weg in den Krieg erst freigegeben hatte? Und daß Hitler, nicht etwa der vertragstreue Stalin, den Pakt schließlich gebrochen und die Sowjetunion auf der Seite Englands sowie später auch Amerikas in den Krieg gezwungen hat? Konnte man so weit gehen, ihm den Osten Polens zu überlassen, und damit gleichsam die Kriegs- und Teilungspakte von 1939 noch nachträglich ratifizieren?

Seit langem weiß man, daß es Roosevelt war, der in einer Mischung aus Großmannssucht, Naivität und zynischer Gedankenlosigkeit Stalin fast jedes Zugeständnis machte. Vergebens widersetzte sich Churchill, der die integren Kriegsziele Englands niemals ganz vergaß. Einem Warner antwortete Roosevelt: «Ich glaube, daß, wenn ich ihm (Stalin) alles gebe, was ich ihm geben kann, ohne eine Gegenleistung zu verlangen, noblesse oblige, er einfach nichts annektieren kann.»

Fatal war, daß Roosevelt ihm nicht nur gab, was er geben konnte. Neun Nationen sind im Fortgang der Dinge, zwischen 1944 und 1949, unter die sowjetische Hegemonie geraten, nahezu hundert Millionen Menschen. Mit welchen Mitteln der Erpressung und barbarischen Brutalität, hat erst unlängst eine Serie im «Spiegel» noch

43

einmal in Erinnerung gerufen; zugleich hat sie die schuldhafte Ent-
schlußlosigkeit sichtbar gemacht, mit der die Demokratien eigene
Ziele und fremde Hoffnungen verrieten.

Anlaß zum Feiern ohne Vorbehalt hat daher im Grunde nur die
Sowjetunion. Bezeichnenderweise geht auch ein Großteil der derzeitigen Initiativen auf einen Beschluß des Moskauer Zentralkomi-
tees vom Juni vergangenen Jahres zurück, den 8. Mai als zweite
welthistorische Befreiungstat nach der Oktoberrevolution zu feiern. Nach außen gibt der Gedenktag Gelegenheit, die Deutschen,
wenn auch nur die im Westen, als den Feind von einst in Erinnerung zu bringen; nach innen bietet er vielfältige Möglichkeiten, das
bewährte System von Sonderschichten mit Demonstrationen der
eigenen Macht zu verbinden und sich von den Unterworfenen nach
altem Byzantinerbrauch als Befreier huldigen zu lassen.

Der Westen dagegen hat allenfalls Grund, sich seines verspätet
bewußt gewordenen Willens zum Widerstand gegen die von Hitler
geplante Weltdiktatur zu erinnern und dessen viel zu raschen Verlust zu beklagen. 1945 war zwar ein Sieg der Demokratien, zugleich
aber auch die größte Niederlage jenes demokratischen Prinzips, für
dessen Erhaltung und Ausdehnung sie in den Krieg eingetreten
sind. Im Februar 1943, so berichtet Ernst Jünger, tauchte an den
Mauern Pariser Häuser häufig, mit Kreide geschrieben, das Wort
«Stalingrad» auf. «Wer weiß», fragte der Dichter sich, «ob sie dort
nicht mitbesiegt werden?»

Jenseits bloßer Gedenktagsroutine bietet der 8. Mai daher auch
für den Westen ein Bild der Widersprüche, Sieg und Niederlage in
einem. Zu feiern ist das Ende Hitlers, und der Toten soll man sich
erinnern. Gleich dahinter beginnen die Fragen.

Rückblick auf das Berufsboxen
Ein Symbol hat seine Kraft verloren
(8. Januar 1986)

Das Berufsboxen, keine Frage, ist, bei uns jedenfalls, am Ende. Die Klage hört man von den Freunden dieses Sports immer wieder. Und der eine René Weller, den es – wie lange noch? – gibt, ändert daran nichts. Wer heute eine Boxveranstaltung besucht, kann es wie mit Händen greifen. Nicht nur die meist erbarmungswürdigen Schlägereien im Ring liefern den Beweis dafür. Vielmehr sieht sich der Besucher inmitten des Publikums, das martialisch die Szene beherrscht, in die befremdlichste Umgebung versetzt: unter all den Leuten in benagelten oder grell bemalten Lederjacken und mit dem hanebüchenen Haarverschnitt, eine Schönheit im Tigerkostüm zur Seite. Das Boxen ist, um das mindeste zu sagen, an die Halbwelt geraten, die in den Amüsiervierteln der Großstädte ihr Zuhause hat.

Das war, wie man weiß, nicht immer so. Es war anders beispielsweise in den zwanziger Jahren, zu deren legendärem Charakter das Boxen sicherlich seinen Teil beigetragen hat. Obwohl es immer wieder eine gewisse Anziehungskraft auf die Halbwelt ausgeübt hat, war es davon doch nicht aufdringlich geprägt. Vielmehr hatte es seine Anhänger quer durch alle Schichten der Bevölkerung, und zu den großen Kämpfen, vornehmlich im Berliner Sportpalast, kamen nicht nur die Hinterhofbewohner vom Wedding und vom Gesundbrunnen, sondern auch die Villenbesitzer aus dem Grunewald. Fritz Kortner, Bertolt Brecht oder Alfred Flechtheim waren regelmäßig dabei, daneben Schriftsteller und Schauspieler, und der berühmte Sänger Michael Bohnen dachte zeitweilig sogar daran, das Fach zu wechseln und Boxer zu werden. Für das Programmheft eines der Kämpfe von Max Schmeling steuerten Carl Zuckmayer,

45

Herbert Ihering, Egon Erwin Kisch und Werner Krauss Texte bei. Und noch in den fünfziger Jahren war ein Nachhall davon spürbar. Bei den über Jahre hin immer wieder neu angesetzten Auseinandersetzungen zwischen Hecht, Hoepner und Stretz oder zu den Kämpfen von Conny Rux und Gustav Scholz kamen O. E. Hasse und Olga Tschechowa, Professoren, Künstler und die Leute der besseren Gesellschaft, die freilich noch nicht die gute ist, in Smoking und großer Garderobe.

Inzwischen sind das, wie der Berliner Volksmund sagt, vergangene tempi passati. Das Erscheinungsbild des Publikums um den Ring ist aber nur ein Symptom des Niedergangs; und daß das «Geschäft», wie es ganz schnörkellos heißt, vielfach in die Hände dunkler Ehrenmänner geraten ist, ein anderes. Die wirklichen Ursachen liegen tiefer.

Das Boxen war in seiner großen Zeit immer mehr als nur ein Sport. Es war die dramatisch verdichtete und in Regeln übersetzte Parabel vom Lebenskampf. Das Publikum, das in die Arenen strömte, erlebte am Ring nichts anderes als ein Abbild seines eigenen Daseins: der Härte und der Risiken, denen jeder ausgesetzt war, des Mutes und der Ausdauer, deren es bedurfte, um dieses Dasein durchzustehen, auch seiner Unwägbarkeiten. Denn hier wie dort konnten Angriff oder Verteidigung, aber auch eine einzige unachtsame Reaktion über Triumph oder Niederlage entscheiden. Und auch die schnöden, unfairen Seiten des Lebens spiegelte der Kampf zwischen den Seilen wider, die willkürlich verteilten Vorteile der Schnelligkeit, Reichweite oder des sicheren Instinkts. Es war ein einfaches, mächtiges Symbol. Aus keinem anderen Grund haben Bildhauer wie Ernesto de Fiori und Rudolf Belling oder Maler wie George Grosz immer wieder Boxer dargestellt.

Dieses Symbol hat seine Suggestionskraft fast gänzlich eingebüßt. Kaum einer erlebt im Sozialstaat das eigene Dasein noch als Kampf, und niemand muß befürchten, durch das Netz vielfältiger Sicherungen buchstäblich ins Bodenlose zu fallen. Irgendwo wird er immer aufgefangen. Verlorengegangen ist damit zugleich der Sinn für das Abenteuer, für das Wagnis des äußersten Einsatzes, der zum Boxen ebenso gehört wie die Bereitschaft zu Verzicht und Askese.

Vielleicht noch abträglicher ist dem Boxsport, daß er den Einzelkämpfer herausstellt. Für die aufs Egalitäre gerichtete Tendenz der Gegenwart geht davon nur noch eine geringe Faszination aus. Bezeichnenderweise war das Boxen mit dem Starwesen der zwanziger Jahre verbunden, dem Verhimmelungsbedürfnis vor denen, die als «groß» empfunden wurden. Auch das eine überlebte Sozialfigur. Keine Gloria Swanson, kein Clark Gable mehr. Was heute deren Platz eingenommen hat, ist nur das gewitztere Alter ego von jedermann, das nette Mädchen oder der sympathische junge Mann von nebenan, Ingrid Steeger beispielsweise oder Thomas Gottschalk. Vom Wesen dessen, was den Star ausmachte, seiner aus Entrücktheit, Glanz und Geheimnis oft kunstgerecht entfalteten Aura haben sie nichts.

Der Zeitempfindung von heute entsprechen denn auch viel eher die Mannschaftssportarten, der Fußball obenan. Zwar gibt es da immer wieder den herausragenden Spieler, und mitunter wird ihm sogar das Attribut «genial» zugesprochen. Aber Stars in jenem nahezu mythischen Sinne, wie Jack Dempsey oder Gene Tunney es waren, sind selbst Fritz Walter oder Franz Beckenbauer zu keiner Zeit gewesen. Zu Recht nannte und nennt man dergleichen Spieler-«Persönlichkeiten». Sie erheben sich durch besonderes Talent über mehr oder minder farblose Mitspieler, auf die sie gleichwohl angewiesen sind.

Zum Star im eigentlichen Sinne dagegen taugt nur der einzelne. Und nur der Kampf gegen einen anderen einzelnen kann jenen Ausgang nehmen, der einst, ohne alle Ironie, als «tragisch» bezeichnet wurde. Die Möglichkeit des jederzeit drohenden Verhängnisses macht die sportliche Größe erst groß. Ein Fußballspiel kann nur durch falschen Wortgebrauch tragisch enden, ein Boxkampf immer.

Auch Tragik ist kein Wort mehr, das im gegenwärtigen Empfinden noch einen Platz hätte. Allenfalls stellt der Begriff sich noch am Ende einer Laufbahn ein, wenn ein ehedem großer Boxer den Augenblick des Abtretens versäumt und zum wehrlosen Opfer wird, dem alle Erfahrung nicht ersetzen kann, was er an Kraft, Schnelligkeit und Reflexen verlor. Das war der Fall beispielsweise bei Muhammad Ali, auch er übrigens kein Boxstar im hergebrachten Sinne. Seine tänzerische Verspieltheit ebenso wie das närrische Spektakel, das er um seine Kämpfe veranstaltete, widersprachen allzusehr dem schicksalhaften Matadorengrimm, durch den ein Boxer erst wird, was einst in allem Ernst als «Heroe im Ring» gerühmt wurde.

Auf seine Weise machte folglich auch Ali offenbar, daß das Boxen seine Zeit gehabt hat. Vieles kommt zusammen, aber am Ende läuft jede Beobachtung darauf hinaus, daß dieser wie jeder andere Sport keine Symbolkraft mehr besitzt. Der Zeitgeist akzeptiert weder das Pathos des Einzelkämpfers noch ist er bereit, im sportlichen Kampf mehr zu sehen als diesen selbst.

Man muß hinzufügen, daß alle solchen Überlegungen, so zutreffend sie sein mögen, nur dauern, solange sie dauern. Unversehens taucht dann irgendeiner auf und macht den so überzeugend klingenden Theorien vom Ende des Sports als Abbild und vom Ende der Idole selber ein Ende. Bezeichnenderweise geschieht das nicht im Boxsport, dessen existentielle Erbitterung andere soziale und psychologische Voraussetzungen benötigt, als sie derzeit bestehen. Manches deutet darauf hin, daß Boris Becker mehr ist als ein hochbegabter Tennisspieler; denn das sind John McEnroe, Ivan Lendl und Mats Wilander auch. Er dagegen hat, in seinen Siegen und mehr noch in seinen Niederlagen, wieder eine Ahnung davon vermittelt, daß die Ausgangssituation allen Sports der Kampf Mann gegen Mann ist und daß es, allen gegenläufigen Zeitstimmungen zum Trotz, ein elementares Bedürfnis gibt, im Sport mehr zu sehen als nur den Sport.

Tod einer Ideologie

(25. Juli 1989)

Die Dramatik der Ereignisse in Osteuropa, die täglichen Meldungen über die Bewegung, die in die lange versteinerten Verhältnisse gekommen ist, lassen leicht übersehen, daß wir Zeugen eines historischen Vorgangs sind. Noch eine Generation zurück war der Kommunismus, ungeachtet aller Opfer und Verbrechen, eine Heilsidee, die sich mit der Schubkraft einer millenarischen Hoffnung über die Welt ausbreitete. Er versprach die Beseitigung von Klassenunterschieden und nationalen Konflikten, von Ausbeutung, Korruption und Armut, den Glanz eines zu sich selbst befreiten kulturellen Lebens und vieles mehr.

Es ist anders gekommen. In einem Marasmus ohne Beispiel sind alle diese Verheißungen versunken. In welchen Formen und welchen Weltgegenden der Kommunismus die Macht eroberte, hat er Unfreiheit, Kasernierung und Lähmung gebracht und ist keiner seiner Verheißungen auch nur nahegekommen. Nirgendwo sonst gibt es so offene Klassenunterschiede wie im real existierenden Sozialismus mit Nomenklatura und doppelter Währung, nirgendwo so viel Mangel, und die aufbrechenden Nationalitätenkonflikte überall im östlichen Herrschaftsbereich machen erkennbar, daß er nicht nur politisch und ökonomisch, sondern auch in der Überwindung von Vorurteilen hinter der Welt zurückgeblieben ist.

Was immer aus dem in Gang gekommenen Gärungsprozeß am Ende werden mag: als Idee wird der Kommunismus die Überzeugungskraft nicht mehr zurückgewinnen, die ihn lange trug und seinem Machthunger die Farbe einer Religion verschaffte. Der eigentlich ungeheuerliche, wenn auch zunächst noch abgewiesene Vor-

49

schlag italienischer Genossen, den Begriff «Kommunismus» aus
Namen und Programm der Partei zu streichen, deutet das Ausmaß
dieses Zusammenbruchs an.

Fällt aber der Mantel, muß der Herzog nach. Denn gerade die
ideologischen Projektionen dienten über Jahrzehnte der Rechtfertigung aller Opfer, der Millionen Toten sowohl als auch der alltäglichen Entbehrungen. Sie hielten die Massen lange in Gewißheit
und Ergebung. Mit der Entzauberung aber büßt der Kommunismus alle Kompensationen ein, die er für seine Miseren zu bieten
hatte, seine einzige Legitimationsbasis, und zum Vorschein kommt
der Zynismus reiner Machtpraktiker, denen es nur um die Behauptung von Privilegien und Positionen geht. Ein höherer DDR-Funk-
tionär erklärte unlängst, «ein gewisser Generalsekretär» sei dabei,
eine große Dummheit zu begehen, nämlich freiwillig die Macht mit
anderen zu teilen.

Der Zweifel an Idee und Praxis des Kommunismus richtet sich
auf das Ganze. In Polen und zunehmend auch in der Sowjetunion
ist immer häufiger zu hören, was augenblicklich im Gange sei,
könne nicht, wie im Westen üblich, als Reform des Kommunismus
bezeichnet werden, sondern sei nichts weniger als dessen Kollaps.
Die Reformvokabel wolle nur das fällige Eingeständnis umgehen,
daß die Idee selber von allem Anfang an verfehlt gewesen sei, nicht
nur ihre Verwirklichung. Bezeichnenderweise habe die Kritik bisher nur Breschnew und Stalin erfaßt, aber keines der Postulate oder
Ziele Lenins. Auch Gorbatschow spreche nur von Fehlern und
Entstellungen.

Der verbreitete Argwohn gegenüber «Perestrojka» und «Glas-
nost», der außerhalb des sowjetischen Machtbereichs vielfach auf
Unverständnis stößt, hat seinen Grund in einem radikalen Vertrau-
ensverlust, der weniger einzelne Führungsfiguren als das System als
solches trifft. Es gibt buchstäblich keine Hoffnung mehr, die sich
damit verbände. An den Kommunismus und seine Botschaft,
höhnte unlängst auf einer Konferenz ein polnischer Teilnehmer,

glaubten inzwischen nur noch die analphabetischen Massen in Lateinamerika sowie die deutschen Intellektuellen, und er erinnerte an die Bemerkung von Régis Debray, wonach der Kommunismus weithin «ein Luxusphänomen problemloser Gesellschaften, sozusagen Teil der intellektuellen Folklore Westeuropas» geworden sei.

Erstaunlicherweise wird dieser Zusammenbruch, der wie alle historischen Sterbensgeschichten beträchtliche Gefahren birgt, im Westen nur als Hoffnung oder gar schon deren Erfüllung begriffen. Im Gegensatz dazu stößt man im sowjetischen Herrschaftsbereich auf einen bodenlosen Pessimismus, der eine seltsam irreale Atmosphäre zwischen Dynamik und Resignation erzeugt und mehr von Katastrophen als von Besserungen spricht. Die Dinge anders zu sehen, meinte ein sowjetischer Gesprächspartner in diesen Tagen, fehle es ihm an Phantasie.

Womöglich hat es mit dem geschärften Realismus von lange Unterdrückten zu tun, daß man ebendort vor der Parole vom «gemeinsamen europäischen Haus» warnt, die in der Bundesrepublik so viele überwältigte Schluchzer hervorgerufen hat. Nicht auszuschließen ist, daß Gorbatschow weiter zu gehen bereit ist, als seine Kritiker im eigenen Bereich vermuten, vielleicht sogar auch erfolgreich bleibt. Aber noch bestehen die alten Strukturen fort. Solange sie sich nicht ändern, wird der das Jahrhundert prägende Gegensatz von rechtsstaatlicher Demokratie und totalitärer Ordnung andauern, wie sehr mancherorts auch der offene Zwangscharakter kommunistischer Regime zurückgenommen worden ist.

Der Westen hat sich bisher durch eine Verbindung aus Festigkeit und Flexibilität der sowjetischen Bedrohung erwehrt. Er hat keinen Anlaß, in einem Augenblick davon abzugehen, da die Einsicht um sich greift, daß der Kommunismus ein einziger opferreicher Irrweg war und auf der Todesurkunde nur noch der Beglaubigungsvermerk fehlt.

51

Schweigende Wortführer
Überlegungen am Ende des Jahres 1989

(30. Dezember 1989)

Mitunter ist das Stummsein sprechender als alles Reden. Zu den Auffälligkeiten des zurückliegenden Jahres gehört das Schweigen, mit dem das intellektuelle Milieu der Bundesrepublik auf die revolutionären Vorgänge in den östlichen Nachbarländern reagiert hat. Die Sache hat einen durchaus ironischen Aspekt. Denn die im Sommer begangene Zweihundertjahrfeier der Französischen Revolution, die einen Epochenbruch in toter, museal präparierter Form in Erinnerung rief, hat eine Flut von Publikationen und Veranstaltungen zur Folge gehabt. Die dabei bis zum Überdruß sich öffnenden Schleusen der Beredsamkeit machen das Schweigen über die derzeitige Revolution im Wirklichen nun um so lauter vernehmbar. Von respektgebietenden Ausnahmen abgesehen, haben die Intellektuellen gedanklich oder in der Empfindung daran so wenig teilgenommen wie in den voraufliegenden Jahren an der gesamten Entzauberung des Sozialismus, die spätestens mit Solschenizyn einsetzte und in Leipzig oder Prag ihren vorläufigen Höhepunkt erreichte. Das kritische Bewußtsein ist in Sprachlosigkeit versunken und desavouiert noch im nachhinein das Pathos der moralisch-politischen Instanz, die es für sich reklamiert.

Das ist ein verblüffender Vorgang, der einige Überlegung verdient. Man kann ihn als Zeichen der Verlegenheit angesichts des Scheiterns einer Idee deuten, die mehr als irgendeine andere auf die Sympathie derer zählen konnte, die gesellschaftliche Beglückungsprojekte zu entwerfen lieben. Solange die Völker stillhielten, ließ sich das Schweigen überdies mit der Sorge um den friedenssichernden Status quo verbinden, sosehr dies am Ende auch auf die Recht-

52

fertigung bestehender Unterdrückungspraktiken hinauslief. Aber inzwischen ist dieser Begründungszusammenhang zerrissen und die Frage naheliegend, ob das Verstummen nicht tiefere Gründe hat.

Zu den Erstaunlichkeiten der revolutionären Prozesse des Jahres 1989 gehört nicht nur, sieht man von den tragödienhaften Geschehnissen in Rumänien ab, ihr insgesamt friedlicher Verlauf, der den klassischen, mit Insurrektion, Gewalt und bürgerkriegsähnlichen Zuständen verknüpften Revolutionsbegriff außer Kurs gesetzt hat. Dergleichen betrifft jedoch eher die Begleitumstände. Den wahrhaft verwirrenden, ins Zentrum zielenden Charakter erhielten die Ereignisse vielmehr angesichts der Tatsache, daß sie gerade nicht jenes Element sozialrevolutionärer Emphase enthalten, von dem so gut wie alle historischen Revolutionen der Neuzeit beherrscht waren. Die verschiedentlich anzutreffenden Versuche, die Vorgänge als eine Revolution des wahren Sozialismus gegen dessen Deformierung zu interpretieren, kehren die Dinge schlechterdings um.

Damit hat zu tun, daß es sich erstmals um eine Revolution ohne Vordenker, überhaupt ohne intellektuelle Beteiligung handelt, was vielleicht etwas von der Beklommenheit erklären hilft, die aus dem Schweigen spricht. Auch das macht einen tiefen Bruch sichtbar. Denn seit der Aufklärung, mit der die Unterminierung bloß überlieferter Herrschaftsverhältnisse einsetzt und die Macht sich auch vor der Vernunft zu rechtfertigen hat, haben alle Revolutionen ein gedankliches Vorläufertum gehabt, das einen radikal veränderten Geschichtsgang erdacht, begründet oder ersehnt und mitunter sogar dessen Verwirklichung organisiert hat. Selbst noch die nationalsozialistische Machtergreifung ist, als Revolution eigenen Zuschnitts, ohne eine Ahnenreihe mit bemerkenswerten Namen kaum zu denken, auch wenn ihr der Traktatenschund völkischer Pseudopropheten die weit grelleren Umrisse verschafft hat. Die derzeitigen Ereignisse aber fallen ganz aus dieser Tradition heraus. Die ungeheure Entfernung zwischen denen, die herkömmlicherweise das Wort führen, und den Akteuren auf den Straßen spiegeln einerseits die Ergebenheitsadresse des AStA der Freien Universität an Erich Honecker zum vierzigsten Jahrestag der DDR; und auf der anderen Seite der Fehlschlag jener Resolution «Für unser Land», mit der Christa Wolf und andere die Eigenständigkeit der DDR zu behaupten versuchten und die im Echolosen untergegangen wäre, wenn ihr nicht Egon Krenz durch seinen Beistand einige unerbetene Resonanz verschafft hätte.

In Deutschland, Ost wie West, waren es demnach, im Unterschied zu Polen, der Tschechoslowakei und Rumänien, gerade nicht die Intellektuellen, die den 9. November, oder was ihm voraufging und folgte, vorbereitet und herbeigeführt haben. Eine Bewegung wie die Charta 77 hat es nie gegeben, nicht einmal vom sicheren Boden der Bundesrepublik aus, und vergebens sucht man so integre Fürsprecher der fundamentalen Bürgerrechte wie Václav Havel oder Mircea Dinescu unter ihnen. Vielmehr sind die meisten, selbst als das Beben schon spürbar war, der Opportunität gefolgt oder doch den Projekten der imaginären Paradiese, unerreicht von aller Misere der Menschen, die in den intellektuellen Verlautbarungen oft wie abgeschrieben wirkten. Am deutlichsten macht das die Haltung der Grünen sichtbar. Man kann der Idee eines deutschen Einheitsstaates mit manchen Vorbehalten begegnen; man kann die sogenannte deutsche Frage als Herausforderung zur Organisation einer größeren Friedensordnung begreifen, für die das zusammenwachsende Europa einen weiten, aber doch auch halbwegs festen Rahmen bereitstellt. Man muß, dies vorausgesetzt, gewiß auch darauf bestehen, daß das eine nicht vom anderen zu trennen ist. Etwas ganz anderes aber ist die Ungerührtheit, mit der, selbst in der Turbulenz der Novembertage, die meisten Sprecher der Partei dem Nachbarn verweigerten, was sie im Fernen gern einklagen. Es ist wohl falsch, wenn häufig gesagt wurde, darin offenbare sich ein Mangel an nationalem Empfinden. Damit kann man sich aus ernst zu nehmenden Gründen schwertun. Was weit stärker hervortrat, war der Mangel an elementarem, humanem Mitgefühl.

Vielleicht kommt im Blick auf die Grünen, die stärker als andere Gruppierungen die deutsche kulturpessimistische Tradition fortsetzen, etwas anderes hinzu, was zur Erklärung jenes Verstummens, das vom Gerede über die Zweistaatlichkeit nur unzureichend verdeckt wurde, beiträgt. Über ihre kümmernden Biotope gebeugt, auf Ozonlöcher und KKWs starrend, haben sie sich womöglich so unbeirrbar auf die Erwartung von Apokalypsen und pessimistischen Szenarien festgelegt, daß eine Wendung zum Besseren, irgendwo in der Welt, ihr Vorstellungsvermögen weit übersteigt. Mitunter meint man viele, die von dieser deutschesten aller deutschen Traditionen geprägt sind, noch wie gelähmt von der Erfahrung zu sehen, daß die Geschichte, einmal wenigstens, keine Katastrophe ausgebrütet hat.

Was überhaupt ins Auge fällt, ist der statische Charakter des Reagierens, das Festgelegtsein auf alte Rollen und Kategorien. Wer da heraustritt, sieht, wie früher Hans Magnus Enzensberger oder Martin Walser, erprobte Loyalitäten zerbrechen und Freunde zu Gegnern werden. Zwar hat der stürmische Verlauf der Ereignisse das Urteil im einzelnen oft erschwert, und immer wieder sah sich der Gedanke vom Geschehen überrollt. Die Indolenz jedoch, die das Schweigen und oft genug auch das Reden verrieten, ist etwas anderes und entsprach nur zu genau der Teilnahmslosigkeit, mit der schon in den Jahren zuvor, zur Zeit der Honecker-Herrschaft, die Menschen in jener Entrechtung alleingelassen blieben, von der man nicht erst weiß, seit es die Demonstranten für alle Welt unüberhörbar machten.

Die elementaren Menschenrechte haben jedenfalls, was die Bewohner der DDR angeht, in der Bundesrepublik auch auf seiten derer kaum Anwälte gehabt, die sich gern zu Sprechern dieser Rechte überall in der Welt machen, wie Joseph Rovan vor einiger Zeit nicht ohne befremdetes Erstaunen schrieb. Apathie und Anpassungswille wogen selbst dann noch schwerer, als das Regime schon aus den Fugen ging. Es macht etwas vom Rang Willy Brandts sichtbar, daß er frühzeitig die Bedeutung der Vorgänge erfaßt und, alle taktischen Erwägungen beiseite schiebend, die Worte gefunden hat, die nicht nur der Emotion des Augenblicks, sondern auch der politischen Vernunft gerecht wurden.

Das ist als Beispiel unabhängigen Verhaltens um so eindrucksvoller, als Willy Brandt dabei auch Positionen seiner Partei in Rechnung zu stellen und sogar aufzugeben hatte. Die Meinungsäußerungen derer dagegen, die sich von keinem politischen Kalkül beschwert wissen, scheinen merkwürdigerweise weit stärker in starren Denkfiguren befangen. Man kann in diesem Zusammenhang den korrupten Typus, den es auch gibt, außer acht lassen. Stefan Heym beispielsweise, der auf dem Anlauf zu einem besseren Sozialismus beharrt und gleichzeitig die Besucher aus der DDR verhöhnt, die staunend vor dem «glitzernden Tinnef» in jenen West-Berliner Läden stehen, aus denen er selber sich seit Jahr und Tag versorgt. Aber viele Einlassungen sind allzu offenkundig von ideologischen oder wie immer begründeten Präokkupationen bestimmt sowie von der Überlegung, wem das eine politisch nutzen oder das andere schaden könnte. Desgleichen tritt die Neigung hervor, im Gedanken gegen das Leben recht zu behalten und Theorien gegen die Wirklichkeit zu stellen.

Auf dieser Linie liegt etwa die Diskussion darüber, ob der Zusammenbruch des SED-Regimes als «Triumph des Kapitalismus» zu verstehen sei. Sie macht nicht nur die Fixierung auf das Ideologische sichtbar, auf Sachen und Ziele eher als auf Menschen, sondern auch in welchen ausgefahrenen Spuren sich der intellektuelle Disput in der Bundesrepublik bewegt. Denn natürlich hat nicht «der» Kapitalismus triumphiert, und schon gar nicht der, dessen obsoletes Bild in diesem Zusammenhang gern beschworen wird. Überlegen gezeigt haben sich vielmehr Idee und (wiewohl unzulängliche) Praxis der offenen Gesellschaft, die mit dem Kapitalis-

mus nur insoweit zu tun hat, als er die ihr zugehörige Wirtschafts-
verfassung ist. Man verkennt den Charakter der revolutionären
Vorgänge in Warschau, Budapest oder Ost-Berlin, wenn man sie
nach solchen vorgegebenen Mustern beurteilt und das Bürger-
rechtspathos überhört, das sie so vernehmbar antreibt. Zur offenen
Gesellschaft gehören einklagbare Grundrechte, Wahl- und Meinungsfreiheit, rechtsstaatliche Sicherungen einschließlich der Gewaltenteilung, Verwaltungskontrolle und anderes mehr. Was zu
Ende geht, ist die lange anachronistisch gewordene Klassengesell-
schaft unter sozialistischem Vorzeichen, der Neofeudalismus der
Honecker, Husák und Ceauşescu.

Unvermeidlicherweise spukt in den Einwänden, denen man zunehmend begegnet, auch das verloren geglaubte Utopiewesen
herum, die Träume von der schönen neuen Welt, denen sichtlich
kein Debakel den Garaus machen kann. Mit einer Ungerührtheit,
die etwas Atemverschlagendes hat, werden im Ruin ja nicht nur der
einen DDR, sondern europaweit aller sozialistischen Systeme
schon die Pläne für neue Ordnungsmodelle entworfen, in denen
die Gesellschaften wiederum als Experimentierfelder und die Menschen nur als Material figurieren. Ohne Utopie könne kein den-
kendes Wesen leben, lautet eine Literatenweisheit, die unterdessen
wieder billig ist. Denn solange die Konsequenzen anderswo ertragen werden müssen, ist es leicht, der DDR das Derivat davon, den
Sozialismus, zu empfehlen, während man selber, im Unbehelligten,
die idealen Welten weiterträumen kann. Aus einer Erfahrung re-
dend, die den Ideologieverdacht ausschließt, hat die Schriftstellerin
Monika Maron geschrieben: «Wo immer ich höre, daß einer weiß,
was der anderen Menschen Glück ist; wo immer ich lese, daß jemand im Namen einer Idee über Millionen Menschen verfügt, und
sei es nur in Gedanken; wo immer ich sehe, daß einer alten Ideologie frische Schminke aufgelegt wird, um ihren Tod zu maskieren,
packt mich das Entsetzen.»

Die manchem schmerzhafte Lektion der Epoche heißt am Ende

wohl, daß die Utopie, die Sehnsucht nach einer Welt der Eintracht, Ordnung und Gerechtigkeit, überhöht von spirituellem Glanz, nur ein Trugbild ist. Vielleicht wird man doch ohne Utopie leben müssen. Die Irritation jedenfalls, und nicht selten auch der offene Hohn, denen in den östlichen Nachbarländern die Versuche begegnen, die Idee des Sozialismus über und gegen sein Desaster zu retten, deuten an, daß die Menschen diesem Gedanken keine Chance mehr einräumen; daß sie dem Sozialismus, wie allen anderen Ismen auch, nicht einmal mehr den Rang einer erprobungsfähigen Alternative geben. Denn die Utopien haben durchweg in einem jener Unterjochungssysteme geendet, die gerade nicht eine Abirrung, sondern die unvermeidliche Logik aller verwirklichten Ismen sind.

Das kann, ihrem Wesen nach, auch nicht anders sein. Denn sie verstehen sich nicht als lediglich eine Idee neben mehreren konkurrierenden anderen, sondern als die eine richtige Idee gegen die Finsternis aller übrigen. So, wie es noch im Mai, in aller anmaßenden Unschuld, im *Neuen Deutschland* gestanden hatte: «Antikommunisten haben immer unrecht, wir, die Kommunisten, haben trotz mancher Fehler und Niederlagen immer recht.» Der Satz beschreibt, in denkbarer Kürze, warum solche Gedankensysteme, welcher Herkunft auch immer, mit dem Prinzip der offenen Gesellschaft unvereinbar sind und jener demokratische Sozialismus, auf den sich nun neue Erwartungen richten, entweder ein Irrtum ist oder eben, beim Wort genommen, jene Ordnung, die in der Bundesrepublik und anderswo, bei allen Unterschieden und Schwächen, schon existiert.

Die da und dort hervortretende Absicht, die DDR als Versuchsfeld für einen neuen Anlauf zum Sozialismus zu behaupten, hat unterdessen manche Widerstände unter denen wachgerufen, die diese Revolution begonnen und zu einem Zwischenerfolg geführt haben. Denn mehr als ein Zwischenerfolg ist es bisher nicht. Aber kaum ein Wort stützt sie oder die Sache der Bürgerrechte gegen die mit nach wie vor überlegenen materiellen und organisatorischen Mitteln ausgestattete und neues Selbstbewußtsein zurückgewinnende SED. Größer ist die Bereitschaft, sich gegen die ferne Möglichkeit einer Wiedervereinigung zu engagieren als für die elementaren Rechte der einzelnen.

Wenn die Stimmen nicht trügen, wird inzwischen, in der einsetzenden Polarisierung innerhalb der DDR, auch ein Vorbehalt gegen das politische Wortführertum der Intellektuellen vernehmbar, die in der Theorie hochreden, was dann für andere mühselige Praxis ist. Es ist ein langer Weg der Entfremdung, der niemandem dient. Die Veranstaltung vom 4. November auf dem Berliner Alexanderplatz war nicht zuletzt ein schon verspäteter Versuch, eine Art Meinungsführerschaft zurückzugewinnen. Die Reden und Appelle konnten jedoch nicht vergessen machen, daß so gut wie keiner von denen, die da auftraten, sich beizeiten zu Wort gemeldet und das Selbstverständliche gefordert hatte; vielmehr hatten das die Leute von der Straße getan, die von keinem Idealbild, keinem leitenden Entwurf bewegt waren, sondern einfach von der Unerträglichkeit des Bestehenden. Vielleicht hat dieser Umstand erst den besonnenen Verlauf dieser Revolution ohne Vorbild ermöglicht, den Verzicht auf Radikalismus, den viele als das eigentliche Wunder empfunden haben, und manches spricht dafür, daß darauf auch zurückzuführen ist, was J. P. Stern als «die Abwesenheit jenes schauderhaften germanischen Ernstes» beschrieb, «der in der Vergangenheit so oft in Aggressivität umschlug, in Fanatismus und Gewalt». Denn die Wendung ins Inhumane entspringt immer dem Dogmatismus einer Theorie.

Vermutlich ist der Zeitpunkt noch nicht da, um die ganze Bedeutung der Vorgänge zu erfassen, die das Jahr beherrschten. Sicherlich schlägt aber, als verbindender Antrieb aller Erhebungen von Warschau bis Bukarest, das Verlangen der Menschen durch, von jenen politischen Erlösungssystemen verschont zu bleiben, die dem 19. Jahrhundert entstammen und das unsere millionenfache Opfer kosteten. Václav Havel hat sich unlängst zum Sprecher gegen den

Terror der Ideologien gemacht und diese Bewegungen als Aufstand des Anspruchs auf das kleine Glück gegen die großen politischen Heilsentwürfe gedeutet. «Der Utopismus der Epoche hat sich für unser Land in grausamer Weise nicht ausgezahlt», schrieb er, und: «Wer schlägt uns hier wieder irgendwelche ‹strahlende Morgen› vor?»

Sollte es sich so verhalten, zeigte sich nicht nur, wie weit diejenigen, die schon wieder gesellschaftliche Entwürfe erdenken, die Träume von gestern träumen. Vielmehr würde es auch erklären helfen, warum sie in ihrer anhaltenden Fixierung auf die Systeme und in ihrer Entfremdung von den Menschen die Revolution des zurückliegenden Jahres verpaßt und bis heute so wenig dazu zu sagen haben. Denn das 19. Jahrhundert, dem noch immer die Frontstellungen und die Idealbilder, die Rollenverständnisse und auch die Gespenster unserer Tage entstammen, schließt nun ab. Das Spiel ist neu gemischt. Viele aber sitzen noch immer mit den alten Karten am Tisch und versuchen, so verzweifelt wie ergebnislos, die Zeichen darauf zu lesen.

Was für Berlin als Hauptstadt spricht

(12. April 1990)

Bis vor kurzem erschien es ausgemacht, daß der Vereinigungsprozeß der beiden deutschen Teilstaaten mit der Wiedereinsetzung Berlins als Hauptstadt seinen sinnbildlichen Abschluß finden werde. Wirklich umstritten ist die Vorstellung auch jetzt nicht. Sowohl das Geschichtsgefühl als auch eine jahrzehntelang beschworene Doktrin verweisen auf die ehemalige Reichshauptstadt. Noch beim Gorbatschow-Besuch von 1989 erklärte der Bonner Oberbürgermeister, daß seine Stadt nur die Stellvertretung für Berlin ausübe.

Aber eine buntgemischte Lobby, angeführt von den Ministerpräsidenten einiger Bundesländer bis hin zu den Bonner Immobilienbesitzern, ist, seit die großen Worte von gestern zur Wirklichkeit von morgen werden, dabei, ein durchaus bezifferbares Interesse zur Höhe eines historischen, politischen und, wie anders, moralischen Arguments zu erheben. Unversehens verwandelt sich die enge, auch liebenswürdige und oft belächelte Kleinstadt am Rhein zum Inbegriff für die Erfolgsgeschichte der Bundesrepublik, ganz so, als habe es dem Weltgeist gefallen, sich einmal an einem Ort niederzulassen, der nicht zufällig hinter den Sieben Bergen liegt.

Es fällt gewiß niemandem schwer, das Lob der deutschen Provinz zu singen; die Vorzüge des Landes haben viel damit zu tun. Aber dies ist nicht so sehr ein Verdienst Bonns und geht erheblich weiter zurück. Die in der nationalen Geschichtsschreibung des 19. Jahrhunderts oft beklagte deutsche Zersplitterung war immer auch ein deutscher Reichtum, der selbst nach der Einigung von 1871, trotz aller ungestümen Zentralstaatsdynamik, nicht Schaden

61

genommen hat. Zu keiner Zeit jedenfalls hat Berlin den auszehrenden Sog von Paris oder London entwickelt. Dafür war es in allem Glanz und selbst mit Hilfe Preußens, das es nicht mehr gibt, zu schwach, man kann auch sagen, das geschichtlich gewachsene Selbstbewußtsein der Teile war zu stark.

Neben solchen föderalen Besorgnissen werden gegen Berlin vor allem die Erinnerungen der Geschichte aufgeboten: die Stadt, so heißt es, werde noch immer, zumindest im Ausland, als Symbol des hegemonialen Ehrgeizes und eines Expansionsstrebens gesehen, das seinen konsequenten Ausdruck im Hitler-Staat gefunden habe. Verblüffenderweise kommt dieser Vorbehalt nicht selten von einer Seite, die mit guten Gründen widerspricht, sooft die deutsche Geschichte auf jene zwölf Jahre verkürzt wird, wie weit deren Schatten auch fallen mag. Läßt man sich überhaupt auf solche Symbolik ein, gerät man leicht in Untiefen. Die Paulskirche beispielsweise, die Frankfurts Ambitionen unterbauen soll, war ja, neben allen erinnerungswürdigen Zügen, auch ein Symbol demokratischer Ohnmacht und Realitätsferne, während Berlin im Verlauf der zurückliegenden vierzig Jahre für den Selbstbehauptungswillen des Westens stand und in der politischen Metaphorik als «Insel der Freiheit» figurierte.

Fraglos spiegelt die Stadt wie keine andere die schroffen Ambivalenzen der neueren deutschen Geschichte. Sie konfrontiert das Bewußtsein beschönigungslos mit der Wirklichkeit, während Bonn das niedrige Profil begünstigt, das Sichheraushalten im Historischen wie im Politischen: die Provinz als Alibi. Das mochte eine Zeitlang opportun sein; die Bundesrepublik hat die Rolle des politischen Zwerges, für den sie sprichwörtlich wurde, wohl nicht zuletzt dank der Hilfe Bonns so erfolgreich spielen können. Doch mit dem neu entstehenden Mächtesystem, das der Nachkriegsordnung ein Ende setzt, wird auch der Tag absehbar, an dem das Land diese Politik aufgeben und Verantwortungen übernehmen muß, die seinem Gewicht entsprechen.

Zugunsten Bonns wird auch ins Feld geführt, daß es die westliche Verankerung der Bundesrepublik verkörpere. Zweifellos würde sich mit Berlin als Hauptstadt der Schwerpunkt des Landes nach Osten verschieben. Aber das ist ein sehr defensives Argument und wenig überzeugend in einem Augenblick, da Lebensform und politische Kultur des Westens sich über die alten Markierungen an der Elbe hinweg ausdehnen. Die Aufgabe wäre gerade, den noch auf Jahre hin gefährdeten Prozeß der Verwestlichung Osteuropas mit zu befördern und ihm den politischen und materiellen Halt zu bieten, auf den er angewiesen ist.

Diese Herausforderung verlangt ein hohes Maß an Umsicht und mehr Wirklichkeitssinn, als die deutsche Politik der älteren Zeit meist aufgebracht hat. Aber nirgendwo sonst sind Geschichte und Zukunft nachdrücklicher präsent als in Berlin. Im Widerstand gegen die Stadt drückt sich auch ein traditioneller Widerstand gegen die Realität aus. Zu den idyllischen Vorzügen Bonns gehörte, weit weg davon zu sein und von all den Menschen, wie die verräterische Formel lautet, «draußen im Lande».

Niemand wird leugnen, daß eine Hauptstadt Berlin auch Risiken birgt. Die vergangenen Jahre haben gelegentlich Zweifel an der Haltbarkeit der Bindungen zum Westen geweckt. Hinter manchem Plädoyer für Berlin mögen alte Vormachtträume stecken, auch Phantasien einer deutschen Sonderrolle zwischen Ost und West. Doch die Staatsräson auch des geeinten Landes muß die Orientierung nach Westen bleiben. Womöglich gewinnt sie durch die Vereinigung noch an Rückhalt. Denn die Erfahrung von vierzig Jahren hat nicht nur den Sozialismus demoliert, sondern auch die Trugbilder vom Heil aus dem Osten und einer besonderen deutschen Mission nach Westen. Sollte diese Lehre verloren sein, wird auch die Hauptstadt Bonn dem Unglück nicht wehren.

Auf dem Hochsitz der Moral

Der Krieg am Golf und seine Gegner

(24. Januar 1991)

Die Kundgebungen von Angst und Protest angesichts des Golf-
krieges mobilisieren kaum irgendwo so große Menschenmassen
wie in Deutschland. Die Veranstalter selber sind überrascht von
dem Echo, das sie finden. Wie mit einem Schlage sind die längst totgeglaubten Friedensinitiativen und Aktionsbünde aus den Zeiten
der Nachrüstungsdebatte wiederaufgelebt, in denen sich ein bunt-
gemischter Anhang von Kirchenleuten, Gewerkschaftern und
Grünen bis hin zum anarchistischen Milieu zusammenfand.

Für die besondere deutsche Aufgebrachtheit gibt es zahlreiche
Gründe. Immer wieder gerät dabei die widersprüchliche Gemüts-
verfassung einer Nation in den Blick, die in einem der wohlhabend-
sten, politisch und sozial stabilsten Staaten der Welt lebt und doch
in jeder Krisensituation eine Labilität offenbart, die als «German
Angst» weltweit sprichwörtlich geworden ist. Sie hat als eine der
Bedrohungsmächte die Vereinigten Staaten ausgemacht. Die Demonstrationen der vergangenen Tage zeigen, daß es in Deutschland
einen Antiamerikanismus gibt, der jederzeit demagogisch abrufbar
ist. Sein Hauptmotiv, das aus vielen entlegenen Tendenzen genährt
wird, ist ein radikaler Vorbehalt gegenüber aller behaupteten und in
Anspruch genommenen Macht.

Dieser Vorbehalt hat sichtlich mit dem nachwirkenden Schock
der Hitlerzeit zu tun. Die Last jener Jahre hat eine moralische
Empfindlichkeit geweckt, die als Gewinn zu sehen ist und jede Er-
mutigung verdient.

Sie wäre allerdings glaubwürdiger, wenn sie belehrter aufträte.
Alle Bemühung in der Vermittlung geschichtlicher Kenntnisse hat,

64

wie man derzeit sehen kann, nicht mehr als einen dumpfen, guten Willen hervorgebracht, der ganz unterscheidungsunfähig bleibt. Zu den elementaren Lehren der Hitlerjahre gehört, daß jede Nachgiebigkeit gegenüber dem Erpresser einen weit höheren Preis an Opfern und Zerstörung verlangt als die Unbeugsamkeit; und daß gegen den zum Krieg Entschlossenen der Friede schwerlich behauptet werden kann. Es gibt einen Test für alle Antikriegsparolen, die in diesen Tagen herumgetragen werden: ob sie auch gegen Hitler, im Europa der Jahre 1938/39, standgehalten hätten. Die Antwort kann nicht zweifelhaft sein.

Was die Mehrzahl der Demonstranten und eher noch ihre Stichwortgeber aus Politik und Lehrerschaft kennzeichnet, ist strenggenommen aber nicht so sehr die Unfähigkeit, Unterscheidungen zu treffen, als vielmehr der Unwille dazu. Nie gab es einen Protest, der so ohne Argument war. Kein empfindender Mensch wird den Opfern des Krieges sein Mitgefühl versagen. Doch der moralische Rigorismus, der auf den Straßen umgeht, will weit mehr. Er verlangt den Verzicht auf das Denken überhaupt und stellt sich blind gegenüber der Vorgeschichte des Konflikts sowie gegenüber den so deutlich wie selten verteilten Verantwortlichkeiten. Er fragt auch nicht, ob er gerade unvermeidlich macht, wogegen er protestiert, indem er den irakischen Diktator in dem Eindruck bestärkt, seine Rechnung könne aufgehen, wonach sein Volk zwei bis drei Millionen Kriegsopfer klaglos hinnehmen werde als der Westen einige tausend.

Dem Druck zum Denkverzicht haben auch die Politiker des Landes nachgegeben. Selbst die Redseligen schweigen. Vielleicht ist der Eindruck vieler Beobachter zutreffend, daß auf den Kundgebungen in Deutschland ein unduldsamerer Ton durchschlägt als anderswo, und womöglich werden darin, noch einmal, die Folgen der Hitlerjahre sichtbar. Das Hochgefühl endlich begriffener und bewältigter Vergangenheit, das viele Demonstranten erfüllt, steigert noch das Bewußtsein moralischer Überlegenheit: als sei man aus den Untiefen der Geschichte mit einem geschärfteren Gewissen

65

hervorgegangen als die anderen und halbwegs schon in einer Welt, die alle machtpolitischen Engstirnigkeiten überwunden hat.

Die moralisierende Sonderrolle, an der die Deutschen dieser Tage so viel Gefallen finden, stößt jenseits der Grenzen begreiflicherweise auf Befremden. Denn es liegt auf der Hand, daß die radikale Gesinnungsethik, die sie zu ihrer Sache gemacht haben, auch eine Ausflucht vor den oft quälenden Alternativen des politischen Handelns ist. Während Amerikaner, Engländer oder Italiener dem Beschluß der UN nachkommen und dem Recht unter den Völkern Genüge tun, achten die Deutschen, die alle Vorteile dieser Ordnung in Anspruch nehmen, von einer Art Hochsitz aus auf die Einhaltung des moralischen Prinzips und verteilen Tadel an diejenigen, die sich in die tausend Widrigkeiten einer schuldverstrickenden Praxis begeben.

Diese Haltung geht weit über den Kreis der Demonstrierenden hinaus. Sie ist so etwas wie die verschwiegene Staatsräson der Republik. Zum tieferen Grund der Ängste zählt daher auch die Ahnung, daß das größer gewordene Land in der nächsten Krise nicht mehr mit einer bloß symbolischen Teilnahme davonkommen wird. So ist es dabei, auf einen Platz zwischen den Stühlen zu geraten, weil alle Welt begreift, daß die behauptete Moralität eine Politik des Heraushaltens verschleiern soll, die von Indifferenz kaum zu unterscheiden ist. Die eilig angesetzte Reise nach Israel zeigt womöglich, daß man die verheerenden Wirkungen dieses Versteckspiels zu erfassen beginnt. Was aber nach wie vor fehlt, ist ein Begriff davon, wohin man gehört und wofür man im Ernstfall einzustehen hat. Hans-Jochen Vogel bekundete bei Ausbruch des Krieges sein «sprachloses Entsetzen». Er brachte damit das Dilemma einer moralischen Reaktion zum Ausdruck, die kein politisches Standortbewußtsein hat.

Friedrichs letzte Reise

Zu den Aufgeregtheiten über die Umbettung
des Preußenkönigs

(17. August 1991)

«Ich weiß nicht», hat Friedrich einst in jenem bizarren Kutscher-
deutsch geschrieben, das er nach seinen eigenen Worten beherrschte, «wohr mir Mein Stern Noch herum-promenieren wird.»
Jetzt kommt er, nach manchen Irrfahrten, endlich zur Ruhe.

Aber begleitet ist diese letzte Reise, die unter anderem den testa-
mentarischen Willen des Königs nach einer Grabstätte auf der Terrasse von Sanssouci erfüllen soll, von jenem Meinungsgetöse, das
nahezu jede historische Erinnerung mit einiger Verbindung zur
Gegenwart umgibt. Zwar ist der König, Herrscher lediglich eines
wenn auch geschichtsmächtig gewordenen deutschen Teilstaats,
seit mehr als zweihundert Jahren tot, der Staat selber längst zerschlagen und für die Mehrheit ein leerer, verdämmernder Begriff.
Gleichwohl bietet der Vorgang Gelegenheit, sich wieder einmal
seufzend über die eigene Geschichte zu beugen und schlimmste
Besorgnisse zu äußern.

Das betrifft weniger den unvermeidlichen Parteienstreit, der sich
vor allem wegen der Teilnahme des Bundeskanzlers an der Beisetzung sowie überhaupt an dem «Spektakel» entzündet hat, das den
Vorgang von heute abend und heute nacht umgibt. In der Tat steht
die Veranstaltung, wie schlicht sie nach den Worten des Ministerpräsidenten Stolpe auch ablaufen mag, im Widerspruch zum strik-
ten Wunsche Friedrichs. Aber «im Schein einer Laterne» kann unterdessen nichts mehr stattfinden, woran die Öffentlichkeit Anteil
nimmt. Die Zeit und nicht zuletzt die Medien verlangen nach In-
szenierung, Aufwand, Bildern, und strenggenommen sind bereits
die Interventionen der vergangenen Wochen, bis hin zu dem für

heute angekündigten «bayerischen Aufschrei», selber Teil des Spektakels, das von den gleichen Stimmen verdammt wird.

Darüber hinaus aber haben angesehene Historiker sich mit der Befürchtung zu Wort gemeldet, daß die Rückkehr der beiden Preußenkönige nach Potsdam einen neuen «Nationalismus» und sogar «Militarismus» wecken könnte, und Sebastian Haffner, dem wir ein kluges, aus analytischer Distanz immer wieder in Bewunderung umschlagendes Buch über Preußen verdanken, hat sogar die Erinnerung an den 21. März 1933, den «Tag von Potsdam», beschworen, an dem Hitler durch einen pompösen Staatsakt, assistiert von Hindenburg, Hohenzollernprinzen und Generalität, die preußische Tradition usurpierte.

Die meisten dieser Besorgnisse haben etwas ungemein Bemühtes, verquer Zerknirschtes, das man nur mit Mühe nachempfinden kann. Wo in der Bundesrepublik sollte ein neuer Nationalismus einen Kern und Ansatzpunkt finden? Was die Vereinigung, allen auch damals geäußerten Befürchtungen zum Trotz, nicht zur Folge hatte, wird gewiß auch die Potsdamer Beisetzung nicht bewirken. Die Traditionsvereine, die sich von der Veranstaltung Zulauf versprechen, werden überwiegend und zu Recht als eine Sache halbwegs zwischen Kostümfest und Zinnsoldatenspielerei betrachtet.

Denn die Zeit Otto Gebührs ist lange vorbei und damit auch das Geschichtsbild, das die Fridericus-Filme popularisierten, mit dem König als deutsch-nationalem Stichwortgeber, in dessen Bild alle aufgeklärten, liberalen und skeptischen Züge fehlten, seine Misanthropie und die Verzweiflung über das «abscheuliche Handwerk», zu dem er sich, dem Geist der Zeit, politischem Kalkül und persönlichem Ehrgeiz folgend, genötigt sah. Spätestens seit der Debatte, die 1981 mit der Preußen-Ausstellung in Gang kam, widersetzt sich die vielfach gebrochene, zwischen Selbstaufopferung und Zynismus schwankende Figur dieses Herrschers allen eindeutigen, in verklärendes Licht gehüllten Inanspruchnahmen.

Nicht anders verhält es sich mit Preußen selber, dem immer angestrengten, nie zur Ruhe kommenden und in seiner dem bloßen Zweck verpflichteten Vernünftigkeit eher erkältend wirkenden Kunststaat, der aber doch zu seiner Zeit das modernste Staatswesen der neu anhebenden Epoche war und, nach dem Urteil des französischen Historikers Henri Brunschwig, das Produkt der Aufklärung und deren eigentliche Heimat. Auch im Blick darauf haben sich die pathetischen Vorstellungen von einst in jene Widersprüche aufgelöst, die das zutreffende vom lediglich mythologischen und als Droge einsetzbaren Geschichtsbild unterscheiden.

Dieses komplexere Geschichtsbild sollte uns aber auch im Umgang mit der Vergangenheit gelassener machen und nicht vor jedem Gedenktag, jedem Ereignis, das eine historische Erinnerung jenseits von Schuld und Opfergedenken heraufruft, erzittern lassen. Friedrich kehrt nach Potsdam zurück, nicht nach Walhall. Und auch die preußischen Tugenden, die viele unverdächtige Fürsprecher haben, werden nicht zurückkommen. Es ist alles nur noch Geschichte.

Im ganzen gehören Friedrich und Preußen auf deren erinnerungswürdige Seite. Es gibt die düsteren Züge, aber, zumal im Vergleich mit anderen Staaten der Zeit, die hellen auch. Zwar verbreitet ihr Leuchten oft einen stechenden Glanz. Aber das alles liegt in jeder Hinsicht hinreichend lange zurück, als daß es im einen oder im anderen Sinne noch blenden könnte.

Es ist, wie Umfragen zeigen, auch nicht zu sehen, daß die Öffentlichkeit diese Gefahr liefe. Viel eher sind es die bekümmerten Auguren, die ihr zu erliegen drohen.

Das letzte Tabu

Gedanken nach Rostock und Mölln

(30. Januar 1993)

Sechzig Jahre nach der Machtergreifung scheinen Hitler und sein Schatten in der Welt der Begriffe so nah wie nie. Die Stellungnahmen nach Rostock und Mölln beschworen Mal um Mal die Erinnerung an das Rowdytum der braunen Schlägerkolonnen, auch wenn es meist mit jenem leeren Automatismus geschah, mit dem man sich hierzulande auf die Seite der Gutwilligen zu schlagen gelernt hat.

Aber das ist nur die eine Seite der Sache. Zugleich gibt es im Verhältnis zu jener Vergangenheit einen Bruch, der tiefer reicht als alles bisher. Was wir erleben, ist nichts anderes als die Leugnung der Lektion, die die Hitler-Katastrophe vermacht hatte. Es ist, als sei die moderierende Kraft der Erinnerung ausgelöscht. Denn die jugendlichen Gewalttäter haben nicht nur das so vielfältig überlieferte Grauen jener Jahre vom pathoslosen Massensterben in den Lagern wie in den Schlachten aus dem Bewußtsein verloren. Was den eigentlichen Bruch ausmacht, ist vielmehr, daß der gegenwärtige Protest sich in Abzeichen und Parolen ganz unverhohlen zur Anstößigkeit jener Zeit bekennt. Diese Auftritte sind sichtlich der Versuch, die Gesellschaft an ihrem empfindlichsten Punkt zu treffen.

Denn das moralische Verdikt über die Hitler-Jahre war so etwas wie das letzte intakte Tabu der Republik. Die Bezichtigung einer wie indirekt auch immer herstellbaren Verbindung zu Hitler oder seiner Gedankenwelt stigmatisierte den Betroffenen und schloß ihn gleichsam aus der Gesellschaft aus. Es macht gerade den radikalen Einschnitt der jüngsten Vorkommnisse aus, daß dieser Konsens erstmals verweigert wird. Die Jugendlichen mit Reichskriegsflagge und Hakenkreuz geben mit ostentativem Hohn zu erkennen, daß jene Brandmarkung für sie den Schrecken verloren hat.

Jetzt fragt alle Welt, wie das möglich wurde. Dabei beginnt auch die Ahnung zu dämmern, daß eine Gesellschaft der selbstauferlegten Verbote und Restriktionen bedarf. Jahrelang waren die Anwälte solcher Einschränkungen die Spottfiguren eines Zeitgeistes, der jeden Verstoß gegen Konventionen, Regeln oder auch nur Stil und Geschmack als Gewinn neuer Freiheiten bejubelte. Die Kulturetats hätschelten jede vom Kunstvorbehalt notdürftig verhüllte Barbarei, sofern sie nur vorgab, das zu demolieren, was als Form, Takt, Anstand und damit als verkrustete Struktur, auch als unbefragte Autorität im allgemeinen Verruf stand: in der Literatur, im Film und mit Vorliebe im Traumbezirk enthemmter Stadtväter, auf dem Theater. Wie konnte man glauben, daß dieser Zerstörungsprozeß irgendwo haltmachen werde? Es gab und gibt seit langem kein Tabu, das demjenigen, der es bricht, nicht rasche Prominenz, Umsatz, Ermunterung, Etats oder auch Einschaltquoten verbürgte. Jeder kennt die Beispiele. Jetzt, angesichts der Gewaltausbrüche, zeigen sich die gleichen Leute fassungslos, die sich nicht genugtun konnten, die Verletzung aller Gesittungsnormen als Ausdruck progressiver Gesinnung zu feiern. Wenn Hitler tatsächlich das letzte Tabu dieser Gesellschaft war, konnte es nur eine Frage der Zeit sein, bis auch dies fiel.

Kultur und zivilisiertes Wesen überhaupt sind das Ergebnis mühsamer Entwicklungsgänge und allenfalls ein dünner, immer gefährdeter Firnis über der rohen Natur. Zu den Merkwürdigkeiten der gegenwärtigen Debatte zählt die viel gehörte Frage, wie der Ungeist der Hitler-Zeit gerade über die Rockszene zurückkehren konnte. Als ob nicht jedes Konzert vor Augen und Ohren führte, wieviel Rebarbarisierungssehnsucht, Flucht- und Regressionsbedürfnis da zum Ausbruch drängt und die Musik der Horde zurückbringt. Die heute mit so viel Beunruhigung registrierten Texte der «Böhsen Onkelz» oder der Gruppe «Störkraft» enthüllen nur, was deren Auftritte, buchstäblich avant la lettre, lange erkennbar machten.

Trotz solcher Zusammenhänge, die noch der Untersuchung harren, sprechen viele Indizien dafür, daß jene Jugendlichen, die sich zur Gewalt überwiegend gegen Asylbewerber zusammenfinden, weder eine rechtsradikale Ideologie besitzen noch von wirklichem Fremdenhaß getrieben sind; einer der Täter von Mölln besuchte noch am Abend vor dem Brandanschlag ein türkisches Restaurant. Viel eher ist da eine Orientierungslosigkeit am Werk, die von der permissiven Gesellschaft selber erzeugt wird, sowie der Wille, ihr die Konsequenzen ihrer prinzipienlosen Idee von Freiheit vor Augen zu führen.

Nun sitzen die Sozialpsychologen wieder zusammen und brüten Therapien gegen jene Repressionen aus, in denen sie, wie eh und je, die Wurzeln aller Übel erkennen: Öffnung der Strukturen, dazu politische Bildung, Begegnungsprogramme und dergleichen. Es sind aber nur die Heilmittel, deren beschränkte Wirkung gerade offenbar geworden ist. An die Neubestimmung jener Grenzen, die jede Gesellschaft aufbauen und beachten muß, um überhaupt Gesellschaft zu sein, macht sich kaum jemand.

Es steckt ein unauflösbarer Widerspruch darin, alle gesellschaftlichen Regeln und Verbote als unerträgliche Unterdrückung zu geißeln und sich zugleich erschrocken zu zeigen über die Rückkehr des NS-Ungeistes. Strenggenommen verhalten sich nämlich die jugendlichen Gewalttäter durchaus folgerichtig. Denn Hitler war der radikalste Tabuzerstörer. Zu seinen elementaren Affekten zählte der Haß gegen die Domestizierung der Instinkte durch den kulturellen Prozeß. Ihn wollte er umkehren. So daß man sagen kann, alle Enttabuisierung ende zuletzt bei ihm – oder doch in jener Dschungelwelt, in der er das Urgesetz des Lebens sah.

Die ungeschriebenen Regeln

Zu den Hintergründen der CDU-Spendenaffäre und
anderer Skandale

(17. März 2000)

Jede freiheitliche Ordnung ruht auf einem Fundament aus Gesetzen, Regelwerken und unabhängigen Institutionen. Aber der festere Boden, den sie benötigt, ist ein Zusammenhang von wenigen prinzipiellen Überzeugungen, von Formen und moralischen Selbstverständlichkeiten. Zwar können sie unausgesprochen bleiben, doch muß ihre Geltung unbestritten sein. Anders kann ein System geordneter Freiheit keine Dauer haben.

Das ist der tiefere Grund der Krise, die das Land derzeit durchmacht. Angesehene Politiker und Rechtslehrer haben eine Anzahl von Vorschlägen unterbreitet, wie den offenkundig gewordenen Unzulänglichkeiten des politischen Betriebs abzuhelfen sei, angefangen von bestimmten Amtszeitbegrenzungen bis hin zu verläßlicheren Kontrollmechanismen. Manche dieser Anregungen sind zweifellos bedenkenswert wie die persönliche Haftung bei Verstößen gegen das Parteiengesetz und vor allem die bislang allein in Bayern sowie, wenn auch nur auf kommunaler Ebene, im Südwesten gebotene Möglichkeit, mit der Zweitstimme die von den jeweiligen Parteiapparaten festgelegte Rangfolge bei der Kandidatenauslese zu verlassen und einen persönlich bevorzugten Bewerber zu wählen. Aber die Mehrzahl der vorgetragenen Abhilfen ist nicht viel mehr als ein Ausdruck des tiefverwurzelten deutschen Regulierungsvertrauens: überzieht man die Welt mit einem dichten Netz von Vorschriften, kommt sie am Ende auch in Ordnung.

Das Problem sind jedoch weniger die mangelhaften Regelungen als vielmehr der überhebliche Umgang mit ihnen sowie die Verstöße gegen das, was man den Geist dieser Gesetze nennt. Helmut

Kohl begann sein Amt als Ministerpräsident von Rheinland-Pfalz mit materiellen Gewährleistungen an die Politiker des Landes und war dabei umsichtig genug, die Opposition in diesen Winkelzug einzubinden. Und da er gleich im ersten Anlauf mit diesem Verfahren Erfolg gehabt hat, ist er auf die eine oder andere Weise dabei geblieben. So gut wie kein Gesetz kann dergleichen verhindern, zumal wenn die inner- und außerparteilichen Gegner die Korruptionsfalle nicht spüren, die solche Ansinnen enthalten, und keinen Sinn für das Erlaubte aufbringen oder für die Maßstäbe, die jenseits der Gesetze stehen. Machten sich etwa Rita Süßmuth oder Martin Bangemann ein Gewissen aus den Vorteilsnahmen, auf die sie aus waren? Oder Oskar Lafontaine und Dutzende weiterer Politiker aus den Mehrfachpensionen, die sie beziehen? Zu schweigen von den zahlreichen Unterschleifen in Ländern und Kommunen, die immer wieder bekannt werden? Es geht alles nach Recht und notfalls selbstgeschaffenem Gesetz, und wo der Buchstabe versagt, läßt sich immer noch eine Begründung finden, die zum Hausieren taugt. Wie seit Jahr und Tag griff der DGB auch diesmal wieder, noch dazu auf dem Höhepunkt der Debatte über die finanziellen Mißbräuche, mit Mitgliedsbeiträgen zugunsten der SPD in den Wahlkampf in Schleswig-Holstein ein. Wer oder was sollte ihn daran hindern? Gewiß nicht das Gesetz. Aber die ungeschriebenen Normen werden dadurch unstreitig verletzt, man kann mit einem altmodischen Begriffspaar auch sagen: Anstand oder Treu und Glauben.

Schon diese wenigen, beliebig herausgegriffenen Beispiele offenbaren, daß die Ordnungsverluste auf allen Seiten anzutreffen sind. Zwar richten sich Aufmerksamkeit und Empörung der Öffentlichkeit im Augenblick fast ausschließlich gegen die Bewandtnisse an der Spitze der CDU: zu unerwartet und geradezu überfallartig brachen die Regelverstöße von der Geldwäsche über die Anderkonten bis hin zu den Pseudovermächtnissen herein und verurteilten begreiflicherweise alle Versuche der Partei zum Scheitern, die Vorkommnisse als Eigenmächtigkeiten Kohls und einer kleinen Gruppe persönlicher Vertrauensleute auszugeben. Die Redlichkeitsrhetorik, mit der sie sich gern hervorgetan hatte, holte sie jetzt ein. Und was soll man zu Nordrhein-Westfalen sagen, wo ein vielverzweigtes System der organisierten, an den Gesetzen wie am guten Stil vorbeilaufenden Selbstherrlichkeiten zur Machterweiterung und Machtsicherung aufgebaut wurde? Wo Bankangestellte, wenn es denn der Parteinutzen verlangte, Regierungsfunktionen wahrnahmen oder Geschäftsunterlagen zur Not «klinisch gereinigt» wurden? Alle Welt beeilt sich zur Zeit, die Unvergleichbarkeit des einen Skandals mit dem anderen zu beteuern. Aber der unvoreingenommene Beobachter fragt sich, ob der ganze Unterschied nicht vor allem in der überlegenen Öffentlichkeitsarbeit der einen Seite besteht. Gemeinsam jedenfalls ist den Beteiligten hier wie dort, daß sie die geliehene Amtsgewalt als eine Art Vollmacht ansahen, die ihnen alles gestattete, was Gutdünken und Machtinteresse geboten.

Die verlorenen Maßstäbe sind die Ursache für das fehlende Unrechtsbewußtsein. Die Vorstellung, daß der Erfolg jede Unkorrektheit heilt, ist in allen Lagern anzutreffen. Denn wie sonst kann es sein, daß Johannes Rau die Logenbruderschaft, in der einem «Spiegel»-Bericht zufolge vom Regierungschef über die Vorstände der wichtigeren Staatsfirmen und natürlich dem Landesbankleiter bis zum Intendanten des WDR alles versammelt ist, was über Rang und Einfluß im Lande gebietet, in aller Unschuld mit dem anrüchigen Begriff des «Sparclubs» bezeichnet? Sein Nachfolger als Ministerpräsident nannte die Anschuldigungen der gleichsam schwarzen Fliegerei zunächst eine «Luftnummer», sah sich anschließend ins Unrecht gesetzt, verwendete aber den Begriff nach knapp bemessener Schamfrist aufs neue, als sei nichts gewesen. Zugleich bereicherte er die Öffentlichkeit um einen neuen Begriff der parteipolitischen Semantik. Der zurückgetretene Minister Schleußer habe, so erfährt man, nicht etwa gelogen, sondern lediglich «eine unkorrekt scheinende (!) Aussage gemacht». Und dann, im Ton des Selbstherrschers: «Damit hat es sich.»

Natürlich blüht in Zeiten wie diesen die Scheinheiligkeit auf allen Seiten, und wer vermag sich schon mit dem Aperçu eines der großen französischen Moralisten zu trösten, wonach die Heuchelei immer auch eine Huldigung des Lasters vor der Tugend sei. Gewiß kann man das Bestreben der CDU verstehen, den Schaden für die Partei gering zu halten. Doch wenn man das Wort «Aufklärung» so unentwegt im Munde führt, darf man sich nicht jedes Eingeständnis erst bei unmittelbar drohender Veröffentlichungsgefahr abnötigen lassen. Auf der anderen Seite ist der moralische Überbietungswettbewerb, den die Herren Struck und Müntefering nach Art von Pitbulls veranstalten, schwer erträglich, wiewohl die Attacke der Sache nach zu ihren Aufgaben zählt. Aber gehören Verdächtigungen, Insinuationen und persönliche Herabsetzungen bei ungeklärter Sachlage auch dazu? Zweifellos ist die Verlockung übergroß, Fragen der Rechtschaffenheit als Waffen im Parteienkampf zu nutzen, zumal Kohls unsägliches Verhalten die Gegner der Partei zu solchen Auftritten geradezu einlädt. Wie es anders geht, hart, intransigent und doch ohne Selbstgerechtigkeit, hat unlängst in einer Fernsehsendung Henning Scherf gezeigt. Denn in Wirklichkeit vergrößert die moralische Überhebung die Krise nur, die jeder beklagt. Das Publikum wendet sich vom einen wie vom andern ab. Den Umfragen zufolge setzen lediglich noch siebzehn Prozent der Wähler Vertrauen in Politik und Politiker.

Verschiedentlich ist zu Recht gesagt worden, daß es sich bei alledem nicht um eine Staats- oder Systemkrise handelt. Aber die Beruhigung, die von dieser Beteuerung ausgehen soll, ist womöglich trügerisch und nicht zu weit, sondern im Gegenteil zu eng gefaßt. Die Frage lautet nämlich, ob es sich bei den Skandalen, die seit rund vier Monaten das Land in Atem halten, nicht um einen erheblich weiter reichenden Notstand handelt und Parteien wie Politiker lediglich den Zustand spiegeln, in dem sich das Land im Ganzen befindet. Richard Schröder hat in seinem Beitrag zu dieser Serie auf die Praxis der falschen Quittungen und andere Betrügereien verwiesen, die gang und gäbe sind und so schlecht zu der moralischen Aufgebrachtheit passen, die jedermann bekundet.

Andere Beispiele bieten sich an. Fast Abend für Abend kann man in den Talkshows Besucherclaquen erleben, die jedem kräftigen Verdammungswort gegen die Politiker zujubeln. Doch der Verdacht will nicht weichen, daß es sich dabei um die oftmals gleichen Gruppen handelt, die in ebenso ungestümen Beifall ausbrechen, wenn gleich nebenan, im Nachbarstudio, alles das, was man mit einem aus der Welt geratenen Begriff als Bürgertugenden bezeichnet, dem Gespött des Amüsierbetriebs preisgegeben wird. Man kann auch auf das Millionenheer der Schwarzarbeiter hinweisen, die unterdessen, mit ständig steigender Tendenz, 650 Milliarden des Bruttoinlandsprodukts erwirtschaften, und auf ungezählte weitere Erscheinungen, die von der wachsenden Neigung zeugen, aus den öffentlichen Kassen und das heißt auf Kosten aller anderen zu leben. Ersatzweise ist man dann gegen Politik und Politiker um so unnachsichtiger und fordert von ihnen eine Untadeligkeit nach Wertvorstellungen, von denen man sich selber längst suspendiert hat.

Sie sind in den vergangenen Jahren nicht selten unter breiter Zustimmung abgebaut worden: eine vermeintlich emanzipatorische Pädagogik hat an der Erosion der Werte ebenso großen Anteil wie die Massenmedien, die Selbstverwirklichungsideologien sowie überhaupt die individualisierende Zeitstimmung. Vielleicht stärken die Skandale das Bewußtsein, daß einiges davon zurückgedreht werden muß. Schon das wäre viel. Denn alle Erfahrung lehrt, daß ein normatives Terrain schnell verlorengeht und nur mühsam wiedergewonnen werden kann.

Verbesserte Gesetze mögen die Besinnung darauf begünstigen. Aber alle Verfassungsdenker seit der Antike haben wieder und wieder die fundamentale Bedeutung dessen hervorgehoben, was kein Rechtsinstitut gewährleisten kann: das Bewußtsein gemeinsamer Lebensgrundsätze und der Umgangsformen, die daraus folgen. Politiker sind gewiß nicht bessere Menschen. Aber die über alles bekannte Maß hinausreichende Rolle, die sie zumal in einer Mediengesellschaft spielen mitsamt der Glashausexistenz, die sie führen, zwingt ihnen eine Vorbildfunktion auf, die kein Entrinnen erlaubt.

Angesichts der Versuchungen, denen sie ausgesetzt sind, ist Integrität folglich wichtiger denn je. Sie umfaßt alles, was Dolf Sternberger mit einem ebenfalls lange ausgemusterten Begriff als «demokratische Haltung» bezeichnet hat. Der selbstverständlich bezeugte Respekt vor dem Gesetz ist dabei nur das eine. Nicht weniger bedeutsam sind die Umgangsformen, die die Politiker untereinander und gegenüber der Öffentlichkeit zeigen. Da ist in den zurückliegenden Wochen vieles zu Bruch gegangen; anderes in seiner Brüchigkeit zutage getreten. Zwar ist die Einsicht zutreffend, daß jeder Skandal ein «öffentlich ausgetragener Konflikt über die Geltung von Normen» ist. Aber man kann die eine Norm nicht verteidigen, indem man eine andere ziemlich offen mißachtet. Alles hängt mit allem zusammen. Wieder und wieder ließ sich im Verlauf des sachlich unbedingt gebotenen Streits jene Geringschätzung von Formen und Stil beobachten, die für eine demokratisch verfaßte Ordnung verheerend sein kann. Denn auf Formen und Stil bauen nicht zuletzt die Inhalte auf, die ihr Wesen ausmachen. Sie erst geben ihr den Zusammenhalt, den rechtstechnische Vorkehrungen lediglich absichern. Wo diese Übereinkünfte Schaden nehmen, ist es fast schon am Ende.

Es ist oftmals gesagt und beschrieben worden, daß die freiheitlichen Gesellschaften dazu neigen, die Prinzipien zu zersetzen, die der Grund unter ihren Füßen sind. Solche Einsichten sind keineswegs Ausdruck politischer Hypochondrie. Die moderne Welt beschleunigt den Abbau der Grundsätze noch und die jüngsten Vorkommnisse rücken die Besorgnis darüber wieder in schärferes

Licht. Dennoch sehen nahezu alle darüber hinweg. Die Geschichte ist noch lange nicht ausgestanden. Wenn erst der Staub sich gelegt hat, werden diejenigen, die sich um die Zukunft Gedanken machen, stärker als bisher auf diese Fragen, die den Hintergrund der gegenwärtigen Turbulenzen ausmachen, zurückkommen müssen.

Politische Essays

Schwierigkeiten mit der Kritik
Die demokratische Funktion der Fernsehmagazine
(1967)

Man könne doch, so schrieb mir ein indignierter Zuschauer seinerzeit, für fünf Mark im Monat Objektivität verlangen. Der Anspruch, der eine scheinbar vernünftige, allen Widerspruch lähmende Forderung zum Gegenstand hat, taucht so oder ähnlich formuliert in der Zuschauerpost der zeitkritischen Magazine immer wieder auf. Politiker äußern ihn, Verbandsmanager, Zuschauer, die, in irgendeinem Interesse betroffen, den Wert neutraler Haltungen reklamieren. Selbstverständlich kann man Objektivität von einer zeitkritischen Sendung nicht verlangen. Verlangen kann man vielmehr Unvoreingenommenheit im Ausgangspunkt, eine gegebenenfalls kritische Meinung am Ende, redaktionelle Sorgfalt und Sachverstand.

Die zeitkritischen Magazine sind nur Teil eines umfassenden politischen Informationsprogramms, das jährlich allein im Ersten Programm weit über tausend Sendungen umfaßt und die Tagesschau ebenso einschließt wie die Übertragung von Bundestagsdebatten, Feature- und Reportagebeiträge, Diskussionsrunden u. a. m. Mehrere Überlegungen haben mitgeholfen, diesen Programmtypus einzuführen. Die eine ging aus von der Starrheit der Programmstruktur und der relativen Schwerfälligkeit des technischen Apparats: die Magazine bieten die Möglichkeit, die Tagesinformation durch die Darstellung von Hintergründen und Geschehenszusammenhängen zu ergänzen sowie, dank der Kurzform, vergleichsweise aktuell zu reagieren. Eine andere Überlegung hatte zu tun mit der ja nicht nur vermuteten Reserve und dem verhältnismäßig geringen Wissensstand eines zehn bis zwölf Millionen zäh-

83

lenden Publikums angesichts politischer Gegenstände: der Charakter der Magazinform, die knappe, pointierte Mischung der Themen und Aspekte, die Möglichkeit der Erklärung und Kommentierung durch den sogenannten Moderator bietet die Chance, Politik nicht nur interessant zu machen, sondern auch Ansätze für Übersicht und Verständnis zu schaffen. Die Kritik schließlich zählte wohl nicht zu den Intentionen am Beginn; sie folgte vielmehr aus der Sache selbst. Denn ihrem Ursprung und Wesen nach verhält sich die öffentliche Meinung kritisch zu den Vorgängen in Staat und Gesellschaft.

Das hat anfangs zu beträchtlichen Schwierigkeiten geführt. Gewiß ist einzuräumen, daß es zunächst an Erfahrung und hinreichender Kenntnis der Spielregeln fehlte: sowohl bei den Journalisten als auch bei den jeweils Betroffenen. Aber das ist nicht die ganze Erklärung. Um eine Sendereihe wie Panorama beispielsweise war lange Zeit ein Hauch von Skandal, der Geruch von etwas tief Ungehörigem, eigentlich nicht Statthaftem. Sie konnte zugleich mit einem eher exaltierten Beifall rechnen, mit schrillen Tönen grundsätzlicher Zustimmung und Gefolgschaft. Die Ursachen dafür waren mannigfaltig (und hatten im einen Falle mit einem Problem zu tun, dem wir uns zur Zeit mit zunehmender Schärfe gegenübersehen: dem Ohnmachtsgefühl disparater oppositioneller Stimmungen, sich zu artikulieren). Zweifellos aber zeigte sich in dieser wie in jener Haltung eine unbalancierte Auffassung vom Wesen politischer Kritik an.

Wie freilich hätte es anders sein können? Unsere Geschichte kennt keine Tradition der Beziehung zwischen kritischer öffentlicher Meinung und den öffentlichen Angelegenheiten. Die Neuorientierung nach dem Kriege im Zeichen der sogenannten Vergangenheitsbewältigung hat vor dem düsteren Hintergrunde der NS-Herrschaft der demokratischen Ordnung nicht nur falsche idyllische Züge vermittelt, sondern sich mit einer Einseitigkeit, die einer Richtungsverfehlung gleichkam, darauf beschränkt, lediglich die ins Auge fallenden nationalen Fehlhaltungen zu überprüfen. Unangefochten blieb eine Skala von Begriffen, die auch heute noch als Wert verstanden werden, tatsächlich jedoch fragwürdig sind. Einigkeit gehört dazu. Recht verstanden kann sie ihren Sinn und Wert nur haben als Ergebnis eines Prozesses rationaler Auseinandersetzung. Die Einigkeit freilich, von der es bei uns heißt, sie müsse sein, besitzt einen Rang an sich, sie dient zur Verdunkelung der Gegensätze, zur Diffamierung der Widersprüche, die vorhanden sind und sichtbar werden sollen. Karl Jaspers hat in seinem Buch «Wohin treibt die Bundesrepublik?» mit zahlreichen Zitaten nachgewiesen, wie in der Verjährungsdebatte vom Frühjahr 1965 unter dem Verlangen nach Einmütigkeit die Sache, um die es ging, aus aller Augen geriet und die nahezu substanzlose Übereinstimmung zum Ziel parlamentarischer Bemühung wurde. Von de Gaulle, so heißt es, stamme das Wort, man könne kein Land regieren, in dem es 360 rivalisierende Käsesorten gibt; die Äußerung ist nicht verbürgt, doch vom Standpunkt autoritär geführter Herrschaft ein sehr plausibles Wort – und gewiß auch ein alter deutscher Gedanke. Der Objektivitätsanspruch, von dem die Rede war, ist nichts anderes als eine Variante davon. In der Idee von Einheit und Einmütigkeit, von gesellschaftlicher Harmonie offenbart sich ein totalitäres oder doch obrigkeitliches Bewußtsein, sie desavouiert die freiheitliche Lebensform.

Tatsächlich kann man davon ausgehen, daß ein Herrschaftsinteresse sich kaschiert, wo immer Gemeinsamkeit beschworen wird. Die vielen Stunden, die unser Volk über alle Wechselfälle seiner staatlichen Existenz hinweg erlebt hat, in denen die Lage vorgeblich ernst war wie nie, beweisen nicht etwa eine Fülle objektiv-historischer Gefahrentatbestände, sondern die ungebrochene Wirksamkeit dieses Appells, wenn es darum geht, den Bürgersinn schlafen zu legen, Macht der öffentlichen Kontrolle zu entziehen. Was immer die Gründe gewesen sind, die zur Großen Koalition geführt haben: daß diese Vorstellungen sowohl an ihrem Zustandekommen als auch an ihrer anfänglich außerordentlichen Popularität beteiligt gewesen sind, muß man nicht hervorheben.

Nach wie vor hat die Kritik es schwer, sich glaubwürdig zu machen. Wer sie übt, bringt sich als Störenfried leicht um die politische und gesellschaftliche Relevanz seiner Auffassungen. Das ließe sich an zahllosen Beispielen belegen, die zu nennen hier zu weit führen würde, die jedoch sämtlich die alte Neigung dokumentierten, die Einheit auch im Sinne von Einmütigkeit über jene Freiheit zu stellen, die immer auch Widerspruch, Meinungskampf, Konflikt bedeutet. Vor einiger Zeit war von einem Rekruten der Bundeswehr zu lesen, der nach langanhaltenden Skrupeln dazu gelangt war, den Dienst mit der Waffe zu verweigern, und der daraufhin zunächst mehrmals in Arrest und sodann zum Psychiater geschickt wurde. Man kann wohl den Vorfall nicht verallgemeinern, doch erlaubt er, den Sachverhalt auf eine Formel zu bringen: wer eine Position formuliert, stellt nicht die Gegenposition, sondern die eigene Normalität in Frage. Durchgängig fehlt das Bewußtsein, daß der Zusammenprall der Meinungen und Interessen nicht eine Folge von Freiheit ist, sondern gerade deren Voraussetzung, weil er die «Dogmatisierung des Irrtums» verhindert. Die Formel entstammt dem Buch von Ralf Dahrendorf «Gesellschaft und Demokratie in Deutschland», das in einem eindrucksvollen Kapitel die liberale Demokratie als Regierung durch Konflikt definiert.

Fürs noch immer landläufige Bewußtsein ist das zweifellos eine irritierende Vorstellung. Sie ist nach allem auch nicht ohne Mühe zu akzeptieren. Das gilt für die Kritiker, die mitunter dazu neigen, in der Politik weniger einen Kampfplatz legitimer Interessen als vielmehr ein Feld moralischer Optionen zu sehen; und die dann einen Rigorismus entwickeln, der sich sehr achtbar, sehr mutig vorkommt, aber doch nur lebensfeindlich ist und unversehens dahin gerät, sich auf hochgesinnte Weise aus der Wirklichkeit hinauszukritisieren; es gilt aber auch für die von der Kritik Betroffenen, die leicht in den gleichen Fehler verfallen und sich von einem Angriff

86

meist nicht so sehr in einem Interesse als vielmehr in ihrem moralischen Wert getroffen glauben. Und schließlich gilt das auch für das Millionenpublikum der zeitkritischen Magazinsendungen, das vielfach, sei es angewidert, sei es auch bloß mit dem Vergnügen, das ein Spektakel macht, dem Für und Wider solcher Auseinandersetzungen wie einer Sache folgt, die eigentlich nicht die seine ist.

Wenn von den Schwierigkeiten zeitkritischer Sendungen die Rede ist, sollte nicht unberücksichtigt bleiben, was sich anzeigt in den Protesten und Interventionen von außen. Die Industrie und die Gewerkschaften, die Kirchen, die Vertriebenen, die Parteien und großen Verbände verfolgen das Programm mit eigens angesetzten Beobachtern, geben teilweise eigene Korrespondenzen heraus und scheuen gelegentlich auch vor nachdrücklichen Interventionen nicht zurück. Daran ist nichts Ungewöhnliches, Unerlaubtes – im Gegenteil: die Berechtigung dazu folgt aus den Bemerkungen über den Konflikt als Voraussetzung einer freiheitlichen Lebensordnung, es hat folglich nichts, wie demokratisch besorgter Übereifer gerne glaubt, mit einer Bedrohung der Meinungsfreiheit zu tun. Jedenfalls so lange nicht, als es Intendanten, Programmdirektoren und Redakteure mit journalistischem Verantwortungswillen gibt. Er hat sich, im Konfliktsfalle, noch nahezu immer bewährt. Tatsächlich besitzt ja auch, bei der gegenwärtigen Verfassung der Anstalten, der Fernsehredakteur eine vergleichsweise unabhängige Ausgangsposition. Zwar gibt es, das versteht sich bei einem Medium dieser Größenordnung von selbst, Kontrollorgane; doch spiegeln sie die Vielfalt der gesellschaftlichen Kräfte in einer Weise wider, die einen annähernden Ausgleich herstellt und ein denkbar hohes Maß an Bewegungsfreiheit gewährleistet. Natürlich bietet auch die bestehende Regelung zahlreiche Probleme, die sich insbesondere aus dem Einfluß der Parteien ergeben und allem, was – bis hin zu den verdrießlichen Proporzspielen – daraus folgt. Aber insgesamt sind es wohl noch immer weniger solche oder allgemein institutionelle als vielmehr individuelle Gründe, die dazu führen, daß der Spielraum redaktioneller Freiheit bisweilen eingeengt erscheint; das heißt, verantwortlich dafür sind weniger Einflüsse oder Interventionen von außen, sondern eher die freiwilligen Verzichthaltungen im Innern. Sie vor allem verspielen, gedankenlos oder opportunistisch sich anpassend, die journalistische Bewegungsfreiheit, wie denn überhaupt, im Gegensatz zur herrschenden Auffassung, die intellektuellen Gleichschaltungsprozesse kein objektiv erzwungener, sondern ein subjektiv geleisteter Unterwerfungsvorgang sind.

Noch von einer letzten Schwierigkeit ist zu reden. Die Feature-Redaktion der Stuttgarter Anstalt hat kurz vor den Bundestagswahlen 1965 einer repräsentativen Anzahl wahlberechtigter Bürger einige Fragen vorgelegt, Elementarfragen durchweg: was eine Koalition sei, welche Parteien im Bundestag vertreten seien und was ihnen der Name Fritz Erler sage. Was zum Vorschein kam, war blanke Unkenntnis, eine stotternde Hilflosigkeit, die keine Ahnung, wenn auch zu allem eine Meinung hat. Es geht hier nicht um die Ursachen dieser Erscheinung, die unschwer zu greifen sind in einem Staat, dessen Organe sich noch immer überwiegend obrigkeitlich begreifen, dessen Institutionen die Öffentlichkeit als einen Gegner verstehen, den sie durch eine defizitäre Informationspolitik vom politischen Geschehen fernzuhalten versuchen und dessen Parteien (Grundgesetz hin – Grundgesetz her!) dem angeblich mündigen Bürger allen Ernstes ein «Sicher ist sicher» oder ähnliche Formeln der Verhöhnung zumuten. Die Folgen solcher Mitwirkung an der politischen Willensbildung sind zu bedenken. Eine Kritik, die nicht mit dem Zuschauer rechnen kann, der die Voraussetzungen zum Verständnis der Grundlagen besitzt und das politische Räsonnement lediglich als Material für seine ziellosen Affekte und Unmutsgefühle begreift, muß sich selbst fragwürdig werden. Denn auch das Recht zur Kritik hat seinen Preis: den Sachverstand. Das gilt für Produzent wie Publikum gleichermaßen.

Denn immerhin hat ja die Staatsform, die die unsere ist, ihren

Ursprung im Glauben an die Vernunft jedes einzelnen, in der Überzeugung zumindest, daß sie sich wecken und entwickeln lasse. Gewiß ist es heute beliebt und ein ganz großer Spaß unter Eingeweihten geworden, diesen Glauben zu verulken. Doch daß er irrig im ganzen war, beeinträchtigt die Folgerung nicht, daß dem Mitspracherecht die Informationspflicht voraufgeht. Die Magazine werden nicht bleiben können, was sie als Element der Kritik teilweise noch sind, wenn ihnen nicht ein informierter und seinerseits kritischer Zuschauer gegenübersteht.

Allerdings: wer die Reaktionen des Publikums verfolgt, wird auf Anzeichen stoßen, die eine durch Skepsis gemilderte Erwartung erlauben. Zwar ist die vielfach geäußerte Frage, was die kritischen Magazinsendungen denn im Einzelfall erreichten, im Grundsatz nicht positiv zu beantworten. Ihre Funktion liegt auch jenseits davon: nämlich ein Bewußtsein zu fördern, dem Kritik als notwendige Voraussetzung einer vernünftigen Regelung der öffentlichen Angelegenheiten erscheint. Auf einen Beitrag schrieb mir seinerzeit ein Zuschauer vorwurfsvoll: «Sie vernichten mit solchen Sendungen ja jeden Respekt vor den Führern der Nation!» Ich will nicht gerade sagen, daß ebendies zu den Absichten der kritischen Beschäftigung mit den öffentlichen Dingen zählt. Aber es ist doch der Versuch, das traditionelle deutsche Dienstverhältnis des einzelnen gegenüber dem Staat umzukehren, den Mitsprachewillen zu wecken und – sicherlich! – zu verhindern, daß er im Respekt vor den «Führern der Nation» ersterbe. Der ideal verbrämten Vorstellung vom Staat, die bei uns heimisch war und weithin bei uns heimisch ist, entspricht aufs genaueste die verbreitete Verachtung für die «schmutzige» Politik. Beides verfehlt die Wirklichkeit. Die Politik durch Kritik zu entidealisieren, sie auf die Erde zu holen, auf Menschenmaß zu verkürzen – das ist infolgedessen nicht der halbe, sondern nahezu schon der ganze Weg.

Das Dilemma
des studentischen Romantizismus

(1968)

Zeit ihres Bestehens ist die Bundesrepublik keiner Prüfung auf ihre innere Widerstandsfähigkeit ausgesetzt worden. Nahezu zwanzig Jahre waren ihr eingeräumt, ein Staatsbewußtsein zu entwickeln und Loyalitäten zu mobilisieren – eine vergleichsweise lange Zeit, unter Begleitumständen überdies, die zumindest als Ansatzpunkte eines Integrationsprozesses hätten nutzbar gemacht werden können.

Inzwischen ist es offenbar geworden, wie wenig diese Möglichkeiten wahrgenommen wurden. Erstmals in ihrer Geschichte theoretisch in Frage gestellt, hat die Bundesrepublik die Prüfung sichtlich nicht bestanden, sondern auf so beunruhigende Weise das Maß ihrer inneren Aushöhlung sichtbar gemacht, daß man an eine ernsthafte praktische Probe auf ihre Resistenzfähigkeit nicht zu denken wagt. Welche der bestehenden Autoritäten auch immer peinlich oder im modischen Schabernackstil befragt wurde: die Justiz, die Kirchen, die Professoren, das Parlament – sie alle haben, schwankend zwischen Gewaltanwendung und Anbiederei, ganz in der Art hohler Autoritäten ohne innere Legitimation reagiert. Auf eher deprimierende Weise deckten sie weitgehend ihren Popanzcharakter auf.

Dabei wird man allerdings berücksichtigen müssen, daß es keine institutionelle Autorität mehr gibt. Die Idee, von der beispielsweise der Staat sein Prestige bezog, ist verbraucht, und sein Kredit in hundertfünfzig Jahren der zunehmenden und schließlich wahnwitzigen Überspannung verwirtschaftet worden. Seine einstige Würde ist dahin, seine Appelle verfangen nicht mehr, ohne Argumente und Glaubwürdigkeit steht er da, und das gravitätische Getue, mit dem unsere Provinzhonoratioren sich etwas staatsmännische Bedeutung ins Gesicht schaffen, hat vor der jüngeren Generation keine Chance mehr. Den gesellschaftlichen Machtträgern ergeht es nicht viel anders. Eine neue Zeit ist angebrochen, doch blieb es nahezu unbemerkt, weil die Umstände der Generation von Weimar noch einmal die Möglichkeit einräumten, hinter den geschichtlichen Augenblick zurückzugehen. Erforderlich wären neue Definitionen, ein neuer Stil, ein neuer Typus: Die Studenten haben die Antiquiertheit der bestehenden Strukturen und ihrer Akteure sichtbar gemacht. Bonn ist nicht Weimar, gewiß; doch Bonn spielt Weimar.

Das ist eine der Ursachen für die gegenwärtige Malaise. Der Erfolg revolutionärer Umtriebe, so lautet eine Formel der politischen Theorie, beruht, wie die Geschichte lehrt, nie auf der Stärke und Unwiderstehlichkeit der Revolutionäre, sondern auf der Schwäche und Verblendung der Regierenden. Zwar gibt es weder eine eigentlich revolutionäre Bewegung noch eine revolutionäre Situation in der Bundesrepublik; doch gibt es einen verbreiteten, aus disparaten Quellen sprudelnden Unmut, der sich unter rasch veränderbaren Umständen geneigt fühlen könnte, vereint der Republik das Sündenregister aufzumachen. Jahrelange Versäumnisse, Ausklammereien und Selbsttäuschungen kämen dabei zur Sprache, das Schindluder mit den Institutionen, die Indolenz der Bürokratie, die Affäre um den Präsidenten, die Prellereiversuche mit Wahl- und Notstandsgesetzen oder die Unfähigkeit unserer Politiker, der politischen und moralischen Herausforderung der deutschen Situation zu genügen. Der Vorsitzende der CDU/CSU-Fraktion im Bundestag, Rainer Barzel, zeigte sich im Frühsommer, im Verlauf einer Fernsehdiskussion, heftig überrascht, als ein Student ihm ein oder zwei der Motive für die Unruhe an den Universitäten nannte, und dankte für die Information. Man sollte ihm weitere Motive nennen, obwohl die öffentliche Szenerie seit anderthalb Jahren davon widerhallt und nichts von dem, was den Anstoß verursacht, ohne Barzels bestimmende Mitwirkung erfolgte.

Seine Ahnungslosigkeit selbst ist ein Symptom für die mangelnde Sensibilität von Volksvertretern, die nicht mehr wissen, was vor sich geht. Politischer Instinkt, die Kenntnis und der Respekt vor der öffentlichen Meinung hätten ihnen sagen müssen, daß man von der Bevölkerung nicht steuerliche Einbußen verlangen und sich selbst mit erheblichen Zuwendungen bedienen kann, daß es herausfordernd ist, einen ins Zwielicht geratenen Abgeordneten, gegen alle Proteste der Öffentlichkeit, als Vorsitzenden des Verteidigungsausschusses amtieren zu lassen; daß es auf die Reputation des Staates zurückschlagen muß, wenn ein vielfach gescheiterter Minister aus Versorgungsgründen in einen Aufsichtsrat zwangsbugsiert wird oder ein abgehalfterter Bundeskanzler, dessen Politik eine Wirtschaftsrezession mitverursacht hat, sich just auf dem Tiefpunkt der Entwicklung mit zusätzlichen DM 85 000 ausgestattet sieht. Selbst die Macht des Skandals, vielfach in der Geschichte mit reinigender Wirkung erprobt, hat sich Mal um Mal als ohnmächtig erwiesen. Nur weil Lächerlichkeit in der Bundesrepublik bekanntermaßen nicht tötet, kann ein Minister, der immerhin wissenschaftliche Lehrbefugnis besitzt und bei manchen allen Ernstes als eine Hoffnung gilt, behaupten, das Fernsehen sei für das tausendfach begründete Unbehagen verantwortlich zu machen. Unfähig zu einem aufrichtigen Satz, potenziert das Establishment das Unbehagen nicht zuletzt durch die Art, in der es ihm begegnet: seine Vertreter weisen sich als die Krankheit aus, deren Doktoren sie sein wollen.

Die Frage ist, ob die erwähnten Erscheinungen schon die Ursache des Leidens sind oder nur dessen Symptome; ob die parlamentarische Demokratie an sich, ihrer Struktur nach, oder nur einzelne ihrer Vertreter unzulänglich sind. Sicher ist, daß die staatliche Ordnung der Bundesrepublik, ihrer Herkunft und Geschichte entsprechend, weder Courage noch Selbstvertrauen hat und eher dazu neigt, besorgt in die Vergangenheit zu blicken, als offensiv die Zukunft zu ergreifen. So ist sie dabei, die Jugend zu verlieren; denn die Jugend hat keine Vergangenheit und kennt keine Alpträume. Ihr legitimes Bedürfnis nach suggestiven Zukunftsvorstellungen ist in zwanzig Jahren weder erkannt noch aufgefangen worden. Es sah und sieht sich bagatellisiert von jener Schönrederei, die dem Ungenügen an der Wirklichkeit immer nur die lächerlichen Gesten der Zufriedenheit verordnet. Nachdem alles Drängen vergeblich gewesen ist, alle Argumente verbraucht und dünn geworden sind und niemand mehr eine rationale Antwort auf die Frage weiß, was eigentlich geschehen müsse, ehe in der Bundesrepublik etwas geschieht, geschieht nun Gewalt.

Sie orientiert sich an utopischen Konzepten, deren Umrisse hoch und weit im freundlichen Blau verschwimmen. Es ist ein radikaler Widerstand, der die Grundsatzfragen stellt und für die revolutionäre Beseitigung dessen plädiert, was er «das System» nennt. Auffällig ist seine Unfähigkeit, sich zu artikulieren, die nur zu genau der Sprachlosigkeit der Macht entspricht: dem Jargon des Establishments antwortet der Jargon des protestierenden Oberseminars, abgenutzt und konturenlos der eine wie der andere; wie im einen die Begriffe, losgelöst von ihrem Sinn, nur beschwichtigende Funktion besitzen, so haben sie im anderen, ungeachtet ihres wissenschaftlichen Anspruchs, lediglich aufputschende. Kaum auszumachen ist bislang, ob der Protest über die Ablehnung des bestehenden Systems hinausreicht. Ein revolutionäres Bewußtsein unterscheidet sich vom bloß mißgelaunten vor allem dadurch, daß es in der Lage ist, rationale Gründe und überlegene Ziele anzugeben. Die Frage lautet, ob die Bewegung, die es immerhin vermocht hat, die überaus schwerfälligen Verhältnisse in einige Bewegung zu bringen, in diesem Sinne revolutionär ist.

Der englische Schriftsteller Angus Wilson hat von den Rebellen gemeint, am nachdrücklichsten charakterisiere sie zweifellos die Zurückweisung der Geschichte und die Zurückweisung der Vernunft. Tatsächlich geht der Widerstand von einer Generation aus, die sich zunächst im ganz naheliegenden Sinne weigert, die Erfahrungen und Belastungen der Älteren zu übernehmen. Nicht anders als die Ängste der zwanziger und frühen dreißiger Jahre betrachtet sie auch Hitler als einen historischen Tatbestand ohne jede persönliche Relevanz, ein Problem allenfalls ihrer Väter, der «alten Scheißer vom Jahrgang fünfundzwanzig». Im Stande der Unschuld sich wähnend, ungebrochen durch Vergangenheit, rottet sie sich zusammen, um öffentlich mißliebige Zeitungen zu verbrennen oder Fensterscheiben zu zertrümmern: die Geschichte beginnt mit jedem Tag neu.

Der Standort ist so legitim wie intellektuell anstößig. Die Verleugnung der Historie rechtfertigt die Unkenntnis dessen, was ein ideologisierter Radikalismus dem ersten Versuch zur Republik in Deutschland bereitet hat; sie weiß nichts vom Kompromißcharakter menschlich geordneter Wirklichkeit und den totalitären Implikationen eines verpflichtenden Postulats vom «neuen Menschen»; sie darf – arglos gegenüber zweihundert Jahren unverwandter Bemühungen – den Traum von einer Massenaufklärung träumen und, allen entmutigenden Erfahrungen mit Nationalsozialismus und Stalinismus zum Trotz, sich ein optimistisches Menschenbild bewahren.

Am eindrucksvollsten offenbart sich das Prinzip der verschmähten Geschichte in der Beliebigkeit der intellektuellen Annäherung an das sozialrevolutionäre Denken der Vergangenheit und Gegenwart: ganz ersichtlich machen sich die Wortführer der Protestbewegung spontan und unbefangen zu eigen, was ihnen wo immer auch intellektuell oder emotional einleuchtend erscheint. Das verschafft dem Aufruhr, der in der theoretischen Begründung bislang an sich selbst nicht heranreichte und ohne eigene visionäre Phantasie blieb, den merkwürdig verkrauteten Charakter einer Rebellion aus Lesefrüchten. Zwar versteht sich die Bewegung im Kern nicht zuletzt als ein Versuch, der die Lehren berücksichtigen will, die sich aus dem Scheitern der bisherigen Klassenkämpfe ergeben. Aber der Ausgangspunkt scheint nach wie vor zu sein, daß die Welt überwiegend noch immer nach Ururgroßväterart analysierbar, wenn nicht gar veränderbar ist, und beispielsweise Karl Marx mehr bedeutet als ein inspirierender methodischer Ansatz sowie ein exemplarischer humanitärer Impuls.

Ganz sicher freilich ist das nicht; denn die Auskünfte über das revolutionäre Woher und Wohin sind spärlich oder schwankend, sofern sie nicht geradezu mit der propagandatechnisch ungemein verblüffenden Unterstellung feindseliger Absichten auf seiten des Auskunftheischenden verweigert werden. Immerhin weiß man von Forderungen, die an frühe marxistische Vorstellungen anknüpfen; es beeinträchtigt die Unschuld des spekulativen Umherschweifens kaum, daß es keinem Regime dieser Abkunft gelang, bei vergleichbarer Lockerung des Herrschaftszwanges das Maß an Freiheit, Rechtssicherheit oder Wohlstand zu verwirklichen, über das die liberal verfaßten Staaten verfügen. Die rational kaum noch begründbare Verquickung von revolutionären Taktiken und Modellen für die Dritte Welt mit hochzivilisierten Industriestaaten ist ebenso wie die Feier Che Guevaras, Mao Tse-tungs, Ho Tschi Minhs oder Fidel Castros eine Fluchtbewegung, eine intellektuelle Verlegenheitsreaktion – der Sprung aus einem Reich mit vielen belegbaren Notwendigkeiten in das der unverbindlichsten Freiheit: die Revolution schwärmt, aber definiert sich nicht.

Zwar erklären ihre Wortführer, das Ziel könne erst nach Abschluß der Aufklärungsphase gezeigt und beschrieben werden, soweit es sich nicht unterm revolutionären Geschehen unentwegt verändert. In Wahrheit aber spiegelt das Argument die Unzulänglichkeit eines Protestes, der zwar moralisch und von guter Gesinnung, doch eigentlich unpolitisch und ohne Kenntnis oder Berücksichtigung moderner Funktionszusammenhänge ist. Seine Konzeptionslosigkeit mindert nicht seine Berechtigung. Sie offenbart lediglich den utopischen Charakter einer Bewegung, die sich revolutionär nennt und deren einer Wortführer sich, selbstergriffen, mit Lenin vergleichen läßt; die ihrem Wesen nach indessen weniger Revolution als pseudorevolutionärer Romantizismus ist.

Das bezeugen nicht zuletzt die exotischen Konventikel, die sich der Bewegung auf diese oder jene Weise verbunden haben. Die Vereinigungen, die hier zustande kamen, besitzen zweifellos demaskierenden Charakter. Zwar gehören Happening und Eulenspiegelei zum Wesen des Aufruhrs, und in manchem Einzelfall mögen Mißverständnisse an der Verbindung mitgewirkt haben; aber ein gemeinsamer Grund muß doch vorhanden sein, damit, rein begrifflich, ein Mißverständnis überhaupt erst möglich wird. Und auch die Erscheinung Rudi Dutschkes enthüllt in ihrer eigentümlichen Verkleidung, die ganz dem antiquierten Klischee vom Revolutionär folgt, den schwärmerischen Charakter der Bewegung. Entwickelt am Typus des edlen Briganten, trüge er am liebsten Pulverdampf im Gesicht und Erdreich an den Kleidern, ein Vormärzstreiter aus Luckenwalde, ähnlich am ehesten dem großen Hecker («Wollt Ihr Euch mit Hecker messen / Hecker unserm Volkserwecker / Lechzend nach Tyrannenblut?»): eine Figur des herzhaft romantischen Selbstverständnisses.

Dieser Zug wird unter jedem beliebigen Aspekt erkennbar, und nicht umsonst hat Rudi Dutschke sich, allen Einsprüchen seiner Freunde und Mitstreiter zum Trotz, zur Symbolfigur des studentischen Protests entwickelt. Noch in der exzessiven intellektuellen Aneignungsbegier, die ihn kennzeichnet, der unentwegten Apostrophierung von «Lernprozessen», kommt, gehörig betrachtet, ein romantischer Grund zum Vorschein: der Traum vom ewigen Studentenleben, von Ungebundenheit und Verantwortungsfreiheit, nun freilich nicht von einem Liederjan, sondern von einem ernsthaften und strebsamen jungen Mann geträumt.

Und einem romantischen Motiv entspringt auch der Rückgriff

auf das Rätesystem. Der Unterschied zwischen den Natur- und den Gesellschaftswissenschaften wird geradezu definiert durch den grenzenlosen Horizont von Möglichkeiten, den jene vor sich haben, während diese sich längst blockiert und zu historischen Zweigdisziplinen denaturiert sehen. Das intellektuelle Dilemma der Studenten im gesellschaftswissenschaftlichen Fach rührt nicht zuletzt daher, daß auf ihrem Felde alle je erdachten Modelle erprobt, alle Theorien tausendfach gedreht und betrachtet, alle Wege zu Ende gegangen sind und die Strukturen der künftigen Gesellschaft offenbar nur ein Temperament herauszufordern vermögen, das kälter und pessimistischer ist als das eines herkömmlichen Soziologiestudenten, die Professoren dieses Fachs in ihrer Mehrzahl durchaus eingeschlossen. Der Blick jedenfalls orientiert sich an der Vergangenheit, in der jede denkbare politische und gesellschaftliche Organisationsform ihre Chance gehabt – und versäumt hat. Einzig das Rätesystem blieb bislang von der Verwirklichung und damit vom Zwang verschont, sich in der Realität zu diskreditieren, ihm allein – eine lebhafte Imagination sowie ein unscharfes Auge vorausgesetzt – läßt sich noch einige Unschuld attestieren.

Romantisch wie dies alles: wie die Symbolfigur Rudi Dutschke, die Art der Rezeption von Karl Marx, wie das Bekenntnis zu ‹Che› oder ‹Ho› oder das anachronistische Verständnis der modernen Arbeitswelt, ist auch die Sehnsucht nach Abschaffung der Institutionen, nach Liquidierung der Herrschaft und direkter Assoziation zwischen den Menschen, die – teilweise in Anlehnung an die Philosophie Herbert Marcuses – aus gelegentlichen Verlautbarungen die Umrisse einer aggressionslosen, harmonischen Gesellschaft gewinnt. Es ist ein bewegendes und erhabenes Bild, wenn auch nicht ohne beschauliche Züge, ein Bild des Überflusses, der Heiterkeit und des Friedens, wo ein sanftes Gesetz Mensch und Tier erfüllt und nicht einmal die großen Fische die kleinen fressen werden. Wer je den Zustand menschlicher Gesellschaft kritisch durchdacht hat, kommt aus einem solchen Utopia. Doch es ist ein Endbild, und wer genauer zusieht, wird entdecken, daß die Menschen darin sich eigenartig mechanisch und maskenhaft bewegen, daß die Wiesen eine lieblich bemalte Ödnis sind und die Wolken nicht vom Winde, sondern von sinnreichen Konstruktionen bewegt werden. Durch und durch erdacht, präsentiert sich eine Spielzeugwelt, beglückend, aber tot: unvergeßlich dem, der in ihr sich bewegt und sie mit dem Atem seiner Phantasie belebt hat, ehe sie wieder erstarrte.

Tatsächlich ist das Arkadien der herrschaftlichen Balance nur erträumbar, doch nicht zu erreichen; wenn der Traum von der Aufhebung menschlicher Selbstentfremdung es auch wert ist, wieder und wieder geträumt zu werden, so ist seine Verwirklichung paradoxerweise doch überhaupt nicht wünschbar. Sie setzt nicht nur eine Menschenwelt voraus, die keine Leidenschaften, keine Affekte, keinen Haß, keine Liebe, keinen Stolz, keine Rivalität mehr kennt, sondern sie bedeutet auch und zugleich damit die Einmauerung des Menschen im gesellschaftlichen Status quo. Das eine ist so irreal wie das andere. Gesellschaftliche Organisation und Herrschaft sind Mittel, dem permanenten Kriegszustand Spielregeln aufzuzwingen, die unvermeidbaren Gegensätze sozial fruchtbar zu machen. Gewiß sind sie dem Menschen eine Last, doch ein Schutz sind sie auch, wie andererseits der Krieg aller gegen alle nicht nur eine Ursache des Jammers, sondern zugleich Voraussetzung und Stachel des Fortschritts ist. Die Weltgeschichte ist keine Heilsgeschichte, und Politik, die menschlich ist, zielt nicht aufs Heil, sondern allenfalls auf die Verhinderung des Unheils. Sie proklamiert zwar Freiheit, Gleichheit und Brüderlichkeit; doch insgeheim verbündet sie sich mit der Unfreiheit, der Ungleichheit und der Gegnerschaft, weil diese erst dem Menschen sowie der Entwicklung der Gesellschaft dienlich sind.

Die eigentlichen Bedenken gegen den romantischen Radikalismus unserer Tage sind indessen weniger theoretischer als vielmehr politischer Natur – sie zielen nicht so sehr auf Elemente und Züge einer verständlicherweise unfertigen oder im Überschwang adaptierten Ideologie als vielmehr auf das Bedürfnis nach Ideologie überhaupt, das sich in diesen Erscheinungen kundtut. Tatsächlich drängt sich nicht selten der Eindruck auf, als sei die Unruhe, trotz aller internationalen Anstöße und Verflechtungen, vor allem eine deutsche Unruhe: das heißt metaphysisch, grundsätzlich, abstrakt. Nicht selten scheint sie den Menschen aus dem Auge zu verlieren, um dafür den Begriff um so fester zu gewinnen, der es erlaubt, die Welt aus den Angeln zu heben. Mit bleichem Ernst widmet sie sich den «großen Anliegen», betreibt sie die Heilung der Welt und verachtet sie das Detail – kurzum, sie ist ideologisch.

Nicht ohne Genugtuung verweisen ihre Anhänger auf die Rationalität der eigenen Position; aber erstaunlich mutet demgegenüber die stramme Uniformität der Auffassungen zur aktuellen Politik an – jede der etablierten Bonner Parteien zeigt sich im Innern streitlustiger als die radikale Vorhut der Rebellion. Man muß erlebt haben, wie abweichende Meinungen nicht selten niedergepfiffen, niedergeklatscht, niedergefochten werden, um zu wissen, wie es kommt, daß ihre brillantesten Köpfe in Diskussionen, die das Vermögen zu differenzierender Betrachtung und die Kenntnis der Fakten verlangen, häufig zur Kapitulation vor tatsachenkundigen Plattköpfen gezwungen werden: lediglich an den freien, ideologisch vorgegebenen Assoziationensprung gewöhnt, durch Bestätigung und Akklamation sich steigernd, erreichen viele erst in der emotionalen Aufladung ihr eigenes Niveau. Tatsächlich hat die radikale Linke, jenseits einiger Anregungen zur Hochschulreform, zur Diskussion über die Gesellschaft von heute und morgen bislang kaum einen Beitrag geliefert, der mit deren Zwängen rechnete, ihre technischen, wirtschaftlichen und sozialen Funktionsgesetze einkalkulierte oder ihren immer größer werdenden sachlichen Anpassungsdruck bedacht hätte.

Vielmehr geht die Vermutung wohl nicht fehl, daß die Abwehrhaltung, die aus dem Bedürfnis nach utopischen Konzepten spricht, sich eben dagegen wendet. Wo immer dieses Bedürfnis sich

99

freilich ideologisiert, geht es hinter sich selbst zurück und wird zum Komplicen einer vergangenheitsorientierten, reaktionären Haltung. Gewiß ist der Vorwurf der jungen Generation berechtigt, die jahrelang gefeierte Entideologisierung des Bewußtseins in der Bundesrepublik sei im wesentlichen nur die Bemäntelungsformel für einen breit angelegten Entpolitisierungsversuch gewesen. Dennoch aber gibt es, daran ist kein Zweifel, politisches Bewußtsein auch ohne Ideologie. Im äußersten denkbaren Gegensatz zum malerischen Typus, der mit seinen exotischen Dogmen die Rebellion vorherrschend repräsentiert, sind die wirklichen Revolutionäre der Gegenwart unideologische Pragmatiker, realitätsbezogen, nüchtern, mit eher langweiligen Zügen. Die pejorative Verwendung des Wortes «Technokrat», der man in studentischen Kreisen nicht selten begegnet, enthüllt die Weigerung eines antiquierten Bewußtseins, zur Gegenwart aufzuschließen.

Die unvermittelt auftauchenden ideologischen Bedürfnisse haben freilich zur Folge, daß sich in bestimmten gesellschaftlichen Gruppen mit sentimentalreaktionärer Vergangenheitsbeziehung ein ähnliches, lange verdrängtes Ideologiebedürfnis meldet. Alles Romantische, so heißt es, stehe im Dienste anderer, unromantischer Energien. Landauf, landab weckt die Protestbewegung autoritäre Reflexe, ihr Radikalismus, nicht ohne anarchische Einsprengsel, ruft einen Ordnungssinn auf die Szene, der fatale und nicht selten mörderische Erinnerungen beschwört. Die taktische Phantasie der Protestierer hat zwar eindrucksvolle Mittel ausfindig gemacht, um gedankenlos mitgeschleppte autoritäre Strukturen und obrigkeitliche Ansprüche lächerlich zu machen; aber darüber hinaus hat sie bislang kein konkretes Ziel formuliert und reicht schon deshalb nicht aus, um jene konzeptionslose Hoffnung zu rechtfertigen, die für viele in der erwarteten oder ersehnten großen Krise liegt.

Im übrigen wäre zu bedenken, daß in Deutschland, aufgrund nahezu unverändert gültiger Voraussetzungen, die Linke nie aus Krisenlagen Gewinn gezogen hat. Zu den fatalen Traditionen des Landes gehört, daß die Linke kontraproduktiv ist. Sie proklamiert und feiert stets die Gewalt, die von der Rechten dann ergriffen und gegen sie ausgeübt wird. In der Bedrängnis wittert das deutsche Volk, einem offenbar unbelehrbaren Reaktionsschema folgend, den Feind von links und flüchtet sich nach rechts. Nicht im studentischen Unmut, in den Respektlosigkeiten und Aufruhraktionen, sondern in der autoritären Reaktion darauf liegt denn auch begründet, was als eigentliche Bewährungsprobe in naher Zeit auf die Bundesrepublik zukommt.

Erwägungen dieser Art müssen über ein Verhalten nicht entscheiden; doch müssen sie angestellt werden, wenn man die große Krise den eigenen Konzepten zugrunde legt. Fürs erste freilich scheuen die Rebellen selbst Überlegungen naheliegender Art. Als es im Februar im Anschluß und im Zusammenhang mit einer Hamburger SDS-Kundgebung gegen Axel Springer zu einigen Gewaltakten kam, beeilte sich der SDS zu erklären, er habe mit den Ausschreitungen nichts zu schaffen; nicht anders war es angesichts der Osterunruhen. So regen sich die Schreibtischtäter der kommenden Generation; denn wer die Revolution will, der will auch den Weg dahin – das ist der erste Satz im revolutionären Abc. Nur der Rechtsanwalt Mahler, der sich dem Vernehmen nach weigerte, spitzfindige Gewalttheorien zu akzeptieren, scheint diese Lektion gelernt zu haben.

Sie impliziert nicht die Anwendung von Gewalt. Ganz im Gegenteil ist zu lernen, daß in Deutschland nicht ohne Grund nur diejenigen historischen Revolutionen erfolgreich waren, die, von oben veranstaltet, legale oder pseudolegale Wege einschlugen. Der Ordnungssinn dieses Volkes, seine Gesetzes- und Obrigkeitsgläubigkeit ließen anderes nicht zu – und wer dies verächtlich findet, muß es gleichwohl berücksichtigen; ebendies war beispielsweise die Erkenntnis, die Hitler aus dem Scheitern seines Aufstandsversuchs vom 9. November 1923 zog und die ihn zu einer radikalen Änderung seiner revolutionären Taktik bewog.

Ganz unabhängig von der deutschen Szenerie gilt freilich, daß die Barrikade in hochzivilisierten Ordnungen ein romantisches, antiquiertes Requisit ist. Gewiß kann man diese Einsicht zurückweisen und der Gewalt samt der ihr innewohnenden demagogischen Verführungsmacht revolutionäre Erfolgschancen einräumen. Doch auch dieser Weg erfordert das gründliche Räsonnement derer, die ihn am Ende gehen wollen. Wer sich zur Revolution des brachialen Typs entschlossen hat, darf nicht Universitätsinstitute besetzen, ein Rektorat allenfalls, und ein wenig «casser la baraque» spielen, um sich bei Erscheinen der Polizei brummend und mit verkniffener Miene zu trollen. Vielmehr muß er Kader bilden, Waffenlager anlegen etc. und neben den materiellen Voraussetzungen auch eine Strategie des Staatsstreiches entwickeln, das heißt in der Stunde X die Rundfunkanstalten sowie die wichtigsten Schaltstellen des gesellschaftlichen Funktionsprozesses besetzen, die Hauptstadt erobern, Brandt, Wehner, Barzel und Benda gefangensetzen und den Bundeskanzler, vielleicht unter seiner schönen Linde im Garten des Palais Schaumburg, kurzentschlossen aufknüpfen. Daß niemand solche Gedanken zu denken und das verbale Revolutionsgehabe bis in die Konsequenzen zu verfolgen wagt, macht den ganzen Unterschied zwischen Revolution und Mummenschanz oder, wenn man so will, zwischen Revolution und der Koketterie damit.

Solche Überlegungen erzwingen die Einsicht, daß der studentische Protest nur aufklärerische Wirkungen beabsichtigen kann. Daraus folgte, welche Taktik er zu entwickeln hätte. Sie kann nur darauf abzielen, bewußtzumachen, nicht umzustürzen; das Schweigen zu brechen, nicht das Gesetz. Alle Ambitionen, die, von der Euphorie der vergangenen Monate erzeugt, darüber hinausgehen, verkennen die Realität sowie die eigenen Möglichkeiten auf eher groteske Weise.

Einige nicht unerhebliche aufklärerische Impulse hat die Gesellschaft der Bundesrepublik der studentischen Protestbewegung zweifellos zu verdanken, auch wenn sie bislang kaum davon Kenntnis genommen hat. Ernst Bloch hat recht, wenn er meint, auf zehn Aufstände seien in der Vergangenheit immer tausend Kriege gekommen. Das mag nicht zuletzt die Schwierigkeiten erklären, die das Bewußtsein der Mehrheit – vertraut lediglich mit dem guten alten Krieg und den Begründungen dafür – mit den Vorgängen auf den Straßen hat. Gewiß ist, daß die aufrührerische Jugend mutwillig vieles in Frage stellt oder auch umwirft und zerstört, was der älteren Generation begründet teuer ist; daß ihre Motive nicht selten dürftig formuliert oder unreif in der Attitüde sind. Doch immerhin hat sie die innenpolitische Szenerie demokratisch verändert, einen legitimen Mitsprachewillen angemeldet, das muffige Selbstbewußtsein der Machtträger erschüttert, Offenbarungseide erzwungen, hat entzaubert, blamiert, zersetzt, ausgelüftet und einer Politik, die längst schon «ihre Seele eingebüßt» hatte, den einen oder anderen moralischen Impuls zugeleitet. Sie hat in wenigen Monaten mehr zur Auflockerung der institutionellen Erstarrung getan als in vielen Jahren der gesamte kritische Journalismus, der unentwegt seinem Geschäft oblag und offenbar ohne Zeichen der Resignation Gebrauch von seiner Freiheit zur Bagatelle machte: energische Gesten ins Leere, die nahezu nichts bewirkten und sich im Ganzen unfähig zeigten, verändernd in den Gang der Dinge einzugreifen.

Was immer daher von der Unruhe ungerechtfertigterweise angegriffen, verhöhnt oder zerbrochen worden ist: weitaus beunruhigender als dies alles ist das Verhalten der betroffenen Öffentlichkeit: der entlarvten Pseudoautoriäten, eines Teils der Presse und neuerdings der Justiz oder auch der Leute von der Straße mit dem berüchtigt gesunden Volksempfinden, die tief im traditionellen Bewußtsein die Überzeugung hegen, daß oppositionelles Verhalten so gut wie jede Widersetzlichkeit im Grunde strafwürdiges Verhalten ist. Deswegen und im Ganzen, so meinte unlängst die Londoner «Times», gäbe es mehr Grund, sich über die Zukunft Deutschlands zu beunruhigen, wenn die junge Generation nicht wäre wie sie ist, sondern in passiver Haltung verharrte.

Die Republik, mag sein, steht ohne Kleider da, und manchen wird der ungewohnte Anblick genieren. Von Honoratioren geschaffen und geprägt, macht sie Figur wie einer von ihnen im Unterkleid: auf dünnen Altherrenbeinen, eher schwächlich unterm stattlichen Embonpoint, kaum einer natürlichen Bewegung fähig, unsicher und ohne Anmut in ihren Gesten; trotz aller patriarchalischen Schwerblütigkeit zu gelegentlichen Ausfällen neigend, wirkt sie doch temperamentlos, trivial, mit bigotten Allüren und im ganzen ziemlich unansehnlich – kurzum menschlich. Was an ihr zum Zorn herausfordert, ist denn auch nicht die Kälte und Ungerührtheit ihres Machtvollzuges, sondern vielmehr die unreflektierte Stumpfheit, die in ihr herrscht, ihre Kurzsichtigkeit und Phantasiearmut. Die Republik besitzt, sicherlich, wenig Größe und nicht einmal viel Überredungskraft zu sich selbst; doch setzt sie sich, so wie sie ist, immerhin der Kritik aus; sie ist verbesserungsbedürftig und unter Mühen auch verbesserungsfähig. Die Kriegserklärung, vom radikalen Kern der Studenten angeboten, hat sie, gehemmt und voller Skrupel, bislang nicht einmal im Ernst zu beantworten gewagt. Von Menschen geschaffen und regiert, ist sie auch bewohnbar für Menschen: wann je, die Frage ist statthaft, haben Deutsche in ihrer jüngeren Geschichte das sagen können? Nicht oft vermutlich, und gewiß nie für nahezu alle sozialen und ideologischen Kategorien. Es gibt denn auch nichts, weder eine theoretische noch eine vernünftige politische Alternative, die zum gegenwärtigen Zeitpunkt einen revolutionären Gewaltakt, eine Änderung im Prinzip, rechtfertigen würde.

Es gibt freilich zur Zeit auch nichts, weder eine Person noch eine politische Kraft, die einen revolutionären Versuch mit einiger Aussicht auf Erfolg unternehmen könnte – jedenfalls nicht auf der Linken, und nicht gegen die staatliche Macht. Zwar geht das gegenwärtige Regime der Parteien, dem Anschein nach, auf Stagnation und Versteinerung zu, und offenbar ist es, so wie es ist, aus sich selbst heraus unfähig, diese Entwicklung aufzufangen. Doch wer eine Revolution entfesseln will, ich weiß mir nicht zu helfen, muß neben seinen Motiven, so einleuchtend sie sein mögen, auch Ziele nennen können – und niemand kann es; er muß sachliche Vorstellungen so sinnreich über die persönlichen Bedürfnisse oder Begehrlichkeiten der Menschen zu leiten wissen, daß zumindest ein Teil der Öffentlichkeit das revolutionäre Neue zu wollen beginnt – doch niemand will es. Die Macht der Studenten reicht nicht weit. Sie können, über die Fragen der Hochschulpolitik hinaus, allenfalls belästigen, nicht dagegen Änderungen bewirken – es sei denn, sie gewinnen die Unterstützung breiter Bevölkerungsgruppen; das haben, im Frühjahr, die tschechischen Studenten auf die eine Weise und die polnischen auf die andere erfahren.

Unvollkommen wie dieser Staat ist, gibt es doch keinen schlagenden Grund, seine Unfähigkeit zu beklagen, «sich aus sich selbst heraus qualitativ zu verändern». Denn er bedarf der qualitativen Veränderung im eigentlichen Sinne nicht, sondern zunächst und vor allem der Rückführung auf sich selbst. Die derzeit einzige radikale Alternative zum gegenwärtigen Parteiensystem ist die Diktatur einer linken Minderheit – wo sie nicht ohnehin als Ziel proklamiert wird, liegt sie in der zwingenden Logik der geltend gemachten Thesen –, und man wird keine Begründung dafür verlangen, warum die Errichtung eines Regimes dieser Art in der Bundesrepublik undenkbar ist. Auch für ein Rätesystem, wie immer konstruiert, würde Vergleichbares gelten; die Zertrümmerung der Strukturen zum System herrschaftsloser Herrschaft ist überdies den Erfordernissen der Modernität zu großräumig geplanter Kooperation aufs strikteste entgegengesetzt. Sie parzelliert eine Welt, die darangeht, ihre Grenzen hinter sich zu lassen, sie ist politologisches Kleingärtnertum, sie steht gegen die Zeit – kurzum: sie ist ohne Chance.

Neben und zusammen mit der Rückführung auf sich selbst bedarf das Verfassungskonzept der Bundesrepublik indessen auch der Weiterentwicklung. Es ist sicherlich nicht verfehlt, die gegenwärtige Unruhe mit dem zunehmenden Zweifel an der Vitalität und dem Durchsetzungsvermögen der parlamentarischen Demokratie in Verbindung zu bringen. Ganz offenkundig wächst die Zahl derer, die sich außerstande sehen, ihr jene Kombination von Beweglichkeit und Energie zuzutrauen, die erforderlich ist, um die von der Zeit geforderten Veränderungen zu erkennen und zu vollziehen. Doch geriet dieses Bewußtsein bislang nicht an die Öffentlichkeit und damit in streitige Verhandlung, weil die Verfassungsfrage in der Bundesrepublik tabuiert ist.

Der studentischen Opposition mag einmal zum Verdienst angerechnet werden, dieses Tabu gebrochen zu haben, auch wenn die Lösung, die der aktive Kern favorisiert, ganz im Sinne seiner romantischen Neigungen, auf die fossilen Varietäten des 19. Jahrhunderts fixiert bleibt. Die Geschichte ist unumkehrbar und, jedenfalls für den Bereich, von dem die Rede ist, über Rätesysteme, Diktaturen von Junten oder Proletariaten ebenso hinaus wie über die orthodoxe Liberalität des frühen Volksstaates. Sie zielt auf ein Konzept, das ein System kontrollierter und balancierter Machtinstanzen mit äußerster Effizienz, mit Offenheit und dem denkbar höchsten Maß an individuellen Freiheiten verbindet.

Davon sind freilich nicht nur die Studenten noch weit entfernt; die gegenwärtige Lage erfordert eine Antwort oder doch eine rationale Reaktion. Die klassische politische Situation besteht, wie der Kardinal Retz erkannt hat, in der Wahl «zwischen großen Unannehmlichkeiten». Wie die Dinge liegen, gibt es nur eine realistische Chance. Sie mag einem im Unbedingten beheimateten revolutionären Gefühl verächtlich und ziemlich sinnlos erscheinen, doch ihrem Verfassungskonzept zufolge ist die Ordnung der Bundesrepublik noch immer, allen Kränkungen und Verunstaltungen zum Trotz, jedem anderen bestehenden politischen System hoch überlegen. Die Aufgabe könnte lauten, dieses verlorene Verfassungskonzept wiederzufinden und in der Verfassungswirklichkeit zur Geltung zu bringen.

Konsequent verstanden verlangt, was damit gemeint ist, durchaus revolutionäre Kraft und Phantasie; es sanktionierte den Druck der Straße und gegebenenfalls den Einsatz direkter Mittel. Der moderne demokratische Verfassungsgedanke zielt nicht zuletzt darauf ab, die Entfaltung sozial nützlicher Initiative zu ermöglichen und zu garantieren. Deren Verhinderung, selbst wo sie nur von der Unbeweglichkeit versteinerter Institutionen herrührt, ist Widerstand geradezu als eine Art Verfassungsauftrag entgegenzusetzen. An Geist und Grundsatz der Verfassung entscheidet sich die Frage der Legalität von Widerstand oder Gewalt. Wo im Einzelfall die Grenze verläuft, wird im stetigen Konflikt entschieden. «In der Demokratie ist das Volk gewalttätig», erklärte vor einiger Zeit, im Rahmen der Abschlußprüfung, ein Berufsschüler unter dem Gelächter seiner Prüfer; doch so verfehlt, wie die Reaktion der biederen Herren meinte, war die Antwort keineswegs, auch wenn sich unsere Honoratiorendemokratie lange nichts davon träumen ließ.

Die Aufgabe, von der die Rede ist, impliziert allerdings eine Versöhnung der Jugend mit dem Parteiensystem. Gewiß bietet die Erfahrung damit einem hochgestimmten Rigorismus wenig Anreiz, und die Aufforderung von Wirtschaftsminister Schiller zum «Come in» erwies sich denn auch als ein Fehlschlag. Der Analyse von hoher und grundsätzlicher Warte bieten die Parteien sich, daran ist kein Zweifel, eher heillos dar: unglaubwürdig, verbraucht und borniert. Das Gefühl, in der bestehenden Ordnung nicht vertreten zu sein und die politische Selbstverwirklichung nur im Widerspruch zu ihr erreichen zu können, ist gewiß begreiflich. Längst ist auch das Parlament nicht mehr der Ort, an dem – um ein altes Wort abzuwandeln – die Nation mit sich selbst bekannt wird, sondern mehr und mehr mit ihren Vormündern. Immer und eigentlich nur dann brandete in den Debatten über die Unruhe der jungen Generation der Beifall auf, wenn einer ein energisches Wort an die Adresse der angeblich wahrhaft Schuldigen, an die Journalisten und «die kleine Gruppe der radikalen Rädelsführer» richtete und sich zum Fürsprecher von Ruhe und Ordnung machte – und die Ordnung, die da gefeiert wurde, war gewiß nicht, wie eine couragierte Abgeordnete der FDP meinte, die Streitordnung der demokratischen Verfassung, sondern deren autoritäres Gegenmodell.

Was die junge Generation aus der Geschichte nicht lernen will, hat die ältere offenbar weder aus Betrachtung noch aus Beteiligung gelernt: daß man einen Staat durch das fehlende Verständnis seiner Grundlagen verhunzen und schließlich zugrunde richten kann. Die Notstandsgesetze sind dem Buchstaben nach gewiß nicht die diktatoriale Ermächtigung, als die sie von einem Teil der politisch engagierten Bevölkerung betrachtet werden. Aber daß sie von der großen Mehrheit des Bundestages schlicht als ebendieses Machtmittel mißverstanden werden und ihre zuletzt doch eilige Verabschiedung als der Versuch zur Konsolidierung weniger von Verfassungsgrundsätzen als vielmehr von Positionen aufgefaßt wurde, daran ist nicht zu zweifeln. Wer erkannt hat, wie gering in der Verfassungsgeschichte stets die Bedeutung der Gesetzestexte und wie hoch das Bewußtsein derer zu veranschlagen gewesen ist, die sie anwendeten oder auslegten, wird die anhaltende Unruhe darüber begreifen und teilen.

Jeder dieser Einwände mindert fraglos die Überzeugungskraft dessen, was gleichwohl für das politische Engagement im Rahmen des «Systems» und seiner Parteien spricht. Doch als ein im Grunde intellektuelles Konzept erwartet die Demokratie von ihren Parteigängern nicht jene Vorbehaltlosigkeit, in der immer auch ein Element unreflektierter Blindheit steckt. Sie ist ohne Romantik. Sie rechnet mit dem Skrupel und hat das Recht darauf geradezu institutionalisiert; sie sieht sich nicht enthusiastisch, sondern distanziert; nicht gläubig, sondern argwöhnisch: das ist ihre Moral und ihre Schwäche in einem. Es ist zugleich, was sie allen anderen Ordnungsentwürfen, auch und gerade unter den Bedingungen der Modernität, überlegen macht, weil die unablässige Reflexion auf die eigenen Grundlagen Veränderung und Anpassung ermöglicht. Es mag sein, daß das nationale Pathos, das der demokratischen Verfassungsidee eigen ist, nicht mehr verfängt. Seine Zeit ist denkbarerweise vorbei, und die Skeptiker behalten recht, die stets die Wahrscheinlichkeit für gering erachteten, daß die Menschheit einer so «schönen, geistreichen, halsbrecherischen und widernatürlichen Sache» auf die Dauer gewachsen sein könnte. Einiges deutet in der Tat darauf hin, daß die in Deutschland generationenlang kultivierte Neigung noch immer übermächtig ist, Politik als eine Sache des Glaubens, der metaphysischen Militanz, der Weltheilung zu betrachten, weit entfernt von aller ordinären Alltäglichkeit. Auch der antizivilisatorische Affekt meldete sich während der vergangenen Monate erneut in zahlreichen verräterischen Symptomen, jener Ekel vor Gegenwart und Zukunft, der einhergeht mit der Sehnsucht nach Urväterzeiten, in denen das Leben nicht einem Ameisenhaufen, sondern einem Garten nach der Art Ludwig Richters glich. Der Schritt in die Politik dieses Staates mag nicht wenigen unzumutbar erscheinen. Er ist indessen unumgänglich, wenn die Vermutung nicht bestärkt werden soll, daß der Protest nur eine Art der Wirklichkeitsflucht ist, ebenso radikal wie unpolitisch und hoch ins Leere zielend; daß er weniger die Unansehnlichkeiten dieses Staates als die der menschlichen Natur im allgemeinen treffen, und eigentlich nicht jenen, sondern diese ändern will; daß er schließlich, in allem Lärm und aufrührerischen Tumult schon, resigniert und angewidert, seinen Rückzug vorbereitet: in das innere Reich jenes «befriedeten Daseins», von dem Herbert Marcuse so opulent zu träumen versteht.

Es wäre ein Fluchtweg, der Tradition besitzt; und auch die Gegenseite wird, so muß man fürchten, allen besorgten Vorhaltungen zuwider, am Ende ihren elenden Traditionen folgen: der öden Exempelstatuiererei, die wachsende Scharen von Befürwortern mobilisiert. Die Betrachtung der Widersacher weckt, ausgangs der ersten Phase der Auseinandersetzung, gebrochene Sympathien hier, gebrochene Vorbehalte dort – und Pessimismus im Ganzen. Am Ende wird der Konflikt keinen politischen Nutzen bringen, sondern nur die einfallslose, stupide Wiederholung irgendeiner historischen Kalamität. Und wieder wird es gewiß nicht pure Niedertracht sein, wenn alles einmal mehr in Scherben geht, nicht Zerstörungswut und auf keiner Seite die Spur bösen Willens; vielmehr werden alle sich von den besten Absichten geleitet wissen, die bekanntlich keine Nachgiebigkeit erlauben. Schiller, der Dichter, hat gelegentlich bemerkt, sein Verzeichnis von Bösewichtern werde mit jedem Tag, den er älter werde, kürzer und sein Register von Toren vollzähliger und länger. Wer pflichtete da nicht bei?

Gedanke und Tat
Über eine Metapher von Heinrich Heine
(1978)

Der Gedanke geht der Tat voraus
wie der Blitz dem Donner.

Heinrich Heine

Der Satz Heinrich Heines über das Verhältnis von Gedanke und Tat zählt zu jenen Metaphern, vor deren suggestiver Kraft aller Zweifel oder gar Widerspruch sich schwertut. Gleichwohl gibt es einen alten Streit darüber, ob jenes Naturgesetz in der Welt der Geschichte, auf die Heine sich in der Schlußpassage seiner Betrachtung «Zur Geschichte der Religion und Philosophie in Deutschland» bezieht, nicht außer Kraft gesetzt oder sogar auf den Kopf gestellt sei und das rechte Verständnis historischer Vorgänge sich erst einstelle, wo man es wieder auf die Füße hole: «kommt wort vor tat, kommt tat vor wort?»

Ich will aber die Aufgabe, die mir gestellt ist: nämlich einige Überlegungen zum Verhältnis von Gedanke und Wirklichkeit anzustellen, nicht weitläufig mißverstehen. Gemeint ist doch offenbar, im prinzipiellen Einverständnis mit dem Satz Heines, ob es Gedanken gäbe, die in die Geschichte hineinwirkten und realitätsverändernde, politisch formende Kraft entfalteten.

Daran ist eigentlich, um es vorweg zu sagen, ein ernsthafter Zweifel nicht möglich. Gewiß sind Armut, Unterdrückung und die Empfindungen sozialer Willkür mächtige gesellschaftliche Energien. Aber erst durch die gedankliche Bindung gelangen diese Energien zum Bewußtsein ihrer selbst, erst sie vermittelt ihnen jene Perspektiven, aus denen mobilisierende Wirkungen, Richtungsbe-

111

wußtsein und Stoßkraft wachsen. Der Französischen Revolution kommt man, um bei der überschaubaren Vergangenheit zu bleiben, ohne die gedankliche Minierarbeit der Aufklärung, die pathetischen Projektionen von Natur- und Menschenrecht, nicht bei; die historischen Bewegungen und Machtverschiebungen im Europa des 19. Jahrhunderts sind ohne die nationalstaatliche Sehnsucht, die elementaren Empfindungen der Zusammengehörigkeit auch fernab aller wirtschaftlichen oder verfassungspolitischen Interessen, nicht zu begreifen; und der Marxismus selber, der das Verhältnis von Gedanke und Wirklichkeit so nachdrücklich in Frage stellt, bezeugt ironischerweise, wohin wir blicken, geradezu den Triumph der Idee – und strenggenommen nur noch der Idee oder gar ihrer verkümmerten, ramponierten Reste – über und wider alle Wirklichkeit. Es ist eine fast banale Einsicht, daß Ideen Realität schaffen; sie erst bringen häufig die erstarrten, in ihre eigene Schwere verhafteten Verhältnisse in Bewegung.

Aber nicht minder banal ist zugleich die andere Einsicht, daß Ideen für die Wirklichkeit wenig bedeuten. Im richtigen Augenblick sich mit Völkern, Staaten oder gesellschaftlichen Machtgruppen verbindend, zur Wirklichkeit drängend und von der Wirklichkeit ergriffen, können sie eine unerhörte Brisanz entwickeln. Sie können aber auch ins Leere stoßen und unbemerkt verhallen; sie können zu früh kommen und erst Generationen später aufgegriffen, dann auch verändert, mit neuen Bedeutungen versehen, in ihrer Frontstellung überdies gleichsam umgedreht werden. Die Evolutionstheorie beispielsweise, die zunächst, durchaus zum Unwillen Darwins, zu einem allgemeingültigen sozialen Lebensgesetz erweitert und anschließend von einem Gedanken eher fortschrittlicher Vulgäraufklärung zu einem Beweis für die angebliche Naturwidrigkeit demokratischer, humanitärer Vorstellungen umgedeutet wurde, demonstriert wie am Paradigma, welche Entwicklungen, Sprünge, Überläufereien eine Idee durchmachen kann, ehe sie zu historischer Wirksamkeit kommt.

112

Die Wirklichkeit verfährt nach souveränem Belieben mit den Ideen, sie unterwirft sie sich, verfälscht sie häufig auch. Das Frankreich der Französischen Revolution verband, noch vor Napoleon, die revolutionäre Botschaft von 1789 mit dem besonderen Sendungsbewußtsein des Landes zu einer Hegemonialidee, der die Parolen von «Freiheit, Gleichheit, Brüderlichkeit» nur noch als Fetzen dienten, um die nationalimperiale Eigensucht zu verdecken. Die russischen Ereignisse von 1917 wiederum gehen auf die revolutionäre Entschlossenheit einer kleinen Gruppe zurück, die ein Ideensystem einer Realität anpaßte, für die es nie gedacht war. Denn die Revolution in einem Land, das als der ewige Nachzügler der Weltgeschichte noch tief in seiner feudalistischen Phase steckte und allenfalls über zehn Prozent Proletarier verfügte, verstieß nicht nur gegen das strenge Periodenschema des historischen Materialismus; als Revolution einer «Intelligentsia», die die bäuerlichen Massen in die Rolle der «Avantgarde der Weltrevolution» stieß, ignorierte sie auch den eigenen Lehrsatz, daß das «Sein» das «Bewußtsein» bestimme, und kam überdies, wiederum im Widerspruch zu ihren theoretischen Axiomen, nicht als Erhebung der Massen, sondern als Revolution «von oben». So willkürlich verfuhren Lenin und sein engerer Anhang mit den Ideen von Marx, daß man versucht ist zu sagen, sie hätten ihrem revolutionären Willen auch andere Vorstellungen untergeschoben, wenn jene nicht zur Hand gewesen wären.

Man kann aber noch einen Schritt weitergehen und die Behauptung wagen, daß es eines stimulierenden Gedankens nicht einmal bedarf, um gewaltige Kräfte freizusetzen. Man wird den Widerhall, den der Nationalsozialismus in breiten Schichten, insbesondere auch unter den Intellektuellen, gefunden hat, nicht verstehen, wenn man seine dezidiert widergeistige Tendenz nicht geradezu als Element der Anziehung einsetzt. Eine entschlossen antirationalistische Stimmung, die dem Geist als der «unfruchtbarsten aller Illusionen» die «Urkräfte des Lebens» gegenüberstellte, beherrschte jene Zeit, deren Ideenüberdruß sich in Begriffen wie «Triebrevolte» oder «Erkenntnisekel» verstanden und damit schon halbwegs gerechtfertigt sah. Die Tendenz ging auf die Verhöhnung des Gedankens, auf Teilhabe an kollektiven Rauschzuständen, atavistischen Erfahrungen der Selbstvergessenheit, auf Marschkolonnen, romantisierendes Zeremonienwerk, vom nächtlichen Feuerzauber erhitzte Gesichter: dergleichen wirkte unwiderstehlich auf eine Generation, die aus allem Theorienstreit der Epoche die resignierte Einsicht zurückgebracht hatte, daß man «den Dingen mit dem Gedanken nicht mehr nahe» komme. Der Satz Hegels, daß es Eigensinn und Stolz des Menschen ausmache, nichts in der Gesinnung anerkennen zu wollen, was nicht durch den Gedanken gerechtfertigt sei, schien emphatisch suspendiert.

Und ähnlich konnte man in der zweiten Hälfte der siebziger Jahre beobachten, wie ein Tätertum sich vom Gedanken ablöste, dem es ursprünglich, wenn auch auf undeutliche visionäre Weise, verbunden war, und nur noch die Akte demonstrativ-verzweifelter Auflehnung suchte; jedenfalls hat der sogenannte Terrorismus kaum durch ideologische Verlautbarungen auf sich aufmerksam gemacht, schon gar nicht Zeugnisse jenes theoretischen Rausches hinterlassen, dessen Zeuge wir zehn Jahre zuvor gewesen waren. Statt dessen schien darin etwas von jener präfaschistischen, aus prinzipieller Gedankenverzweiflung herrührenden Erinnerung an die «action directe» wiederaufzuleben, während allem Ideologischen nur die vage Funktion zugewiesen war, die aus den unterschiedlichsten Antrieben stammenden Aggressionsbedürfnisse zu binden und an der Dynamik eines weltweiten Befreiungsprozesses teilhaben zu lassen.

Schließlich ist eine weitere Überlegung angezeigt, die das Bild Heines vom kausalen Verhältnis zwischen Gedanke und Tat, wie häufig bei Metaphern, als rhetorischen Überrumpelungsakt kenntlich macht. Denn das Bild legt die Vorstellung nahe, daß der Gedanke oder doch derjenige, der ihn denkt, in die Realität wirken will, so daß sie, wie das berühmte Wort lautet, «nicht aushält». Gedanken können aber auch bloßes Spiel sein, artistische Laune, Experiment – und damit sind nicht etwa nur Gedanken von der Art gemeint, wie viele Engel wohl dem Gewicht eines Rosenblattes gleichkämen. Auch und gerade auf die politischen, gesellschaftlichen Verhältnisse bezogene Gedanken können aus der spielerisch-provokatorischen Lust herrühren, über alle Grenzen hinauszugehen und im Bereich des Denkens zu erproben, was die Wirklichkeit nicht zuläßt: immer eingedenk des unaufhebbaren Unterschieds zwischen dem einen und dem anderen; zwischen der fiktiven Welt der sogenannten Gelehrtenrepublik, wo das gedankliche Experiment, noch in der äußersten Überspanntheit, mit versuchter Erkenntnis zu tun hat, und der wirklichen Welt, in der Menschen leben. Und selbst wo, wenn wir zurücksehen, ein anklägerischer Ernst am Werke scheint, bleibt ein Bewußtsein der Distanz zur Realität greifbar, nicht selten offenbart die Radikalität der Schuldsprüche gerade das Pathos der Entfernung. Das Reich des Geistes hat viele Wohnungen für diejenigen, die hungrig und durstig sind nach Kompensation und mit schneidenden Verdikten Vergeltung üben wollen an der Wirklichkeit und den Ohnmachtserfahrungen, die sie ihnen beschert. Unschwer jedenfalls ließe sich sagen, daß die Mehrzahl der Werke zur politisch-gesellschaftlichen Kritik gerade nicht aus politischem, sondern aus distanziert moralischem oder ästhetischem Grundantrieb stammt: aus der Absicht, eine verdammungswürdige Welt mit immer neuen Konstruktionen, immer großartigeren Prospekten oder Phantasiespielen in Erstaunen oder Unruhe zu versetzen.

Es waren, um im Bilde Heines zu bleiben, Blitze, die mit dem Donner allenfalls drohten und daher nicht eigentlich Blitze waren, sondern eine Art wilden bengalischen Feuers. In der Welt der Geschichte, so haben wir inzwischen gelernt, kann freilich dergleichen, korrespondierende Umstände vorausgesetzt, einen Donner machen, der noch vielen Generationen in den Ohren hallt.

115

Denn man muß nicht ausführen, daß dies einen charakteristisch deutschen Zug im Verhältnis von Gedanke und Tat bezeichnet. Die Ursachen, Motive und traditionsbildenden Faktoren des Prozesses gedanklicher Wirklichkeitsentfremdung in unserem Land sind vielfach beschrieben worden. Aufs Ganze gesehen tritt immer wieder die Tendenz hervor, über konkrete Nöte, über Ungerechtigkeit und soziale Mißstände hinwegzusehen, das Erreichbare oder schon das Augenmaß dafür zu verachten und statt dessen Ideen gegen die Wirklichkeit auszuspielen, das Menschenmögliche gerade in der Utopie zu erkennen und den einen einzigen Sprung zu definieren, mit dem man, über alle Realität hinweg, ins Reich der ganzen Freiheit gelangt. Der einzelne, sein Bedürfnis nach geordneter Selbstentfaltung, nach Freiheit von Furcht, Unterdrückung sowie auferlegter oder selbst verschuldeter Unmündigkeit verliert sich unter solchen Höhenflügen leicht im Undeutlichen.

Eben auf die greifbare Zustandsverbesserung zielt aber, was man den aufklärerischen Impuls zur Wirklichkeitsveränderung nennen kann. Das «Ende der Aufklärung», von dem seit einiger Zeit unter wechselnden Gesichtspunkten die Rede ist, hat deren problematische Züge auf breiterer Ebene als je zuvor und, befördert durch eine quer durch die Fronten verlaufende neue Skepsis, zu Bewußtsein gebracht. Aber das vernünftig organisierte Gemeinwesen, wie es vor allem den frühen Aufklärern vorschwebte, war noch nicht der strenge «Staat der Vernunft» der späteren Phase, geschweige denn die Vorform jener inhuman-rationalistischen Herrschaftsgebilde, die sich, wiederum später, davon herleiteten; und der Versuch, ethische Normen über die private Sphäre hinaus auszuweiten, die Einheit von Moral und Politik herzustellen, muß keineswegs, wie etwa bei Rousseau, in der Idee des totalen Staates enden. Es scheint mitunter, als schlage die Anfälligkeit für extreme Positionen noch in der kritischen Rezeption der Aufklärung durch diejenigen durch, die sie für ihre extremen Positionen tadeln.

Überhaupt haben die «philosophes militants» der Aufklärung,

bei allem Grundsatzfieber, das sie beherrschte, über den Ideen immer auch deren Erprobungsfeld, die Realität, im Blick behalten. Es sei ein manchen Philosophen eigentümlicher Irrtum, hat Pierre Bayle erklärt, die Erkenntnis ließe sich unbesehen in die wirkliche Zeit übertragen. Erfasse selbst ein fortschrittlicher Gedanke einmal das Feld der Politik, so seien die Übel, die daraus folgten, häufig größer als diejenigen, die er zu beseitigen trachte. Die Kritik als die richtende Instanz müsse sich abgrenzen gegen die politische Instanz des Staates und dürfe die Zuständigkeiten nicht durcheinanderwerfen. Es mag sein, daß solche Unterscheidungen allzu ausgedacht sind und die Dynamik des von der Aufklärung entwickelten Herrschaftsanspruchs der Vernunft nicht hinreichend in Rechnung zogen. Aber die Skepsis selbst gegenüber den eigenen Prämissen, das Zögern, die undogmatische Besonnenheit solcher Sätze bezeichnen eine Haltung, für die sich im Deutschland jener Zeit kaum eine Parallele auffinden läßt, und in die politische Zivilisation des Landes ist ein vergleichbar kritischer Wirklichkeitssinn nur selten und ansatzweise eingegangen. Das Vernünftige ist, wer wüßte das nicht, als Position der Mitte immer auch das intellektuell Reizlose und hat, statt unerhörter Abenteuer, nur eher arglose Befriedigungen zu bieten; damit mag zusammenhängen, daß die Aufklärung eine so geringe, vorwiegend auf ihre späteren radikalen Formen beschränkte Resonanz in Deutschland gefunden hat.

Für die Zwischenzeit sieht man sich immer wieder auf den einen Lessing und seine Freunde verwiesen, auf Kant sowie etwas Bürgertum in Berlin, Bayern und vor allem in den freien Reichsstädten – dergleichen begründet keine Tradition. Die deutsche Klassik steht fast gänzlich abseits von diesen Entwicklungen, unterbricht sie geradezu, Athen war ihr immer näher als Paris, trotz der «Räuber», trotz «Luise Miller», und das von progressiven Köpfen gern gestellte Thema «Schiller und die Aufklärung» ist meist nur mit einigen retuschierenden Kunstgriffen zum guten Ende zu bringen. Erst mit dem «Jungen Deutschland» wird in der Dichtung wieder ein politisch-aufklärerischer Ton vernehmbar. Georg Büchner wäre zu nennen, doch melden sich da alsbald Zweifel. Der «Hessische Landbote» erlaubt gewiß auch die Frage, was hier stärker zum Ausdruck drängt: humanitäre Empörung, Mitleiden oder das vom eigenen großen Tiradenton fortgerissene rhetorische Temperament. Schon das folgende Werk des Dichters, «Dantons Tod», ist ja das pessimistisch verdüsterte Drama von der Niederlage des vermittelnden, die rigorosen theoretischen Postulate vermenschlichenden Typus gegenüber den in die Realität einbrechenden Ideologen, ein Dokument nicht nur der Abwendung von der Politik, sondern der Verzweiflung und sogar des Abscheus davor. Denn dies ist gleichsam die zweite deutsche Ausweichbewegung gegenüber der Aufklärung: der angewiderte Rückzug aus der Wirklichkeit, der aufs engste korrespondiert mit den Tendenzen zur Radikalisierung der Idee. Es gibt bei Büchner vehemente Zeugnisse einer politischen oder genauer apolitischen Misanthropie: Verächtlichkeiten über das gemeine Volk, den Wankelmut, die Beschränktheit und moralische Inferiorität der Menschen, alles einmündend in das Bekenntnis aus einem Brief an Gutzkow: «Nichts kommt einem doch in der Welt teurer zu stehen als die Humanität.»

Dies kann kein Gang durch die deutsche Literatur- oder Geistesgeschichte sein, sondern nur ein Versuch, an einigen Beispielen das eigentümlich gebrochene Realitätsverständnis von Dichtern und Denkern anzudeuten. Andernfalls wäre, um beliebig anzusetzen, auf Winckelmann hinzuweisen und was, im Anschluß an ihn, als «die griechische Tyrannei über Deutschland» beschrieben worden ist; ferner auf einige Frühsozialisten, auf die kulturpessimistische Denktradition sowie auf Friedrich Nietzsche, dessen Botschaft – wie mißverstanden, abgeleitet und völkisch verballhornt auch immer – in manchen späteren Erscheinungen auf eine wenn auch schwer greifbare Weise präsent ist. Immerhin liegt es nahe, Heinrich Heine zu erwähnen, der nicht nur der Stichwortgeber dieser Überlegungen ist, sondern häufig als eine der großen Postamentsfiguren eines auf politische Wirkungen drängenden Dichtertums bemüht wird. Aber auch da stellen sich augenblicklich die Bedenken ein. Denn für dergleichen Sockelrollen war der Dichter zu lebendig, zu warm und menschlich-schwach, zu unzuverlässig. Man muß nur nachlesen, wie er als Berichterstatter im Paris des Jahres 1832 von einer revolutionären Demokratenversammlung in der Rue de Grenelle zu einer Soirée im vornehmen Faubourg St. Germain eilt, beherrscht von der Sorge, zu spät einzutreffen: «Nichts als Lichter, Spiegel, Blumen, nackte Schultern, Zuckerwasser, Glacéhandschuhe und Fadaisen», bemerkt er, glücklich, wieder in der Welt zu sein, der er sich, das «Vive la République!» aus der Rue de Grenelle noch in den Ohren, doch wahrhaft zugehörig fühlt. Einiges spricht überdies dafür, daß die beiden Veranstaltungen in Wirklichkeit nicht am gleichen Abend stattfanden und von Heine nur verkoppelt wurden, um seiner Aversion gegen den revolutionär gesinnten Mann von der Straße eine effektvolle Gegenkulisse zu verschaffen. Zwar mokierte er sich über die Privilegierten, strafte sie mit seinem Sarkasmus, verachtete sie aufgrund ihrer Lasterhaftigkeit, aber das Volk, dem sein Mitleid galt, ängstigte ihn. Seit er die Menschen betrachtet habe, mit denen die Revolution gemacht werden solle, sei ihm alle Hoffnung vergangen, schrieb er, ihn quäle die Sorge, sie würden die «Marmorbilder meiner geliebten Kunstwelt» zerschlagen und die Lorbeerwälder umhacken, um darauf Kartoffeln zu pflanzen, die ganze Zivilisation, die mühselige Errungenschaft so vieler Jahrhunderte, sei durch den Sieg des gemeinen Mannes, des «souveränen Rattenkönigs», bedroht; und am Ende, in den «Geständnissen», räumte er sogar ein, er habe seinen Atheismus aufgegeben, als der zu einer Sache des Plebs geworden sei und «nach Käse, Branntwein und Tabak zu stinken» begonnen habe. Aber dann wieder weint er «nackte Tränen», als er den Ort betritt, der vom Blut zusammengeschossener Republikaner gerötet ist.

Kaum anderswo werden wie bei ihm die Paradoxien eines humanitären Engagements offenbar, das stets mit einer Art sozialen Berührungsangst einherging, und vieles spricht dafür, daß er damit mehr sichtbar gemacht hat als eine nur persönliche Irritation: «Die Emanzipation des Volkes», schrieb er, «war die große Aufgabe unseres Lebens, und wir haben dafür gerungen und namenloses Elend getragen, in der Heimat wie im Exil – aber die reinliche sensitive Natur des Dichters sträubt sich gegen jede persönliche Berührung mit dem Volke, und noch mehr schrecken wir zusammen bei dem Gedanken an seine Liebkosungen, vor denen uns Gott bewahre! Ein großer Demokrat sagte einst: er würde, hätte ein König ihm die Hand gedrückt, sogleich seine Hand ins Feuer halten, um sie zu reinigen. Ich möchte in derselben Weise sagen: Ich würde meine Hand waschen, wenn mich das souveräne Volk mit seinem Händedruck beehrt hätte.» Wie immer man eine derartige Äußerung nach Inhalt, Tonlage und biographischem Zusammenhang bewerten mag: soviel ungehemmte Selbstpreisgabe gibt wenig her für die politische Inanspruchnahme, zu freimütig ist der Mitleidsimpuls vom Ekel vor der Wirklichkeit durchsetzt. Aber wie sehr Heinrich Heine, unfähig zu jeder Form der Verstellung, für sich selber sprach: er steht damit doch in einer langen Tradition.

Man hat verschiedentlich darauf hingewiesen, daß streng zu unterscheiden sei zwischen einem aufklärerischen und einem hegelianischen Verhältnis zur Realität: das eine sei auf den konkreten Menschen bedacht, das andere auf die eigenen blitzenden Konstruktionen und nur ihnen verpflichtet. Der unterschiedliche Ausgangspunkt präge auch die unterschiedliche Vorstellung von der Veränderung des Bestehenden. Beide kennen die Gewalt. Aber die Vertreter der einen Seite sehen darin eine äußerste Zuflucht, um unerträglich gewordene Zustände zu bessern, während die der anderen vorgeben, das große, verborgene Gesetz der Geschichte zu kennen, dem alle, zu ihrem Glück oder Unglück, unterworfen sind. Die Letztgenannten begreifen den Widerstand dagegen denn auch nicht als Ausdruck abweichender Glücks- oder Autonomievorstellungen, sondern als die so starrköpfige wie vergebliche Auflehnung gegen ein unerbittliches Prinzip: den ehernen Schritt des Weltgeistes selber. Es liegt auf der Hand, daß zwischen beiden Auffassungen, sowenig sie herkömmlicherweise auch auseinandergehalten werden, eine Vermittlung nicht möglich ist.

Das Bewußtsein der Übereinstimmung mit einem übergreifenden Prinzip hat den Anhängern der hegelianischen Richtung, den «Doktoren der Revolution», wie Heine sie spöttisch nannte, die ungerührte Härte, den tödlichen und heilsgewissen Ernst gegeben. Doch kam und kommt der Hochmut, der alle ihre Verheißungen und Glückskommandos trug, mit Vorliebe im schlichten Rock: als Agenten und Werkzeuge der Geschichte, als deren dienendes Personal verrichten sie nur das Werk eines höheren Auftraggebers. Ihn kümmert, was Menschen wünschen, hoffen, leiden nicht, die Wirklichkeit ist keine erwägenswerte Größe, sondern nur der schwerfällige Stoff, der sich der Materialisierung der idealen Fiktionen anhaltend widersetzt. Wie unterschiedlich die Deutungen, wie kontrovers die Zielvorstellungen von Hegel bis zu dessen späten Adepten und Jüngern in der Gegenwart auch immer sein mögen: gemeinsam bleibt ihnen allen der aufdringliche Verkündigungston, durch den sie ihren Verfügungsanspruch über die anstößige Realität, moralisch wie intellektuell gleichermaßen, abzusichern suchen. Es gibt von Friedrich Hölderlin in dem Gedicht «An die Deutschen» ein Bild, das dem Heineschen denkbar ähnlich ist. An die nicht ohne klagenden Unterton formulierte, vielzitierte Zeile von den «tatenarmen und gedankenvollen» Landsleuten schließt die Frage an: «Oder kömmt, wie der Strahl aus dem Gewölke kömmt, aus Gedanken die Tat?» In der einen, der kürzeren Fassung des Gedichts, wird diese Frage noch einmal abgewandelt und gleichzeitig verdichtet: «Leben die Bücher bald?» Der ganze ungebrochene Enthusiasmus der Aufklärung, die Gewißheit, daß die Verbesserung der Welt aus denkender Einsicht komme, spricht aus dieser ungeduldigen Frage, die noch nichts von Macht und Suggestivkraft realitätsentfremdeter Ideologien weiß. In der Tat lebten die Bücher bald; oder erhoben, genauer gesagt, Anspruch über eine Wirklichkeit, die sie weder kannten noch schonten. Zusammen jedenfalls kamen sie nicht.

Von Hitler wissen wir, daß er seinen verstiegensten Träumen, den Gedankenexzessen von Welteroberung, Blutreinheit und Übermenschentum mit Vorliebe auf dem Obersalzberg oder in dem «Adlernest» nachhing, das er oberhalb des Berghofs hatte errichten lassen. Hier, im ganz buchstäblichen Sinne wirklichkeitsentrückt, vor der Schicksalskulisse der Berge, überdachte er seine vor keiner Konsequenz zurückschreckenden Projekte, hier, so hat er geäußert, habe er alle großen Entscheidungen getroffen: es gibt kein anschaulicheres Bild selbstgewählter Abkoppelung von Realität. In der wie arrangiert wirkenden Szene findet die Wirklichkeitsentfremdung ganzer Generationen indignierter Propheten und völkischer Utopisten, die, vergraben in ihre Studierstuben, dem in die Irre gehenden Weltenlauf ihre rigorosen Rezepturen verordneten, ihren geradezu metaphorischen Ausdruck.

Diese Tradition besteht unverändert fort, wie sehr sich die Winde auch gedreht haben. Oder ist es, um den Schritt in die Gegenwart zu tun, mehr als ein Zufall, daß der wohl unnachsichtigste Chefentlarver bundesrepublikanischer Verhältnisse, der sich auf den Rigorismus seines Urteilens nicht wenig zugute hält, vor Jahr und Tag in eine der hochsubventionierten Gelehrtenresidenzen im bayerischen Seengebiet retirierte, um von dort, aus der verdünnten Luft des Voralpenlandes, seine bitteren Dicta zur Lage zu verkünden? Und daß er, als die anspruchsvolle Retraite im Zuge einer Neuorganisation des Instituts bedroht war, nicht ohne weitläufig mobilisierte publizistische Unterstützung um sein Isolationsprivileg kämpfte? Kurz: die Indizien für den Realitätsverzicht der kritischen Intelligenz, jene Heineschen Berührungsängste, sind weiterhin verbreitet auffindbar.

Es gibt einen Ansatzpunkt, von dem aus der studentische Protest, auch in seinen späteren radikalen Formen, sich begreifen läßt und auf unser Verständnis rechnen darf. Seine Protagonisten hatten, erfüllt von unklaren und noch ganz richtungslosen Antigefühlen, jahrelang Lehrern zugehört, die das totale Anathema über die spätkapitalistische Massengesellschaft ausriefen. Ich will die persönliche Betroffenheit, den Grad subjektiven Entsetzens über die Heraufkunft einer total verwalteten Welt bei dem einen oder anderen dieser Lehrer, die im Stalinismus wie im Nationalsozialismus so etwas wie die Vorwegnahme einer für unentrinnbar gehaltenen Zukunft sahen, nicht ironisch in Frage stellen. Aber konnten die Zuhörer nicht den Eindruck gewinnen, daß auf den Kathedern vor ihnen Meister in der Kunst des Mundspitzens am Werke waren, die im Ernst nie daran dachten, auch zu pfeifen? Wie glaubwürdig mochten ihnen zur marxistischen Tradition sich rechnende Philosophen erscheinen, die darauf beharrten, es komme darauf an, die Welt nur zu interpretieren, nicht aber sie zu verändern? Carl Jacob Burckhardt berichtet von einem deutschen Dichter, der vor französischen Freunden gesprächsweise geäußert hat: «Ihr Franzosen habt das Schicksal, immer alles hier in der Realität auszufechten, ihr seid vor der Welt und ihren Anforderungen immer in der Lage des Herzogs von Guise, der sich gegen seine Mörder verteidigen mußte mit zwei Schritten Rückzug bis zur hinteren Wand, einen Schritt zur Rechten, einen Schritt zur Linken und keinen mehr, um zu kämpfen auf Tod und Leben; wir Deutschen aber, wir können im letzten Augenblick bisweilen durch die Wand hindurchgehen, als ob sie Luft wäre.»

Der blinde Aktionismus, der in zahlreichen Terrorhandlungen gegen Ende der siebziger Jahre erkennbar wurde, ist denn auch sicherlich nicht nur aus der Empörung gegen eine als verderbt empfundene Gesellschaft zu verstehen; er war vielmehr ebenso getragen von der Verachtung für jene Kathedereschatologen, die sich der Probe aufs Exempel immer aufs neue mit dem flinken Schritt durch die Wand entzogen. Die «Kritik müsse in Aktion umschlagen», der

Mensch «aus dem Gedankengefängnis ausbrechen» und die Lüge der zum bloßen «Alibi heruntergekommenen Idee» demaskieren – das waren die wiederkehrenden Parolen derer, die zunächst auf die Straße und anschließend in den Untergrund gingen, um nicht mehr als «Vorzugsschüler des Untergangs», wie Hanns Eisler in durchaus verwandtem Zusammenhang bemerkt hat, die Privilegien einer Gesellschaft in Anspruch zu nehmen, die sie verabscheuten. Gewiß mögen dabei tiefgreifende Mißverständnisse im Spiel gewesen sein. Aber wer wollte dem gereizten, wenn auch nicht selten grell umgesetzten Ernst, der endlich genug hatte von dem feinsinnigen Verdammungsgetue und all den pontifikalen Verwünschungen, ganz und gar den Respekt versagen?

Man hat jene Terroristen, die sich weigerten, die Trennung von Gedanke und Tat oder, wie man unterdessen sagt, von Theorie und Praxis, länger hinzunehmen, und sich immer tiefer in ein radikales Tätertum verrannten, als «Hitlers Kinder» bezeichnet: eine höchst mißverständliche, vielfach auch mißverstandene Formel, die etwas allzu gezielt den spektakulären Namen mit den neuen, noch undefinierten Erfahrungen in Verbindung brachte. Denn haltbar ist die Formel doch allenfalls, sofern sie die Herkunft der Terroristen aus der weitläufigen, nie ganz abgerissenen Tradition einer deutsch-romantischen Irredenta meint: aus dieser unter stetig wechselnden Vorzeichen auftretenden, schwer beschreibbaren Mischung von obskurantem Idealismus, Politikhaß und «in die Wälder» gehender Gewaltidee, von antizivilisatorisch und antidemokratisch gefärbtem Pessimismus, überhöht dies alles durch den Gedanken von Selbstopfer und mythologisierender Untergangsschwärmerei. Aber dies sind überwiegend vorgegebene Verhaltensmuster, die nach Auffüllung mit gedanklichem Stoff verlangen, damit das Gemisch virulent werde. Gewiß gehört auch Hitler in diese Tradition, aber man tut gut, eine Behauptung wie diese durch ein verundeutlichendes «irgendwie» zu relativieren. Denn die Idee des imperialen, auf die Unterscheidung in Herren- und Sklavenmenschen gegründeten Rassestaats, die Hitler jenen Neigungen aufstülpte und die hinter allen antizivilisatorischen Ressentiments, allen pseudoromantischen Verbrämungen am Ende doch unverhüllbar zum Vorschein kommt, ist von den Spielarten, mit denen es die Gegenwart zu tun hat, unendlich weit; es gibt Extreme, die sich nur sehr allgemein in jenen Nächten noch berühren, in denen alle Katzen grau sind.

Auch die andere Deutung, die der Formel von «Hitlers Kindern» gegeben worden ist und wonach im Terrorismus ein Element begreiflicher Empörung gegen die vom Nationalsozialismus heillos korrumpierte Generation der Väter, ihren Opportunismus und ihre Indolenz vorherrschend sei, ist gewiß unzureichend; und nicht viel weiter trägt offenbar auch eine Variante dieses Interpretationsansatzes: daß nämlich das kleinbürgerlich verkappte Reaktionärswesen, das den einen Hitler möglich gemacht habe, nach wie vor in dieser Gesellschaft wirksam und mitsamt den präfaschistischen Strukturen dem anderen schon zugewandt sei, der irgendwann aus dem noch immer fruchtbaren Schoß hervorkriechen werde. Immerhin mögen solche, von persönlichen Erfahrungen mitgetragene Anstöße in dieser oder jener Einzelbiographie motivierende Kraft gehabt haben: die Anwendung der erwähnten, in diesem Fall überdies eher verquer wirkenden Formel rechtfertigen sie nicht.

In einem ganz anderen Sinn jedoch, der zudem mit dem Verhältnis von Gedanke und Tat zu tun hat, kann man die Terroristen von heute dennoch als «Hitlers Kinder» bezeichnen. Denn angesichts der Frage, wodurch jener Mann sich so unauslöschlich ins Gedächtnis der Welt eingeprägt habe, wird man beständig auf seine monströse Unerschrockenheit stoßen, das bloß Erdachte: die ungereimtesten Phantasien und Trivialvorstellungen, das ganze exzeßhafte Phrasenwerk einer neurotischen, aufgebrachten Epoche buchstäblich zu nehmen. In seiner gänzlichen Unfähigkeit, intellektuelle Erfahrungen zu verarbeiten, hat er die Grenze zwischen Denken und Tun, die noch dem anstößigsten Gedanken im Bewußtsein seiner prinzipiellen Lebensferne das gute Gewissen verschaffte, auf eine bis dahin unvorstellbare Weise ignoriert und eigentlich aufgehoben.

Gewiß gab es immer schon Ansätze, das eine mit dem anderen zur Deckung zu bringen, und strenggenommen zielt alles politische Handeln, soweit ihm die Vorstellung einer neuen idealen Ordnung zugrunde liegt, auf die Herstellung der Identität von Gedanke und Wirklichkeit. Der revolutionäre Entschluß bezieht seine Kraft nicht zuletzt aus der Empörung über das Auseinanderklaffen von Idee und Realität, und der neue Anspruch, mit dem er vor die Welt tritt, seine innerste Verheißung, besteht gerade darin, diesen Bruch zu heilen: das sind, in der metaphorisch erregten Diktion moderner Revolutionen, die «Masken», die man den Herrschenden abzureißen beabsichtigt, auch wenn, wie Danton erklärte, die Gesichter dabei mitgingen. Die Belege dafür finden sich, unendlich variiert, in jeder Chronik revolutionärer Prozesse, man muß nicht nur die Zeugnisse der großen klassischen Erhebungen bemühen. Kurt Eisner beispielsweise hielt es für «die größte Idee, die die Menschheit kennt, daß zwischen Gedanke und Tat kein Widerspruch und kein Zeitraum bestehen darf», und Martin Buber hat in der siebten seiner «Reden über das Judentum» die «Tendenz zur Verwirklichung» sogar mit dem jüdischen Geist in Verbindung gebracht und als dessen «kostbarstes Erbe» bezeichnet. Während der ungarischen Revolution von 1956 entriß einer der Aufständischen einem Rundfunkreporter aufgebracht das Mikrophon und schrie: «Wir sind belogen worden! Was wißt ihr denn! Unser großes Programm – und was haben sie daraus gemacht!» Der Ausbruch offenbarte ganz spontan, in situationsüberwältigter, unreflektierter Sprache, was Antrieb, Moral und Rechtfertigung dieser Revolution war: der unerträglich gewordene Zwiespalt zwischen Idee und Wirklichkeit.

Zur Hinterlassenschaft Hitlers gehört, daß dieses elementare Bedürfnis nach Übereinstimmung ebenso problematisch geworden ist wie die Überzeugung von der prinzipiellen Distanz zwischen Gedanke und Tat. Verbreitet herrscht noch immer die Vorstellung, in ihm habe sich nur eine mehr oder minder ideenlose, auf ein breites nihilistisches Affektmaterial gestützte kriminelle Energie verwirklicht, und vielen fällt es schwer, den intellektuellen Impuls zu akzeptieren, der ihn vorwärtstrieb. Gewiß war in seiner Radikalität immer etwas von der Radikalität und moralischen Stumpfheit der Gosse mitenthalten. Aber der Vorsatz, die Idee von der Bedrohung durch die sogenannten Minderrassen in ein fabrikmäßig betriebenes Ausrottungsprogramm umzusetzen, eugenische Hirngespinste durch den Begattungseinsatz von SS-Einheiten in rassisch degenerierenden Gebieten zu verwirklichen, Umsiedlungsaktionen für hundert Millionen von Menschen in die Wege zu leiten: das alles und anderes mehr war nicht lediglich Ausdruck aus sich selber stammenden Aberwitzes; es beruhte vielmehr auf einem Wahnsystem, das nach Begründungen verlangt und sie sich aus vielen trüben Quellen zusammengetragen hatte. Erst die theoretischen Gewißheiten haben Hitler die kategorische Härte gegeben, auf die er sich «eiskalt», wie er zu sagen pflegte, so viel zugute hielt, und mitunter wirkt er geradezu wie der Musterfall des intellektuellen Außenseiters, der staunend vor den Büchern steht und noch dem Traktatenschund, den er zusammengelesen und sich zusammengeklittert hat, einen schülerhaften Respekt dadurch bezeugt, daß er ihn ganz wörtlich nimmt.

Das ist denn auch, unter dem Gesichtspunkt historischer Erfahrung, die nicht widerrufbare Zäsur, die Hitler bedeutet: Alles Gedachte ist möglich, die Gedanken stehen unter Vollstreckungsverdacht. «Hegel, Darwin, Nietzsche», hat Gottfried Benn 1943 in einer Skizze «Zum Thema Geschichte», überwältigt von ebendieser Einsicht, geschrieben, «sie wurden die tatsächliche Todesursache von vielen Millionen. Gedanken töten, Worte sind verbrecherischer als irgendein Mord.» Die Umkehrung dieser Einsicht, etwa in dem Satz Adornos: «Praxis ist Motor von Theorie, wird nicht von ihr empfohlen», ist nur der treuherzig sich gebende Versuch, den Gedanken in eine Unversehrtheit zurückzuretten, die er verlor. Tendenziell ist er inzwischen soviel wie die Tat.

Daß sie diese, wenn auch nicht allein, so doch auf unvergeßliche Weise durch Hitler in die Welt gekommene Erfahrung des entsicherten Gedankens zurückweisen, macht die Terroristen von heute paradoxerweise zu seinen «Kindern». Es gibt ein Pressefoto aus der frühen Phase der studentischen Protestbewegung, aufgenommen auf dem Gelände des Frankfurter Instituts für Sozialforschung. Es zeigt Theodor W. Adorno, umgeben von aufgebrachten Studenten und martialisch vorrückenden Polizisten, ratlos: ein melancholisch irritierter Gelehrter in der nie für möglich gehaltenen Erfahrung des in Aktion umspringenden Gedankens. «Ich habe doch nur ein theoretisches Denkmodell aufgestellt», sagte er später; «wie konnte ich ahnen, daß Leute es mit Molotow-Cocktails verwirklichen wollen?»

Er hätte ahnen, es sogar wissen müssen, daß die intellektuelle Sphäre nicht mehr der unschuldige Tummelplatz exzentrischer Launen ist; daß Worte sich materialisieren, Richtsprüche Delinquenten machen und Ideengebäude eines Tages über dem, der sie errichtet, zusammenschlagen können. Die Freiheit des Gedankens war eine Vorstellung, die eng an jene bürgerliche Welt, ihr System der inneren Widerstände und einmontierten Selbstverbote geknüpft war, deren Ende er so apodiktisch beschwor. Man kann diese Welt nicht der Vergangenheit überantworten und gleichzeitig einige der Vorrechte, die nur in dem von ihr geschaffenen kulturellen Zusammenhang möglich waren, wie ein Relikt bewahren wollen. Fritz Kortner hat einmal im privaten Kreis eine Anekdote erzählt, die diese Überlegung auf ebenso einfache wie bewegende Weise anschaulich macht. Unmittelbar nach seiner Rückkehr aus der Emigration besuchte er den Schauspieler Paul Wegener, mit dem er eng befreundet gewesen war. Als Wegener zu vorgerückter Stunde einen jüdischen Witz zu erzählen begann, unterbrach er sich plötzlich, eine Entschuldigung stammelnd. Kortner, dem die integre Haltung Wegeners während der Hitlerzeit bekannt war, forderte ihn auf, fortzufahren, doch der Schauspieler wehrte ab: «Ersparen Sie es mir. In solchen Witzen steckt immer ein Element antisemitischer Belustigung. Die Nazis haben mir den Spaß sogar an dem verdorben, was harmlos scheint, aber nie mehr harmlos sein wird.»

Dieser Scheu, die mit dem Bewußtsein der aufgehobenen Grenze zwischen Gedanke und Tat zu tun hat, muß sich alles Denken unterwerfen: es hat sich der Konsequenzen zu vergewissern, in die es, unvermittelter denn je, umschlagen kann, und das heißt nichts anderes, als daß es ein Element politischer und sozialer Verantwortung in sich aufnehmen muß. Einen Hinweis kann die seit einiger Zeit im technologischen Bereich in Gang gekommene Auseinandersetzung liefern, ob das Machbare auch schon das Wünschbare sei, und ob sich der aller traditionellen Vorstellung nach ungebundene Forschungsdrang auch weiterhin nach Willkür und ohne jede Rücksicht auf die gesellschaftlichen Implikationen, die seine Ergebnisse mit sich bringen, entwickeln dürfe. Die Diskussion ist nicht entschieden, und unverkennbar ist auch, wie fragwürdig, dem vertrauten Begriff des Denkens geradezu entgegengesetzt, ein solcher Anspruch mitsamt den pädagogisch-moralisierenden Einschränkungen, die er enthält, sich gerade auf dem Felde politisch-sozialer Erkenntnisarbeit ausnimmt. Thomas Mann, der zeitlebens eine fast unwiderstehliche Neigung zu jenem von der Tradition gerechtfertigten intellektuellen Spielertum empfand, hat wiederholt davon gesprochen, daß alles humanitär gebundene Engagement das Denken «fast unweigerlich in die Nähe – und nicht nur in die Nähe – der Platitüde» bringe. Aber die alle historische Erfahrung negierende Trennung von Gedanke und Realität, die Weigerung, Folgerungen mitzubedenken, mag noch ganz anderswohin führen. Daß die Gedanken frei sind, ist ja nicht eine Einsicht, die mit der aufgeräumten Bravourzeile eines Kommersliedes erschöpft wäre, sondern eine problematische, nie zur Ruhe kommende Überlegung.

Das kann nicht heißen, Denkverbote aufzurichten, Fragestellungen zu inhibieren; auch nicht, den Gedanken als versöhnlichen Prospekt vor eine in komplexe Widersprüche verwickelte Wirklichkeit zu rücken: die liberale Ordnung könnte nicht bleiben, was sie dem Begriff nach ist, wenn dergleichen verlangt würde. Es heißt nur, über den Gedanken hinaus zu denken, ihn im Bewußtsein des geschrumpften Abstands zur Realität mit mehr Wirklichkeitsstoff zu belasten; sich den Schritt nach hinten, durch die Wand, zu versagen und in die Vernunft auch ein Gran Vernünftigkeit eingehen zu lassen. Sonst müßte man gewärtigen, daß der Gedanke überhaupt seine verbindliche Kraft einbüßt. Eine lange Herrschaftsphase wäre dann vorüber, und man hätte wirklichen Grund, vom Ende der Aufklärung zu sprechen. Sie war, auf den Kern gebracht, eine Art Machtergreifung der Intellektuellen, und ihr Triumph bestand vor allem darin, daß selbst ihre entschiedenen Gegner sich fortan ihrem allgemeinsten Prinzip unterwarfen: daß alle Bereiche des Lebens sich vor der Instanz des Gedankens zu rechtfertigen hätten.

Ein beträchtlicher Teil der jüngeren Generation verbindet damit so gut wie nichts mehr. Das Prestige des Gedankens ist teils von den Katastrophen, die er anrichtete, teils von dem offenkundigen Unernst, durch den er sich darstellte, aber auch von den Ohnmachtserfahrungen, die er hinterließ, aufgezehrt. Die Symptome der Abkehr sind auf vielfältige Weise greifbar. Im Irrationalismus unserer Tage, den Formen der Gesprächsverweigerung, dem Protest gegen den «Fetisch Vernunft», der neuen Theoriefeindlichkeit sowie überhaupt dem Rückzug in subkulturelle, auf bloße Selbsterfahrung zielende Bereiche: in all den Erscheinungen einer sogenannten alternativen Kultur sind sie präsent. Es ist schwer zu sagen, ob darin nur eine rasch vergängliche, von Überdruß und Resignation geprägte Mode sich anzeigt oder aber eine neue Tendenz, die vieles veränderte und schließlich auch das Nachdenken über das Verhältnis von Gedanke und Tat überflüssig machte.

Von der Unverlorenheit der deutschen Frage

Eine sechsbändige Geschichte der Deutschen und ihrer Nation
weist auf ein altes Dilemma

(1982)

Dreißig Jahre lang hat die nationale Frage geruht, untergegangen
im Untergang des Reiches und in alle dem, was als Irrweg, Schuld
und historische Wegverfehlung erschien. Der Abschied von der
Geschichte, den die Mehrzahl der Deutschen in dieser Zeit vollzog,
hat, unter Zweifeln und Widerständen, auch die Idee des Nationalstaats erfaßt.

Seit einiger Zeit aber taucht sie wieder auf: in Buchtiteln, Aufsät-
zen und Zeitungsartikeln und erstmals auch in Äußerungen nicht
nur von Publizisten und Politikern, denen sie lange vorbehalten
war und die sich ihrer häufig wie eines sauren Pflichtpensums ent-
ledigten. Bei Martin Walser etwa kann man lesen: «Aus meinem historischen Bewußtsein ist Deutschland nicht zu tilgen. Sie können
neue Landkarten drucken, aber sie können mein Bewußtsein nicht
neu herstellen. Ich weigere mich, an der Liquidierung von Geschichte teilzunehmen. In mir hat ein anderes Deutschland immer
noch eine Chance … Wir alle haben auf dem Rücken den Vater-
landsleichnam, den schönen, den schmutzigen, den sie zerschnitten
haben, daß wir jetzt in zwei Abkürzungen leben sollen. In denen
dürfen wir nicht leben wollen. Wir dürfen die BRD sowenig anerkennen wie die DDR. Wir müssen die Wunde namens Deutschland
offenhalten.» Und der Filmregisseur Werner Herzog formuliert
von einer ähnlichen Empfindung her: «Wie können wir Deutschland retten, dieses Land, das im Abgrund der Geschichte zu verschwinden droht?»

Auch dieses großangelegte Unternehmen einer Deutschen Geschichte in sechs Bänden (Severin und Siedler Verlag, Berlin) setzt

ein Zeichen für die zurückgekehrte Aktualität der deutschen Frage. Von Ernst Jünger sprechend, ist kürzlich, nicht ohne Verblüffung, bemerkt worden, wie wenig sich der Untergang des Reiches, der Verlust des Nationalstaats im Werk des Dichters gespiegelt habe. Aber nicht nur das Werk Ernst Jüngers bezeugt dieses Schweigen, es war das Schweigen eines ganzen Volkes; rund dreißig Jahre lang.

Darin kann man, neben der Sprachlosigkeit angesichts des Ungeheuerlichen, vielleicht auch so etwas wie ein erschrockenes Gefühl bei vielen dafür erkennen, sich und die Welt mit dem deutschen Nationalstaat überfordert zu haben. Womöglich war die deutsche Einheit, die verwirklichte Nation, ein Vorhaben, das notwendigerweise scheitern mußte – oder dessen Chancen doch immer viel zu gering waren, um auf einige Dauer und Beständigkeit rechnen zu können.

Risiken, Zumutungen und Grenzen der nationalstaatlichen Sehnsucht der Deutschen sind durchweg nur vor dem Hintergrund der politischen Geographie des Landes, seiner schicksalhaften Mittellage zu begreifen, und alle deutsche Staatskunst, die diesen Namen verdient, glich immer der Quadratur des Kreises. Im europäischen Mächtesystem, wie es sich seit dem 16. und 17. Jahrhundert herausgebildet hatte, diente das Land als Pufferzone oder Gewicht auf der Waage kontinentaler Balance. Als Kurfürst Georg Wilhelm von Brandenburg sich im Dreißigjährigen Krieg aus dem Konflikt der Mächte heraushalten und eine Position der Neutralität beziehen wollte, wurde er von König Gustav Adolf schroff eines anderen belehrt: Der Herr Schwager habe zu wählen zwischen den Weltparteien, ein Drittes gebe es nicht. Alles andere seien Quisquiliae, die der Wind verweht.

Hier ist jene elementare Schwierigkeit, mit der später, bei lediglich erweitertem Raum, die Deutschen immer zu tun hatten, schon wie mit den Händen greifbar. Als das klassische Interventionsgebiet der europäischen Mächte standen das Land und seine Teile immer vor der Frage, wie sie sich der Instrumentalisierung durch die Nachbarn, der Nutzung als Kriegsschauplatz oder Glacis entziehen könnten. Die eigene Selbstbehauptung war nur durch Stärke möglich und Stärke nur durch Einheit erreichbar: das war der legitime politische Kern der lange Zeit überhöhten, von großen Erinnerungen ebenso wie von ungeduldigen Selbstbestimmungswünschen verklärten und zugleich belasteten deutschen Nationalstaatsidee.

Zwangsläufig beschnitt sie aber den traditionellen Besitzstand der europäischen Mächte, wie zuletzt noch zwischen 1848 und 1850 deutlich wurde, als bereits die ersten, noch tastenden. Einigungsversuche auf den nahezu geschlossenen, von militärischen Demonstrationen begleiteten Widerstand der Nachbarn stießen. Anders als viele meinen, ist der liberale Verfassungsstaat in Deutschland damals nicht nur (und vielleicht nicht einmal in der Hauptsache) an der Indolenz und Gegenwehr der Territorialherren und der Schwäche des demokratischen Gedankens gescheitert, sondern am Einspruch Europas. Alles deutsche Nationalstaatsverlangen sah sich seither behindert und begrenzt durch die Überlegung, die damit verbundene Einbuße für die übrigen Mächte so wenig wie möglich spürbar werden zu lassen.

Diese eine Überlegung hatte viele Facetten, und wie immer man die Zielsetzung deutscher Politik, damals und später, formulierte, stets kommt darin etwas von diesem Dilemma zum Vorschein: Die Aufgabe lautete:
– sich bewußt zu halten, daß die nationale Einheit, nach Bismarcks berühmtem Wort, «nur unter dem Gewehranschlag des übrigen Europa ins trockene» zu bringen war – und doch das eigene Interesse selbstbewußt wahrzunehmen;
– eine ökonomische Großmacht zu sein, dynamisch, ehrgeizig und mit vielfach konkurrierenden, konfliktträchtigen Interessen in aller Welt, die ihrerseits militärische Stärke erforderten und doch jeden hegemonialen Anspruch oder Anspruchsanschein zu vermeiden;
– den hochschlagenden, an der alten imperialen Reichsidee ori-

entierten deutschen Traum vom Nationalstaat zu erfüllen – ohne den Eindruck zu erwecken, das traditionelle europäische Gleichgewichtssystem expansiv aufzukündigen;

– kurz, eine alte Ordnung zu verändern, sogar umzustürzen – und doch nicht revolutionär, sondern als konservative Macht, als Verteidiger und Garant des Hergebrachten aufzutreten.

Man weiß, daß alle diese, vielfach ergänzbaren Gegensatzpaare etwas von Bismarcks Überlegungen und taktischen Vorstellungen spiegeln. Das Spiel mit fünf Bällen, von dem er gesprochen hat, war nicht in der equilibristischen Lust eines großen Staatsmanns und großen Spielers begründet, sondern folgte der Einsicht ins Notwendige. Sein ständiges Bemühen, das eigene Interesse herunterzuspielen, seine Hinnahme der kleindeutschen Lösung, die Rhetorik vom «ehrlichen Makler» und «saturierten» Reich, desgleichen sein Konservatismus nach innen, die Sozialgesetzgebung als ein Versuch, das Land gegenüber «revolutionären» Bestrebungen stillzustellen, weil die Mächte eine zwiefache, gleichsam doppelgleisige Bedrohung der bestehenden Ordnung nicht hinnehmen würden: das alles waren flankierende Maßnahmen einer Politik, die sich der prekären europäischen Machtgeographie hochbewußt war, und jedenfalls hat nie wieder ein Staatsmann des Landes ein so geschärftes Bewußtsein für das dramatische Bedingungssystem einer Nation gehabt, die sich zwischen die Mächte in Ost und West plaziert und von ihnen eingeschlossen sah.

Diese Politik verlangte und bedeutete zugleich Offenheit nach allen Seiten. Im schlimmeren Fall hieß das, auf die ungeteilte Souveränität zu verzichten, den Nachbarn Einwirkung und damit zugleich Kontrolle zu ermöglichen, und mit Recht hat man darauf hingewiesen, daß der andere Mittelstaat Europas, Polen, diesen Weg bis zur unvermeidlichen Selbstaufgabe gegangen ist. Im günstigeren Falle dagegen, und das war der Weg, den Deutschland einige Zeit lang nicht ohne Erfolg beschritten hat, hieß es Ausgleich, Dämpfung der Gegensätze, die Behauptung einer Mittler-

position mit all den fruchtbaren, aber auch fragwürdigen Möglichkeiten, die dergleichen enthalt: ein «Pathos der Distanz», das zum
Bestandteil der politischen Kultur und des allgemeinen Bewußtseins der Nation überhaupt geworden ist. Politisch gesprochen, lief
es auf eine Art Neutralismus hinaus, auf den Gewinn von Spielräu-
men zwischen West und Ost oder, mit schon deutlich abfälligem
Unterton, auf jene «Schaukelpolitik» zwischen Rapallo und Lo-
carno, zwischen Völkerbund und Berliner Vertrag, wie sie den
Führungsfiguren der Weimarer Zeit, von Rathenau bis Stresemann,
verschiedentlich vorgehalten oder doch attestiert worden ist.

Das war lange die eine, die gleichsam ausweichende, freilich auch
vom Ruch der Unzuverlässigkeit und des Wankelmuts umgebene
Möglichkeit, mit der deutschen Zwangslage fertig zu werden. Sie
wird im Rückblick gleichsam eingerahmt durch eine offensive Variante: den Versuch, das Dilemma durch den «Griff nach der Weltmacht» zu überwinden. Wie problematisch alle Deutungen sein
mögen, die Politik des wilhelminischen Deutschland und die aus-
lösenden Motive für den Ersten Weltkrieg mit Hitlers Eroberungs-
politik zu verknüpfen und in diesem den Erbvollstrecker von jenen
zu sehen, soviel läßt sich wohl sagen: gemeinsam war beiden das
Trauma der geographischen Lage und der mit freilich unterschiedlichen Mitteln, unterschiedlicher Radikalität ins Werk gesetzte Entschluß ihrer Überwindung. Aus dem Konzept des Diktators kann
man, jenseits aller Lebensraumphantasien, auch die Absicht her-
auslesen, das Reich aus seinen Mittelmachtsfatalitäten durch Annexion der östlichen Flügelmacht zu befreien und selbst zur globalen
Flügelmacht aufzusteigen.

Dieser Versuch ist, wie man weiß, gescheitert, die Teilung
Deutschlands und seine Einbettung in die Blocksysteme von West
und Ost das Ergebnis. Adenauers Entschlossenheit, das Gesicht
der Bundesrepublik, wie er selbst einmal seine Aufgabe formuliert
hat, «nach Westen zu drehen», korrespondierte mit dem Willen
Ulbrichts, die DDR in den Herrschaftsbereich der Sowjetunion

einzubinden, und das eine wie das andere lief darauf hinaus, das deutsche Urmalheur der Mittellage durch den Anschluß nach dieser Seite hier und nach jener dort zu lösen. Es war der Entschluß, nur noch mit einem Ball zu spielen, und er bedeutete zugleich, aller beschönigenden Wiedervereinigungsprosa zum Trotz, auf absehbare Zeit den Verzicht oder doch die Zurückstellung der deutschen Nationalstaatsidee. Nach hundert Jahren schien die Frage dahin zurückgekehrt, wo sie ihren Anfang genommen hatte und erst durch Bismarcks behutsam-riskante Politik aus ihren Blockierungen befreit worden war. Diese Politik ist, im Westen wie im Osten des Landes, nicht ohne innere Widerstände durchgesetzt worden. Die Auseinandersetzungen zwischen Adenauer und der Gruppe um Jakob Kaiser, aber auch mit Kurt Schumacher, zeugen, jenseits aller persönlichen Rivalitäten, ebenso davon wie der Streit um die sowjetische Deutschlandnote und die vielfältigen Konflikte der folgenden Jahre bis hin zu den sogenannten Ostverträgen. Und auf der anderen Seite, im östlichen Deutschland, waren verschiedene «Säuberungsaktionen» nicht zuletzt in abweichenden deutschlandpolitischen Vorstellungen begründet.

Es scheint aber, als hätte die immer wieder einmal aufflammende, immer wieder an der Übermacht der Verhältnisse sich brechende Diskussion inzwischen eine andere Qualität erreicht. Die Tatsache, daß sich, nach langer Abstinenz, erstmals wieder die politische Linke oder doch einzelne, immerhin repräsentative Kräfte und Gruppen der Linken der nationalen Frage angenommen haben; der Schub, den sie durch die neutralistischen Tendenzen in der Bundesrepublik erhalten hat, durch die sogenannte Friedensbewegung, die kulturpessimistischen, zivilisationsfeindlichen Regungen, aber doch wohl auch ein undeutliches Bewußtsein, mit der nationalen Einheit so etwas wie den eigenen Schatten verloren zu haben und ohne «Identität» zu sein: das alles wirkt, wie heterogen die Quellen auch sein mögen, zusammen und treibt die Wasser den gleichen Mühlen zu.

Gewiß steckt in alledem auch ein Gutteil deutscher Realitätsunlust, das Bedürfnis, sich der Konfrontation der Weltparteien zu entziehen und der schrecklichen Logik der Geographie zu entkommen. Was wie eine Rückkehr, ein Wiederanknüpfen an die Geschichte aussieht, könnte auch ein neuerlicher Versuch sein, daraus auszuscheiden. «Stellt euch vor», ließe sich, in Abwandlung eines derzeit populären Slogans, sagen, «alle machen Geschichte und wir gehen einfach nicht hin.» Immerhin ist es ja doch auffällig, daß der entschiedenere Teil der politischen Linken die Diskussion über die nationale Frage zu einem Zeitpunkt eröffnet hat, als ihre sozialutopischen Sehnsüchte zu scheitern begannen, so daß die Vermutung nicht ganz abseits liegt, hier sei einmal mehr dem fiktiven Gedanken, dem nach immer neuen, idealen Zielen Ausschau haltenden Hang zum Irrealen, der so lange durch die Weltgegenden, vom Fernen Osten bis nach Kuba und Chile und Mittelamerika, vagabundierte, ein neuer beflügelnder Bereich eröffnet, und der sozialen folgte, ersatzweise, die nationale Utopie.

Immerhin: Einiges von dieser neu-alten Stimmung schlägt auch auf die politische Praxis durch. Schon die Ostpolitik der Regierung Brandt / Scheel enthielt im Kern die Möglichkeit zu einer derartigen Wendung, und es machte, neben allen ehrenhaft moralischen Absichten, ihr für viele irritierend chimärisches Wesen aus, daß sie auch der Verlockung zum Spiel mit fünf Bällen nachzugeben schien, wiewohl die ohnehin begrenzten Aussichten solcher Politik, die bereits dem Urheber dieses Wortes so sehr zu schaffen gemacht hatten, erheblich reduziert waren und sind.

Und ist es wirklich nur Täuschung, wenn man in jüngster Zeit tatsächlich vermehrte Ansätze zu erkennen meint, die traditionelle Mittlerposition wieder zu übernehmen, ein Ehrgeiz, der in der Formel von der Dolmetscherrolle der Bundesrepublik zwischen den Weltmächten seinen bislang offensten Ausdruck gefunden hat? Sofern dahinter nicht mehr als die Absicht steckt, die machtpolitischen Stöße abzufangen, die sich aus der Blocksituation ergeben, hat diese Politik zweifellos ihre guten Gründe. Aber sofern sie auf mehr hinauswill, auf die alte Offenheit, die alte Sonderrolle der Deutschen, auf den metapolitischen Glauben, zwischen östlichem Irrationalismus und westlicher Zivilisationsplattheit eine dritte Position aufbauen und behaupten zu können: alles Bestrebungen, denen wir in den politischen Auseinandersetzungen dieser Tage immer wieder begegnen, werden die Bedenklichkeiten groß. Der heftige Widerstand, mit dem ein Teil der Öffentlichkeit auf die Tendenz antwortet, die Weltmächte Vereinigte Staaten und Sowjetunion aus gleicher Distanz zu betrachten, hat gewiß auch mit der Sorge vor einer Rolle zu tun, die das Land auf erdenkliche Zeit nicht mehr übernehmen kann, die es vertan hat und in der es erdrückt werden müßte.

Aufs Ganze gesehen wird aber, durch allen Vordergrundlärm, allen Tagesstreit, die Auseinandersetzung über das zutreffende Konzept vernehmbar, mit den Bedrängnissen der deutschen Lage fertig zu werden. Die Außenpolitik der Bundesrepublik von Adenauer bis heute ist insgesamt weniger, als viele meinen, ein Produkt der Niederlage, sondern ebensosehr ein neuer, anderer Lösungsversuch für das deutsche Dauerproblem, das Georg-Wilhelm-Dilemma. Andreas Hillgruber hat unlängst vom «unvollendeten und unvollendbaren deutschen Nationalstaat» gesprochen und gemeint, die Deutschen hätten im Grunde stets vor der Notwendigkeit gestanden, politisches Genie zu beweisen, sofern sie nicht unter der Schwelle des Selbstbestimmungsrechts verharren oder aber der Gefahr entgehen wollten, zur Hegemonialmacht zu werden. Verzicht öder Herausforderung, Instrument der anderen oder deren Bedrohung zu sein, gefährdet oder gefährdend: auf solche Alternativen lief es immer hinaus, und immer hatten die einen oder die anderen den Preis dafür zu zahlen.

Im Augenblick ist keine Situation denkbar, in der das Interesse der Mächte diese Alternativen überhaupt ins Blickfeld rückte. Und man mag sich fragen, ob ein Unternehmen wie diese sechsbändige

Geschichte der Deutschen und ihrer Nation angesichts solcher Umstände anderes bewirken könne als Gefühle der Vergeblichkeit oder der überspannten Hoffnungen. Michael Stürmer hat unlängst davon gesprochen, die Deutschen hätten Leitern an den Himmel gestellt, aber der Himmel sei über ihnen eingestürzt. Ist die Sorge begründet, auch dieses Vorhaben fördere einmal mehr die Neigung, Leitern an den Himmel zu stellen?

Nun, alle geschichtliche Erinnerung trägt ihre Rechtfertigung in sich, sie bedarf keiner eigenen Begründung. Auch wo politische Impulse von solcher Vergegenwärtigung ausgehen mögen, hat die historische Anstrengung ihren Sinn, selbst in vermeintlich aussichtsloser Lage. Denn in ihr steckt immer ein Stück Erkenntnisarbeit über die Bedingungen auch der gegenwärtigen Situation und der Antworten, die sie verlangt.

Die deutsche Geschichte kennt inzwischen spätere Stationen als die des Dritten Reiches. Die historische Betrachtung ist auch den Epochen, die ihm vorausgingen und die in den zunächst erscheinenden Bänden, demjenigen Hagen Schulzes über die Weimarer Republik und dem anderen von Michael Stürmer über das Kaiserreich, behandelt werden, entscheidend ferner gerückt. Täuscht man sich in der Vermutung, daß diese beiden Arbeiten, im Verhältnis zur bisherigen Geschichtsschreibung der Nachkriegszeit, perspektivisch eine gewisse Standortverschiebung aufweisen? Leicht vergröbernd gesprochen, läßt sich wohl sagen, daß alles Nachdenken über die Vergangenheit, auch über ferner zurückliegende Entwicklungen, in den vergangenen fünfunddreißig Jahren unter dem Schatten stand, den Hitler und die mit seinem Namen verbundenen erschreckenden Erfahrungen geworfen haben; sie gingen, mit anderen Worten, vom Schuldcharakter deutscher Geschichte aus. Das war, als Erschütterungsreaktion, nicht nur verständlich, sondern auch unumgänglich. Aber nun, in diesem Werk, scheint nach allem, was davon im Umriß sichtbar ist, etwas deutlicher auch der Verhängnischarakter dieser Geschichte in den Blick genommen: die fatalen Paradoxien, mit denen sie immer wieder zurechtzukommen hatte und die ein höheres Maß an Klugheit, Umsicht und geduldiger Disziplin verlangten, als es dieser Nation gegeben war und jeder anderen womöglich auch. Sie legt in der Tat, um noch einmal auf Michael Stürmer zu verweisen, die Frage nahe, ob die Kategorie des Tragischen auf die deutsche und damit auf die europäische Geschichte anwendbar ist.

Zurückgeworfen auf seine Ausgangsposition zu Beginn der Neuzeit, hat Deutschland derzeit vielleicht nicht mehr zu behaupten als das Bewußtsein der gemeinsamen Sprache, der gemeinsamen Kultur, den Gedanken der einen Nation. Ihn zu bewahren, den Sinn für die seit je heikel-prekäre Lage des Landes zu schärfen, zählt, wie alle historische Selbstvergewisserung, zu den Voraussetzungen von Gegenwarts- und Zukunftsbewältigung. Sie mag die entscheidende, von resignativen Stimmungen überlagerte Gewißheit zurückbringen, daß alle Geschichte offen ist und daß nicht nur die sogenannten Tatsachen Gewicht haben. Auch Gefühle, Leidenschaften, unaufgegebene Ansprüche zählen vor ihr; sie sind geschichtliche Fakten und schaffen Geschichte. Aus scheinbar realpolitischem Kalkül, angesichts des deutschen Nationalstaats, der so kurze Zeit dauerte und so rasch verspielt war, den Schluß zu ziehen, die Idee der einen Nation sei für immer verloren, hieße, bei Lichte besehen, nichts anderes, als zwanzig Millionen Deutschen, mit welchen Melancholien auch immer, die Rolle des Opfers zuzumuten: darauf jedenfalls läuft manches hinaus, was sich seit jüngerem als überlegene politische Nüchternheit deklariert und doch nur ratlose Schlauheit ist, wie etwa das Ansinnen, von der Nation nicht mehr zu sprechen, um ihre Zusammenfügung am Ende desto gewisser zu erreichen. Würde und Selbstachtung können auch erfordern, am vermeintlich Unmöglichen festzuhalten, und sei es nur, um auf das Offensein aller Geschichte zu verweisen und nicht hinzunehmen, daß der Spruch eines Augenblicks als ihr endgültiges Wort erscheint; die Geschichte schreibt keine letzten Worte.

Der zerstörte Traum

Vom Ende des utopischen Zeitalters

(1991)

Einführung

Between the idea and the reality,
Between the motion and the act,
Falls the shadow!

T. S. Eliot

Es gehört zum Wesen historischer Brüche, daß sie nicht nur die Verhältnisse verändern, sondern auch die Vorstellungsmuster und Kategorien durcheinanderbringen, die ihrem Begreifen dienen. So hat der friedliche Verlauf, den die Umwälzungen in den sozialistischen Ländern während der vergangenen zwei Jahre nahmen, den klassischen, mit durchweg dramatischen Bildern von Insurrektion, Gewalt und bürgerkriegsähnlichen Zuständen verknüpften Revolutionsbegriff in Frage gestellt.

Noch erstaunlicher ist, daß dem Aufruhr jenes Element sozialrevolutionärer Emphase fehlte, das zweihundert Jahre zuvor die erste große, allen späteren Umwälzungen zum Modell gewordene Revolution der Neuzeit vorbereitet und vorangetrieben hat. Der Umsturz hatte keine Vordenker, die mit suggestiven Gesellschaftsentwürfen die Massen zum Bewußtsein ihrer Not gebracht und ihre Sehnsucht auf «die neue und gerechte Ordnung» gelenkt hätten. In allen Erhebungen von Warschau über Prag und bis Leipzig kamen die Träume jener endlich mit sich selbst versöhnten Welt nicht vor, von denen die modernen Revolutionen die Stichworte und zündenden Parolen erhalten hatten. Es war, als sei die Kraft der großen Verheißungen erschöpft. All die Morgenröten, Zukunftssonnen und neuen Weltentage, die so lange über dem Elend der Gegenwart aufgegangen waren, gerieten auf die Abstellplätze für veraltete Metaphern. Keiner der Wortführer des Aufruhrs trat noch mit dem Anspruch vor die Massen, den Weg zum Heil zu kennen, das Paradies jenseits des Horizonts, und wie es zu gewinnen sei. Müde der grandiosen Wunschwelten, suchten die Menschen auf den Straßen etwas sehr Einfaches und Elementares zurückzugewinnen. Etwas, was diesseits aller Idealentwürfe liegt und den Zukunftsphantasien aus zweihundert oder dreihundert Jahren abhanden gekommen war. Was immer auf den Spruchbändern zu lesen stand, die auf den Straßen Mittel- und Osteuropas mitgeführt wurden: jedes drückte auf seine Weise das übermächtige Bedürfnis aus, endlich aus dem Schatten zu treten, den die Ideologien über die Epoche warfen, und das Leben in jener unverkürzten, schönen Gewöhnlichkeit zu leben, für die es keinen Ausgleich gibt.

Die Absage an große Ziele und geschichtliche Aufgaben, an alles Ideenhaltige überhaupt, war einer der auffälligsten Begleitumstände dieser revolutionsähnlichen Prozesse. Die kühnen Menschheitsstrategien, die den Massen wieder und wieder von denen zudiktiert worden waren, die sich als ihre befugten Anwälte sahen, wurden einfach ignoriert. Eine Zeitlang verstummten denn auch die Ideenaufseher, und mitunter schien es, als werde in ihrem Schweigen etwas von dem Schock angesichts der Erkenntnis vernehmbar, daß jene Menschen, die sie so hoch hinaufgeredet hatten, noch immer nichts anderes als Menschen waren. Zugleich drängte sich wieder auf, was schon zwanzig Jahre zuvor, während der Protestbewegung, erkennbar geworden war: daß von den Schreibtischen keine Verbindung zu den Werkbänken oder Fertigungsstrecken führt und die Entfernungen unüberbrückbar sind. Zu den Fragen, die das Jahr 1989 aufgeworfen hat, gehört auch, ob das Rollenspiel der einen wie der anderen nicht zu Ende geht.

Überlegungen wie diese machen es denkbar, daß wir nicht nur die Zeugen ungewöhnlicher historischer Ereignisse sind und mehr erleben als die Auflösung eines gestern noch furchtverbreitenden Imperiums mitsamt seinen inneren und äußeren Machtstützen.

Womöglich stehen wir an einer Zeitenwende von ungleich größerer Bedeutung. Die Szenenflucht vom Sturz eines Riesenreiches, die unser Bewußtsein beherrscht, füllte dann nicht mehr als den Vordergrund, und viel tiefer reichende Veränderungen wären am Werk, in denen altgewordene Vorstellungen ihre Macht über die Menschen verlieren. Vom Ende der Epoche war seit langem die Rede. Es war aber nur in schwer greifbaren Verschiebungen auszumachen. Jetzt tritt es, zusehends an Umriß gewinnend, sichtbar hervor. Zu dieser Epoche gehörte nicht nur die Erkenntnis von der Unvollkommenheit der Welt, die es immer gab. Und zu ihren Eigentümlichkeiten zählten auch nicht die unruhigen Geister, die sich damit nicht abfinden konnten und ihre Gedanken auf eine ideale Ordnung richteten, ein Gelobtes Land, das weit und nah zugleich schien. Es gibt durch die Jahrhunderte ein nicht abreißendes Menschheitsgespräch über ein besseres, befriedetes Dasein. Was aber diese Epoche von jeder anderen unterschied, war der Glaube, daß der Mensch die Unvollkommenheit seiner Bedingungen überwinden und die Welt gleichsam neu erschaffen könne.

Dieser Glaube hat seit dem späten 18. Jahrhundert in immer neuen Zusammenschlüssen, in Parteien, Bünden und Bruderschaften bis hin zu den merkwürdigsten Sektenbildungen Ausdruck gefunden. Zwar gewannen diese Gruppen selten mehr als marginale Bedeutung. Sie signalisierten eher ein Bedürfnis. Aber in zweierlei Gestalt gelangten sie, erst in Rußland und dann, während der Zwischenkriegsepoche, in vielen Ländern Europas, zu historischer Bedeutung. Diese beiden Utopien traten in eigentümlich verschränkten und zugleich antagonistischen Bewegungen auf, die Millionen hinter sich sammelten, eine geschlossene Lehre mitsamt einer eigenen Moral, einem Katalog von Sünden und Strafen sowie einer Eschatologie entwickelten und das Bild einer erlösten Zukunft entwarfen. Sie entsprangen der gleichen Sehnsucht und gingen doch in schroff entgegengesetzte Richtungen. Ihre Verfeindungen, in denen immer etwas vom Haß auf das Spiegelbild wirksam schien, haben

143

ein Menschenalter lang das Jahrhundert beherrscht. Dann ging die eine zugrunde. Was jetzt zerbricht, ist der andere jener historisch machtvoll gewordenen Träume, in denen die Welt nach neuen und doch uralten Vorstellungen geformt war.

Tatsächlich hat das marxistische Heilsversprechen Generationen von Anhängern zu Akten der Hingabe gebracht, wie sie nur von den großen Religionsgründungen bekannt sind: Jahre der Verfolgung, der Illegalität und Verschwörerei, in denen sie die Zuchthäuser aller Länder kennenlernten und nach einem berühmten Wort nur «Tote auf Urlaub» waren, immer erfüllt von der Gewißheit, den revolutionären Willen der Geschichte zu verkörpern, die sich majestätisch wie ein Strom dahinwälzte und an den Krümmungen die Leichen der Ertrunkenen zu Bergen häufte; auch mit Niederlagen, die den Glauben an die historische Notwendigkeit der eigenen Sache untergruben, wiewohl der Mythos zunächst seine Kraft behauptete, auch über schreckliche Enthüllungen und Widerrufe hinweg, denn die Geschichte konnte nicht irren, die Partei als ihr wissender Agent auch nicht, und Mitleid mit den Opfern war Verrat an der Idee; bis unter neuen Enthüllungen der Glaube dünn gerieben wurde, der Alltag die Reste zerfraß und zuletzt ein unsägliches Geschichtsverbrechen übrigblieb. Wer von der kommunistischen Botschaft nur die späte, bedrückende Herrschaftspraxis kennt, weiß nichts von der Macht irdischer Erlösungslehren.

Im Grunde hatte sich der Sozialismus der Moskauer Linie schon seit längerem von seinem halbreligiösen, endzeitlichen Anspruch gelöst, spätestens seit durch Chruschtschow gegen Ende der fünfziger Jahre der Wettstreit der Systeme ausgerufen worden war. Seine heiligen Schriften und Lehrsätze, die ganze schreckenverbreitende Orthodoxie, zerfiel im Laufe weniger Jahre in eine Hinterlassenschaft von entleertem, totem Vokabular, dem nur die millionenfachen Opfer, die den Richtungskämpfen und den «Säuberungen» gebracht worden waren, Gewicht gaben. Die Zusammenbrüche der gerade zurückliegenden Zeit schließen den Prozeß, der damals be-

144

gann, auch äußerlich ab. Selbst wenn die verheerenden Spuren noch überall sichtbar sind, ist der Sozialismus dabei, Geschichte zu werden, ein noch kaum übersehbarer Stoff für Historiker. Nach blutigen Ausflügen in die Realität kehrt er jetzt, einem treffenden Wort zufolge, wieder in die British Library zurück.

Zugleich melden sich mit verstärktem Nachdruck die Fragen, die weit über diese nun entschwindende Erfahrung hinausweisen. Woher die utopischen Systeme ihre immer neue Anziehungskraft beziehen? Wie sie so großen Zulauf gewinnen und gegen allen Augenschein behaupten können? Wie es ihnen gelingen kann, die Schritt für Schritt tiefer aufreißenden Abgründe zwischen Anspruch und Wirklichkeit zu verdecken? Ob sie vorwiegend an den Umständen, dem Mißbrauch und den korrumpierenden Wirkungen der Macht scheitern oder ob das Scheitern nicht viel eher die unvermeidbare, im Wesen aller idealen Ordnungskonzepte begründete Konsequenz ist?

Schließlich zählt zu den Fragen, die nach so vielen vergeblich gebliebenen Anläufen zurückbleiben, auch, ob der Mensch ohne Utopien leben könne? Ob er es künftig vielleicht müsse und woher er dann seine Hoffnungen und seine Tröstungen, aber auch die Ausflüchte für die Fehlschläge nehmen soll, in die seine Unternehmungen so oft ausgehen?

145

1. Stück. Auftritt der Utopien

Es ist was Gemeines,
daß Menschen fallen
und Paradiese verloren werden.

F. von Schiller

Als Vorstellung vom anderen, besseren Dasein hat der utopische Gedanke die Phantasie des Menschen über die Bedingungen des Zusammenlebens und damit über sich selbst seit je beschäftigt. Sein frühester Ausdruck ist Platons «Politeia», die schon die Motive fast aller späteren Gesellschaftskonstruktionen vorwegnimmt. Die «Utopia» von Thomas Morus hat dann der ganzen literarischen Gattung den Namen vermacht, und ihren ersten Höhepunkt erlebte sie zwischen dem Beginn des 16. und der Mitte des 17. Jahrhunderts. Bewegt vom Gefühl einer tiefen Krise, die vor allem durch die Entstehung des modernen Machtstaates und die Ausbreitung kapitalistischer Wirtschaftsprinzipien verursacht war, begann man, nach Antworten auf die Fragen zu suchen, die der Umbruch aufwarf. Campanellas «Sonnenstaat», Andreaes «Christianopolis», Bacons «Neu-Atlantis» und viele andere, weniger bekannte Werke haben die Überlegung zum Hintergrund, wie eine Gesellschaft geordnet sein müsse, die von den Mißständen und sozialen Konflikten ringsum verschont wäre. Fast durchweg als Reisebericht verfaßt, erzählten sie von einem idealen Ort jenseits des Horizonts, wo die Menschen in Eintracht und Gerechtigkeit zusammenleben.

Diese sogenannten Raum-Utopien entstammten der Epoche der Entdeckungsfahrten, als man noch denken konnte, jenseits der

Meere, auf irgendwelchen unbekannten Inseln, vorbildliche Zustände anzutreffen, die einen Widerschein des ersten Schöpfungstages, der Zeit vor aller Angst, Not und Ungerechtigkeit bewahrt hatten. Seit aber die Welt erkundet und selbst in den entfernteren Winkeln vermessen war, verlor der utopische Ort jenen Anknüpfungspunkt in der Wirklichkeit, den auch die Fiktion noch benötigt, um den Abstand zum Gegebenen aufzudecken. Es gab kein «Nirgendwo» mehr. Einige Autoren wie Cyrano de Bergerac oder Francis Goodwin trieben daher die Suche nach neuen Phantasiezonen bis in das Planetensystem vor. Eine Zeitlang lagen die Wunschwelten in den Sternen.

Diese Verlagerung macht den eigentlich irrealen Zug erst offenbar, der den meisten dieser frühen Utopien zugrunde lag. Zwar werden auch darin schon vereinzelt die Menschen als «Urheber ihrer eigenen gesellschaftlichen Einrichtungen» genannt. Aber dies geschieht doch durchweg ohne den demiurgischen Allmächtigkeitsanspruch, der eine Sache erst des späten 18. Jahrhunderts ist und den Menschen an die Stelle des irrenden Schöpfers stellt. Die unaufhebbare Spannung, in der die erdachte zur wirklichen Welt steht und stehen muß, ist von den frühen Utopisten durchweg gesehen worden, manche von ihnen zeigen sogar wie mit dem Finger darauf. So weist am Ende von Bacons «Neu-Atlantis» der Ehrwürdige Vater auf ein «Haus der Blendwerke» hin, in dem «wir allerlei Trugbilder, Vorspiegelungen und Sinnestäuschungen» hervorrufen, und aus einem ähnlichen Motiv nennt Thomas Morus die Hauptstadt seines erdachten Gemeinwesens «Amaurotum», was soviel wie Nebelstadt heißt. Den Charakter von Erfindung und Gedankenspiel deutet auch der Begriff des «Staatsromans» an, der einige Zeit später für diese Werke gebräuchlich wurde. Utopia war der Maßstab, nicht die Praxis oder die Menschenwelt, wie sie durch einige Eingriffe herstellbar wäre.

Dem frommen, von allen Ketzereien unberührten Fabelton der frühen Utopien hat erst die Zeit der vorrevolutionären Aufklärung ein Ende gemacht. Eröffnet wurde sie durch einen ganz unscheinbar wirkenden Wechsel der utopischen Dimension.

Im Jahre 1770 veröffentlichte Louis-Sébastien Mercier, ein Bewunderer Rousseaus und persönlicher Freund von Restif de la Bretonne, der seinerseits zu den Utopisten der Aufklärung gehörte, ein Werk unter dem Titel «Das Jahr 2440», das erstmals den utopischen Raum durch die utopische Zeit ersetzte. Bezeichnend dafür war schon das von Leibniz entlehnte Motto des Buches, dessen Echo seither durch die gesamte utopische Literatur bis in unsere Tage hallt: «Die Gegenwart geht schwanger mit der Zukunft.» Das ganz und gar Umstürzende dieser Blickverlagerung war die Vorstellung, daß die Geschichte ein Ziel habe und die Utopie gerade nicht mehr eine regulative, auf den Unterschied von Sein und Sollen zielende moralische Fabel sei, sondern die Beschreibung einer idealen Ordnung, zu der die Welt am Ende des historischen Prozesses gelangen werde.

Ganz neu war allerdings auch der Begriff der Zeit dem utopischen Denken nicht. Aber er hatte sich überwiegend der Vergangenheit zugewendet und aus dem Dämmer der Geschichte die großen, mythischen Zustandsbilder ursprünglicher Ordnungen bezogen. Dahinter stand die Idee des Verlorenen Paradieses, in dem nicht nur Eintracht zwischen dem Urmenschenpaar, sondern auch zwischen Mensch und Natur sowie zwischen Mensch und Gott geherrscht hatte. Erst mit dem Sündenfall war, diesem Bild zufolge, die Zwietracht in die Welt gekommen, und die Vertreibung war die Ursache aller Entbehrung und damit des Lebenskampfes, der Macht und folglich des Unrechts und der Gier, kurzum des Bösen überhaupt.

Ganz ähnlich hat die antike Vorstellung des «Goldenen Zeitalters» einen im Anfang gewesenen Idealzustand beschworen, mit der Herrschaft des Kronos und des Friedens unter Göttern und Menschen. Schon für Hesiod war die Welt in ein «Eisernes Zeitalter» der Kämpfe und der Streitigkeiten eingetreten, Vergil hat das

Verlorene in das poetische Arkadien verlegt, ein geschichtsloses Land des einfachen Lebens und des anspruchslosen Glücks, und in den «Metamorphosen» des Ovid, bei der Schilderung des Weltanfangs, findet der Mythos jene Formulierungen, die das utopische Denken als Sehnsucht bis an den Beginn der Neuzeit beeinflußt haben: «Und es entstand die erste, die goldene Zeit: ohne Rächer, / Ohne Gesetz. Von selber bewahrte man Treue … / Kein Text von drohenden Worten / Stand an den Wänden auf Tafeln von Erz.»

Aber während die antike Vorstellung der Aurea Aetas ein aus dunklerem Vorwissen gespeistes Wunschbild war, mehr Traum als Erreichbarkeit, taucht bei einigen altjüdischen Propheten der Gedanke der wirklichen Wiederkehr des Verlorenen auf. Inmitten der Untergangswirren weissagten sie die Ankunft des Messias, der sein Volk erretten, die Feinde richten und ein Reich des Friedens begründen werde.

Bei aller religiösen Überhöhung war der alttestamentarische Wiederherstellungsgedanke durchaus diesseitig, eine Befreiungsidee aus tatsächlicher, gegenwärtig erlittener, aber schon morgen beendeter Not. Diese Erlösungsbotschaft ist weit entfernt vom Märchenton der europäischen Utopie, sie zielt, trotz aller Heilsverheißung, ins Wirkliche, man kann auch sagen, ins Politische. Aus den Buchstaben des Alten Testaments lasen die Wortführer der religiösen Aufstandsbewegungen des späten Mittelalters, wie die Wiedertäufer von Münster, diese Gewißheit wieder heraus und setzten auf die Errichtung des Gottesreiches schon auf Erden, auch wenn sie dabei auf manche Hilfe von oben rechneten, auf Heerscharen von Engeln, blutige Kometen oder Gott selber und wie er herabkommen werde von seinem Wolkenthron.

Doch hat dieser Erwartungsglaube nie mehr als einen begrenzten, stets vom Geruch des Eigenbrötlerischen umgebenen Anhang gefunden. Für alle größeren Wirkungen stand er zu nahe und oft auch mitten in der Häresie. Denn dem Christentum ist, trotz aller ideellen und spirituellen Verknüpfung mit der jüdischen Überlieferung, die Vorstellung einer im Diesseits erlösten Welt zutiefst fremd. Der Sündenfall hat die Menschen für alle geschichtliche Zeit in einen Zustand des Unfriedens verstoßen, und solange er besteht, wird auch das Paradies verloren sein. Nichts anderes bedeutet der Gedanke der Erbsünde. Erst am Ende aller Tage, wenn die Toten auferstehen und Gericht gehalten wird, kehrt das Verwirkte in der absoluten Zukunft jenseitiger Erfüllung zurück.

Das ist auch der Grund dafür, warum es keine christliche, auf die Welt bezogene Utopie gibt. Der «Sonnenstaat» des kalabrischen Mönches Campanella beispielsweise ist ein zwar theologisch begründeter, auf die Erhöhung und Glorie Gottes gerichteter, zugleich aber tief widerchristlicher Staatsentwurf. Seine Bewohner sind ohne jeden persönlichen Rechtsanspruch, sie leben in einer Ordnung, deren kollektive Strukturen bis hin zur Frauengemeinschaft und obrigkeitlich verordneten Geschlechterpaarung reichen mit dem Ziel der Menschenzüchtung.

Im Grunde knüpfte das utopische Denken, das mit Mercier in Gang kam und eine befreite, harmonisch in sich selbst ruhende Welt zum Ziel der Geschichte erhob, viel eher an altjüdische, messianische Traditionen an: der Idealstaat war seither eine Zukunftsgewißheit und nicht mehr ein Maßstab. Der gleichzeitig einsetzende Säkularisierungsprozeß hat dann im Fortgang der Dinge dazu beigetragen, die christliche Jenseitshoffnung mehr und mehr zur weltlichen Utopie zu verwandeln, und bis heute haben sich merkwürdige Mischformen erhalten wie das Befreiungschristentum, dessen ungeduldige Wortführer auch auf die Erlösung im Diesseits bauen. Christlich daran ist, neben Berufungen, Begriffen und Ritualen, allenfalls der humanitäre Impuls, wiewohl gerade die Aufladung von Alltagszielen mit Heilserwartungen der Auseinandersetzung eine Radikalität verschafft, die weder mit dem Christlichen noch mit dem eigentlich Politischen zu tun hat, und im ganzen ist die sogenannte Befreiungstheologie nichts anderes als revolutionäre Sozialideologie in theologischer Verkleidung.

Doch nicht nur der Wechsel vom Raum zur Zeit verlieh den Utopien der späten Aufklärung den neuartigen, ungemein brisanten Charakter. Schon bei Fénelon, Restif de la Bretonne und anderen stößt man auf eine weitere, kennzeichnende Verschiebung. Hatte bis dahin der Reisende als Außenstehender das ferne Gemeinwesen entdeckt und dessen Ordnung, angefangen von den politischen Institutionen über die Ökonomie bis hin zum Gerichtswesen oder zur Erziehung bloß beschrieben, so wird von nun an aus dem Berichterstatter zugleich der Begründer oder doch Erfinder der idealen Staatskonstruktionen. Das literarische Mittel dafür ist die Traumerzählung, und im Traum sieht sich Mercier auch in das Paris des Jahres 2440 versetzt. Was so lange als Fiktion ausgegeben wurde, nahm damit die Farbe eines Plädoyers an: So könnte es sein, und so wird es sogar sein, wenn die Menschen der Vernunft folgten sowie dem geschichtlichen Willen, der nur die Erfüllung der Moral ist.

Das macht auch Merciers Buch selber deutlich. Denn seinem Inhalt nach bietet es nicht viel mehr als die eher schlichte Übertragung aufklärerischer Postulate in eine durch manche treffsichere Eingebung ausgemalte Zukunftswelt, wenn auch schon mit all den dialektischen Heucheleien, die bald darauf und dann für immer die totalitäre Praxis kennzeichnen werden. So wird die Zensur nicht aufgehoben, weil sie endlich moralischen Zwecken dient, das öffentliche Schuldbekenntnis als feierliche Selbstunterwerfung unter die beleidigte Vernunft eingeführt und die Hinrichtung von Verbrechern als gemeinsames Sühnefest mit dem Austausch gegenseitiger Respektsbezeugungen begangen. Solche und viele weitere Passagen des Buches nehmen schon jenen Terror der Tugend vorweg, der keine zwanzig Jahre später das mörderische Verwirrspiel von Macht und Moral inszenieren sollte.

Aber wichtiger und folgenreicher war doch Merciers radikale Subjektivierung des utopischen Gedankens, und darauf war offenbar auch zurückzuführen, daß dem Werk ein gewaltiger Widerhall zuteil wurde. Innerhalb weniger Jahre erlebte es zahlreiche Auflagen. Denn ein Gesellschaftsentwurf, der vor die glanzvoll verschönerte Kulisse der Gegenwart die in die Luft gebauten Visionen des Autors stellte, traf aufs genaueste die Zeitstimmung. Er rückte unvermeidlicherweise nicht nur den Autor selber, sondern den Menschen schlechthin als Schöpfer und Konstrukteur der idealen Ordnung in den Mittelpunkt.

Das ist der neue, große Ausgangsgedanke, dessen Widerhall die gesamte politisch-philosophische Literatur des späten 18. und weithin auch des 19. Jahrhunderts erfüllt: daß die Welt vom Menschen selber zu planen und einzurichten sei, von seiner Erkenntnis ihrer Gesetzmäßigkeiten, seinem Sinn für das Wahre und Gerechte. «Weil man nicht weiß, was einen im Jenseits erwartet», äußerte Madame de la Verrue, «bereitet man sich das Paradies bereits auf Erden.» Der Aufstieg der Naturwissenschaften, das aus den immer rascher aufeinanderfolgenden Entdeckungen und technischen Erfindungen gewonnene Selbstbewußtsein, haben diese Überzeugung noch bestärkt. Vielen schien es der Anbruch eines neuen Schöpfungstages, der verklärt war von der beseligenden Erwartung, daß der Mensch imstande sei, die Fehler und Mißgriffe des biblischen Schöpfers zu korrigieren.

Dieser Glaube beherrschte nicht nur die Aufklärer, sondern auch die gesellschaftlichen Eliten des Ancien régime. Es schien, als hätten beide Seiten in ihrer Abschiedsstimmung das Vermögen eingebüßt, zwischen Traum und Wirklichkeit zu unterscheiden. Während die einen sich als die kühlen Gesetzgeber des vor dem Horizont aufsteigenden Zeitalters der Vernunft betrachteten, erbauten die anderen sich ihre bukolischen Kunstwelten, die alle Arkadien hießen, legten, wie Marie Antoinette im Park von Rambouillet, Laiterien an oder brachen auf bunten Schiffen, während die Schatten schon einfielen, zur Liebesinsel Cythère auf.

Verloren schien jedenfalls die lange unangefochtene Ahnung eines unheilbaren Bruchs am Anfang aller Zeit. Ein grenzenloses Vertrauen in die Vernunft trieb die Dinge nun voran, und die radikale Skepsis, die alles Bestehende in Frage stellte, verschonte nur dieses Vertrauen selber. Die Utopie drängte zur Wirklichkeit. Ungezählte Besserungs- und Rettungsvorschläge für die unvollkommene oder in die Irre gelaufene Welt versprachen das Glück, die Eintracht, Gerechtigkeit und ewigen Frieden. Sie gaben auch vor, die Mittel dafür zu kennen. Erstmals übersprangen sie, in voller Bewußtheit, die Grenze zwischen Idee und Realität. Die Utopie, so lange ein Märchen oder eine normsetzende Legende und jedenfalls ein Literatenvergnügen, gab sich seither als politisches Handlungsmodell. Sie gewann programmatische Bedeutung. Damit zugleich verlor sie ihre Unschuld.

Die Französische Revolution war der erste, pathetische Versuch, utopische Vorstellungen in die Praxis zu übertragen. Wie immer die nach wie vor umstrittene Antwort auf die Frage ausfällt, wieviel sie von jener Freiheit, Gleichheit und Brüderlichkeit vorangebracht habe, die sie beschwor, war sie doch auch eine Schockerfahrung, die den Zweifel bestärken mußte, ob die erdachten Ordnungen je der Wirklichkeit standhalten könnten und der Mensch tatsächlich jener Demiurg war, der die Herrschaft der Verhältnisse durch die Herrschaft über die Verhältnisse ersetzte. Verschiedentlich taucht denn auch, unmittelbar im Gefolge der Schreckensjahre, die Frage auf, ob die Welt nicht auf verzweifelte Weise immer die Welt bleibe, die man zum Besseren nur lenken, nicht aber, wie die Wortführer der Revolution gemeint hatten, gleichsam neu erschaffen konnte.

Doch die Zuversicht blieb stärker. Sie ist durch die Erfahrung des revolutionären Terrors zwar eingedunkelt, nicht aber aufgehalten worden. Das gesamte 19. Jahrhundert ist wie behext von der Vorstellung, den Traum doch noch wahrzumachen. Schon in der Ahnung des Kommenden hatte Immanuel Kant von der «süßen Verlockung» gesprochen, «sich Staatsverfassungen auszudenken, die den Forderungen der Vernunft entsprechen».

Wie keine andere Epoche hat das Jahrhundert dieser Verlockung nachgegeben, es genügt, die Namen von William Godwin, Charles

Fourier, des Grafen von Saint-Simon und Pierre Joseph Proudhons zu nennen, auch Robert Owen, Bronterre O'Brien oder Wilhelm Weitling sowie schließlich Karl Marx. Die rasch voranschreitende Industrialisierung, insbesondere die in aller Vergangenheit beispiellose Not der von diesem Prozeß entwurzelten und proletarisierten Massen, gab dieser Neigung noch verstärkte Schubkraft, und der Glaube an den Fortschritt der Menschheit stattete sie mit unverrückbaren Gewißheiten aus. Mitunter meint man, geradezu mit Händen greifen zu können, wie die Rezepturen, die wie im Fieber der kranken Welt verschrieben wurden, sich materialisierten und zu politischen Parolen formten. In ihrem Zeichen sammelten sich ungezählte, oft aus sektiererischen Anfängen hervorgehende Gruppen, die erst allmählich zusammenwuchsen und zu machtvollen Bewegungen aufstiegen. Seit den dreißiger Jahren nannten sich die Utopisten aus dem Umkreis des radikalen Sozialismus Kommunisten.

Es sind, überblickt man bis dahin die utopische Literatur im ganzen, nur vergleichsweise wenige Grundgedanken, die sie unablässig variiert. Zu den verblüffenden Befunden des durch die Jahrhunderte geführten Gesprächs über die beste Gesellschaftsordnung gehört, daß es nur ein paar immer wiederkehrende Motive kennt und eine einfallslose, durch Nachahmung und Kopie auffällige Bemühung bleibt. Während in der frühen utopischen Literatur die phantastischen Begleitumstände den Beschreibungen noch einige unterscheidende Farben gaben, sei es, daß die erfundenen Staatsgebilde auf schwimmenden Inseln durch die Weltmeere trieben, fliegende Menschen auftraten oder das Idealreich geologisch dem Busen einer Frau nachgebildet war, wurden jetzt die Entwürfe noch einförmiger. Oft drängt sich der Eindruck auf, als seien selbst die erfindungsreichsten Köpfe in der Erkenntnis von Unglück und Irrweg der Welt wie gelähmt.

Bei allen Unterschieden im einzelnen läuft das utopische Denken des 19. Jahrhunderts auf wenige übereinstimmende Forderungen hinaus, im Grunde sogar auf nur eine einzige: die Abschaffung des privaten Eigentums. Denn alle weiteren Postulate, wie die nach gerechtem Besitz, nach Aufteilung der Gesellschaft in kleine, überschaubare Einheiten, in Kooperativen oder Selbsthilfegruppen und anderes mehr, waren davon hergeleitet.

Schon bei einem der frühen Utopisten, dem Engländer Gerrard Winstanley, lag die «Wurzel allen Übels» im Privateigentum. Dessen Beseitigung werde nicht nur die Unterschiede zwischen den Menschen aufheben, die Trennung in Herren und Knechte beenden, das Verbrechen aus der Welt schaffen, sondern auch die Armut, die Gefängnisse, den Jammer überhaupt. Es bleibt seltsam zu beobachten, wie scharfsinnige Geister, im Rausch scheinbarer Folgerichtigkeit, aus der einen Grundannahme ganze Ketten emphatischer Fehlschlüsse herleiten, bis am Ende nicht nur die Menschen tugendhaft und die Verhältnisse gerecht, sondern auch die Wiesen immer grün und die Himmel ewig blau sind: selbst die Natur will in der neuen Ordnung nicht zurückstehen. Kein störendes Element jedenfalls beeinträchtigt die versöhnte Welt, in der alle Leidenschaften ruhen, alle Wünsche gestillt sind und, wie noch Herbert Marcuse, der Philosoph der Achtundsechziger-Bewegung meinte, die großen Fische nicht mehr die kleinen fressen werden.

Wenn sich der utopische Gedanke des 19. Jahrhunderts als Antwort auf die historische Herausforderung der industriellen Revolution verstand, ging er in diesem Punkt weit über die aufgeworfene Frage hinaus: daß er nicht nur die Verhältnisse ändern, sondern zugleich einen veränderten Menschen wollte oder einfach voraussetzte. Im Privateigentum glaubte man gleichsam den archimedischen Punkt gefunden zu haben, es war, wie Bronterre O'Brien formulierte, «die große, entnatürlichende, die große entmoralisierende, die allgemein zerstörende Kraft». Alle Übel kamen von daher, aber die Rettung auch. Als jedoch einige Anhänger Fouriers, Victor Considérant und später Étienne Cabet, zusammen mit einer Anzahl ergebener Jünger in das gelobte Land aller Utopisten, nach

155

Amerika, aufbrachen und dort, getreu der strengen Lehre, sozialistische Mustersiedlungen errichteten, kam es schon nach kurzer Zeit zum Debakel. Ähnlich erging es anderen Gruppen. Die neuen Verhältnisse brachten nicht den Neuen Menschen hervor, er blieb, in der Prophetensprache der Utopisten, der alte Adam. Doch solche Erfahrungen verhallten wirkungslos und hielten den Glauben nicht auf, daß der Mensch neu gemacht und zu einem störungsfrei funktionierenden Lebewesen entwickelt werden könne, ameisenhaft geschäftig, von aller Zweideutigkeit befreit und nur dem Gemeinwohl dienend.

Es ist vor allem dieses Bild vom Menschen, das den utopischen Szenarien, bis in die Gegenwart, zwar eine einzigartige Dynamik, zugleich aber auch den wirklichkeitsfremden, nicht selten absurden Charakter verschafft hat. Im Grunde ist die Vorstellung des leidenschaftslos agierenden, durch Züchtung und Erziehung abgerichteten Neuen Menschen nur ein anderer Ausdruck des Allmächtigkeitswahns der Epoche. Aber schon am Beginn des Jahrhunderts, das diesen Traum so unermüdlich träumte, steht eine Warnung. Sie findet sich in Mary Shelleys Erzählung «Dr. Frankenstein», die später, dank der alptraumhaften Mißgestalt eines Schauspielers, zu so großem Filmruhm kam. Inspiriert von dem Aufklärerglauben, daß der Vernunft schlechthin alles möglich sei, erschafft der ehrgeizige Konstrukteur das menschenähnliche Monster, nicht ohne am Ende voller Entsetzen zu entdecken, was es mit seinem Werk auf sich hat: «Der schöne Traum entschwand, und atemloser Schrecken und Abscheu erfüllten meine Seele.»

Die anthropologische Blindheit gilt auch für den Marxismus, und womöglich liegt darin sogar sein stärkstes Verbindungsstück zu den utopischen Strömungen des 19. Jahrhunderts, auch wenn Marx, im Unterschied zu allen anderen sozialistischen Umdenkern, den edlen Maschinenmenschen nicht voraussetzte, sondern aus der revolutionären Praxis hervorgehen sah. In der Losung der russischen Revolution «Der Mensch wird umgebaut!» fand diese

Erwartung parolenhaft Ausdruck. Noch Trotzki glaubte, daß der Mensch im Kommunismus größer, stärker, wissender und empfindsamer sein werde, sein Körper schöner, seine Stimme musikalischer und der Durchschnittstypus bis zur Höhe eines Aristoteles oder Goethe reichen werde, über denen wiederum neue Gipfelmenschen zu bislang ungeahnter Höhe aufragen würden.

Im übrigen aber hat sich Marx wiederholt schroff gegen den Utopismus gewandt und die Literatur der Vorläufer wie der Zeitgenossen als unzureichend oder bloße Phantasterei abgetan. Die von ihnen vorgelegten Modelle einer idealen Ordnung betrachtete er nur als Reflexe auf das Bestehende, die selbst im Widerspruch noch die Verhältnisse spiegelten, die sie verneinten, und insbesondere die welthistorische Rolle des Industrieproletariats verkannten. Im Gegensatz dazu begriff er seine Lehre als angewandte Geschichtswissenschaft auf der Grundlage gesellschaftlicher Erkenntnisse. Die neue Welt entstand nicht nach den Wünschen und Visionen der Menschen, sondern war das zwangsläufige Ergebnis der gesellschaftlichen Widersprüche im Kapitalismus: die Geschichte folgte unbeirrbar einem strengen Gesetz, das die Menschen nur vollstreckten, sie war die letzte Berufungsinstanz und das Orakel, das dem Fragenden seine Geheimnisse offenbarte. Die tiefsten Gewißheiten kamen von da her, und mit Lassalle mochte auch Marx sagen: «Und seht, ich kann kein Wort sprechen, ohne daß die Geschichte mir sofort Ja zuschreit.»

Dennoch und unvermeidlicherweise sind in sein Werk, das bei aller Originalität doch auch die Zusammenfassung und radikale Zuspitzung einer Vielzahl sozialistischer Theorien der Zeit ist, zahlreiche Elemente des utopischen Denkens eingegangen. Und auch, was davon aufgegriffen und von den revolutionären Zirkeln nach draußen an die Massen weitergegeben wurde, war gerade nicht der dialektische Materialismus oder die ökonomische Theorie, sondern der Verheißungsgedanke, der in allen diesen abstrakten und schwierigen Texten irrlichterte und sich in eine jedermann begreifliche, einprägsame Botschaft umformen ließ. Darüber hinaus war der Marxismus in seiner politisch wirksam gewordenen Gestalt schon deshalb keine Wissenschaft, weil er eine aus der Analyse des Augenblicks gewonnene Erkenntnis dogmatisierte, während es gerade das Wesen der Wissenschaft ausmacht, offen für neue Fragen und neue Antworten zu sein. Und Utopie war er schon deshalb, weil er die Verwirklichung eines geschlossenen gesellschaftlichen Systems vorsah, mit dem die Geschichte selber an ihr Ende kommen und die Weltenuhr für immer angehalten würde.

Der Phantasiemangel, der die utopische Literatur des 19. Jahrhunderts in der Ursachenerfassung kennzeichnet, tritt auch in den Beschreibungen der besseren neuen Welt hervor. Nicht nur Marx und Engels haben sich über das mit so vielen Erwartungsschauern herbeigesehnte Reich des vollendeten Sozialismus weitgehend ausgeschwiegen, und die zwei kurzen Passagen in der «Deutschen Ideologie» und der «Kritik des Gothaer Programms» gehen über wenige vage Metaphern für die Fülle und den Überfluß, die dann herrschen werden, nicht hinaus. Auch die übrigen Autoren bieten nicht viel mehr als ein paar unterschiedlich blaß kolorierte Idyllen von einer Welt der Harmonie, des Wohlstands und der gezähmten Begierden. Wo ausnahmsweise doch ein etwas breiteres Panorama entworfen wird, offenbart sich zugleich die Öde aller konstruierten Glücksreiche. Es bleiben durchweg Schreibtischparadiese, engherzig, steril und gemacht aus tausend pedantischen Säuernissen. Zu den Gewißheiten, die der Leser dieser Werke gewinnt, zählt am Ende auch, daß die bestehende Welt, trotz Unglück, Not und Widerwärtigkeit, die niemand übersieht, noch immer die beste aller Welten ist.

Die Öde der Bücher wurde später, in den verwirklichten neuen Ordnungen, die Öde der Welt. Doch war dies das geringste Übel, das von den Utopien kam.

2. Stück. Der Sturz der Idee

*Wenn ich sicher wüßte, daß jemand
in mein Haus käme mit der festen
Absicht, mir Gutes zu tun, würde
ich um mein Leben laufen.*

Jacques Thoreau

Je mächtiger und organisierter das Lager der Utopie auftrat, desto
entschiedener verschaffte sich ein Chor pessimistischer Stimmen
Gehör, der die hohen Töne der Verheißung dämpfte und das optimistische Fortschrittsschema beharrlich verneinte. Die Schlüsseler-
fahrung, aus der fast alle Einwände kamen, war die Französische
Revolution. Hatte deren Verlauf nicht die Kardinalannahme aller
utopischen Gesellschaftsplaner widerlegt, daß der Mensch der
Herr über die Verhältnisse sei oder es doch werden könne? Und
hatte sie dem schärfer Beobachtenden nicht die Lehre vermacht,
daß revolutionäre Prozesse kaum steuerbar waren und ihrer eigenen Konsequenz mit einer Ungerührtheit folgten, in der die Ohnmacht aller rationalen Projektemacherei offenbar wurde? Tatsächlich war, was sich in Frankreich ereignet hatte, blind und mit der
Gewalt einer Naturkraft über alle hinweggegangen. «Die Lava der
Revolution fließt majestätisch und schont nichts», hatte Georg
Forster aus Paris geschrieben.

Es waren Burke und Gentz, Tocqueville und Jacob Burckhardt,
die den Zweifel laut machten, daß die Menschheit, mit oder ohne
Gewalt, auf einen höheren moralischen und sozialen Zustand zu
bringen oder gar ein «Ziel der Geschichte» auszumachen sei. Auf
flacherer Ebene folgte ihnen eine anschwellende zivilisationskriti-

159

sche Literatur, deren Besorgnisse, weiter vergröbert, in Traktaten und populären Heften Verbreitung fanden. Getragen und verstärkt wurde, was in diesen Publikationen zum Ausdruck kam, durch die vor allem im Bürgertum verbreitete, das ganze 19. Jahrhundert begleitende Große Angst. Ihr hauptsächlicher Bezugspunkt war die politische Revolution, deren Vorboten in noch ungeordneten Haufen durch die Straßen zogen, aber zusehends nachdrücklicher ihr Recht forderten, die «souveräne Kanaille», wie Schopenhauer höhnte. Erweitert und ins Prinzipielle gewendet wurde die Angst durch die Industrialisierung, das Aufkommen der Massen, die riesige Binnenwanderung, den Bruch der Tradition, kurz, das Ende einer vertrauten, in Herkommen und Gewohnheit begründeten Lebensform. Der beschauliche Charakter, den das Jahrhundert für den flüchtigen Blick trotz der revolutionären Vorgänge von 1830, 1848 und der Kommune von 1871 zeigt, der bruchlos gleitende Übergang vom Biedermeier zum Viktorianismus und Zweiten Empire, kann doch die nervöse Blässe nicht verbergen, die es besaß, und daß seine im ganzen stabilen Züge, nach Heinrich von Sybels Bemerkung, eher aus einem «Fanatismus der Ruhe» kamen.

Das dumpfe, unterirdische Grollen, das die Epoche begleitete und ihr Ende ankündigte, hat, vor allem für weite Kreise des bürgerlichen und kleinbürgerlichen Milieus, aus der Zukunft eine Kategorie der Angst gemacht und jedenfalls die Lager gespalten. Den träumenden Apokalyptikern standen die Verteidiger des Bestehenden oder sogar Gewesenen gegenüber, und mit fortschreitender Zeit wurde der Bruch immer offenkundiger: während die Erwartungen der einen sich auf das bevorstehende oder schon im Kommen gedachte Reich der Freiheit und der Versöhnung richteten, ging die Sehnsucht der anderen zurück ins Verlorene. Damals kam der Begriff der «guten alten Zeit» auf, die nie gewesen und doch für jeden anschaulich war, und die Wendung legte nahe, nicht nur jene Zeit als gut zu denken, die alt und vergangen, sondern alle Zeit, die nicht Gegenwart oder Zukunft war.

Gleichzeitig damit begann auch die Bedeutung des Wortes Utopie umzuschlagen oder doch einen Doppelsinn zu gewinnen. Sie war nun nicht mehr, oder nur für die einen noch, der begehrte Prospekt am Zukunftshorizont. Der Wandel läßt sich am deutlichsten an einem literarischen Genre ablesen, an der fälschlich so genannten «Gegenutopie», die aber doch Utopie im Sinne von etwas Erwartetem blieb, nur daß sie die ängstigenden Erscheinungen der Gegenwart zusammenfaßte und zum Bild einer schreckeneinflößenden Zukunft verdichtete. Das war neu. Literarische Projektionen hatte es schon früher gegeben, aber sie waren doch meist satirisch gemeinte Bloßstellungen des Bestehenden oder zu Gewärtigenden in moralischer Absicht. Zur neuen Gattung gehörte, daß sie der Zeit weniger einen Spiegel vorhalten als den unvermeidlichen Gang der Dinge beschreiben wollte.

Eichendorffs Phantasiestück «Auch ich war in Arkadien», 1834 entstanden, bezeichnet womöglich die Grenze, an der die gesellschaftliche Satire alten Stils in den Zukunftshorror übergeht. Aus den herrschenden Tendenzen entwickelt es eine Beschreibung der heraufziehenden Epoche der Volksherrschaft, der vulgarisierten Freiheiten sowie der angeblichen Bürgertugenden und nimmt bezeichnenderweise im Gasthof «Zum Goldnen Zeitgeist» seinen Ausgang. Knapp vierzig Jahre später, 1872, erscheint Samuel Butlers «Erewohn», dessen Titel ein Anagramm des Wortes Nowhere-Utopia ist. Das Werk, das noch einmal an den Typus der Entdeckungsreise anknüpft, bezieht seine prophetische Kraft aus dem Einfall, Erewohn als ein Land zu beschreiben, in dem die Grundsätze der bürgerlichen Gesellschaft konsequent ins Gegenteil verkehrt sind: Verbrecher werden wie Kranke umsorgt, die wirklich Kranken dagegen ausgestoßen oder umgebracht. Ungeborene werden nach Gutdünken abgetrieben, Kirchen wie Banken geführt, Maschinen als Unterjochungswerk stillgelegt, und das Erziehungswesen beispielsweise gipfelt in der Einrichtung von «Hochschulen der Unvernunft». Nur wenige Jahre später veröffentlichte Herbert

George Wells mit der «Zeitmaschine» die erste, konsequent durch-geführte Darstellung einer Zukunft, die nur eine Verlängerung schon bestehender Möglichkeiten und noch erschreckender ist als Vergangenheit und Gegenwart. Auch mildert nun keine satirische Verzerrung mehr das Grauen. Samjatins «Wir» (1920), E. M. Forsters «The Machine Stops» (1928), Aldous Huxleys «Brave New World» (1932) bis hin zu George Orwells «1984» (1949), sind dann, neben ungezählten anderen, die bekanntesten Werke aus der Gattung der schwarzen Utopien.

Daneben gab es, wenn auch an Zahl und Bedeutung abnehmend, noch immer die sozialistischen Verheißungsszenarien wie Bogdanows Werk «Der rote Planet» (1908), das wieder an das Vorbild der Raum-Utopie anknüpft und den idealen Staat auf den Mars verlegt. Wie wenig sich aber selbst dieser führende Kopf des revolutionären Sozialismus dem pessimistischen Empfinden der Epoche entziehen konnte, zeigt sich in seinem Unvermögen, das Bild des Kommenden ohne düstere Farben zu zeichnen: angefangen von der bis ins Groteske getriebenen Versachlichung der sozialen Beziehungen, über den feindseligen Dauerkrieg gegen die Natur, bis hin zur Massenausrottung des niederen im Namen des höherwertigen Lebens, lauert hinter allen idyllischen Kulissen, immer spürbar, der totalitäre Schrecken.

Die Erscheinungsdaten der zuletzt genannten literarischen Utopien sollten nicht darüber täuschen, daß die Scheidung in Utopisten und Gegenutopisten sich schon mit dem ausgehenden 19. Jahrhundert vertiefte. Was sie ausmacht, ging in die Lebensstimmung der einen wie der anderen über, prägte ihre Einstellungen in Hoffnung oder Angst, Anspruch oder Verzicht, und im ganzen kann man sicherlich von einem großen kulturellen Schisma sprechen. Der Erste Weltkrieg mitsamt den Wirren, die ihm folgten, hat diesen Prozeß nicht nur beschleunigt, sondern auch ungemein politisiert. Zu den unmittelbaren Folgen der Russischen Revolution zählte, daß nun gleichsam auch das Lager der Gegenutopie mobilmachte. Die bürgerkriegsähnlichen Auseinandersetzungen der Zwischenkriegsepoche, von denen die meisten europäischen Länder zumindest zeitweilig heimgesucht wurden, lassen sich unschwer auch als Konflikte zwischen den einen begreifen, die emphatisch nach vorn dachten, und den anderen, die zurückwollten, zwischen einer messianischen und einer ans Vertraute sich klammernden Richtung, zwischen Utopisten und, wie man bald sagen mochte, Atavisten.

Die gewisse Vergröberung, die in dieser Unterscheidung steckt, betrifft weniger die Kommunisten oder, weiter und genauer gefaßt, die Gruppierungen der radikalen Linken. Zwar gab es unter ihnen viele Gegensätze und oftmals erbittert ausgetragene Richtungsstreitigkeiten. Sie änderten aber nichts an der zuletzt sie alle doch verbindenden Zukunftsgläubigkeit sowie an dem Willen, die Verhältnisse auf diese Zukunft hin revolutionär zu verändern.

Weit komplexer und verworrener indessen ist das Bild der Gegenseite. Der Begriff «Faschismus» hilft kaum weiter, weil gerade dessen ursprüngliche und den Umriß vorzeichnende Spielart, die in Italien entstand, von gegenutopischen Ängsten und Stimmungen nahezu frei war und zudem modernistische Ambitionen entfaltete, die von der Literatur und der bildenden Kunst bis ins Soziale reichten. Unter den Posen, die der italienische Faschismus kultivierte, stand die avantgardistische lange Zeit obenan, und jedenfalls hat ihm die Vergangenheit nie als Instrument zur Verunglimpfung oder Abweisung der Zukunft gedient. Vielmehr bezog er aus dem Einst gerade sein Selbstbewußtsein, und hinter dem Pathos der römischen Größe, die Mussolini von den Hügeln der Stadt her beschwor, lag nur ein imperialer, kein auf die Rettung oder gar Erlösung der Welt gerichteter Ehrgeiz.

Im Gegensatz dazu war der Nationalsozialismus erfüllt von gegenutopischem Radikalismus, und seinem Macht- und Eroberungshunger lag im Kern nichts weniger als die Absicht zugrunde, die gesamte Welttendenz umzukehren. Sein Beispiel verdeutlicht geradezu, wie sehr jede Gegenutopie immer auch Utopie ist, denn er erfüllte alle äußeren und inneren Merkmale des Begriffs. Nicht nur griff die wenn auch lediglich zu Beginn verbreitete Terminologie vom «Dritten Reich» oder «Tausendjährigen Reich» auf ein altes Heilsvokabular zurück. Vielmehr verdankte die Bewegung Anstoß und Sammlung auch einer umfassenden Orientierungskrise mit dem massenhaft hervorbrechenden Verlangen nach Veränderung von der Wurzel her. Und in der Ferne, abgehoben von der deprimierenden Wirklichkeit, tauchte das wie undeutlich auch immer entworfene, in verklärende Nebel gehüllte Gegenbild der gereinigten Welt auf, die Vorstellung vom Neuen Menschen sowie ein trotz aller Lücken und Ungereimtheiten weithin geschlossenes System zur Verwirklichung der idealen Ordnung.

Seither ist die Frage nicht zur Ruhe gekommen, warum der utopische Protest gegen die Zukunft, dem der Nationalsozialismus als Auffangbecken, Katalysator und politische Organisation diente, gerade in Deutschland diesen Fanatismus und diesen Massenanhang gewinnen konnte. Einige der hervortretenden Motive mag man sich noch einmal in Erinnerung rufen.

Am handgreiflichsten ist zweifellos, daß unter den besiegten, von Absturzängsten erfaßten Staaten Deutschland derjenige war, der dem revolutionären Rußland nicht nur geographisch nahe lag, sondern auch in den Konzepten der Weltrevolution eine strategisch herausragende Bedeutung besaß. Schon in den unruhigen Nachkriegsmonaten hatten Ausläufer der russischen Vorgänge das Land gestreift, in Berlin war man sowjetischen Agenten auf die Spur gekommen, in München eine Räterepublik ausgerufen worden, in Sachsen, Thüringen und anderswo hatten von Sowjetrußland her inspirierte und undurchsichtig gelenkte Aufruhraktionen tiefsitzende und lange vorhaltende Schrecken verbreitet.

Im einzelnen betrachtet, waren das durchweg Ereignisse von wenig mehr als lokalem oder allenfalls regionalem Zuschnitt, und man kann nicht sagen, daß sie das Land politisch ernsthaft bedrohten.

Das übertriebene, von Panik und Entsetzen geprägte Aussehen, das sie gleichwohl im öffentlichen Bewußtsein annahmen, wird nur verständlich, wenn man bedenkt, daß diese Vorkommnisse jene Große Angst belebten und verstärkten, die seit mehreren Generationen unterschwellig gewirkt und die unruhigen Träume des Bürgertums heimgesucht hatten.

In diesen Angstträumen war die Revolution nur der greifbarste Ausdruck eines umfassenderen Angriffs, der weit über den bloß politischen Umsturz hinausging und die Lebensform insgesamt bedrohte: das alte Europa mit seinem Glanz, seiner Größe und dem Zauber der «douceur de vivre», mit seinen Monarchien und mündelsicheren Papieren, den hergebrachten Begehrlichkeiten und Machtbalancen. Es war das Gefühl eines Epochenendes, das jetzt überhand gewann, und die Bilder einer fremden, anonym und funktional heraufziehenden Zeit, die am Zukunftshorizont auftauchten, machten den Abschied nicht leichter. Der Pessimismus, der so lange die Sache einer wenn auch beträchtlichen Minderheit gewesen war, wurde unversehens zur Grundstimmung der ganzen Zeit. Während die einen in ihren Liedern noch die neue Zeit besangen, die mit ihnen ziehe, sahen zusehends breitere Schichten sich, wie ein bekannter Buchtitel lautete, im Schatten von morgen wieder.

Seine Dunkelheit überlagerte alles. Sie fiel auf die materiellen Bedingungen des Daseins, seit der Krieg die Entwicklung zu immer ausgedehnteren großwirtschaftlichen Organisationsformen vorangetrieben hatte, in der für die vielen kleinen Existenzen in aller strukturellen Unterlegenheit kein Platz war. Ein anderer Angst- und Empörungspunkt war die wachsende Verstädterung, die voranschreitende «Verwandlung des Planeten in eine einzige Fabrik zur Ausnutzung seiner Stoffe und Energien». In den Affekten, die sich dagegen wandten, kehrte nicht nur die Tradition des zivilisationspessimistischen Widerstandes gegen die Industrialisierung zurück, sondern auch das uralte Ressentiment des Landes gegen die Stadt als den Ort von Sünde, Luxus und Vermischung.

Am tiefsten wurde der Bruch mit den vertrauten Normen daher auch im Moralischen empfunden, in den wüsten Bildern einer «Asphaltzivilisation» mit sexueller Libertinage, «Niggertänzen», «Bubikopf» und vielem anderen, was für das breite Bewußtsein eine Anstößigkeit besaß, die im Rückblick nur noch mit einiger historischer Bemühung nachzuempfinden ist. Auch die bildende Kunst, die grelle Bilderflut von Fauves, Kubismus, Blauem Reiter und Dada, wurde als Kampfansage begriffen und als die Vorhut eines von allen Seiten hereinbrechenden Angriffs auf das Hergebrachte; die populäre Vokabel vom «Kulturbolschewismus» hält das Bewußtsein eines inneren Zusammenhangs zwischen den so verschieden wirkenden Umsturzprozessen im Politischen und im Kulturellen fest.

Die labile Verfassung, die der Epochenbruch in Deutschland stärker als anderswo offenbar machte, hatte natürlich auch mit den Komplexen eines wider eigenes Erwarten besiegten und gedemütigten Volkes zu tun. Womöglich bedeutsamer war aber, daß der Modernisierungsprozeß, wie er sich vor allem in Westeuropa schon geraume Zeit vor dem Krieg vollzogen hatte, im Reich später, schneller und radikaler als irgendwo sonst erfolgt war. Es kann daher kaum wundernehmen, daß er hier auch exzessivere Gegenreaktionen wachgerufen hatte als in den vergleichbaren Industriestaaten.

Anders als ein verbreitetes Klischee es will, konnte Deutschland daher schon am Vorabend des Krieges als das wohl modernste Land Europas gelten, wenn auch in einer merkwürdigen Verbindung aus technisch-ökonomischer Leistung und politisch-psychologischer Rückständigkeit. Feudale und fortschrittliche, autoritäre und frühe sozialstaatliche Züge vereinigten sich hier zu einem höchst widersprüchlichen Gesamtbild. Die anachronistischen Farben, die im Blick auf das kaiserliche Deutschland vorherrschen, kamen vor allem aus ideologischen Zonen. Über diesem geschäftigen, scheinbar so zukunftsbewußten Lande, seinen wachsenden Großstädten und

Industrierevieren, wölbte sich ein eigentümlich romantischer Himmel, dessen Tiefe von mythischen Gestalten, von altertümlichen Riesen und Göttervolk behaust war.

Es war eine Flucht vor der neuen, poesielosen Wirklichkeit der Welt, und zugleich war es ein zäher, auf vielen Ebenen geleisteter Widerstand gegen alles, was diesen Prozeß beförderte. Zu den Erscheinungen, in denen sich das eine wie das andere formierte, gehörten der Wandervogel, die studentischen Traditionsbünde sowie eine breite zivilisationskritische Literatur zwischen Paul de Lagarde und Julius Langbehn, die sich nicht ohne Stolz zu ihrem Zukunftshaß bekannte und die großen Verdammungsformeln über alles sprach, was das Land aus seinem Biedermeier stieß: die Weltwirtschaft, den Börsenhandel und den Impfzwang, die positive Wissenschaft und die Flugversuche, aber auch die Demokratie, das allgemeine Wahlrecht und die gern als «Hirngespinst» verspottete Freiheit. Keiner von denen jedoch, die die tausend Irrwege des Weltenlaufs beklagten, hat annähernd die Wirkung Richard Wagners erreicht, der nicht nur der geniale Umsetzer und Ausstreuer dieser pessimistischen Stimmungen war, sondern ihnen auch mit Bayreuth eine Art zentraler Agentur verschaffte. Die Vermittlungen liefen weit ins Bürgertum, bis hin zu Nietzsche, Thomas Mann und Oswald Spengler. Aber dann auch zu Hitler und zum Nationalsozialismus.

Beides zusammen, die Angst vor der Revolution und die zivilisationspessimistische Empfänglichkeit, ergab erst, eigentümlich verklammert und vom Nachkriegschaos anschaulich gemacht, ein Gemisch von außerordentlicher Dynamik. Es verband sich mit den Abwehrkomplexen einer bis auf den Grund erschütterten Gesellschaft, die ihr nationales Selbstbewußtsein, ihre Kaiserherrlichkeit sowie das ganze gewohnte System von Oben und Unten eingebüßt hatte und nun blind und erbittert wiederhaben wollte, was ihr ungerechtfertigterweise verlorengegangen schien. Radikalisiert wurden diese Empfindungen noch durch die materiellen Einbußen, die vor allem das Kleinbürgertum und den Mittelstand trafen. Anders als die Arbeiterschaft hatten diese beiden Gruppen nie ein Bewußtsein gesellschaftlicher Zusammengehörigkeit entwickelt oder gar eine Art utopischer Zukunftsgläubigkeit, die in den Katastrophen der bestehenden Ordnung eine Gewähr für die eigenen Erwartungen findet.

Es war von Anfang an ein ziemlich aussichtsloses Unterfangen, dem sich die Politiker von Weimar verschrieben. Weder der von den Siegermächten hochmütig herumgestoßene, von wirtschaftlichen und sozialen Krisen erschütterte und angefochtene Staat noch die öffentlichen Institutionen in ihrer Schwäche und demokratischen Reserve boten gegen den kollektiven Unmut, der sich von allen Seiten über ihnen zusammenbraute, eine Sicherung. Man hat das Staatswesen jener kaum vierzehn Jahre eine Republik ohne Republikaner genannt. In der Tat lebte der eine Teil der Nation in der Zukunft, der andere in der Vergangenheit. Dazwischen verlor sich der zusammenschmelzende Haufen derer, die sich, wie es das funktionierende Gemeinwesen voraussetzt, zur Gegenwart bekannten. Hinzu kam, daß nun nicht mehr nur die Linke, sondern auch deren Gegner militant und in formierten Verbänden auftraten. Das gewaltige Gebräu aus Panik, Aufruhr oder teilweise zurück, teilweise nach vorn gerichteter Energien war nun nicht mehr, wie in der Zeit zuvor, auf Beschwörungen und erzürnte Prophetenworte beschränkt. Der Krieg hatte die Lager bewaffnet gemacht.

Zur früh hervortretenden Stärke Hitlers gehörte es, daß er sowohl Ausdruck als auch Organisator der Abwehrgefühle gegen das Bestehende war. Er rief sich zum Anwalt der wirr und widersprüchlich hervorschießenden Sehnsüchte aus, sammelte sie und lieferte ihnen die Losungen einer neuen, wenn auch ins Alte gewendeten Zuversicht. Auf diese Weise gewannen die verängstigten und ratlosen Massen nicht nur Selbstbewußtsein. Vielmehr meinten sie plötzlich auch zu wissen, was es mit ihrem dunklen Drange auf sich hatte: eine kulturelle Revolution ins Werk zu setzen mit dem Ziel, die historische Entwicklung in die Gegenrichtung zu treiben und an den Ausgangspunkt, in jene besseren, von Natur und Mythos bestimmten Zeiten vor Beginn des großen Irrwegs zurückzukehren. In einem Brief aus dem Jahre 1941 schrieb Hitler an Mussolini, die vergangenen fünfzehnhundert Jahre seien nichts anderes als eine Unterbrechung, die Geschichte stehe im Begriff, «auf die Wege von einst zurückzukehren». Konrad Heiden hat diese defensive Grundhaltung des Nationalsozialismus, die in so auffälligem Gegensatz zu seiner triumphalen Gestik steht, «Prahlereien auf der Flucht» genannt, sie seien nichts anderes als «Angst vor dem Aufstieg, vor neuen Winden und unbekannten Sternen, ein Protest des ruhebedürftigen Fleisches gegen den rastlosen Geist».

Die aggressive Utopie, die der Nationalsozialismus aus vielen willkürlichen, verschwommenen oder sentimental getrübten Rückblicken ins Gestrige entwickelte, war aber nicht bruchlos in die Vergangenheit gerichtet. Zwar gaben seine Wortführer vor, die durch das Christentum, die Aufklärung, den Industrialisierungs- und Emanzipationsprozeß pervertierte Weltordnung wiederherzustellen. Daher die Rückkehr ins Bäuerische und Erdhafte, die Beschwörung von Blut und Boden mitsamt den urtümlichen Riten, die sich daran knüpften, das ganze Marottenwesen von Fahnenweihe, Thingspiel und Todesmystik, kurzum, die Sehnsucht ins Vorkulturelle, mit der die Sache aus aller Zeit herausfiel. Nebenher aber lief, sich immer wieder damit überschneidend, ein zukunftsgerichteter Ehrgeiz, der sich auf die größten Schiffe, die schnellsten Flugzeuge oder die Motorisierung der Massen viel zugute hielt und sich gern auf den technischen Vorsprung der eigenen Nation vor allen anderen berief.

Diese moderne Seite des Nationalsozialismus hat den Eindruck mitgetragen, die krausen und archaischen Rituale seien nur machtsichernder Mummenschanz. Das war so und zugleich auch wiederum nicht. Es gab, bis hinauf in die hohen Führungsränge, eine in allem vorgeschichtlichen Dämmer beheimatete Inbrunst, zugleich aber eine voraussetzungslose, alle Tradition verachtende bürokratisch-technische Effizienz im Planen und im Handeln, die dem Beobachter bis heute den Atem verschlägt.

Sie schonte, wo es die Verwirklichung der utopischen Ziele gebot, weder das historisch Gewordene noch fremdes Recht oder fremdes Leben und schreckte selbst vor dem millionenfachen Mord nicht zurück. In gewaltigen Abräumaktionen schuf das Regime gleichsam leere Flächen, auf denen es dann seine gesegneten bäuerlichen Idyllen errichten wollte. Wohin man auch blickt, stößt man auf jene Mischung aus Mittelalter und Modernität, auf ein Vorhutbewußtsein, das mit dem Rücken zur Zukunft stand und seinen atavistischen Neigungen in den Asphaltregionen eines totalitären Zwangsstaates nachging.

Der «Große Germanenzug nach Osten», zu dem Hitler im Juni 1941 aufbrach, bringt dieses Paradox, das zum Wesen des Nationalsozialismus gehört, schlagend zum Ausdruck. Zwar machte er sich das ganze Arsenal moderner technischer Instrumentarien, Waffen und Kriegführungsmethoden zu eigen, doch zielte er damit auf eine Ordnung der aberwitzigsten Art: die gewaltigste Militärmacht der Geschichte, Panzerarmeen und Luftflotten brachen gleichsam los im Zeichen von Strohdach und Erbhofbauerntum, von Volkstanz, Sonnwendfeiern und Mutterkreuz. In den eroberten Räumen sollten Zuchtpunktsysteme die Erschaffung von Herrennaturen sichern, die «Kimbrische Strickkunst» wiederbelebt und die ernährungsphysiologischen Wirkungen von Haferbrei oder Kog-Sagys-Wurzeln erforscht werden. Und hinzu kam Hitlers feierlichster und trivialster Gedanke: das in den Klingsorgärten dieser Welt vergeudete arische Blut wieder zu sammeln und die kostbare Schale zu hüten, um unverwundbar für alle Zeit zu werden.

In der Tat war es seine eigentliche Absicht, dem «guten Blut» die imperiale Basis zu schaffen: ein von Deutschland beherrschtes Großreich, das den überwiegenden Teil Europas sowie weite Gebiete Asiens umfassen und in hundert Jahren «der geschlossenste und kollossalste Machtblock» sein sollte, den es je gegeben habe. Der Katalog der Maßnahmen zur Verwirklichung dieser Utopie ist selten im breiten, auf alle verfügbaren Quellen gestützten Zusammenhang beschrieben worden. Zu den nachhaltigsten Eindrücken in der Vergegenwärtigung dieses Programms zählt, neben der Kaltblütigkeit des Deportierens, Verschiebens und Ausrottens ganzer Rassen und Völkerschaften, der Wille zur Zeit- und Geschichtsverneinung. Ein weitgefächertes System von Straßen und Verkehrslinien, an deren Kreuzungen stützpunktartige Städte lagen, sollte die endlosen Ebenen nach dem Modell frühgeschichtlicher Herrscherreiche sichern. Eine Denkschrift Himmlers vom November 1940 legte bereits Richtlinien vor, die sich ebenso mit dem Herren-Sklaven-Verhältnis in den eroberten Gebieten wie mit der Anlage der Dörfer befaßte und selbst die «Grünausstattung» der neuen Siedlungen nicht vergaß, die der, wie es hieß, ererbten Liebe der deutschen Stämme zu Baum, Strauch und Blume Ausdruck geben sollte. Gleichzeitig war daran gedacht, die «Heranführung der Stromzuleitungen in möglichst unauffälliger Form zu gewährleisten», um die Verhäßlichung der Welt durch die Industrialisierung zu verbergen und den Garten Eden, zumindest der Idee nach, neu zu pflanzen.

Schon in «Mein Kampf» hatte Hitler den Modernisierungsprozeß die «zweite Vertreibung» aus dem Paradies genannt. Die Riesenebenen im Osten, stellte er sich vor, würden die Menschen aus industrieller Versklavung, aus der rassischen und moralischen Verkommenheit großstädtischer Verhältnisse befreien und zu den verlorenen Ursprüngen der Vorfahren, in einen geringfügig korrigierten Naturzustand, zurückleiten. Nur in ganz entfernten Regionen, weit hinter dem Ural, würden an einer «ewig blutenden Grenze» kleine, kampfstarke Verbände der Ursituation des permanenten Lebenskampfes ausgesetzt sein und die Utopie der zum Stillstand gekommenen Ordnung gegen die unruhige, ohnmächtig anrennende Welt der geschichtlichen und sozialen Prozesse verteidigen. Bedrückt sprach Hitler in seinem Hauptquartier davon, wie weit es bis zur Verwirklichung dieser Vision sei, einhundert oder zweihundert Jahre noch, und daß er «wie Moses das Gelobte Land nur aus der Ferne sehen» werde. Für dieses Ziel war er zum Bruch der elementarsten Rechts- und Moralvorstellungen bereit, und selbst das eigene Überlebensinteresse zählte davor nichts. Man hat oft darauf hingewiesen, daß noch in der Spätphase des Krieges, als das sogenannte rollende Material längst für den Nachschub an den weichenden Fronten benötigt wurde, die Züge noch immer nach Auschwitz und Treblinka abgingen. Die Mission duldete keinen Aufschub. Wie alle Utopisten, denen die Macht und die Mittel zur Vollstreckung ihrer Vorsätze gegeben waren, ist auch Hitler vor keiner Folgerung zurückgeschreckt. Ein Foto seines Schreibtischs in der Reichskanzlei zeigt ein Buch mit dem Titel «Die Rettung der Welt». Nichts anderes sah er als die «Zyklopenaufgabe» an, von der er gelegentlich sprach. Was sich dagegenstellte, war nur die verachtete Realität, die sich stets den großen Ideen und Heilsplänen verweigert hatte.

Hitlers Umgebung hat von den Wutausbrüchen berichtet, die ihn überkamen, wenn das Wort «unmöglich» fiel, wenn auf die Unterlegenheit der eigenen Kräfte hingewiesen wurde, auf den Sinn und das Recht des Gewordenen oder die Ansprüche so vieler einzelner auf Leben und Glück. Für ihn zählten nur die radikalen Alternativen des «Alles oder Nichts», wie eine seiner Vorzugsformeln lautete, daran klammerte er sich bis zum letzten Tag. Das häufig anzutreffende Erstaunen, daß er ganz am Ende, nach der Einsicht in sein Scheitern, noch vom Bunker der Reichskanzlei aus, die Katastrophe eher zu befördern als zurückzudämmen versuchte, täuscht sich über die Besessenheit derer, die einen utopischen Erlösungsgedanken verfolgen. Wenn es das «Alles» nicht sein konnte, sollte es das «Nichts» sein. Die Welt würde, nach dem Scheitern dieses letzten Rettungsvorhabens, ohnehin darauf zusteuern.

Mit der Niederlage von 1945 und dem Zerbrechen aller Träume

172

von Weltmacht, Blutreinheit und Heiligem Gral kam eine lange pessimistische Tradition an ihr Ende. Zwar ist vorgebracht worden, daß Hitler die nachdenklicheren Zeugnisse dieser Tradition überhaupt nicht aufgegriffen, sie vielmehr gerade bestätigt habe. Aber der Einwand trifft nur halb. Nicht, daß Hitler sich sein Ideenfundament aus zweiter und dritter Hand beschaffte, sondern daß er den Mythologemen von Niedergang, rassischer Überwältigung und Weltkrankheit eine Utopie entgegensetzte, die nach Verwirklichung verlangte, hat jenes Grauen möglich gemacht, das der Welt noch immer in den Gliedern steckt. Sein Scheitern hat das ganze Spektrum jenes Denkens miterfaßt, das den Gang der Welt mit nicht selten schwermütiger Sorge betrachtet und sich ihm kritisch entgegengestellt hatte. Alle vom Vergangenen herkommenden Positionen, so legitim sie lange waren, sind durch ihn in Verruf geraten.

Was Hitler und die politisch-moralische Katastrophe, die er angerichtet hat, aber nicht bewirkten, war, den Gedanken der System-Utopie selber zu kompromittieren. Das mutet um so verblüffender an, als die Verbrechensspur, die er zog, Aufschluß darüber geben konnte, wie unvermittelt die radikalen Heilsentwürfe in Entrechtung und Willkür laufen. Zwar ist es richtig, daß die Hitlersche Utopie dem Wesen nach auf einem Wahnsystem errichtet war. Das unterscheidet sie im Ausgangspunkt von den meisten anderen Konzepten zur Rettung oder Erneuerung der Welt, in denen ein humanitärer Impuls zumindest den Anfang machte. Aber fremd in der utopischen Tradition stand sein Vorhaben deshalb doch nicht, selbst die Idee der Massenausrottung, der Menschenzüchtung in sogenannten «Pflanzgärten des edlen Bluts», alle diese genetischen Phantasmagorien und vieles andere, was wie ein im Persönlichen begründeter Aberwitz anmutet, konnte sich auf alte, teilweise klassische Texte der utopischen Literatur berufen. Von da hatte er sie, durch welche Vermittlung auch immer, her.

Die wirkliche Frage lautet denn auch, ob nicht alle Traumgesichte einer Neuen Ordnung, ob sie sich nun an der Vergangenheit oder an einem «Ziel der Geschichte» orientieren, sofern nur der äußerste eschatologische Ernst dahintersteht, unvermeidlicherweise in den Terror münden, was immer ihr ursprünglicher Antrieb gewesen sein mag.

3. Stück. Anachronistisches Zwischenspiel: Ernst Bloch

> *Was ein Vorzug ist bei einem Schrift-*
> *steller, ist beim Politiker manchmal ein*
> *Laster, und die gleichen Eigenschaften,*
> *die ein großes Buch hervorbringen,*
> *können in der Wirklichkeit großes Unglück anrichten.*
>
> A. de Tocqueville

Eine Zeitlang schien die Zwangsläufigkeit, mit der die utopischen Welterlösungsideen ins Totalitäre drängen, eine der Lehren zu sein, die das Hitlersche Jahrhundertdesaster hinterlassen hat. Aber die Ernüchterung hielt nicht lange vor.

Nach einer kurzen Phase der Lähmung und kaum daß es im Wirklichen zurechtgekommen war, wandte sich das Denken der Deutschen, zumindest in der Bundesrepublik, wieder dem Imaginären zu, den verführerischen Zukunftsbildern, wenn auch unter verändertem Vorzeichen: ganz als habe nicht der utopische Gedanke als solcher soeben im Ruin geendet, sondern nur dessen rückwärtsgewendete Variante. Im Gegenteil schien die marxistische Verheißung, die seit den sechziger Jahren die Köpfe besetzt, gerade daraus vervielfachte Energie zu schöpfen, daß sie so lange als der historische Widerspruch zu Hitler und den in ihm kulminierenden Abwehrkomplexen aufgetreten war. Bedeutungslos schien mit einem Mal, daß sie im Augenblick der Bewährung aufs kläglichste versagt und sich keineswegs als die große Gegenmacht erwiesen hatte, als die sie so lange umgegangen war. Ebensowenig wog, daß auch sie längst Offenbarungseide geleistet hatte, die alle Versprechungen zunichte machten: ein «harvest of sorrow» mit auch hier wiederum Millionen Toten. Zwar ist es zutreffend, daß sie einer anderen, eben ins Zukünftige gerichteten Erwartung geopfert worden waren. Aber die Herrschaftspraxis der kommunistischen Regime wies mit der des dahingegangenen so viele, bis ins Geringfügige reichende Übereinstimmungen auf, daß man sich immer wieder fragte, wie und warum das alles übersehen werden konnte. Es mag sein, daß das Bedürfnis nach Planspielen mit der Welt, das Ausdenken und Konstruieren neuer Ordnungen, seit es durch die Aufklärung geweckt worden war, eine Verlockung darstellt, gegen die selbst die historische Erfahrung machtlos ist. Möglich ist aber auch, daß sich dahinter das Verlangen nach Glaubensgewißheiten und all den einfachen Antworten auf komplizierte Fragen verbarg, die sich daraus beziehen lassen. Schließlich mag, vereinzelt jedenfalls, auch die Überzeugung eine Rolle gespielt haben, die Marxismus-Debatte, die 1933 in Deutschland so abrupt abgebrochen worden war, müsse noch einmal aufgenommen und zum gründlichen Ende geführt werden. Doch was immer die Motive waren: befremdend bleibt das Bild einer Nation doch, die sich nach dem verheerenden Scheitern der einen System-Utopie ohne langes Besinnen der anderen zuwandte, zumal sich gerade die Deutschen, seit es ein Umdenken des Bestehenden gibt, kaum darin hervorgetan und strenggenommen erst im 19. Jahrhundert, mit Wilhelm Weitling und Karl Marx, die utopische Szene betreten hatten.

Doch kann man fragen, ob diese Neigung nicht gleichwohl und kaum weniger stark als bei anderen Nationen vorhanden war und lediglich keinen literarisch-philosophischen Ausdruck gefunden hat. Bezeichnenderweise gibt es aus dem Deutschland des 15. bis 18. Jahrhunderts so gut wie keine Utopie als bloßes Gedankenspiel. Aber als messianische Wiederherstellungsidee und mit dem ganzen Ernst programmatischen Eifertums tritt die utopische Sehnsucht schon früh hervor, zunächst im Mythos vom Kyffhäuser sowie der schlafenden Kaiser überhaupt. Sie setzt sich fort in den chiliastischen Befreiungsbewegungen des Mittelalters, die ein Evangelium der Mühseligen und Beladenen verkündeten und, geschart um die beschützende Gestalt eines Erlöserkönigs, die Ankunft jenes Reiches herbeiführen wollten, in dem Friede und Bequemlichkeit, Überfluß und machtbehütete Geborgenheit herrschen würden. Die Wiedertäufer als der stärkste und unruhigste Teil dieser Bewegung bildeten allein in Deutschland rund vierzig Gruppen. Jede war von den übrigen durch eine eigene Prophetenfigur getrennt. Aber alle vertraten die Forderung nach Gemeineigentum und einige auch, darüber hinausgehend, nach freier Liebe, die radikale Ablehnung des Staates und aller weltlichen Institutionen. Verbreitet war daneben das Verlangen oder doch die Vorstellung, das Millennium durch eine universale Katastrophe herbeizuführen, aus der die Welt geläutert und verwandelt hervorgehen würde. Norman Cohn hat darauf hingewiesen, daß jene Bewegungen infolge ihrer Neigung, «sozialen Konflikten und Zielsetzungen transzendente Bedeutung zu verleihen, sie sozusagen mit dem gesamten mysteriösen und erhabenen Gehalt des endgültigen Weltuntergangsdramas auszustatten», als ein «Prolog» zu den totalitären Utopien der Gegenwart angesehen werden können.

Bezeichnenderweise haben sowohl nationalsozialistische als auch marxistische Ideologen an diese Bewegungen, die über mehrere hundert Jahre das ganze Mittelalter begleiteten, angeknüpft. Durch Alfred Rosenbergs «Mythus des 20. Jahrhunderts» beispielsweise geistern auf vielen Seiten huldigende Verweise auf die religiösen Sozialutopien der Begharden, Beginen und der Brüder des Freien Geistes, desgleichen auf die aufrührerischen Bauern, die «vieles forderten», wie es einmal heißt, «was das heutige Erneuerungsprogramm auch jetzt wieder fordern muß». Und auf der Gegenseite hat der von Friedrich Engels begründete Kult um den thüringischen Bauernrevolutionär und «Boten» des Tausendjährigen Reiches, Thomas Münzer, bis in die Gegenwart eine überschwengliche Anschlußliteratur hervorgebracht. Die einen wie die andern fanden sich in der Vorstellung zusammen, daß nach einem weltumspannenden Ringen zwischen den Mächten des Guten und des Bösen, des Lichtes und der Finsternis, der Geschichtsprozeß in der Utopie der totalen Gemeinschaft an sein Ende kommen werde.

Nicht zufällig hat der wortmächtigste Anwalt des neueren utopischen Denkens, Ernst Bloch, der seit den sechziger Jahren zu beispiellosem Einfluß kam, sich mit einem seiner frühen Werke in diese literarische Tradition eingereiht. Die 1921 veröffentlichte Schrift «Thomas Münzer als Theologe der Revolution» bezeichnet darüber hinaus aber auch den Umschlagpunkt seines Denkens. Hatte Bloch sich bis dahin vor allem durch einen mystischen Romantizismus hervorgetan, der Gnosis und Träume, Aufruhr und Verheißung in oft verworren quellenden Bildern übereinanderhäufte und durch nicht viel mehr als einen hochliterarischen Prophetenton zusammengehalten war, so fand sein Denken jetzt im Marxismus nicht nur Bindung und eine Art Grund, sondern auch einen Zukunftsgedanken.

Der Begriff der Utopie, der im gesamten Werk des Philosophen einen zentralen Rang einnimmt, besaß für ihn nie die geringschätzige Bedeutung, die er für Marx und das marxistische Schriftgelehrtentum gehabt hatte. Ganz im Gegenteil machte Bloch ihn zum Ausgangspunkt allen menschlichen Handelns, Hoffens und Denkens. Seit Anbruch der Zeiten, auf jeder Stufe der Entwicklung, hätten die einzelnen wie die Völker von einem besseren und glücklicheren Dasein geträumt, von einer Welt ohne Sorge, Entbehrung und Kampf.

Die Zeugnisse dieser Sehnsucht seien überall auffindbar: in den Werken der Philosophie wie in denen der Trivialliteratur, in den Märchen und im Budenzauber der Jahrmärkte, in den revolutionären Aufbrüchen, den Begierden nach Ruhm oder sexuellem Genuß, in der Architektur, im Gebet und in der Kunst, kurzum, am Himmel wie auf Erden. In alledem suche der Mensch die Grenzen der Not zu überschreiten. Seine Glücksphantasien, wohin sie auch zielten, seien nur die versprengten Stücke eines erträumten, im tieferen

Wissen eines jeden beheimateten, aber verlorenen Idealbildes, das schon ist und zugleich nicht ist, aber sein wird. Jeder habe die Fähigkeit, es zu entdecken und wiederherzustellen, das Universum verlange danach, es sei im Zustand der «Noch-Nicht-Erscheinung». Die Aufgabe der Philosophie bestehe in nichts anderem, als das Verborgene, aber dunkel Gewußte, die «objektive Phantasie» der Welt, zu wecken und in Bewegung zu setzen. «Die wirkliche Genesis ist nicht am Anfang, sondern am Ende.»

Das Ziel, auf das dies alles zusteuert, ist aber keineswegs die Mehrung des individuellen Glücks auf Kosten aller übrigen. Vielmehr steigt am Ende eine Welt herauf, die nicht nur besser als die bestehende ist, sondern vollkommen an sich. Wie sie im einzelnen aussehen wird, beschreibt Bloch so wenig wie irgendeiner jener chiliastischen Verkünder, an die er anknüpfte, über vage Exaltationen gehen seine Verheißungen in allem Wortreichtum nicht hinaus: Es werde ein Reich der Freiheit sein und der überwundenen Entfremdung, der endlich erlöste Mensch werde weder einen Staat noch eine andere Form der institutionellen Herrschaft benötigen und die neue, «nichteuklidische Technik» die Versöhnung mit der Natur zurückbringen.

Doch konnte, von Blochs Voraussetzungen her, die Ausmalung des Reichs der Freiheit auch unterbleiben. Denn es war gleichsam nur die Frucht der Utopie, die Utopie im entwickelten Zustand. Alles, worauf es wirklich ankam, lag früher: nämlich im Entschluß des Menschen zur Utopie, der gleichbedeutend war mit dem Willen, das Universum zu vollenden oder zu vernichten. Im Grunde ist die Utopie erst im zweiten Schritt ein Zustand, zuvor ist sie ein Advent und ein Weg. Da aber alles von der Wahl abhing und das Böse gewaltige Macht besaß, war Bloch, wie die mittelalterlichen Sozialrevolutionäre auch, der Überzeugung, daß die Welt zu ihrer Umgestaltung erst durch eine Katastrophe hindurchmüsse, durch ein apokalyptisches Fegefeuer, das die Verworfenen austilgen und den Guten die Erlösung bringen werde.

Die manichäische Teilung der Welt in Gerechte und Ungerechte zählt zu den innersten Intentionen des Blochschen Philosophierens. Es gibt nur Gut und Böse, «das Paradiesische», wie es gelegentlich heißt, und «das Höllenhafte», das sich der «konkreten Utopie» in Verblendung oder Egoismus widersetzt. Der Mensch kann wählen, das eine oder das andere, «Alles oder Nichts», wie es heißt, die absolute Vollkommenheit oder die absolute Schuld. Es geht hier nicht darum, die erratische Philosophie Ernst Blochs im Umriß darzustellen. Wichtiger ist die Frage, ob diese Vorstellungen in ihrer schneidenden Unbedingtheit den totalitären Sozialreligionen nicht gleichsam habituell verwandt sind. Das würde heißen, daß die frühe Wendung Ernst Blochs nicht nur zum Marxismus, sondern auch zum Sowjetkommunismus weniger mit politischer Kurzsichtigkeit sowie mit den zu jener Zeit verbreiteten Hoffnungen und Selbsttäuschungen im intellektuellen Milieu zu tun hätte. Vielmehr würde sie aus der Eigenart seines Denkens und womöglich auch der Person folgen. Dieser Zusammenhang ist lange übersehen worden, weil die Einbettung der Gedanken in Literarisches, in ästhetische und religiöse Reflexionen, ebensoviel davon verdeckt wie die entführende Sprachmagie Ernst Blochs. In deren expressionistischem Brausen ist vielfach untergegangen, was an Gewaltappellen darin steckt, bis hin zu dem unsäglichen Dictum vom «kategorischen Imperativ mit dem Revolver in der Hand».

Wer sich jedoch von der reich orchestrierenden Prosa des Dichterphilosophen die Sinne nicht verwirren ließ, so daß er ihre barschen und oftmals buchstäblich gnadenlosen Töne überhörte, oder die radikalen Alternativen aus ihrer parabolischen Unschärfe in die politische Praxis übersetzte, auf die sie doch zielten, kann über die Antwort kaum im Zweifel sein.

Man muß dabei nicht einmal auf die inhaltlichen Übereinstimmungen sehen. Schon der Sprachgestus Blochs, sein Rigorismus, das immer Ergriffene, Entrüstete und Gewalttätige darin, hat eine eigene totalitäre Beschaffenheit, und einiges spricht dafür, daß es gerade diese verwandten Züge waren, die ihn zum Kommunismus der Moskauer Art hinzogen. Die Gewißheit der Erwählung und eines besonderen Rettungsauftrags, die auf dem Grund aller totalitären Heilsideologien anzutreffen sind, tritt bei ihm persönlich schon geraume Zeit vor seiner politischen Konversion in Erscheinung. In einem Brief an Georg Lukács aus dem Jahr 1911 bezeichnete er sich als «Paraklet», der am Thron Gottes für die sündige Welt Fürsprache leistet, «und die Menschen», hieß es weiter, «denen ich gesandt bin, werden in sich den heimkehrenden Gott erleben und verstehen». Im gleichen Sinne, nur herrischer und befehlsmäßiger, äußerte er, einem eigenen Bericht zufolge, zu Freunden in Heidelberg: «Wer mich ablehnt, der ist gerichtet vor der Geschichte.»

Es ist der gleiche hochfahrende, auf die Offenbarung eines verborgenen Heils- oder Geschichtsplans gestützte Anspruch, den die pseudotheologisch überbauten Diktaturen des Jahrhunderts auch erhoben haben. Daher überrascht es nicht, daß Ernst Bloch, weit über das Ritual der Lippenbekenntnisse hinaus, wie es diese Regime forderten, immer wieder einem terroristischen Machtvollzug zu klingenden Rechtfertigungen verholfen hat. Die Zeugnisse dafür sind überall auffindbar. Er sah in der Sowjetunion «zum erstenmal Christus als Kaiser» zur Macht gelangt, feierte Lenin als Caesar und machte über Jahrzehnte jede das Denken wie die eigene Person entehrende Wendung der Moskauer Politik mit. Auch Stalin feierte er, als man es längst besser wissen konnte, in Hymnen, und deutete, gleichsam den kategorischen Revolver in der Hand, die Moskauer Prozesse als Schrittmacher in eine schönere Zukunft. Als er nach dem Krieg eine Professur in Leipzig übernahm, wünschte er sich «etwas mehr Zensur» den «mannigfach noch vorhandenen Schwätzern gegenüber».

Immer aufs neue verblüffend ist bei alledem der beispiellose Widerhall, den Bloch, vor allem seit seiner Übersiedlung von Leipzig nach Tübingen im Jahr 1961, in der Bundesrepublik gefunden hat. Am begreiflichsten war noch das Einschwenken der Studenten, auch wenn sie damit die kurz zuvor ausgegebene Formel von der «skeptischen Generation» bloßstellten. Viele empfanden wieder, in den behäbigen Niederungen der beginnenden Wohlstandsgesellschaft, ein Bedürfnis nach Aufbruch und Vision, dem das Denken des Philosophen auf stimulierende Weise entgegenkam. Darüber hinaus haben nicht nur das Charisma Ernst Blochs und seine Wortgewalt eine Rolle gespielt, sondern auch, daß er in seinem Verleger einen genialischen Impresario fand, der unermüdlich und mit immer neuen Marktstrategien für eine millionenfache Verbreitung des Werkes sorgte.

Aber was immer diese und sicherlich noch andere Begleitumstände erklären mögen, beantworten sie doch nur zum Teil die Frage nach dem Erfolg Ernst Blochs. Denn es waren keineswegs nur die Studenten, die ihre ungenauen Protestbedürfnisse durch ihn mit Begründungen und aggressiver Zuversicht versorgt fanden. Die Wirkungen gingen weit darüber hinaus. Sie erfaßten viele, die im Grunde, nach intellektueller Herkunft und politischem Begreifen, sowohl gegen jede betreiberische Modewirkung als auch gegen die seltsam narkotisierende Wolkigkeit der Blochschen Sprache hätten gefeit sein sollen.

Man kann den Ursachen kaum auf den Grund kommen, sofern man außer acht läßt, wie tief das Philosophieren Blochs den Spuren altgewohnter deutscher Denktraditionen folgt. Schon seine Dunkelheiten, die einem distanzierteren Betrachter wie Leszek Kolakowski das Gefühl vermittelten, «durch die dichten Dämpfe einer Alchimistenküche zu irren», haben, mitsamt den zahlreichen Widersprüchen, Tautologien und den häufig hinter alttestamentarischem Donner verborgenen Inhaltslosigkeiten das Bewußtsein erzeugt, daß hier ernste und letzte Dinge verhandelt würden. Zugleich hat ihre Unbedingtheit, diese ganze Terminologie des Totum, Ultimum und Optimum, die eifernde Beschwörung des höchsten Guts oder des Eschaton, Empfindungen der Vertrautheit geweckt, vor denen alle kritische Reserve zusammenschmolz.

Der deutsche Hang zu geschichtsphilosophischen Konzepten, die ja nie nur absichtslose Denkspiele sind, sondern, tendenziell zumindest, immer einem Endzustand entgegendrängen, hat der Resonanz Ernst Blochs noch vorgearbeitet. Ein Denken ohne poetische Emphase jedenfalls, das, ungeachtet allen analytischen Scharfsinns, nicht zum Weltgedicht sich weitet, sondern nur aufs Pragmatische, menschlich Vernünftige zielt, fällt leicht ins Leere. Blochs Vorliebe für die großen Abstrakta, an denen sich seine Wortphantasie berauschte, und all die gewaltig daherrollenden Offenbarungsformeln, immer gesprochen von irgendeinem Berge Sinai herab und gerichtet an die Herden der Stigmatisierten, konnten an solche vertrauten Muster anknüpfen oder sie noch überbieten. Treffend sprach Theodor W. Adorno von der großen «Blochmusik».

Eine andere Verwandtschaft zum Überlieferten wird in der Radikalität dieses Philosophierens erkennbar, in jenem Hang zur äußersten Zuspitzung, der, wie gebannt von der eigenen Kühnheit, unentwegt die Grenze überschreitet, an der sich selbst der humane Gedanke noch in sein Zerrbild verwandelt. Weit weniger ausgebildet und vom Makel des Pragmatischen gezeichnet war in Deutschland demgegenüber die andere Tradition, die von der Einsicht ausging, daß alles Nachdenken über die öffentlichen Dinge mit Skepsis, Maß und Balance zu tun hat. Der Lust an der Pression ins Extreme, am ewig gebieterischen Entweder-Oder, der Himmel hier, die Hölle dort, vermag keine Wirklichkeit standzuhalten.

Das ist der Grund dafür, daß Bloch, gleich anfangs der dreißiger Jahre, in der ersten politischen Entscheidungssituation, vor die er sich gestellt sah, an die Alternative «Hitler oder Stalin» geriet. Jedes abwägende Urteilen konnte erkennen, wie widersinnig der Gegensatz war und daß er nichts anderes als die Wahl zwischen Beelzebub und dem Teufel verlangte. Alles, was dazwischen stand und sich bis zur letzten halbwegs freien Wahl, noch nach dem Machtantritt Hitlers, der buchstäblich mörderischen Alternative verweigerte, darunter die Millionen derer, die der Sache des demokratischen Verfassungsstaats anhingen, kam in diesem Denken überhaupt nicht vor. Die bürgerliche Demokratie, versicherte Bloch vielmehr, «trägt moralische Schminke, heuchelt Menschenrechte, als könne die kapitalistische Hure noch einmal Jungfrau werden». Oder an anderer Stelle: die Freiheit sei, in bürgerlich-demokratischen Verhältnissen, «Chloroform».

Das Echo solcher und zahlloser vergleichbarer Formeln hallte lange nach. Und Blochs Wille zur Realitätsverachtung, der auf die eigene ideologische Verblendung wie auf das reinere Prinzip blickte, hat eine ganze akademische Generation mehr oder weniger der Politik entfremdet, sie jedenfalls unfähig gemacht, den Interessen- und Ausgleichscharakter des politischen Handelns zu begreifen. Die Folgen wirken bis heute nach. Auf der gleichen Linie lagen Blochs Ausfälle gegen den «Tatsachenfetischismus», der sich an isolierte Erscheinungen hefte, und gegen den «platten Empirismus», der jene Phantasie zugrunde richte, durch die der Mensch erst zur Erfassung des «Ganzen» gelange. Bezeichnenderweise findet sich in seinem gesamten Werk kein Wort zur Politik, sofern man darin ein System der geordneten Freiheit sieht, und verblüffenderweise auch keines zur Ökonomie: vom Marxismus erfaßte und entwickelte er nur das heilsgeschichtliche Motiv, und Marx selber deutete er gerade nicht als Wissenschaftler, sondern als Prophetenfigur.

Mit der Fixierung Ernst Blochs auf eine abgeschlossene Welt der Ideen und seinem Glauben an die Katastrophe als Durchgangsstation zum Heil hat wohl auch der kaum verhohlene Jubel zu tun, mit dem er Aufruhr und Chaos begrüßte, wo immer sie losbrachen. Was wie Menschenkälte wirkte, war eher intellektueller Autismus. Bis ins hohe Alter hinein jedenfalls schien er betört von einer Welt im Umsturz: «Über Mangel an revolutionärer Unruhe brauchen wir keine falschen Sorgen zu haben», versicherte er noch 1977. «In Frankreich, in Italien gibt es ohnehin genug kämpfende Proleten, in Amerika kocht es genug, in der Dritten Welt kocht es genug, in

China hat es genug gekocht, kocht es noch und wird weiterkochen.»

Was das für die Betroffenen mit sich brachte, nicht für die meist geringe Zahl derer, gegen die sich die revolutionären Erhebungen richten mochten, sondern für die Millionen Unschuldiger, die unvermeidlicherweise in dieses «Kochen» hineingerissen wurden, bedeutete vom fernen Leipzig oder Tübingen aus soviel wie nichts. Bloch sprach statt dessen, die Wirklichkeit wie stets hinter Metaphern verhüllend, vom «Dynamit als Himmelsschlüsselblume». Desgleichen blieb für ihn unerheblich, daß vielen der im revolutionären Chaos untergehenden Länder damit die Möglichkeit zur schrittweisen Ausbildung freierer Verhältnisse abgeschnitten wurde. Das war nur die Realität. Hoch darüber erhob sich das Reich des Absoluten, das Eschaton.

Nimmt man alles zusammen, drängt sich noch eine andere Überlegung auf. Falls die politische Theorie zutreffend ist, wonach der eigentliche, die Epoche bestimmende Gegensatz im Antagonismus von liberalen und totalitären oder auch offenen und geschlossenen Systemen besteht, muß der totalitäre Gestus im Denken Ernst Blochs weit mehr umfassen, als sein Schritt an die Seite Sowjetrußlands zu erkennen gibt. In der Tat stößt man bei der Lektüre seines Werkes immer wieder auf irritierende Anklänge, vor denen zuletzt die Einwände verstummen. Die Neigung, den Gedanken unerschrocken auf die äußerste Spitze zu treiben, der Hohn auf die Realität, auch der visionäre Zug seines Denkens mit der Verheißung des Tausendjährigen Reiches am Ende und schließlich die Vorliebe für bestimmte Formeln wie die vom «Alles oder Nichts» – so viele, unschwer zu erweiternde Parallelen legen nahe, daß Ernst Bloch, weit eher als Thomas Mann, Anlaß gehabt hätte, eine selbstkritische Betrachtung unter dem Titel «Bruder Hitler» zu schreiben. Auf den unübersehbaren, offenkundigen Abstand muß man nicht eigens hinweisen. Er bestand im anderen Falle auch.

Doch hat Bloch dafür nicht die Einsicht aufgebracht, sondern mit großer Starrheit am einmal Gedachten und Geschriebenen festgehalten. Man mag dafür sogar Verständnis haben, weil ein mit so vielen Entschiedenheiten operierendes Lebenswerk sich schwerlich in Frage stellen läßt. Aber auch ein Zweifel wurde nicht laut und nicht einmal ein Wort des Bedauerns für die Opfer, weder für die, die er herabgewürdigt, noch für die anderen, die er in seinem apokalyptischen Schwärmerwesen einfach übersehen hatte. Statt dessen äußerte er, ganz in Übereinstimmung mit sehr anderen, trostlosen Vorbildern, eher mürrisch, man habe «von den Schrecklichkeiten nicht viel gewußt, und ... was man wußte, wurde nicht geglaubt».

Doch ist dergleichen nur von biographischem Interesse, und anderes fällt womöglich stärker ins Gewicht. Zu den Folgen der Hitlerjahre zählte, zumindest in der Bundesrepublik, eine Abwendung von der Geschichte, die keineswegs auf die ältere Generation beschränkt blieb. Diese mochte ihre eigenen Gründe haben, die Erinnerung an jene Zeit zu verdrängen, die sich überdies wie ein Block vor alle fernere Vergangenheit legte und das Interesse daran erlahmen ließ. Die Jüngeren dagegen gelangten aus einem moralischen Abscheu, der vom Generationsgegensatz noch verschärft wurde, alsbald zu einem Generalverdikt über die gesamte eigene Geschichte. Dem unter ihnen verbreiteten Bedürfnis, einen neuen Anfang zu machen, bot sich die Blochsche Zukunftsemphase mit der Zentralidee des «Noch Nicht» als ein Mittel an, die Abwertung des Gewesenen im Namen des Kommenden zu rechtfertigen.

Etwas anderes kam hinzu. Die intellektuelle Anfälligkeit für die totalitären Ideologien des Jahrhunderts war gewiß keine deutsche Besonderheit. Aber in Deutschland konnte sie doch an gedanklich Altvertrautes anknüpfen, an Sehnsüchte nach dem Ganzen, nach Harmonie statt Konflikt, auch nach Gemeinschaft statt Gesellschaft und wie die Gegensatzpaare noch lauten mochten. Die totalitäre Versuchung hatte hier nicht zuletzt deshalb so viele Proselyten gemacht, weil ihr Programm am Ende doch auf eine Art Bruderschaft zu jenem anderen, philosophisch seit alters geadelten und wahren, halb mystisch begriffenen und auch den Letzten Dingen verschwisterten «Totum» hinauslief, das weniger Schrecken als Verheißungen barg. Nach Hitler schien es, als sei diese Empfänglichkeit auf lange Zeit vorüber. Daß dies nicht so war, ist ohne die Wirkung Ernst Blochs kaum zu verstehen. Durch ihn erst hat das Totale und Totalitäre eine Art zweiter Unschuld zurückgewonnen und ist, unabhängig von seinem Vorzeichen, wie ein verlorener Sohn in das deutsche Denken zurückgekehrt.

Solche Überlegungen machen auch begreiflich, warum die Wirkung Ernst Blochs in so auffälliger Weise auf Deutschland beschränkt geblieben ist. Zwar hat sein Werk, in den siebziger und achtziger Jahren insbesondere, in Osteuropa einigen Widerhall gefunden, doch war das nicht zuletzt darin begründet, daß sein Denken, als «marxistische» Philosophie, die Möglichkeit bot, die starre Orthodoxie der herrschenden Lehre von innen her aufzubrechen. In den westlichen Ländern dagegen ist es, über die Kreise der fachlich Interessierten hinaus, kaum und jedenfalls nicht von einer breiteren Öffentlichkeit rezipiert worden.

Man begreift ohne Mühe, warum. Denn im ganzen ragt die Figur Ernst Blochs wie ein fremder, monströser Anachronismus in die Gegenwart. Von Westen her, in den Begriffen einer entwickelten politischen Kultur, nimmt er sich eher wie der Prophet eines Mittelalters aus, das bis in unsere Tage reicht. Nicht einmal die deutschen Nebligkeiten, die vor allem in Frankreich, aber auch anderswo, so oft eine vom Schauder durchsetzte Faszination erzeugen, haben der Verbreitung seines Werks in diesen Ländern aufhelfen können.

Denn seinem ganzen aufklärerischen Pathos zum Trotz steht es am Ende auf elementare Weise gegen nahezu alles, was die Aufklärung ausmacht. Einen Zusammenhang stellt zwar der Ausgangsbegriff her: Humanität ist eine der immer wiederkehrenden Vokabeln Ernst Blochs. Aber es ist nicht viel mehr als ein Behauptungswort. In der Konsequenz und übertragen auf die politische Wirklichkeit bleibt kaum ein Rest davon. Zuviel jedenfalls von dem, was die Aufklärung der nachfolgenden Zeit als politisches Erbe vermacht hat: die Idee der Menschenrechte und ihrer verfassungsmäßigen Sicherung, der Gedanke der praktischen Toleranz, wonach man das Recht nicht behindern und keinem Andersdenkenden Zwang antun darf, sowie vieles andere noch vergeht vor dem manichäischen Furor des «Alles oder Nichts» und der Trennung der Menschen in Erwählte und Verdammte. Bezeichnenderweise gibt es im «Prinzip Hoffnung» Seiten der offenen Sympathie mit dem Islam sowie mit der Idee des Heiligen Krieges, und strenggenommen war Ernst Bloch, eher als alles andere, ein Fundamentalist der eigenen Art.

Im Grunde stand er zeitlebens in der Tradition des apokalyptischen Denkens, das gerade nicht aus der rationalistischen Ideenwelt des 18. Jahrhundert herkommt, sondern aus ganz anderen, weiter zurückliegenden Ursprüngen. Zwar hat der endzeitliche Erwartungsglaube sich historisch für einige Zeit mit der Aufklärung verbunden. Aber was beide zusammenbrachte, war nur die gleichgerichtete Inbrunst, mit der sie auf die Zukunft setzten. Alles übrige war Mißverständnis. Denn die einen versprachen sich von ihr das «Glück» der großen Zahl, die anderen das Heil. Die ganz aufs Diesseits gerichtete Idee der Welt als Plan, als Entwurf aus vernunftgeleitetem Kalkül, war mit den immer ins Entrückte ausgleitenden Bildern von Verheißung, Epiphanie und Erlösung dauerhaft nicht zu verbinden.

Inzwischen ist, nach wenigen Jahren, der Einfluß Blochs im Abnehmen begriffen. Das hat mit dem Scheitern des Marxismus zu tun sowie wohl auch mit dem raschen Verschleiß, dem alle Prosa der zu großen Worte zwangsläufig ausgesetzt ist. Eine Rolle spielt darüber hinaus auch der Wechsel der Zukunftsvorstellung. Denn die Welt lebt, ihrem Zeitempfinden nach, keineswegs mehr im überschwenglichen «Noch Nicht» der Blochschen Philosophie, sondern eher im melancholischen «Nicht Mehr» und zunehmend sogar im «Zum Glück Noch Nicht».

4. Stück. Leben ohne Utopie

Das großangelegte Tierexperiment
an lebendigen Menschen ist beendet.

Wolf Biermann

Mit dem Sozialismus ist, nach dem Nationalsozialismus, der andere machtvolle Utopieversuch des Jahrhunderts gescheitert. Was damit endet, ist der mehr als zweihundert Jahre alte Glaube, daß sich die Welt nach einem ausgedachten Bilde von Grund auf ändern lasse. Zersprungen sind all die scharfsinnigen Träume über die Menschheitszukunft, die aus der Welt ein riesiges Schlachthaus gemacht haben. Der Aufruhr der zurückliegenden Jahre war, über seine vordergründigen Anlässe hinaus, vor allem ein Aufruhr gegen den Terror der Ideen, und die Befreiung, die endlich kam, eine Befreiung zur Realität.

Zurückgeblieben ist von den utopischen Anstrengungen in der Tat kaum mehr als eine unendliche Schreckensspur, die sich als traumatische Erfahrung dem Bewußtsein eingegraben hat. Die Zahlen der Opfer, die das nationalsozialistische Vernichtungsprogramm kostete, sind bekannt, für den Herrschaftsbereich des Sozialismus hat die Erforschung erst begonnen. Aber Robert Conquest hat, gestützt auf ein ausgedehntes statistisches Material, nach «vorsichtigen Schätzungen» allein für die Kulakenverfolgung von 1930–1937 nicht weniger als 14,5 Millionen Tote oder 18,8 Prozent der ukrainischen Bevölkerung errechnet. Für das eine wie das andere Regime gilt, was Alexander Jakowlew im Sommer 1990 über die Beschäftigung mit den Jahren der Stalinherrschaft gesagt hat:

sie sei eine seelisch zermürbende Arbeit, «bei der man ständig eingehüllt ist in die Asche von Millionen».

Kann man im Blick auf die Hitlersche Utopie noch sagen, sie sei an dem ihr innewohnenden Wahn gescheitert, an der Obsession, mit der sie die Rückbildung einer modernen Industrienation zu einem halbwegs archaischen Bauern- und Kriegervolk betrieb, an den idées fixes von Rassekämpfen und Blutmysterien, mit denen sie das zivilisierte Bewußtsein der gesamten Welt herausforderte, so liegen die Dinge beim Sozialismus anders. Die Berufung auf ein humanitäres Menschheitsvermächtnis hat ihm nicht nur lange Zeit die Glaubensenergie und Hingabebereitschaft von Millionen Anhängern, sondern auch, weit über seinen engeren Herrschaftsbereich hinaus, Verständnis sowie stille und sogar organisierte Sympathien eingetragen. Gleichwohl ist das Experiment nach siebzig Jahren in sich zusammengebrochen: ein Riesenbau, der keines Stoßes von außen bedurfte, sondern eher an seinen brüchigen Fundamenten zugrunde ging, an dem System der Lebenslügen, den ungezählten Widersprüchen von Schein und Realität, man kann auch sagen, am unauflösbaren Gegensatz von Utopie und Wirklichkeit.

Denn es waren nicht, wie die Apologeten des Versuchs im nachhinein versichern, historische Zufälle, die Ungunst von Personen oder von Verhältnissen, die die schöne Imagination verdarben. Bei unterschiedlichen Ausgangsbedingungen erzwang der Sozialismus, wo immer er zur Macht kam, alle Voraussetzungen, die zu seiner Verwirklichung je verlangt worden waren: die Abschaffung des Privateigentums, die Gleichheit, die Planungsdiktatur, das Erziehungsmonopol und natürlich die von niemandem angefochtene Alleinherrschaft der Partei, nachdem jeder denkbare Feind durch Revolution oder Staatsstreich ausgeschaltet worden war.

Dennoch ist der Sozialismus mit seinem eigentlichen Versprechen nicht nur gescheitert, sondern weit hinter die frei verfaßten Gesellschaften mit teilweise ungünstigeren Bedingungen zurückgefallen. Das Reich der Fülle und des materiellen Überflusses jedenfalls, das erst ein gerechteres Dasein und den wahren Menschen hervorbringen sollte, ist nirgendwo auch nur in greifbare Nahe gerückt. Für die Dauer von drei Generationen hat der Sozialismus die Völker durch die Wüste getrieben. Doch das verheißene Land ist nie gekommen.

Er hat die Wüste sogar selbst geschaffen. Und zwar nicht so sehr aus Zerstörungswut, Ressentiment gegen die Vergangenheit, Unbeweglichkeit oder Inkompetenz, wieviel von alledem die sozialistische Wirklichkeit auch geprägt hat. Sondern dem Gesetz der Utopie folgend, die, ihrem Wesen nach, stets eine totale Gesellschaft verlangt. Das macht es unumgänglich, zuerst die Welt, wie sie in aller farbigen Unordnung besteht, zu demolieren. Doch kaum ist dieser Durchgang beendet, stellen die ewig gleichen Hindernisse sich ein: die Trägheit und Gleichgültigkeit der Menschen, die Mängel der in allen Planspielen so einleuchtenden Funktionsmechanik der Kräfte, natürlich auch Irrtümer, Versäumnisse, Fehlberechnungen, und am Ende bleiben nur Ruinen oder einige stehengebliebene Kulissen des Einstigen, über die ein verzweifelter Machtwille in zunehmender Echolosigkeit gebietet.

Nichts anderes als dieser immer wiederholte Verlauf der Dinge ist die Ursache für die so auffällige Erscheinung, daß der Sozialismus, unter welchen Bedingungen und in welchen Weltgegenden auch, jene unterschiedslos grauen und zerstörten Verhältnisse geschaffen hat, die sich weder durch Paraden noch durch den Frohsinn organisierter Folklore und auch hinter riesig entrollten Fahnentüchern nicht verbergen ließen.

Schon das macht deutlich, daß es keineswegs die ungünstigen Umstände und auch nicht individuelle Unzulänglichkeiten sind, an denen das Phantasiegespinst der idealen Ordnung zerbricht. Die lange hinreichende Erfahrung lehrt, daß sie vor allem an sich selber zugrunde gehen. Und selbst da, wo sie, über das Niederbrechen und Beseitigen des Gestrigen hinaus, tatsächlich die Absichten von einst verwirklichen, gewinnen sie nichts. Wer sich das Bild des

Neuen Menschen vor Augen hält, jenes leidenschaftslosen und ergebenen, in der bloßen Funktion zur Erfüllung gelangenden Wesens, auf das die Utopisten des 19. Jahrhunderts so große Hoffnungen setzten, wird es in den Kommissaren der totalitären Regime wiederentdecken. In dem befohlenen oder manipulierten Jubel auf den Straßen, den Hymnen und Gedichten, hallen, wie verzerrt auch immer, die Glückskommandos der Schreibtischpropheten von ehedem nach, und auch die Brüderlichkeitsphrasen dieser Systeme, ihre Bigotterie und moralische Versäuerung, sind keineswegs Entartungen der schönen Projektionen, sondern deren buchstabengetreue Fortsetzung ins Leben.

Auf der anderen Seite fehlt den utopisch begründeten Ordnungen auch, was die modernen Gesellschaften erst ausmacht: Offenheit angesichts komplexer Fragen und Herausforderungen, und damit die Fähigkeit, sich zu reformieren. Lange Zeit hat es Verwunderung hervorgerufen, daß die sozialistischen Länder unfähig waren, ein Wirtschaftsprogramm zu entwickeln, das den Zwängen einer zusehends enger verflochtenen Weltmarktordnung wenigstens annähernd gerecht wurde. Was dagegenstand, waren nicht nur Planungsglaube, Bürokratie und deren Schwester, die Korruption. Lähmender wirkte vermutlich die generationenlang eingeübte und zum ideologischen Reflex gewordene Überzeugung von der Unwiderlegbarkeit des historischen Gesetzes. Kaum etwas beweist überzeugender, daß die Papierwelt der Utopien der Wirklichkeit nicht gerecht werden kann. Weniger Lenin oder Stalin, die mehr oder minder gläubige Vollstrecker waren, als Marx selber hat den Sozialismus zu jener Todesstarre verurteilt, die ihn aus der Zeit warf.

Wo Zweifel und Widerspruch zur Häresie werden, fallen die Gesellschaften unweigerlich zurück, weil ihre Erneuerungsfähigkeit ebendarauf beruht. Zwar hat es im Verlauf der siebzig Jahre sozialistischer Herrschaft immer wieder einzelne oder Gruppen gegeben, die in der Wirklichkeit rundum nichts von dem Traum wiedererkannten, den sie geträumt hatten. Aber in den unterirdischen

Verhörzellen, vor den grellen Scheinwerfern der Kommissare Iva-
nov und Gletkin, wurden sie zu der Einsicht gebracht, daß die
Spukbilder keine Entstellung, sondern die Logik der zwar von We-
hen begleiteten, aber triumphierenden Neuen Welt seien. Die Un-
zulänglichkeiten bewiesen nur, daß man noch auf dem Wege sei.
Das war der tödliche Zirkelschluß, in dem sich die utopische
Gewißheit immer wieder verfing. Solange es Unsicherheit oder gar
Widerstände gab, war die Revolution nicht am Ziel. Folglich mußte
man Gewalt anwenden, die zugleich Absolution erhielt durch das
wissenschaftlich erwiesene Gesetz der Geschichte. Erst wenn
Unsicherheit und Widerstände endeten, war das Gesetz erfüllt.
Der Terror war daher nicht inhuman, sondern für Henker wie für
Opfer gleichermaßen die Unterwerfung unter ein höheres Prinzip.
Die repetitive Dialektik dieses tausendfach abgewandelten Trug-
schlusses hat bis in die vierziger und fünfziger Jahre hinein einen
merkwürdigen und für manche unwiderstehlichen Sog entfaltet.
Mit anderem, derberem Zugriff rechtfertigte Bertolt Brecht, aus
eigenem Erleben, die utopische Gewalt: «Versinke in Schmutz»,
dichtete er, «Umarme den Schlächter, aber / Ändere die Welt: sie
braucht es!»

In solchen und zahllosen anderen Unentrinnbarkeiten sind die
Utopien den Tod gestorben. Was im Blick auf das nationalsozialistische Zukunftsbild so unverkennbar ins Auge fällt, gilt auch für
das kommunistische Gegenbild: das eine wie das andere sind tiefes
19. Jahrhundert, erfüllt von Allmachtsphantasie, Geschichtsmystik
sowie schwarzem oder leuchtendem Menschheitspathos, und in alledem nichts als ein zwar unterschiedlicher, gewiß auch mit unter-
schiedlichem Anspruch begründeter, zuletzt aber doch verwandter
Aberglaube in wissenschaftlicher Verbrämung. Die nahezu metaphysische Bedeutung, mit der Marx das «historische Gesetz» aus-
stattete, nahm mit einer unscheinbaren, aber enthüllenden Verschiebung im Denken Hitlers die «Vorsehung» ein, und der eine
wie der andere bezogen daraus, samt ihren Exekutoren, jene intel-

lektuelle Ungerührtheit und Kälte, die selbst dem Schrecken noch moralische Rechtfertigungen zuspielt.

Trotz der Tragödien, in denen alle utopischen Anläufe geendet haben, fällt der Abschied davon offenbar nicht leicht. Die politischen Heilsreligionen, die das Jahrhundert aufsteigen und zerbrechen oder doch verderben sah, die bis dicht an die Gegenwart von immer anderen Horizonten heranrückenden Gespensterzüge von Glaubenskündern und Gesetzgebern haben zwar keine ihrer Versprechungen erfüllt, und der Zusammenbruch des Sozialismus ist nur noch der Schlußakt in einer Geschichte immer neu erfahrener Desillusionierungen. Doch die utopische Sehnsucht ist deshalb nicht verstummt.

Nach einer kurzen Phase der Sprachlosigkeit beginnt sie sich wieder zu regen. Aus so gewaltigen Anstrengungen, hat ein Schriftsteller aus der ehemaligen DDR unlängst bemerkt, dem Kampf von vierzig Jahren, bringe man «Trümmer und Träume» zurück. Er räumte zwar das Versagen ein, hielt aber an der Unversehrtheit des Traumes fest, den er weiterträumen wollte, ganz als ob die sozialistische Idee über den Beweisen stehe und die klassische marxistische Debatte über das Verhältnis von Theorie und Praxis nie stattgefunden habe. Andere sprechen im Blick auf die zusammengebrochenen Regime in Mittel- und Osteuropa von «frühsozialistischen» Systemen, als sei damit nur ein erster Versuch fehlgeschlagen und die Geschichte schon auf dem Weg, das Experiment unter verbesserten Bedingungen zu wiederholen.

Auch in den Konzepten eines Dritten Weges geistern die unaufgegebenen Träume herum und in der Hoffnung auf einen Sozialismus, der doch noch ein menschliches Antlitz trüge. Die Schrecken, die der jetzt endende Sozialismus zeit seiner Herrschaft verbreitete, vom Archipel GULAG über die ökologischen Verheerungen bis hin zu seinen unsäglichen Alltagsmiseren, sinken dabei zum bloßen «Realirrtum» ab.

Es mag durchaus sein, daß der sozialistische Gedanke selber, wie behauptet wird, «unsterblich» ist. Aber die wirkliche Frage lautet, ob er mehr als ein Richtungsweiser sein kann und der Versuch seiner buchstäblichen Umsetzung nicht immer wieder ins Ausweglose führen muß. Denn er ist über die Menschen hinweggedacht und will doch in ihre Verhältnisse eingreifen, nicht nur Maßstab sein, sondern Praxis. Aus diesem Grund ist auch Heiner Müllers Bild schief, daß sich die Sozialisten «wie in einen Mönchsorden» zurückziehen könnten, «um zwei, drei Generationen lang ihre besudelte Idee zu reinigen … und dann wieder vors Volk zu bringen». Die alten Götter seien gestürzt. Aber irgendwann werde die Sehnsucht danach wieder erwachen, und neue Altäre würden von den zurückkehrenden Mönchen errichtet werden.

Gewiß sind solche Äußerungen vom Entzauberungsschrecken geprägt, von Irrtumsangst, Trennungsschmerz oder auch von bloßer Rechthaberei. Aber nicht auszuschließen ist, daß die Utopie als Verlangen nach dem ganz Anderen, nach Verheißung und Epiphanie, vielleicht doch ein elementares Bedürfnis widerspiegelt, gegen das auch eine enttäuschende Erfahrung nur schwerlich ankommt: Heinrich Heines «Himmelreich auf Erden» mit Rosen und Myrten und Zuckererbsen für jedermann; die «süßen Träume» Immanuel Kants; und der in jedem schlummernde Märchenglaube an den Prinzen, der die Welt aus ihrem Schlaf küssen und das verheißene Reich der Freiheit doch noch zustande bringen werde. Möglich wäre sogar, daß solche Sehnsüchte in einer ernüchterten und von Zukunftsängsten geplagten Welt noch zunehmen. Denn nicht zuletzt darauf beruhte die Kraft jener Welterklärungstheorien, zu denen die neuzeitlichen Utopien zählen: daß sie nicht nur der Ratlosigkeit plausible Deutungen anbieten, sondern auch vorgeben, das ganze verworrene Erdendurcheinander wie mit einem Schlage aus seiner Undurchschaubarkeit zu lösen.

Von diesem Pathos des gordischen Knotens haben die Utopien gezehrt, auch wenn sie schließlich alle Antworten schuldig blieben und die Menschen doch wieder auf das Kommende, die «langen

Perspektiven» der sozialistischen Verkündigung vertrösteten. Denn in einer Welt der unendlichen Abhängigkeiten gibt es keine schlagenden Lösungen. Ihre Prozesse erlauben nur das schrittweise Vorantreiben. Sie erzwingen Umwege und Unterbrechungen sowie die vielen mühseligen Kompromisse, die immer unrein wirken und statt des vollkommenen Zustands nur den weniger unvollkommenen in Aussicht stellen. Von Kant, der lebenslang Sympathien für die Französische und die Amerikanische Revolution bekundet hat, stammt aus der späteren Zeit die Einsicht, daß politische Verbesserungen nicht durch einen Sprung, mit Hilfe von Gewalt und Umsturz, versucht werden dürften, sondern im beschwerlichen Gang «einer ins Unendliche fortschreitenden Annäherung». Und Thomas Morus widerrief sogar sein eigenes Werk und meinte, es sollte besser verbrannt werden, «ehe die Leute, und sei es durch eigene Schuld, Schaden daran nähmen».

Als Motiv nannte er, was man später den «anthropologischen Grundirrtum» aller utopischen Konzepte genannt hat: «daß die Menschen nun einmal sind, wie sie sind». Er fürchtete jenes Mißverständnis, das mit der Aufklärung um sich griff, wonach die Utopien nicht, wie etwa die Zehn Gebote auf moralischem Felde, als Maßstab und Belehrung zum richtigen Tun, sondern als politische Handlungsmaxime verstanden werden könnten. Ihn beunruhigte schon die Einsicht, die dreihundert Jahre später, bei Goya, in einem berühmten Kupferstich Ausdruck fand: daß die träumende Vernunft Ungeheuer gebäre. Die Aufklärung hat immer ein Doppelgesicht gezeigt. Sie vermachte der Welt die Begriffe und Regeln, wonach ein Gemeinwesen als ein System geordneter und kontrollierter Freiheit entwickelt werden kann. Zugleich aber hat sie dem Trugschluß vorgearbeitet, daß die planende Vernunft alles bewerkstelligen könne: die Neue Ordnung und den Neuen Menschen.

Der Zauber dieses Anspruchs ist gebrochen. Doch auch wenn der Mensch in Zukunft ohne das große Tamtam der Utopien leben muß, kann man das Leiden an der Welt und die Ungeduld mit den

Menschen doch nicht mit einem Achselzucken abtun. Auf dem Grunde aller utopischen Sehnsüchte liegt die Empfindung eines kränkenden Defekts, eines Bruchs am Anfang aller Zeiten, der weder ausgetilgt noch auf Dauer verdrängt werden kann.

Wenn die Menschen tatsächlich sind, wie sie sind, wird es immer wieder einzelne oder Gruppen geben, die sich damit nicht abfinden und ihre Kritik zum Bild einer besseren, Gerechtigkeit und Glück verheißenden Ordnung erweitern werden. Und auch in Zukunft wird oft weniger Trauer als Triumph aus dieser Einsicht sprechen, ganz als suche man nur nach Rechtfertigungen, die Welt umzubauen und den Menschen, nach einem verbreiteten Bild aus der Aufbruchsphase des Kommunismus, gleichsam die Haut abzuziehen, um ihnen eine neue zuzuschneiden. Denn der Satz Sigmund Freuds, wonach «die Absicht, daß der Mensch ‹glücklich› sei … im Plan der ‹Schöpfung› nicht enthalten» ist, wird stets die Einsicht weniger sein. Dem einen wie den anderen jedoch, der Welt wie den Menschen, kann nur gerecht werden, wer ihre Unvollkommenheit in Rechnung stellt, ohne sich davon korrumpieren zu lassen.

Würde dies zur herrschenden Auffassung, gewönne auch die Utopie den Platz zurück, den sie so lange innehatte und erst verlor, als sie nicht mehr Kritik und Parodie sein wollte, sondern Handlungsmodell und Prospekt von morgen. Die Lehre aus so vielen vergeblichen Anstrengungen und so vielen Katastrophen kann nur lauten, daß sie nichts mit praktischer Politik zu tun hat, sondern dem Reich der Phantasie entstammt und besser darauf beschränkt bliebe. Sie ist eher Gedankenspiel zum richtigen Zusammenleben, eine Sache von Witz und Geist und gemacht aus dem Stoff, aus dem die Märchen sind. Das Verlangen danach hätte, wie das nach den Geschichten vom Hans im Glück, vom Mann im Mond oder dem Kalifen Storch seinen Grund in dem Wunsch, sich in eine andere Welt entführen zu lassen, zu fremden Wesen in nicht geheuren Umständen, die gleichwohl die eigenen Lebensbedingungen spiegeln. Und am Ende könnte, wie bei dergleichen stets, eine Märchenmoral stehen, die der Nutzanwendung dient. Ihr Lehrsatz, auch er der Welt der Märchen entnommen, lautete, daß Utopien den Erlkönigen gleichen: Luftgeister aus Imagination und Wahn, die aber, wie der riesenhafte Oger, die Menschen verschlingen, die ihnen zu nahe kommen.

Die Erfahrung der Epoche, daß alle System-Utopien, ob gewollt oder nicht, in der Verwirklichung zu totalitären oder jedenfalls inhumanen Zuständen führen, kommt auch in dem erstaunlichen Sachverhalt zum Vorschein, daß seit Generationen kein Entwurf für eine ideale Ordnung mehr entstanden ist. Es scheint, als sei das optimistische Vokabular verbraucht und alle konstruierende Phantasie tief entmutigt. Statt dessen beherrschen die futuristischen Fortsetzer der Utopie das Feld. Aber auch sie bestätigen auf ihre Weise nur die deprimierende Lektion von hundert Jahren. Es gibt keine Science-fiction-Vision von Stanisław Lem bis zu Isaac Asimov, die nicht drakonische Regime beschriebe mit nur noch numerierten Existenzen oder gentechnisch manipulierten Lebewesen. Was diese Literatur sichtbar macht, ist nicht so sehr der Pessimismus der Gegenutopie als vielmehr die weitergedachte, unausweichliche Konsequenz der verwirklichten Utopie.

Bezeichnenderweise hat aber auch das unendliche, die Jahrhunderte begleitende Nachdenken über die ideale Gesellschaft nie ein wirklich offenes Gemeinwesen als System entworfen. Es gibt keine liberale Utopie. Der Widerspruch zwischen dem geschlossenen Charakter aller grundlegenden Neuentwürfe und der Offenheit einer nur dem Zwang der Spielregeln unterworfenen Ordnung ist sichtlich als unversöhnlich erkannt worden. Im Gegensatz zu dem philosophischen Ausgangspunkt, den die Utopisten zugrunde legten, nimmt das liberale Denken nicht nur die Unvollkommenheit von Welt und Menschen hin, um sie teils einschränkend, teils lenkend zu verbessern. Vielmehr betrachtet es die Dinge auch vom einzelnen her, rechnet mit der Unvermeidbarkeit von Widersprüchen, Leidenschaften und Konflikten, während der utopische Gedanke zwangsläufig von der absolut gesetzten Ordnung ausgeht, die hoch über allen einzelnen steht, ihre Interessen bändigt und die Gegensätze zur Ruhe zwingt. Sein tieferer Antrieb ist die Sehnsucht nach Einheit oder, von der Gegenseite her betrachtet, die Angst vor Spannungen und Antagonismen. Das eine wie das andere aber ist unvereinbar mit Idee und Wirklichkeit einer offenen Ordnung.

Zum Sterben des utopischen Gedankens hat auch beigetragen, was als «Zukunftsschock» in aller Empfinden eingegangen ist. Denn jede Utopie lebt vom Glauben an eine Welt neuer und verjüngter Möglichkeiten, von der Idee eines wie zweifelnd auch immer erwarteten Fortschritts. Es zählt zu den großen Ironien der Geschichte, daß der Fortschritt gerade in dem Augenblick zum Problem geworden ist, als die von den meisten Utopisten ersehnte Entfaltung der technischen Möglichkeiten jene Fülle und jenen Wohlstand in greifbare Nähe rückten, auf denen ihre Verheißungen aufbauten. Statt dessen ist nicht nur die Utopie, sondern, weit darüber hinaus, der Horizont eingestürzt, vor dem ihr Bild hochstieg.

Eine Zeitlang mögen die grünen Sehnsüchte einer versöhnten Natur die Rolle der Utopie übernehmen. Aber die Bedürfnisse nach Verehrung, Aufgehobenheit in einem Glauben und nach Zuversicht, die den Utopien den Charakter von Ersatzreligionen gaben, werden sie nicht stillen; desgleichen keine jener geheimen Verrechnungen bieten für ein Leben voll von Ungerechtigkeit und Entbehrung sowie eine Art Ausgleich für die Sinnlosigkeit des Todes. Zuletzt fehlt in der grünen Vorstellungswelt auch die erregende Schlußvision eines gewaltigen Weltenringens, das die äußersten Kräfte freisetzt, jener Bühnenprospekt mit den erregenden Bildern der revolutionären Apokalypse und eines Letzten Gefechts, das am Durchgang zur Neuen Welt liegt und die einen vernichtet und die anderen heimholt.

Das Dilemma scheint kaum lösbar, zumal es zu den wiederkehrenden Gemeinplätzen der Gegenwart gehört, daß der Mensch ohne Utopie nicht leben könne. Aber sofern mit dem Begriff der Utopie mehr gemeint ist als die Sehnsucht nach einem Leben frei von Not, Angst oder Entrechtung, ist der Satz von Grund auf falsch. Die Utopie ist kein anthropologisches Faktum, schon gar nicht in der Spielart des geschlossenen Gesellschaftsentwurfs mit seiner uhrwerkhaft ineinandergreifenden Präzisionsmechanik, der niemals etwas anderes als das Entzücken engherziger Sozialmaschinisten war. In dieser Form ist die Utopie kaum dreihundert Jahre alt und in allen ihren Formen eine auf Europa beschränkte und nur aus den besonderen europäischen Bedingungen heraus erklärbare Phantasmagorie.

Ebenso unzutreffend ist der immer wieder vorgetragene Einwand, daß der Mensch, zusammen mit der Utopie, auch seine gesellschaftlichen Verbesserungswünsche sowie überhaupt den Anspruch aufgeben müsse, jene Widersprüche aufzudecken und zu beseitigen, die der gesellschaftliche Prozeß aus sich hervortreibt. Weit eher ist das Gegenteil zutreffend. Der schrittweisen Verwirklichung einer humaneren Ordnung steht das utopische Verlangen geradezu im Wege, weil es alle Ordnung entweder überhaupt beseitigen oder aber von oben dekretieren will. In Wahrheit ginge mit dem Ende der Utopie als System nicht mehr verloren als der Einfluß einiger lange historisch gewordener Sozialphilosophen, die ihre begrenzten Einsichten ins Universelle dehnten und partikulare Wahrheiten mit der Wucht eines menschheitlichen Erlösungsgedankens ausstatteten.

Alle diese Überlegungen drängen zu dem Schluß, daß ein Leben ohne Utopie zum Preis der Modernität gehört. In der Erkenntnis, daß die totalitären Systeme, die das Gesicht der Epoche so übel zugerichtet haben, durchweg utopischen Träumen entsprangen, hat Václav Havel sich, als er noch der verfolgte Untertan eines sozialistischen Regimes war, zum Sprecher der enttäuschten, vom utopischen Furor erschöpften Menschen gemacht. Die weltweite Revolte gegen den Sozialismus deutete er als Aufstand derer, die ihre privaten Glückserwartungen gegen die großen politischen Heilsentwürfe zu behaupten suchten. «Der Utopismus der Epoche», schrieb er in einem Essay von 1985, hat sich für uns «in grausamer Weise nicht ausgezahlt ... Wer schlägt uns hier wieder irgendwelche ‹strahlenden Morgen› vor? Wer beunruhigt uns erneut mit einer Utopie? Welche nächsten Katastrophen werden – in bester Absicht – wieder vorbereitet?» Statt hochfliegender Zukunftssysteme mit allen ihren ermüdenden Glücksdiktaten gehe es nur noch um die Zuflucht in einem bescheidenen ideologiefreien Raum, der es den Menschen erlaube, auf einfache Art würdig zu leben.

Doch ohne Todeskampf wird der Geist der Utopie nicht aufgeben. Um die gleiche Zeit wie Václav Havel, und wie in Erwiderung darauf, äußerte Jürgen Habermas: «Wenn die utopischen Oasen austrocknen, breitet sich eine Wüste von Banalität und Ratlosigkeit aus.» Der Satz offenbarte schon damals nicht nur einen Mangel an historischer Einsicht, sondern zugleich einen Erfahrungsabstand im Umgang mit der utopischen Banalität, die doch gerade die des Bösen ist.

Hinzu aber kam wohl auch eine Unvereinbarkeit im Denken selber. Während Havels Essay durch die immer neu ansetzende Beschreibung des Mißverhältnisses von Wort und Tat, Versprechen und Wirklichkeit im Sozialismus zur Korrektur eingefahrener Irrtümer gelangt, verteidigte Habermas die Idee gegen die Realität. Die Frage liegt nahe, ob hinter diesem Gegensatz nicht noch mehr zum Vorschein kommt: auf der einen Seite die Bereitschaft, sich von der Wirklichkeit belehren zu lassen, und auf der anderen die nicht zuletzt von der alten, spezifisch deutschen Schule herkommende Neigung, sich gegen das Leben ins Unrecht zu setzen, solange nur der Gedanke recht behält.

Als Erben von Karl Marx, und Ernst Bloch zur Seite, empfinden sich die Deutschen mehr denn je als Sachwalter des utopischen Guts und haben zusehends Gefallen an der Rolle gefunden, die Welt an die zahllosen uneingelösten Sehnsüchte zu erinnern, die jede Wirklichkeit offenläßt. Die Deutschen hätten nun die Aufgabe, die «Träume der Vernunft zu träumen … für die ganze Welt», hat unlängst noch ein Kulturfunktionär der ehemaligen DDR bemerkt.

Die Neigung geht lange zurück und ist der Sache nach ein später Ausläufer des theologischen Eifers der Nation. Als dieser mit der anhebenden Säkularisierung ins Leere zu laufen begann, schrieb Ludwig Feuerbach, die Politik müsse nun «unsere Religion werden», und es schien, als habe er damit die Devise ausgegeben, die dem Denken des Landes seither die Richtung gab.

In der politischen Kontemplation jedenfalls fand dieses Denken ein neues Feld, das es mehr oder minder mit den alten Figuren besetzte. Selbst die größere Nähe zur Wirklichkeit vermochte nicht, die vertrautere Frage zu verdrängen, was hinter dieser Wirklichkeit eigentlich verborgen sei, was da hervordränge und wohin. Die Ideen behaupteten stets ihr Kronrecht über das Konkrete, und die Vernunft brauchte nicht vernünftig zu sein. In der politischen Geringschätzung für die «bloßen Pragmatiker» und «Macher» hat jene Rangfolge sich bis heute erhalten. Noch immer finden viele der «incertitudes allemandes» in diesem metaphysischen Affekt ihre Erklärung. Zusammen mit der Zaubermacht der in sich aufgehenden Theorie und einem von der Wirklichkeitsferne erregten gedanklichen Radikalismus erzeugt er das seltsame, verbreitet anzutreffende Bedürfnis, von der Politik immer etwas zu erwarten, was mehr ist als nur Politik.

Auf der gleichen Linie liegt, daß die Bundesrepublik, nicht ganz unvergleichbar der ersten Republik von Weimar, ein Staat mit nur geringem intellektuellem Beistand ist. Es gibt zwar den Haß nicht, aber doch die vielen Vorbehalte. Breite Gruppen tun sich schwer damit, einen wenn auch kritischen Frieden mit diesem Staat zu machen. Noch immer kann man von strengen, aber schwärmerischen Grauköpfen hören, welche Möglichkeiten schon im Ansatz von Adenauer und der «Restauration» der fünfziger Jahre vertan wurden, so daß die Republik intellektuell glanzlos blieb, nüchtern und ohne Vision, doch gemeint ist stets, ohne Geist der Utopie.

Während sich die Mehrheit der Deutschen nach vielen verlustreichen Irrwegen durch die Geschichte in einer womöglich allzu traumlosen Wirklichkeit eingerichtet hat, suchen viele Intellektuelle insbesondere aus dem akademischen Bereich mitsamt ihren Apostelscharen in den Medien noch immer nach einem Dritten Weg, irgendwo im Niemandsland zwischen System-Utopie und offener Gesellschaft, wo aber keine Brücken sind. Die einfache Wahrheit lautet, daß die modernen Sozialstaaten der offenen Gesellschaft, mit allen Abstrichen und Unzulänglichkeiten, dieser Dritte Weg sind. Anders, womöglich makelloser, sind solche Wege nicht zu haben.

Mit dem Ende der utopischen Systeme, die rund zweihundert Jahre lang die Geschichte beherrscht und ungewöhnliche Gewalten entfesselt, aber auch Blindheit, Angst und Verbrechen im Gefolge gehabt haben, endet vieles. Eine kaum übersehbare Hinterlassenschaft an Theorien, Denkräumen und Erwartungen, an Rauschmitteln, Ausflüchten und Tröstungen geht verloren. Niemand vermag zu sagen, wo ein Ausgleich dafür herkommen soll.

Seit die christliche Botschaft ihre Macht eingebüßt hat, läuft die Suche auf nichts Geringeres als einen Ersatz für Gott hinaus sowie auf ein Jenseits, das die Utopien in diese Welt verlegten. Vielleicht gewinnen neuartige Sekten Zulauf, Gurus, Prediger des Weltendes oder Katecheten Schwarzer Messen; und während im Persönlichen die privaten Mythen zurückkehren, finden sich die Menschen im Öffentlichen mit einer Praxis ab, die nicht mehr Sinnfragen zu beantworten sucht, sondern vor allem Praxis ist, mehr Handwerk und Ingenieurswesen als metapolitische Fürsorge. Es wäre das beste, was sich erwarten ließe.

Die Einbußen, die damit verbunden sind, zählen gering, wenn man überblickt, was die utopische Phantasie mit ihrer selbstverliehenen Ermächtigung über die Wirklichkeit angerichtet hat. Der

Raum für kongruente Verbesserungen bleibt groß genug, auch wenn er nur den realistischen Traumbedürfnissen offenstünde. Wer nicht ganz unbelehrt auf die abgelaufene Epoche zurücksieht und nicht allzu pessimistisch für die Zukunft ist, wird auf einen Zustand setzen, der keine Utopie und doch nicht erfüllt ist: eine Welt, in der Menschen ohne politische Erlösungsversprechen und doch wie Menschen leben können.

Zwischen Westen und nirgendwo

Über die Wanderungen des deutschen Sonderbewußtseins

(1996)

Zu den fruchtbaren Anstößen, die der politisch-historischen Debatte in der Bundesrepublik aus dem Lager einer im weiten Sinne
kritischen Linken zuteil wurden, gehört die These vom deutschen
Sonderweg. Danach hat das Land seit der Romantik und den Frei-
heitskriegen sein Heil in einer zunehmenden Absonderung vom
Westen, von seiner universalistischen Moral sowie den Prinzipien
von Vernunftstaat und Naturrecht gesucht. Technisch und ökonomisch habe es zwar, dank seiner beispiellosen Dynamik, bald einen
vorderen Rang unter den Mächten erlangt. Aber seine vor- und an-
timodernen Eliten hätten im Politischen die erforderlichen Zugeständnisse an den veränderten Weltzustand verweigert und auf
Denkmustern beharrt, in denen sich der Selbstbehauptungswille
einer verspäteten Nation mit aggressivem Geschichtsstolz mischte.

Die These war, bei Lichte besehen, nichts anderes als die ins Negative gewendete Variante der bis in die NS-Zeit herrschenden Auffassung, wonach die Deutschen bis zum Grundsätzlichen anders
seien als die übrigen Nationen: ursprünglicher, unpolitischer, seelisch reicher, auch «tiefer», und aus diesen und anderen Merkmalen
ergab sich, daß sie «ihre Weltstunde» noch vor sich hätten. Die viel-
stimmige Debatte, die bald nach 1945 einsetzte, ist freilich ohne
Entscheidung ausgegangen. Das war nicht allein darauf zurückzuführen, daß dergleichen nur auf jenem schwankenden Boden erörtert werden kann, wo «Vorverständnisse» gelten und die Einsichten
oft aus den Fragestellungen kommen. Vielmehr bleibt auch schwer
zu bestimmen, ob von einem «Normalweg» überhaupt gesprochen
werden kann, den die Sonderwegthese ja voraussetzt, wo dessen

Grenze verläuft und ob nicht jede Nationalgeschichte strecken-weise auch als Sonderweg verstanden werden kann. Bis weit ins 19. Jahrhundert beispielsweise galt nach weithin herrschender, in ganz Europa verbreiteter Auffassung die englische Entwicklung als Sonderfall, die nach derzeitiger Meinung gerade das Modell des «normalen» Weges darstellt. Die Frage ist überhaupt, ob die Son-derwegvorstellung etwas anderes ist als die Verabsolutierung einer aus historischen, geographischen und wirtschaftlichen Verhältnis-sen geformten nationalen Individualität.

Die Anhänger der kritischen These vom deutschen Sonderweg haben naheliegenderweise die strukturellen Besonderheiten in den Vordergrund gerückt, durch die sich das Reich von den rivalisieren-den Mächten im Westen unterschied. Dazu zählten obrigkeitsstaat-liche Strukturen, illiberale oder doch antipluralistische Einlagerun-gen im Gesellschaftsgefüge, ein Bürgertum ohne bürgerliches Selbstbewußtsein, die weiterwirkenden Traditionen sozialer Diszi-plin, auch ein Kulturbegriff, der das Politische nicht in sich aufge-nommen hatte, und anderes mehr. Daneben wurde aber stets auch auf eine eigentümlich deutsche, aus Ängsten, Träumen und Reali-tätshaß gebildete, in große Spekulationen ausufernde Ideologie verwiesen. Einige Stichworte tauchten in diesem Zusammenhang so regelmäßig und so reich belegt auf, daß man zumindest für die Kaiserzeit und die Weimarer Jahre von einem deutschen *Sonderbe-wußtsein* gesprochen hat, das, verbreitet wie es war, einen zwar schwer bestimmbaren, aber nicht unerheblichen Einfluß auf die politische Wirklichkeit des Landes hatte und am Ende auf ver-schlungenen Wegen, wenn nicht zu Hitler führte, so doch die Kräfte gegen seinen Aufstieg lähmte.

Zu diesem Sonderbewußtsein zählte, als verbindendes Grundge-fühl, der tiefe und prinzipielle Soupçon gegen die moderne Welt. Er richtete sich nicht nur gegen die Technik und die verheerende Ge-walt, mit der die Industrialisierung, die rasch einsetzende Binnen-wanderung oder die Verstädterung das Land aus seinem Biedermeier stießen, sondern gegen den gesamten Veränderungsschub, dessen Ursachen und Folgen von einem Chor tiefpessimistischer Zeitbeobachter mit angstgeweitetem, die Gefahren ins Riesenhafte verzerrendem Blick beschrieben wurden.

Der Widerstand dagegen mußte um so entschiedener auf die Bewahrung angeblich nationaler Besonderheiten zurückgreifen, als das Land erst spät geeint und seiner Identität weit weniger sicher war als andere Nationen. Damals kamen die berühmten deutschen Dichotomien zu breiter Wirkung. Die Gegensatzpaare, denen nicht viel mehr als ein diffuses Sentiment zugrunde lag, das sich seine Begriffe zurechtkonstruierte, waren nicht nur Abwehrgesten gegen die Öffnung zur Welt, sondern gegen den Emanzipationsprozeß im ganzen. Gemeinschaft gegen Gesellschaft meinte strenggenommen nichts anderes als die Zurückweisung des politischen Mitspracherechts der Massen, Kultur gegen Zivilisation die Geringschätzung der Wirklichkeit samt ihrer ordinärsten Erscheinungsform, der Politik, und Helden gegen Händler die Behauptung eines tragischen Geschichtsdenkens gegen eine Welt der gern «platt» oder «seicht» genannten, im Westen beheimateten Vernunft und ihrer materialistischen Glücksmoral.

Solche und andere Entgegensetzungen, die damals kurrent wurden und in den «Ideen von 1914» einen selbstbewußten Ausdruck sowie in Thomas Manns «Betrachtungen eines Unpolitischen» von 1918 ihre verklärende Formulierung gefunden haben, waren zwar nicht die Ursache der Entfremdung des Landes vom Westen, doch haben sie dem Abstand einen die Dinge weiter zuspitzenden Ausdruck verschafft. Der mangelnde Sinn für zivile Freiheit, an deren Stelle gern die «innere Freiheit» als überlegenes Gegenstück gestellt wurde, die Verachtung materieller Motive mitsamt der Überzeugung von der besonderen Moralität frugaler Lebensumstände oder die Vorstellung, daß die Geschichte Verstrickungen kenne, die kein Entkommen zuließen: Diese und zahlreiche weitere Ideologiestücke haben das deutsche Sonderbewußtsein damals mit Begründungen versehen, die eine anhaltende Wirkung übten.

Die Frage ist, ob sie bis in die Gegenwart reichen. Der Zusammenbruch des Hitler-Regimes, das an die antiwestlichen Stimmungen angeknüpft und sie zu äußerster Unversöhnlichkeit verschärft hatte, bedeutete zunächst auch das Ende aller Absonderungsideologien. Und Adenauers nachdrücklich betriebene Wendung nach Westen, die ja von allem Anfang an weit mehr als eine bündnispolitische Entscheidung war und mit der Integration zugleich den Anschluß an die geistigen und kulturellen Traditionen des Westens herzustellen trachtete, hat dieses Ende noch durch eine neue Orientierung und sogar Verklammerung des Landes unterbaut.

Doch so umstandslos sterben Vermächtnisse mit langer Vergangenheit nicht. Zwar meldeten sie sich geraume Zeit nicht zu Wort. Aber in den Einwänden gegen Adenauers Westpolitik dauerten manche Vorbehalte auf verdeckte Weise fort. Nicht anders verhielt es sich mit der intellektuellen Kritik an der Bundesrepublik, sofern man ihre tiefersitzenden Antriebe ins Auge faßt. Denn zu den schon frühzeitig einsetzenden Vorwürfen, denen das Land ausgesetzt war, gehörte, daß es seltsam traumlos lebte, untragisch, sogar halbwegs glücklich in den Niederungen der Konsum- und Freizeitwelt, in denen es sich nach so viel überfordernden Appellen für blendende historische Ziele eingerichtet hatte. Die Ausdauer, mit der die Kritiker die Schatten der Vergangenheit beschworen, war nicht selten wohl auch in der Absicht begründet, das Land aus seinem satten Dämmer aufzuschrecken und ihm das schauerlich-anheimelnde Bild seiner tragischen Rolle in der Welt neu vor Augen zu rücken. Aber anders als die hartnäckige Legende behauptet, hat die Öffentlichkeit diese Vergangenheit keineswegs nur immer verdrängt. Viel eher schien es, als werde auch die Erinnerung an die Schrecken von gestern ins allesbeherrschende System des kleinen Glücks von heute eingefügt. Nicht ganz grundlos jedenfalls hat sich mitunter der Eindruck eingestellt, die Vergangenheitsbeschwörungen und der moralische Vorwurf, den sie enthielten, wurden gleichsam als die Prise Bitterstoff betrachtet, die den Genuß noch steigert, ganz als habe man auch gelernt, daß es das richtig gute Leben erst im falschen gibt.

Wie stark die totgeglaubten Empfindungen noch waren, zeigte sich auf breiterer Ebene erstmals in der studentischen Protestbewegung, die sich bis heute zugute schreibt, die Abrechnung mit der NS-Vergangenheit überhaupt erst begonnen zu haben, aber niemals erfaßte, wie unverhohlen sie auf das Repertoire der Stimmungen und Gedanken zurückgriff, die zur Vorgeschichte jener Vergangenheit gehören. In ihrer Programmatik kehrte die ganze zivilisationskritische, antiwestliche Tendenz der Großväterwelt in lärmender Unschuld wieder. Schon in den basisdemokratischen Bestrebungen lebte das alte Gemeinschaftspathos wieder auf sowie das einstige Vorurteil gegen den Parteienstaat und die Politik im ganzen. Zurück kam die antibürgerliche Gereiztheit, die stets einhergeht mit der Verachtung der zivilen Regeln demokratischer Ordnungen, die Verhöhnung institutionalisierter Freiheit als Repression in der Maske der Toleranz, zurück kam auch das Verdammungsurteil gegen den dämonisierten technisch-industriellen Komplex, überhaupt die ganze «antikapitalistische Sehnsucht», die als Schlagwort nicht zufällig von einem führenden Nationalsozialisten ausgegeben worden war.

Es war im Kern das alte antiwestliche Ressentiment, das sich darin zurückmeldete. Schon die Anti-Atombewegung der frühen Nachkriegsjahre und die Ostermarschaktionen hatten im Widerstand gegen «den Westen» ihren verdeckten Generalnenner, und die gleiche Stoßrichtung war in der emphatischen Beachtung wirksam, die allen «Dritten Wegen» damals zuteil wurde, angefangen von Titos Jugoslawien über das Indien Nehrus und den Prager Frühling bis hin zu Allendes Chile. Einen neuen Schub erhielten diese und andere, lange im mehr oder minder Verborgenen tätigen Tendenzen durch die Umweltdebatte samt dem in den Sprachschatz der Welt aufgenommenen Begriff des «Waldsterbens», mit dem sich so viele antimoderne Vorbehalte in ein anschauliches Symbol fassen und weiter schüren ließen.

Die studentische Protestbewegung hat die reichen Möglichkeiten, die diese in der Tat nicht unbegründeten Besorgnisse für die antiimperialistische Auseinandersetzung eröffneten, zunächst übersehen, auch wenn Herbert Marcuse schon 1973 von der «Entdeckung der Natur als einer Verbündeten im Kampf gegen die ausbeuterischen Gesellschaften» gesprochen hatte. Denn das Leiden an der Zerstörung der Umwelt durch die Industrialisierung, an sterbenden Flüssen und rauchgeschwärzten Himmeln, war seit je ein «rechtes» Thema und nie ein Empörungsgegenstand der Arbeiterbewegung gewesen. Anders als die Konservativen hatte sie den Kapitalismus nie aufhalten, sondern gerade durch die Beschleunigung des Fortschritts überwinden wollen.

Doch die ideologisch so diffuse und eher habituelle Linke der Protestgeneration machte sich mit der Unbefangenheit, die sie allen belasteten Vermächtnissen gegenüber zeigte, allmählich diese Impulse zu eigen und verband sozialistische und konservative Motive so lange im unreflektierten Durcheinander, bis sich Marx und Engels zu den Altären der antiindustriellen Bewegung erhoben sahen. Mit dem Einfallsreichtum, der diesen neuen Aufbruch auszeichnete, erfand er auch später, in «grüner» Gestalt, unermüdlich Besorgnisse und Begriffe, um die Welt das Fürchten zu lehren, Epidemien, neue Eiszeiten oder tropische Katastrophen, klagte auch den «Warenfetischismus» an, den «Konsumterror» sowie die «Ausplünderungsstrategien». Aber gemeint war mit jedem dieser Schlagworte die verhaßte westliche Zivilisation und zumal deren Vormacht Amerika.

Trotz des Aufruhrs, den die Bewegung entfesselte, blieb ihr Kampf über Jahre hin die Sache einer Minderheit. Aber das politische Klima des Landes hat sie doch verändert, wie die anfangs unmerklich, dann aber nicht zuletzt vom Vietnamkrieg angestoßenen und zusehends offener hervortretenden Antiamerikanismen erkennen ließen, die im Verlauf der siebziger und achtziger Jahre Anhang und durch einen Teil der Sozialdemokratie auch politischen Einfluß erlangten. Meist kamen sie zunächst im unverdächtigen Gewand daher wie beispielsweise in der Wiederbelebung der «Mitteleuropa»-Idee oder als Vorstellung einer «Äquidistanz» der Bundesrepublik zwischen den Blöcken; doch gemeint war damit nichts anderes als eine neu definierte Rolle des Landes, die einzig in der Distanz vom «Westen» zu suchen und zu finden sei. Zwar haben die Wortführer solcher Strategien wie Egon Bahr, Peter Bender oder Hermann Scheer behauptet, sie verfolgten keinen deutschen Sonderweg. Aber Oskar Lafontaine veröffentlichte damals ein Buch unter dem beredten Titel «Angst vor den Freunden», und Erhard Eppler erklärte 1982 im Rahmen der Nachrüstungsdebatte, die sowjetischen Interessen stünden den deutschen weit näher als die amerikanischen.

In die gleiche Richtung zielten die jahrelangen Bestrebungen, alle prinzipiellen Unterschiede zwischen totalitären und freiheitlichen Ordnungen einzuebnen, so daß das Hitler-Regime und allenfalls der italienische Faschismus bald als die einzigen Totalitarismen der Epoche übrigblieben. Die Vorarbeit hatte seit den sechziger Jahren schon, zumal im progressiven akademischen Milieu, der beharrliche Widerspruch gegen die sogenannte Totalitarismustheorie geleistet, die auf die unübersehbare Ähnlichkeit zwischen den Machtpraktiken des Nationalsozialismus und der Sowjetunion hingewiesen hatte. Sie sah sich nun als «Instrument des Kalten Krieges» unter Kardinalverdacht gestellt, und am Ende schien zwischen den liberalen und den totalitären Systemen kaum ein Unterschied. Die einen bedienten sich lediglich einer Ideologie von Freiheit, Rechtsstaat und Toleranz, um ihr Ausbeutungswerk zu verrichten, während es die Gegenseite geradezu als Vorzug verbuchen konnte, daß sie ihren Herrschaftsanspruch ohne alle bourgeoise Heuchelei offenbarte. Zumindest die treuherzigen Begleitreden zur Neuen Ostpolitik lösten den fundamentalen Gegensatz weiter auf, und eine Parole wie die von der «deutsch-deutschen Verantwortungsgemeinschaft» war niemals nur die gesinnungsethische Maxime, als die sie sich ausgab, sondern auch eine Kampfansage an die, einem Wort Epplers zufolge, strukturell friedensunfähigen Vereinigten Staaten. Als Karl Kaiser von der Deutschen Gesellschaft für Auswärtige Politik seinen sozialdemokratischen Parteifreunden ihre Blindheit gegenüber der Verletzung von Menschenrechten im sowjetischen Machtbereich vorhielt, beschuldigte ihn Egon Bahr der Ideologisierung der Ost-West-Beziehungen.

Sukkurs erhielt diese Standortvergessenheit, für die Freiheit kein Wert und die Menschenrechte nur eine womöglich friedensgefährdende Vokabel waren, von vielen Seiten. Sogar die sektiererischen Zirkel, die wie immer in Krisenzeiten aus dem Boden schossen und in irgendeinem scheinbaren Abseits ein apokalyptisches Glück im Winkel auskosteten, leisteten dieser Zeitstimmung Zuträgerdienste. Dem historisch Bewanderten ist die Erscheinung aus den zwanziger Jahren vertraut, als die Lebensreformer, Edengärtner und Pendelastrologen nicht nur die Mißstimmung gegen das Bestehende, sondern auch die Erwartung einer Art Epiphanie verbreiteten, die zuletzt, bei allen Unterschieden, durchweg der Hitler-Bewegung zugute kam. Eine verwandte Rolle spielten jetzt die Ökopax-Bewegung, die sich ausbreitenden Grünen mitsamt den begleitenden Klageschriften von Geistern wie Rudolf Bahro, Jost Hermand oder dem Schilfgrasprophenten Franz Alt, der auf das stärkste Echo stieß und die Begriffe noch weiter durcheinanderbrachte, indem er den Abschied vom «technologischen Totalitarismus» und den überfälligen «Gegenentwurf ... zum real existierenden westlichen System» forderte.

Wie beherrschend diese aus so mannigfachen Quellen gespeisten antiwestlichen Affekte unterdessen waren, trat in den Tagen der Vereinigung ins helle Licht. In der turbulenten Hochstimmung, die getragen war von spontan hervorbrechenden Gefühlen der Zusammengehörigkeit, der Befreiung und sicherlich auch von illusionären Erwartungen, schien ein auffallender Teil der intellektuellen Szene wie mit Stummheit geschlagen. Soeben noch hatte die kritische Linke mit beträchtlichem publizistischem Aufwand den 200. Jahrestag der Französischen Revolution begangen und dabei das Dauerthema von der Notwendigkeit gesellschaftlicher Veränderungen unendlich variiert. Doch als mit dem Zusammenbruch der kommunistischen Zwangsherrschaft eine Veränderung eintrat, auf die zudem die soeben noch so beherzt angestimmte Pathostonleiter von Freiheit, Emanzipation und Menschenrecht anwendbar war, reagierte sie mit unwilligem Schweigen.

Natürlich hatte die Betretenheit jener Tage viele Gründe wie den Schmerz über die verlorene Utopie oder die Ungehaltenheit über den allen vermeintlichen Gewißheiten widersprechenden Triumph der gemeinen Wirklichkeit über die Theorie. Aber unverkennbar spielte auch die Enttäuschung darüber mit, daß es «der Westen» gewesen war, der ohne jede Gewaltanwendung, einfach nur als das unwiderstehliche Gegenbild zur sozialistischen Misere, den Einsturz eines machtvoll scheinenden Imperiums herbeigeführt hatte. Das ganze Ausmaß der Ratlosigkeit trat anfangs in der steten Mahnung zutage, nur keine Triumphgefühle zu zeigen und womöglich nicht einmal ein Zeichen der Genugtuung, da dergleichen zwangsläufig kränkend wirken müsse. Aber wer anders als die gerade gestürzten Machthaber konnte sich dadurch verletzt fühlen, wenn nicht die Anwälte des antiwestlichen Ressentiments? In ihren Augen besaßen die Erhebungen in Mittel- und Osteuropa, über alle Theoriewidrigkeit hinaus, auch noch eine falsche geschichtliche Richtung. Denn sie beseitigten Regime, die zumindest der Idee nach der Welt von Kapitalismus, Entfremdung und Konsumgier hochüberlegen und gleichsam schon in der Zukunft angekommen waren, auch wenn die Praxis, wie zunächst eingeräumt wurde, damit noch nicht Schritt gehalten hatte.

Infolgedessen wurden die Umwälzungen von der getreuen Linken vielfach als übler Streich empfunden, den sich ihr Ziehkind Geschichte erlaubt hatte, als es einfach irgendwelchen in den Büchern nicht vorgesehenen Launen nachgab. Aber das war nur die eine Seite der Wahrheit, die jetzt zum Vorschein kam. Die andere lautete, daß der Widerspruch gegen den Lauf der Dinge nahezu das ganze Arsenal der Argumente repetierte, mit dem die nationale Rechte einst die Eigenart und Einzigartigkeit des Landes in der Welt begründet hatte. Die Positionen waren ganz und gar vertauscht. Was in der Debatte über den Sonderweg von der kritischen Linken als Ursprung des deutschen Verhängnisses bloßgestellt worden war, gewann für deren Nachfahren jetzt den Rang einer gesellschaftsmoralischen Gebotenheit.

Ganz im Sinne der konservativen Dichotomien vom Ende des 19. Jahrhunderts kehrte nun der Gegensatz von Kultur und Zivilisation aus den Gräbern zurück und erwachte zu neuem Gespensterleben. In den früh einsetzenden Attacken gegen die Vereinigung war es natürlich die DDR, die jene «Kultur» repräsentierte, die jetzt von der bloß zivilisatorischen, im «Kotau vor der Ware» erstarrten Bundesrepublik überwältigt wurde. Schon in den achtziger Jahren, noch zu Honeckers Zeiten, hatten zahlreiche ostdeutsche Schriftsteller den altnationalen Kulturbegriff bemüht, der sein Selbstbewußtsein und seine Anmaßung aus der polemischen Abgrenzung gegen «den Westen» gewann, und die widerstandslose «Amerikanisierung» beklagt, der Westdeutschland verfallen sei. Im Unterschied dazu habe sich «im Osten», wie Heiner Müller wissen ließ, «etwas Ursprüngliches» erhalten, eine «autochthone», «organisch gewachsene Identität», und Christa Wolf sekundierte ihm mit einer verschiedentlich abgewandelten Grundsatzkritik an den vermeintlichen «Segnungen der Zivilisation» und dem banalen Willen zum Glück. Gerade das Scheitern der verzweifelten Versuche der DDR, den technologischen und wirtschaftlichen Rückstand zum Westen aufzuholen, wurde von dieser Warte aus zum Hoffnungssignal der Welt, und das sozialistische Lager gewann fast noch im nachhinein die Zukunft für sich, weil es hinter der Gegenwart zurückgeblieben war. In verblüffender Verkehrung aller Verheißungen der marxistischen Kirchenväter sah sich hier die Unterentwicklung geradezu zum Ziel der Geschichte ausgerufen, und der Mangel wie die Notdurft erhoben den real existierenden Sozialismus in den Rang der fast schon verwirklichten Utopie.

Dergleichen mochte sich anhören, als sei es bis ins Widersinnige zugespitzt, und tatsächlich lag die Vermutung nahe, Heiner Müllers Absage an die Moderne wolle die Absurdität eines überholten Weltbildes aufdecken. Doch wo die Witzbolde ihr Wesen treiben, sind in der Regel auch die sentimentalen Quälgeister nicht weit. In den Tagen der untergehenden DDR hoben sie zu einer vielstimmigen Klage an, daß damit zugleich die «Gemächlichkeit» sowie der «bedächtige Lebensgang» zu Ende gehe, der das östliche Deutschland ausgezeichnet habe. Lothar Baier beispielsweise hat in einer Betrachtung die Ereignisse mit keinem Wort als Befreiung vieler Millionen von einem Zwangsregime gedeutet, sondern als bedrückende Preisgabe der beschaulichen, frühindustriellen Daseinsform in der weitgehend autofreien und telefonlosen DDR an die Hektik des Westens. Auf ähnliche Weise sah Günter Grass das Land zwischen Rostock und Dresden jetzt heimgesucht von einer Springflut grauenhafter Verkehrsunfälle zum, wie er allen Ernstes behauptete, Nutzen des westdeutschen Gebrauchtwagenhandels. In alledem lebte auch die zivilisationspessimistische Maxime von der Verächtlichkeit des Materiellen und der Moralität der Bedürftigkeit wieder auf, ganz als gehöre die Verschonung von Armut nicht auch zu den Menschenrechten und als könne den Wohlstand niemand mit besseren Gründen verachten, als wer angenehm darin lebt.

Eng im Zusammenhang damit war ein weiteres Standardmotiv der Vereinigungsgegner zu sehen. Es sagte jene «Kolonialisierung» durch Amerika, der die eine Hälfte des alten Kontinents bereits zum Opfer gefallen war, nun auch für den europäischen Osten voraus. Der bittere Hohn über die Vormacht des Westens kam in der

Zeile Volker Brauns zum Ausdruck: «Der Sozialismus geht und Johnny Walker kommt» – so als seien er und seinesgleichen mit dem Untergang der DDR zu einem Zwangsumtausch genötigt, in dem eine trotz allem erhabene Menschheitsidee für eine neue Art von Feuerwasser herzugeben war. Das Bild Amerikas, das seit Jahren hinter allen Anwürfen erkennbar war, entsprach den ältesten deutschvölkischen Klischees: der Erdteil der neuen Barbaren, reich, kulturlos und dumm, deren Verfeinerungsbedürfnisse durch McDonald's und Coca-Cola gestillt wurden, dabei geleitet von einem primitiven Gewaltglauben, der sich in einer Kette imperialistischer Unterwerfungsmanöver ebenso zeigte wie im «täglichen Faschismus» verrückter Waffennarren. Zu seiner extremsten Formulierung ist dieses dämonisierte Feindbild in dem viel skandierten Schlachtruf der Achtundsechziger gelangt: «USA – SA – SS!» Doch weil dieses Ressentiment lange eingewurzelte Stereotype aufgriff, fanden sich Spuren davon bis weit ins bürgerliche Lager. Wo immer Vorbehalte gegen die Vereinigten Staaten vorgebracht wurden, konnten sie bald auf bedenklich gerunzelte Stirnen treffen. Die Kritik, die von Fall zu Fall natürlich angezeigt sein mochte, richtete sich zusehends weniger gegen einzelne Entscheidungen von Weißem Haus oder Pentagon, sondern weit mehr gegen die Stärke und den Selbstbehauptungswillen der westlichen Führungsmacht überhaupt. Und aus dem Rauch generalisierender Verdammungen stieg allmählich, mit schärfer werdenden Konturen, das Bild eines neuen «Weltfeindes» auf.

Die mannigfachen Motive der Vereinigungsverächter haben sich auf exemplarische Weise in den gereizten Einwürfen von Günter Grass verbunden. Seine Beschwörung der «Kulturnation» enthielt nicht nur die Zurückweisung jedes politischen Staatsbegriffs, sondern zielte auch darauf, die deutsche Kultur vor dem Andringen der geistlosen Zivilisation zu retten. Das ganze Vokabular von «Anschluß», «Plattmachen» oder «Kahlschlag» sollte nicht zuletzt den Notzüchtigungscharakter der Vereinigung ins Bewußtsein rufen. Und, als Folge der wiedergewonnenen Großmachtrolle, prophezeite er neue Haßkomplexe, neues Unrecht, neue Schuld: «Mit Entsetzen», schrieb er, «zwinge ich mir diese Vorahnung ab.» Erweitert war der Widerspruch, den Günter Grass dem zur Vereinigung drängenden deutschen «Monstrum ... vor die Schwelle legte», um einen Beweggrund, der sich aus der von ihm behaupteten Logik der Vergangenheitsbewältigung ergab. Danach hatte das Land infolge der untilgbaren Verbrechenslast des Nationalsozialismus das Recht auf staatliche Einheit ein für allemal verspielt, der Begriff «Auschwitz» bildete gleichsam die Barriere, die eine Rückkehr zu jeder Form nationalstaatlicher Existenz auf lange Sicht versperrte. Doch Martin Walser hatte schon bald die zahlreichen Ungereimtheiten dieses unermüdlich und mit steigender Heftigkeit vorgetragenen Exerzitiums aufgedeckt: daß die Teilung Deutschlands nicht eine Folge des historischen Unrechts der NS-Jahre, sondern des Kalten Krieges gewesen sei, der Riß durch das Land keine Grenze, sondern eine Front errichtet habe, und daß er es unerträglich finde, «die gewaltlose Selbstbefreiung von Millionen Menschen mit dem Etikett DM-Nationalismus [zu] bekleben», wie es als erster Jürgen Habermas getan hatte, während Günter Grass die D-Mark zum neuen «Glaubensartikel» erhoben sah.

Aber das war nur die Außenansicht der Sache. Bei schärferem Zusehen zeigte sich, daß Günter Grass auch das tragische Geschichtsbild des deutsch-konservativen Pessimismus wieder aufgriff. Hatte es um die Jahrhundertwende dazu gedient, die Verspätungen der Deutschen, ihren Mangel an politischer Zeitgenossenschaft zur Sonderrolle einer einsamen, heroisch ringenden Nation inmitten einer Welt von Feinden zu stilisieren, so war ihnen jetzt, in den metapolitischen Pastoralien des Dichters, der Part des ewig schuldbeladenen Volkes zugedacht, das aber der Welt vorlebte, wie eine historische Bürde anzunehmen sei. Stets blieb dabei unbegründet, warum die Abbüßung der Untaten nur dem einen Teil der doch gemeinsam schuldig gewordenen Nation auferlegt bleiben sollte. Es bedurfte folglich auch keiner Gedankenmühe, um den tief amoralischen Zug herauszufinden, der, wie unbeabsichtigt auch immer, in dem vorgeblich hochmoralischen Argument steckte. Denn es schmückte sich mit einer Opfergesinnung, deren Kosten und Kränkungen vorab von anderen zu tragen waren. Doch stärker als solche und viele weitere Einwände schlug die Sehnsucht durch, nach Art der Vorfahren mit einer tragischen Stigmatisierung durch die Welt zu gehen und den alten Stolz auf die Ecce-homo-Attitüde in zeitgemäßer Zubereitung auszukosten.

Natürlich blieb dergleichen ungesagt. Vielmehr plädierten Günter Grass und andere, zumal ostdeutsche Schriftsteller, für eine Konföderation, in der sich eine eigenständige DDR allmählich auf den Weg zu freiheitlich-demokratischen, mehr oder minder sozialistischen Zuständen begab. «Noch haben wir die Chance», hieß es in dem Aufruf führender Intellektueller aus der DDR «Für unser Land» vom November 1989, «in gleichberechtigter Nachbarschaft zu allen Staaten Europas eine sozialistische Alternative zur Bundesrepublik zu entwickeln.»

Aber dann hätte das Fragen einsetzen müssen: wie dieser Prozeß vonstatten gehen sollte, wie die Ungeduld der Menschen inmitten lautlos einstürzender Gesellschaftsstrukturen im Zaum zu halten oder die bis in den Herbst 1990 anschwellenden Übersiedlerzahlen einzudämmen waren? Ob zur Abwehr der Massenflucht die Grenze diesmal von Westen her geschlossen werden sollte? Auf welche Weise die DDR im Übergang zum Verfassungsstaat mit der nach wie vor bedrohlichen Macht der einstigen Apparate zurechtkommen könnte? Wie und von wem der nahe wirtschaftliche Exitus zu verhindern wäre? Etwa von der Bundesrepublik, deren Steuerzahler auf Jahrzehnte einen Staat am Leben halten sollten, der unter Berufung auf seine Selbständigkeit jede Kontrolle der Mittel zurückwies, so daß die Zuwendungen in der hergebrachten Mißwirtschaft versickerten? – das alles kam in diesen Verwahrungen nicht vor. Es war nur Politik. Auch fand sich in dem hochfliegenden

Gerede kein Wort darüber, welche Folgen die Verweigerung des Selbstbestimmungsrechts für die Beziehungen der Deutschen zu Nachbarn und Bündnispartnern haben mußte oder was die sichtlich brüchiger werdende Macht Gorbatschows für die Souveränität des ostdeutschen Staates bedeuten mochte. Fragen über Fragen und nicht einmal die Andeutung einer Antwort. Alles Denken kam aus der großen Freiheit der Phantasie, die sich die Verhältnisse malt, gutwillig, wirklichkeitsfern und bodenlos selbstbegeistert. Kein Konflikt jedenfalls trübte das Bild interesseloser Moralität, dem jede Wortmeldung noch einen hochgemuten Tupfer hinzufügte, und an seinem Horizont, halb in Nebeln und doch deutlich sichtbar, geisterte der alte deutsche Traum vom Ende aller Politik.

Es war, aufs Ganze gesehen, mehr wirre Imagination, mehr prinzipieller Unmut über die «verkehrte Welt» und mehr Geschichtstheologie als Ordnungswille, was in den Exklamationen der kritischen Intellektuellen zur Vereinigung, kaum daß sie die Sprache wiedergefunden hatten, hervordrängte. Bezeichnenderweise kamen auch Begriff und Praxis erfahrbarer Freiheit in nahezu keiner Äußerung vor. Ganz im Gegenteil sah sich die Freiheit, wo überhaupt, als «Freiheit der Banken» oder «Freiheit der Supermärkte» denunziert. Gewiß enthielt der Einigungsvertrag eine Anzahl von Mängeln. -Aber was war die Ursache für den Hohn und Spott der Kommentatorenriegen des Fernsehens und selbst angesehener Zeitungen über das Wort Helmut Kohls, daß es keinem Menschen in den neu hinzutretenden Ländern infolge der Vereinigung schlechter gehen werde? Ganz als suchten sie den Vorwurf des platten Materialismus, dem die Westdeutschen lange erlegen seien, geradezu ins Recht zu setzen, tauchten in ihren Stellungnahmen die Grundrechte nicht einmal als Erinnerungsposten auf. Der unsägliche Günter Gaus, der so tief in die Zynismusfalle der Neuen Ostpolitik geraten war, daß er ringsum nur noch Realitäten sah, die nach Anerkennung riefen, einschließlich der Realität totalitärer Unterdrükkung, versicherte sogar, die Bewohner der einstigen DDR tauschten mit der Vereinigung lediglich eine Form der Unfreiheit gegen eine andere.

Nur mit Mühe kann man sich in die heillose Konfusion der Maßstäbe und Begriffe hineinversetzen, die aus solchen Verlautbarungen herausspringt. Denn es war ja keineswegs so, daß die politische und moralische Widerwärtigkeit des SED-Regimes einem halbwegs aufmerksamen Sinn verborgen bleiben konnte. Was Sarah Kirsch nach ihrer Übersiedlung in den Westen über den Psychoterror der Stasi berichtete, die Auskünfte von Rainer Kunze, Erich Loest und anderen über die Methoden der Entrechtung und Drangsalierung, stießen, dem Bericht von Jürgen Fuchs zufolge, unter «linksgerichteten Intellektuellen, denen ich freundlich entgegentrat, weil ich meinte, links käme von einer kritischen Haltung gegenüber Apparaten, Einheitsparteien und Funktionärsheuchelei», auf «lange Gesichter und beträchtliche Abwehr». Und Günter Kunerts knappes Diktum anläßlich seiner Ausbürgerung aus der DDR, «dieses Land ist unbewohnbar geworden», sah sich als «Dissidentenhysterie» mißdeutet und unglaubhaft gemacht.

Es gab denn auch, bis in die letzte Zeit vor dem Zusammenbruch der DDR, viele Reisende ins andere Deutschland, die zwischen Elbe und Oder ein zweites Wirtschaftswunder ausmachten, ein soziales System, dessen Vorzüge das westdeutsche in den Schatten stellten, Geborgenheitsgefühle und, wohin man blickte, fröhliche Menschen, die den Stolz auf das Erreichte zu einem selbstgewissen Identitätsbewußtsein fortentwickelt hatten. So gut wie ungehindert gaben sie sich in den großzügig bemessenen Reservaten ihren vielen kleinen Freiheiten hin, so daß die wirkliche, institutionell gesicherte Freiheit geradezu entbehrlich schien.

Wie weit diese Beschönigungsrhetorik reichte und wie sehr sie selbst diejenigen in die Irre führte, die es besser wissen mußten, geht aus einer Bemerkung Egon Bahrs vom Herbst 1989 hervor: Die Menschen der DDR, hielt er allen Skeptikern im Ton des Kundigen entgegen, würden es nicht zulassen, daß man ihnen ihren

Staat wegnehme. Der panikartige Massenauszug aus diesem Staat, der kurze Zeit später gleichwohl einsetzte, stieß denn auch bei all den machiavellistischen Träumern jener Tage auf eine kaum verhohlene Verachtung, deren Symbol jene Banane war, die Otto Schily am 18. März 1990, dem Abend der ersten freien Volkskammerwahlen, in die Fernsehkameras hielt. Von der anderen und doch verräterisch gemeinsamen Seite rief Stefan Heym dem unbelehrbar bleibenden Volk ein wegwerfendes «Spießer!» hinterher.

Nicht Blindheit war es, faßt man die Dinge zusammen, was die Front der Vereinigungskritiker zusammenbrachte. Die vielfachen Unterschiede und sogar Gegensätze zergingen im einenden Widerwillen gegen das westliche Ordnungsmodell. Tatsächlich ist die Bundesrepublik, zeit ihres Bestehens, ohne den Beistand der tonangebenden Intellektuellen geblieben. Für deren große Mehrzahl war und blieb sie der Staat einer zeit- und geschichtswidrigen Restauration, in der die alten, unheilvollen Strukturen gewissermaßen in den vorherigen Stand eingesetzt und die Chancen zur Errichtung einer wahrhaft besseren Ordnung ausgeschlagen worden waren.

Auf der anderen Seite hatte das Debakel des Sozialismus zwar das utopische Wunschbild erschüttert. Aber da dessen innerster Impuls aus der Zurückweisung der Wirklichkeit kam, ließ keiner, der davon erfaßt war, sich durch irgendeine Erfahrung entmutigen. Im Gegenteil traten jetzt die Rettungsmannschaften auf den Plan. Jürgen Habermas beispielsweise, der erst unlängst die Vernunft der «Westbindung» entdeckt und sich selber oder seiner Generation sogar ein Verdienst daran gutgeschrieben hatte, fiel unversehens in die schönen Blendwerke von einst zurück und hielt dem vergehenden Sozialismus ein «Potential der Selbstkritik» zugute, ganz als habe es nicht bis zuletzt die unübersehbaren Versteinerungen des Systems sowie die Verfolgungen des «Abweichlertums» gegeben und als sei das Volk irgendwelcher Verbesserungen wegen auf die Straßen gegangen und nicht, weil es nach Jahren leiernder Vertröstung allen Glauben an die kritische Reformfähigkeit des Regimes ein für allemal verloren hatte.

Andere Stimmen redeten sich in letzter Stunde sogar ein, daß der heranrückende Untergang der «alten» DDR endlich die einzigartige Möglichkeit eröffne, auf die Idee des wahren Sozialismus zurückzukommen: das unverhoffte Geschenk einer neuen Stunde Null. Dem intellektuellen Widerstand gegen den Einheitsstaat lag infolgedessen immer auch die Hoffnung zugrunde, das Gebiet der DDR als Experimentierfeld nutzen zu können, um die im ersten Anlauf zuschanden gegangene Idealgesellschaft doch noch zuwege zu bringen. Das war bereits die leitende Absicht der Massenveranstaltung vom 4. November 1989 auf dem Berliner Alexanderplatz gewesen, und es ist das Motiv der zahlreichen grollenden Interventionen, die das Geschehen bis heute begleitet haben. Denn die Vereinigung bedeutete nichts anderes, als die falschen Verhältnisse der Bundesrepublik auf den im Gedanken richtigen sozialistischen Ordnungsentwurf der DDR auszudehnen. Damals schrieb Volker Braun, enttäuscht und verloren in seinem sozialistischen Traum, ein Gedicht mit der Anfangszeile: «Da bin ich noch: mein Volk geht in den Westen ...»

Im ganzen stand dahinter wiederum das alte linke Trugbild vom verordneten Glück. Unübersehbar war dabei, daß für die Mehrzahl der Intellektuellen die Trauer über den Verlust ihres autistischen Weltbildes schwerer wog als die einfache, menschliche Genugtuung über die Befreiung von sechzehn Millionen. Selbst die von Zensur und mancherlei Maßregelungen behinderten Schriftsteller der ehemaligen DDR klagten bald über ihre zerbrochenen Hoffnungen, und Christoph Hein verurteilte die Mauer nicht etwa als Symbol von Gefangenschaft und Unfreiheit mit Hunderten von Toten. Sein Vorwurf ging vielmehr dahin, daß sie von den DDR-Gewaltigen nicht als Chance zum Aufbau eines Sozialismus begriffen worden war, «der wirklich den Namen verdient». Das unterschied ihn und viele andere auffällig von den Intellektuellen in Polen, Ungarn oder

der Tschechoslowakei sowie selbst von den italienischen Kommunisten, die in diesem Herbst des Jahres 1989 längst begonnen hatten, das Bauwerk als «muro di vergogna», als «Mauer der Schande» zu bezeichnen.

Einiges spricht denn auch dafür, daß in der Geringschätzung der Freiheit, wie sie aus solchen Äußerungen sprach, jene Traditionen weiterwirkten, deren verfänglicher Einfluß in der Debatte über den deutschen Sonderweg beschrieben worden ist. Konnte man begründet widersprechen, wenn von Frankreich her der neomarxistische Philosoph André Gorz damals, im Blick auf diese Wortmeldungen, nicht ohne einen Anflug von Resignation bemerkte: «Die Freiheit hat in Deutschland keine Heimstatt!»?

Das grundlegende Motiv in allen Einwendungen gegen die Vereinigung, in den Verdikten über viele, oft zu Recht umstrittene Regelungen, für die Heiner Müller die bitter-triumphale Formel «Deutsche kaufen Deutsche!» ausgegeben hat, ist das Gefühl einer tiefen, identitätszerstörenden Bedrohung durch den «Westen». Es stützt auch das Sentiment für die dahingegangene DDR, die so antimodern und ärmlich, so streng in ihrer «magren Zierde» sowie gemütvoll folkloristisch gewesen war und in alledem so «deutsch», daß das Leiden daran doch wenigstens als ein Leiden an sich selber empfunden werden konnte, frei immerhin von Entfremdungsgefühlen. Solche Stimmungen reichen unterdessen weit über die PDS hinaus und hegen, im harten Kern zumindest, nach wie vor die Hoffnung, daß das Zusammenwachsen des Landes doch noch scheitern möge.

Auf überraschende, eine dem flüchtigen Blick widersprüchlich erscheinende Weise treffen sich diese Ressentiments unterdessen mit den Bestrebungen der Neuen Rechten. Nicht anders als die Linke reklamiert sie den Gegensatz von Kultur und Zivilisation, beklagt den kolonialen «Ausverkauf» des Landes, die Herrschaft der «Ware», die universalistischen Prinzipien sowie den Verlust an nationaler Identität. Ohne alle historische Befangenheit verbindet sie einzelne Fundstücke aus dem Repertoire der «Konservativen

Revolution» mit romantischen Volkstumsideologien, antikapitalistischen Affekten und einem ökologischen Radikalismus, der nicht selten den der Grünen noch übertrifft. In den anhebenden Auseinandersetzungen haben deren Anwälte zwar den Anspruch der Neuen Rechten auf das Erstgeburtsrecht an der Idee des Umweltschutzes bestritten. Doch mit besseren Gründen hat die Gegenseite erwidert, daß die Verdammung von Technik, Industrie, Großstadt und Zivilisation viel älter ist als die Bewegung der Grünen und auf den konservativen Kulturpessimismus des 19. Jahrhunderts zurückgeht.

Das Auftreten der Neuen Rechten deutet die Bewegung an, in die das überlieferte Schema der politischen Gruppierungen seit 1989 geraten ist. Rechts, links oder grün sind bisweilen kaum unterscheidbar, und wer das Stimmengewirr verfolgt, wird oftmals schwerlich feststellen können, ob eine Textstelle von Heiner Müller, aus der «Jungen Freiheit» oder beispielsweise von dem einst linken Liedermacher und späteren SPD-Politiker Diether Dehm stammt, der schon 1984 schrieb, «der deutsche Wald, die Heimat, können sich nur noch auf die Linke verlassen».

Noch stehen die Lager neben- und zuweilen auch gegeneinander. Aber wie problemlos selbst schroff konträre, wenn auch in ihrem Radikalismus geeinte Positionen zusammenfinden können, haben schon die Erfahrungen der Weimarer Jahre und der beginnenden Hitlerzeit offenbart, als kommunistische Kampfeinheiten geschlossen zur SA übertraten. Was sie trotz allen feindseligen Geschreis, aller Erbitterungen, Straßenschlachten und bürgerkriegsähnlichen Konflikte geeint hatte, war, einer Beobachtung von Gesine Schwan zufolge, die traditionelle deutsche Vorliebe für Gemeinschaftsideologien, die bereits dem «Fronterlebnis» des Ersten Weltkriegs den höheren, alle sozialen und politischen Gegensätze erlöserisch überwölbenden Sinn verliehen hatte, ehe sie dann den Kommunisten wie den Nationalsozialisten zu ihren Erfolgen verhalf.

Hinzu kommt aber, daß die Kritik am liberalen System, zu der sich beide Seiten bekannten, der gleichen Wurzel entstammte und sich erst im Lauf der Zeit in eine rechte und eine linke Richtung aufgespalten hat. Die einen starrten auf die Traditionsbrüche, die Entpersönlichungstendenzen und Nivellierungsschübe des neuen Zeitalters sowie auf die Verwandlung des Erdballs in ein riesiges, «mit Landwirtschaft durchsetztes Chicago», wie Ludwig Klages schrieb; die anderen entsetzten sich über die sozialen Verlustrechnungen, das Elend von Kinderarbeit, Vierzehnstundentag und Hinterhofexistenz. Aber nichts spricht dagegen, daß beide Seiten den gemeinsamen Ausgangspunkt wiederentdecken und erkennen, daß sie in aller zeitweilig tödlichen Verfeindung immer komplementäre, nur durch die Zufallslaunen der Geschichte getrennte, aber jederzeit vereinigungsfähige Erscheinungen geblieben sind. Dann wäre der oft gehörte Einwand vom lange obsolet gewordenen Gegensatz zwischen links und rechts in einem entscheidenden Punkt tatsächlich ins Recht gesetzt. Womöglich ist der Tag nicht fern, an dem eine neue Frontlinie die alten klassischen Scheidungen ablöst. An ihre Stelle träte dann eine politische Gegnerschaft, die Anhänger und Feinde dessen trennt, wofür «der Westen» nur ein Wort ist.

Täuscht der Eindruck, daß nirgendwo so betreiberisch wie in Deutschland die Stellungen für diese Zukunft bezogen werden? Vielleicht war die so stabil anmutende Verwestlichung der alten Bundesrepublik nur ein Reflex auf die sowjetrussische Bedrohung. Mit dem Untergang des östlichen Imperiums jedoch hat sich die Besorgnis vor dieser Gefahr weitgehend verflüchtigt, und Deutschland ist erstmals wieder auf sich gestellt. Niemand vermag zu sagen, wo es steht, wenn es bei sich steht, trotz aller Einbindung in Europa und die Atlantische Gemeinschaft. Mitunter scheint es, als sei es dabei, in seine grüblerische Ortlosigkeit zwischen Ost und West zurückzufallen mit dem Traumbild eines eigenen deutschen Weges im bislang unbetretenen Gelände zwischen Kapitalismus und

225

einem menschlichen, auf seine humanen Vermächtnisse zurückgeführten Sozialismus.

Noch ist dergleichen nur Rhetorik, die weder zur Organisation gesicherter Freiheit noch zur praktischen Regelung des gesellschaftlichen Interessenstreits, also zum eigentlich Politischen, etwas zu sagen wüßte, was mehr wäre als bloß Weltanschauung, Gesinnungsglück oder deutsch-fundamentalistische Großtheorie. Unübersehbar bleibt aber bei den einen wie den anderen die antiwestliche Stoßrichtung, und durch fast alle diese Wachträume irrlichtert, wie schwer greifbar auch immer, die Empfindung einer anderen Zugehörigkeit, weiter im Osten jedenfalls, von wo einem lange verdunkelten, jedoch nie ganz verlorengegangenen Mythos zufolge eben doch das Licht herkommt, und keine Stalinsche Verfinsterung hat es gänzlich zum Verlöschen gebracht.

Phantasmagorien, Luftbilder, Imaginationen, sicherlich. Gerade das macht aber die Verlockung zumal für die Intellektuellen des Landes aus, deren Gedankenheimat, wie schon bei den kritischen Tagesschriftstellern des 19. Jahrhunderts, vorzugsweise im Irrealen liegt. Im Sommer 1990 schrieb ein englischer Beobachter nach einer Deutschlandreise im «Observer», er habe bei zahlreichen Begegnungen im Osten wie im Westen des Landes keine einfachen Wahrheiten gehört. Dafür vieles, was mit komplizierten Träumen zu tun gehabt habe, mit Dritten Wegen, der Suche nach einer neuen Moral, mit Schuld oder Angst. Und stets schienen sich die Menschen, auf die er traf, viel darauf zugute zu halten, daß sie nicht waren wie alle Welt. Die «German Otherness», schrieb er in der damals verbreiteten Sorge vor dem wiedererwachenden Land, das sich gerade den Schlaf aus den Augen rieb und auf alte Eigenarten zurückzukommen schien, sei derzeit der gefährlichste Mythos in Europa.

Von Sonderweg und Sonderbewußtsein war dabei keine Rede. Womöglich wußte jener Reisende nicht einmal, was es damit auf sich hat. Was er wahrnahm, war die angestrengte Unruhe, auf die er überall stieß, die Lust am hochtrabend Schwierigen, an schönen

Trugbildern vor irgendeinem Horizont, weitab von der Wirklichkeit. Und was er sagen wollte, war, daß alle solche Ideen oder Skrupel, selbst die gutwilligen, nichts helfen, wenn der Sinn für das Vernünftige fehlt und die «einfachen Wahrheiten» nicht erkannt werden, deren Verlust die freiheitlichen Ordnungen mehr bedroht als alle ihre Feinde.

Nach dem Scheitern der Utopien
Probleme der offenen Gesellschaft
(1997)

Zu den nicht hinreichend beachteten Begleitumständen der Ereignisse von 1989/90 zählt, daß der Zusammenbruch des Sozialismus im Grunde ohne alles Triumphgeschrei von seiten des Westens abging. Es gab keine Siegesfeste, keine Umzüge, kein Glockenläuten, und der Tanz auf der Berliner Mauer, die Tränen und die Umarmungen in der vereinten Stadt feierten weit mehr das Wiedersehensglück als einen politischen Erfolg von geschichtlicher Bedeutung. Nie jedenfalls ist eine historische Wende von solchem Gewicht von so wenig Jubel begleitet gewesen wie diese.

Zu den Gründen dafür zählt nicht nur, daß das Desaster des Sozialismus zugleich das Desaster seiner ungezählten Sympathisanten im Westen war: in den Medien vor allem, im intellektuellen Milieu, auch in Kirchen und Gewerkschaften. Vielmehr war auch eine ungenaue Ahnung im Spiel, daß der Zusammenbruch des dualen Mächtesystems neue Bedrohungen mit sich bringen werde und daß sie kaum geringer, sondern nur von anderer Art sein werden als die Bedrängnisse, die der missionarische Kommunismus der Welt bereitet hat.

Zu den erst ansatzweise ins Bewußtsein tretenden Gefahren zählt ein Dilemma, das aus den liberalen Gesellschaften selber kommt und mit ihrem Wesen zusammenhängt. Zur großen Verführungsmacht des Sozialismus gehörte zeit seines Bestehens, daß er ein pseudoreligiöses Welterklärungssystem bot, eine große Verheißung mit der Hoffnung auf Gerechtigkeit, Frieden, Glück. Das war, ob er sich nun dazu bekannte oder nicht, seine utopische Essenz. Und seine eigentliche Suggestion gründete darauf, daß er den

228

Menschen das Utopieverlangen als gleichsam angeboren einzureden vermochte, indem er jeden Seufzer, der je auf der Welt gehört worden war, und alle Klagen über die friedlosen und ungerechten Zustände als Ausdruck der Suche nach einer ideal geordneten Gesellschaft ausgab. In ihm, so machte er glauben, hatte dieses dunkle Menschheitsverlangen endlich seine unwiderlegliche, durch das historische Gesetz geradezu wissenschaftlich begründete Gewißheit gewonnen.

Geblieben sind von alledem die Alpträume der verwirklichten Utopie. Aus dem Geisterreich, das an vielen Schreibtischen konstruiert wurde, kehrt der Mensch wieder zu sich selbst zurück. Aber zugleich ist offenbar geworden, daß zu den Bedingungen seines Daseins in der Welt auch das Verlangen nach einer Orientierung zählt, nach einer überpersönlichen Gewißheit, die ihm hilft, mit den Ungereimtheiten und tausend Nöten fertig zu werden, die das Leben selber, in welcher Ordnung auch immer, ausmachen.

Dieser Glaube ist für einen Teil der Welt mit dem Untergang der sozialistischen Regime verlorengegangen. Und im anderen Teil hatte allenfalls die Selbstbehauptung gegenüber der Bedrohung durch das sowjetische Imperium den Menschen eine überpersönliche Idee vermacht, die den Egoismus der einzelnen wie der gesellschaftlichen Gruppen bändigte und ihnen sagte, daß es noch anderes gebe als das triviale Wohlstandsglück.

Seit aber die Bedrohungen entfallen und am Wohlstandshimmel erste Eintrübungen zu beobachten sind, macht sich eine Stimmung breit, deren auffälligstes Merkmal ein rapide ansteigendes Unbehagen an der Politik ist. In verallgemeinernder Sicht besitzt es zwei Ursachen. Die eine hat mit der Erfahrung zu tun, daß alle politischen Entscheidungen angesichts der unübersehbaren, von widerstreitenden Vorstellungen beherrschten Gruppenegoismen blockiert werden und der Staat zusehends zu einer Handlungsunfähigkeit verurteilt ist, die durch die andrängende Globalisierung noch verstärkt wird; die andere entstammt der sich ausbreitenden Einsicht, daß die Politik keine Antworten auf die Orientierungsnöte hat und, anders, als viele lange Zeit glaubten, keineswegs der Boden des Glücks ist.

Die Symptome dieses in Enttäuschung und Geringschätzung umschlagenden Mißbehagens sind in allen europäischen Demokratien greifbar. Vor einiger Zeit verglich der ehemalige französische Außenminister Roland Dumas die antiparlamentarische Stimmung in Frankreich mit dem präfaschistischen Klima zwischen den Weltkriegen, in England sind innerhalb von zwanzig Jahren die zustimmenden Antworten auf die Frage, ob das Land mit sich und seinen politischen Zuständen im reinen sei, von 67 Prozent auf ganze zehn Prozent gefallen, und jeder zweite Bürger versichert, lieber anderswo und möglichst weit weg von den heimischen Verhältnissen leben zu wollen, während in Italien eine versteinerte, von Korruption und gegenseitigen Handwaschungen getragene Ordnung zusammengebrochen ist und das Gespenst eines neuen Autoritarismus umgeht, das der unlängst noch tief resignierten Linken so viele schöne Aufgeregtheiten beschert. Und in Deutschland verliert ein von Bürokratie, Besitzstandsdenken und ideologisierten Interessen zusehends blockierter Staat die Fähigkeit, mit den Problemen der inneren Sicherheit, den sozialstaatlichen Egoismen, dem Modernisierungsdruck von vielen Seiten und mit all dem ungestümen Reformbedarf, der sich angestaut hat, zurechtzukommen. Solange sich die westlichen Demokratien an den staatssozialistischen Regimen messen konnten, lag ihre Überlegenheit auf der Hand, zumindest erschienen ihre Schwächen in milderem Licht. Jetzt treten sie offen hervor.

Soweit die derzeitige Krise auf die sich ausbreitende Orientierungsverlegenheit zurückzuführen ist, spricht aber nur weniges dafür, daß irgendeine der liberalen Ordnungen sie aus eigener Kraft bewältigen wird. Denn es ist ihr großer, gleichsam angeborener Mangel, daß sie keine Orientierung für das Leben des einzelnen vermitteln. Sie halten auch keine mobilisierende Hoffnung bereit und werfen ihn auf lediglich das zurück, was er als individuelle Erfüllung begreift. Jene Postmoderne, die das verbreitete Lebensgefühl der fortgeschrittenen Industriegesellschaften ausmacht, ist im Grunde nichts anderes als der wenn auch ins Extrem getriebene Ausdruck der auf den eigenen Begriff gekommenen, ihm jedenfalls nahegerückten offenen Gesellschaft: eine Welt, in der alles geht. Wo aber alles geht, sagt die Lebenserfahrung, wird bald nichts mehr gehen, weil jede Gesellschaft ein System gegenseitiger Verantwortungen und Abhängigkeiten darstellt. Die Gegenwart aber tut so, als gäbe es weder diese Verantwortungen noch irgendwelche Abhängigkeiten.

Das ist keine neue Erfahrung, gewiß nicht, und sie ist seit der Antike wieder und wieder beschrieben worden: Ein freies Gemeinwesen, eine Stadt in Griechenland oder auf Sizilien, gelangt dank der nicht zuletzt materiellen Energien, die es über den hergebrachten strengen und streng befolgten Grundsätzen entfaltet, zu Wohlstand und sogar Reichtum. Aber schon ein oder zwei Menschenalter später beginnt das Bewußtsein für den Zusammenhang zu zerreißen, der zwischen diesen Prinzipien und dem allgemeinen Wohlergehen besteht, zwischen der Freiheit und einem Kanon unbezweifelter Normen. Und ohne daß eine sichtbare Veränderung auszumachen wäre, zersetzen die trügerischen Selbstverständlichkeiten unmerklich alles Denken: der Reichtum geht in den Luxus über, das Gefahrenbewußtsein weicht der Bequemlichkeit, und während die Gesetze, die Werte und die Gesinnungen mehr und mehr zum bloßen Spielmaterial werden, zerbricht allmählich das Fundament, auf dem der scheinbar festgegründete Bau errichtet wurde. Der ehemalige Verfassungsrichter Ernst-Wolfgang Böckenförde hat diesen zyklischen Prozeß auf die paradoxe Formel gebracht, daß die freien Gesellschaften die Voraussetzungen, die ihre Existenz gewährleisten, nicht erzeugen können, sie sogar unablässig abbauen.

Die Frage ist, wie diese Kalamität vermieden und die einmal errungene Freiheit einer Gesellschaft halbwegs dauerhaft gemacht werden kann; wo die Widerstandskräfte in ökonomischen und politischen Krisenlagen herkommen sollen, wie überhaupt denen, die unter freien Verhältnissen leben, ein Bewußtsein der prekären Natur eines solchen Gemeinwesens, das gleichsam immer dicht am Rande des Abgrunds steht, sich vermitteln läßt. Der amerikanische Politologe Francis Fukuyama hat das Dilemma mit der extrem zugespitzten, von ihm selbst «fatal» genannten Bemerkung umschrieben, daß «eine liberale Demokratie, die alle zwanzig Jahre einen kurzen, entschlossenen Krieg zur Verteidigung ihrer Freiheit und Unabhängigkeit führen könnte, bei weitem gesünder und zufriedener (wäre) als eine Demokratie, die in dauerhaftem Frieden lebt».

Der Überlegung liegt nicht nur die Einsicht in den unvermeidlich erlahmenden Freiheitswillen saturierter Demokratien zugrunde. Vielmehr spielt auch der Gedanke hinein, daß liberale Strukturen, Gewaltenteilung, Marktwirtschaft sowie das ganze Regelwerk freiheitssichernder Gesetze nur die Mechanismen geordneten Zusammenlebens sind, deren Instrumente, und nicht schon die Sache selbst. Die bleibt vom Scheitern bedroht, am Wegrand des Jahrhunderts stehen ungezählte Grabsteine zugrunde gegangener Demokratien, man denke nur an die Zwischenkriegsepoche, als mit Ausnahme der Tschechoslowakei in sämtlichen Staaten Mittel-, Ost- und Südeuropas, in dreizehn Staaten insgesamt, innerhalb kurzer Frist die gerade erst mit Befreiungsjubel errichtete Demokratie zerbrach. Gesetze und Institutionen helfen da nichts. Für uns Deutsche bietet die Geschichte der Weimarer Republik noch immer den anschaulichsten Modellfall dafür, wie vergeblich alle verfassungspolitischen Vorkehrungen sind, wenn die Menschen vergessen, was die freiheitliche Ordnung verlangt, und ihr den Rücken kehren.

Was hinzukommen muß, sind ein Kodex vorgegebener Überzeugungen, Bewußtsein für Formen und Institutionen, Vernunft und Weitsicht, auch Verläßlichkeit, Anstand und Gesetzestreue, kurz alles das, was nach wie vor der aus der Welt geratene Begriff der Bürgertugenden umschreibt: dies alles grundiert von einem wachen Sinn für die Freiheit – nicht nur ihrer Möglichkeiten, sondern, weit wichtiger noch, auch ihrer Grenzen. Aus dem überwiegend instrumentellen Charakter demokratischer Strukturen folgt, daß sie aus sich heraus wenig emotionale Kraft besitzen. Mit einer treffenden Wendung hat der aus Deutschland stammende, inzwischen in England zum Lord erhobene Ralf Dahrendorf die politischen und wirtschaftlichen Prinzipien der freien Gesellschaften «cold projects» genannt, also Verfahren mit einer gewissen Kälte, und einiges von den Enttäuschungen, die sich in den neuen Ländern nach der Vereinigung breitmachten, ist darauf zurückzuführen. Als bloße Bedingungen freiheitlicher Verhältnisse ergreifen sie niemanden, stillen keine Sehnsucht und erwärmen nicht das Gefühl. Sie sind nur eine leere Bühne in Erwartung der Akteure, die sie erst mit Leben erfüllen.

In seinem emotionslosen Pessimismus hat der französische Gelehrte Alexis de Tocqueville die Erosionsgefahren demokratischer Ordnungen schon Mitte des 19. Jahrhunderts, zum Zeitpunkt ihrer Entstehung, vorhergesagt. Zu ihren unvermeidbaren Verhängnissen rechnete er, daß sich nicht nur die Menschen auf ihre individuellen Interessen und ein bloßes Vorteilsdenken zurückzögen. Vielmehr zergingen auch alle Werte und strengeren Grundsätze zu «einer Art Gedankenstaub», so daß von ihnen keine Kraft mehr ausgeht für den so notwendigen Zusammenhalt des Ganzen. Ahnungsvoll beschrieb er die Selbstgefährdungen einer Gesellschaft, die keine tief im Bewußtsein eines jeden verankerte Überzeugungen kennt, folglich auch keinen Willen zur Freiheit mehr besitzt, und statt dessen der Sättigung unendlich vieler, in tausend Richtungen treibender individueller Launen nachjagt. Was Kurt Biedenkopf unlängst mit dem kritischen Einwurf gemeint hat, das Grundgesetz sei zu einer «Magna Charta des Egoismus» geworden, aus der jedermann Ansprüche ableite, aber keine Pflichten, ist hier bereits vorausgesehen; ebenso die mit moralischem Gestus unterbaute Forderung auf Bedienung oder Absicherung des persönlichsten Konsum- und Vergnügungsverlangens wie der Stadtteilfeste, öffentlicher Lustbarkeiten oder kürzlich, beim Bankrott eines Reiseunternehmens, der Risiken leichtsinnigen Vertragsverhaltens. Die Erfüllung solcher Ansprüche entscheidet mehr und mehr über Wohl und Wehe der demokratischen Einrichtungen und ist unterdessen nahezu ihr einziges Erfolgskriterium geworden. Es zählt zu unserer täglichen Erfahrung, daß kaum jemand sich Gedanken darüber macht, wie fatal diese Entwicklung ist. Wenn Demokratie und Wohlstand einfach gleichgesetzt werden, muß jede Einbuße auf ökonomischem Feld, jede soziale Leistungsverringerung unweigerlich auf das System selbst zurückschlagen. Denn am störungsfreien Wachstum hängen die Umverteilungschancen und damit die Empfindungen gerechter Verhältnisse, die Gleichheitsidee und alles, was angesichts so vieler anderer verlorengegangener Stützen den Menschen noch ein Gefühl der Sicherheit gewährt, mit einem Wort: die freie Ordnung und ihr Bestand überhaupt.

Nichts anderes erleben wir im Augenblick. Zwar sind die Vorbehalte erst in Ansätzen sichtbar, in wachsendem öffentlichem Mißmut, aber auch schon in Wahlenthaltung, in den Einbrüchen alter, erfolgsgewohnter Parteien sowie im Aufstieg radikaler Randgruppen von vorerst noch kurzer Lebensdauer. Aber das sind Signale, die keiner leichtnehmen sollte. Zu den glücklichen Umständen, die den Westen die Auseinandersetzung mit dem sozialistischen Lager bestehen ließen, zählt, daß ihm eine wirtschaftliche Krise wie gegen Ende der zwanziger Jahre erspart geblieben ist. Dieses Glück hat viele blind dafür gemacht, daß die offene Gesellschaft diese offene Flanke hat: sie hat Mühe, ihre eigenen Grundlagen zu wahren, und ist anfällig, ja wehrlos wie keine andere, gegen ihre Feinde.

Zugleich spüren die Menschen, wie trügerisch die Sicherheiten sind, die eine Ordnung gewährt, die nur auf materielle Kompensation zielt. Ganz offensichtlich brauchen sie eine Hoffnung, die ihr Dasein übersteigt, eine Sehnsucht nach etwas ganz anderem, Großem und Fraglosem, das ihnen eine Bestimmung oder ein Ziel gibt. In jedem Fall verlangen sie nach einem festeren Grund als dem schwankenden, von auf und nieder gehenden Wachstumskurven abhängigen Boden, auf den sie sich derzeit angewiesen sehen.

Die verbreitete Orientierungsnot hat zweifellos mit dem Niedergang der christlichen Glaubensgewißheit zu tun. Aber als diese Entwicklung im Zuge der Aufklärung einsetzte, stand gleichsam ein Ersatz bereit. Denn nichts anderes waren die im 19. Jahrhundert in einem wirren Wettlauf um die beste aller denkbaren Gesellschaftsordnungen entwickelten Utopien, die die Jenseitshoffnung auf diese Welt umlenkten und die Menschen glauben machten, das Paradies gleichsam schon auf Erden verwirklichen zu können. Zwei dieser Utopien sind geschichtswirksam geworden: der Sozialismus und, nach vielen Häutungen und Vereinigungen vieler Richtungen, der Nationalsozialismus. Und wie 1945 die Parteigänger der einen, so hatten 1989 die Anhänger der anderen Seite den Zusammenbruch ihrer Hoffnungen als eine Art metaphysischen Verlust erlebt.

Wie stark die pseudoreligiöse Verheißung war, die den innersten Kern dieser utopischen Botschaften bildete, deuten die Ersatzreligionen an, die unterdessen überall und zumal in der ehemals kommunistisch beherrschten Welt hervorschießen. Ihr auffälligster Ausdruck sind die nationalen, ethnischen oder kulturellen Auseinandersetzungen vom ehemaligen Jugoslawien bis Tschetschenien, und in der Erbitterung, mit der sie geführt werden, wird der Wille erkennbar, in einer Welt, wo alles schwankt, einen im Unvordenklichen begründeten festen Halt zu finden, wie ihn die Nation bietet, die Sprache, Religion, das Kulturbewußtsein überhaupt. Nicht wenige Beobachter glauben, die Zeit sei von einer machtvollen antirationalistischen «Grundwelle» erfaßt. Nach so vielen, 200 Jahre

währenden Schüben zu sogenannter Aufklärung und Entmythologisierung schlage die Tendenz derzeit wieder um, der Mensch fliehe
zurück in bergende Dunkelheiten und fördere aus lange verschüt-
teten Schichten die Einsicht zutage, daß sein eigentliches Zuhause
im Irrationalen liege.

In diese Richtung deutet eine Vielzahl von Erscheinungen. Das
fing im Westen vor Jahren bei den «Blumenkindern» an und setzte
sich fort in den verschiedenen Guru-Wellen, bei Baghwan, östlichen Meditationspraktiken, den immer neu auftauchenden Sekten
und subkulturellen Gruppen mit ihrem gegen die moderne Welt im
ganzen gerichteten Sonderbewußtsein. Im Ressentiment gegen das
Bestehende, und da kommen Ost und West jetzt zusammen, ist
auch das hauptsächliche Verbindungsstück zu den ausbruchartig
um sich greifenden Gewaltexzessen zu sehen (Rostock, Hoyers-
werda, Mölln oder Solingen), die anfangs im Zeichen linker, dann
aber auch zunehmend rechter Ideologien auftraten, doch im einen
wie im andern Falle nur Ausdruck eines gesinnungslosen Radikal-
Aktionismus sind, der sich lediglich geliehener Kostüme bedient.
Der neue Irrationalismus tritt aber auch literarisch in Erscheinung,
in den Massenauflagen esoterischer Werke beispielsweise, wo von
Dämonenspuk und der Wiederkunft alter Götter die Rede ist, von
Erdstrahlen, Kosmologien und Geheimlehren, in Privattheologien
und Schwarmgeistereien mit immer neuen Rezepturen für allerlei
rückschlägige Sehnsüchte. Aber auch jedes Rockkonzert offenbart
die Regressionsbedürfnisse der Massen, und es vervollständigt diesen Befund nur, daß der Rocksänger David Bowie sich unlängst
nach einem Konzert vor über 70000 Zuhörern auf die Knie warf
und in schluchzendem Ton das Vaterunser hersagte.

Das alles sind nicht grellfarbige Einsprengsel in einer zusehends
monochromer und abstrakter werdenden Welt. Vielmehr meldet
sich darin auch eine metaphysische Bedürftigkeit, der die liberalen
Ordnungen alles schuldig bleiben. Denn es ist ihr erster und oberster Grundsatz, sich um des inneren Friedens willen jede inhalt-

liche Parteinahme zu verbieten. Sie haben sich ein für allemal entschieden, nicht nach der Wahrheit zu fragen, sondern, ganz formal, nur nach der Mehrheit. Das ist ihre große Schwäche. Aber die abgelaufene Epoche hat erkennbar gemacht, daß es mehr noch ihre große Stärke ist. Denn die elementare Lehre dieser Zeit lautet, daß die Politik auf die Fragen nach Wahrheit, Sinn und rechtem Glauben keine oder nur abschreckende Antworten bereithält: Abermillionen haben diese Anmaßung mit ihrem Leben bezahlt. Gleichwohl ist dieser buchstäblich herrschende Irrglaube nicht vergangen, und noch immer richten sich die haltsuchenden Erwartungen vieler, wie in einem Reflex, auf die Politik. Doch am Ende kommt niemand daran vorbei, daß dies alles, nach so langer Vergesellschaftung, wieder zur Sache des einzelnen oder der gesellschaftlichen Gruppen werden muß. Das Verlangen nach sinnvermittelnden Antworten von seiten der Politik leistet nichts anderem als den totalitären Tendenzen Vorschub, die ebendeshalb totalitär sind, weil sie auch dafür das letzte Wort beanspruchen.

Die Schwierigkeit liegt darin, daß mit der Entkoppelung der religiösen von der politischen Sphäre auch der Grundbestand an ethischen und sinnstiftenden Vorgaben, den ein Gemeinwesen benötigt, fast unabweislich verlorengehen muß. Denn der Zusammenhang von diesseitiger und jenseitiger Welt ist keine Frage lediglich der Moraltheologie, sondern greift tief in die gesellschaftliche Wirklichkeit und ihren Alltag ein. Genau besehen haben sich die großen Weltreligionen nie auf die Glaubensbedürfnisse der Menschen beschränkt, sondern stets auch für deren Zusammenleben ein System von Regeln und Werten errichtet. Wo dies verlorengeht, kommt mehr abhanden als ein Jenseitstrost. Dahinter steht die allgemeinere Frage, wie ohne Religion und damit ohne einen Normenkatalog, der in einer anderen Welt verankert ist, überhaupt ein Ethos entwickelt und zur Richtschnur des Verhaltens ausgebildet werden kann. In den «Dämonen» hat Dostojewski die Anstrengung beschrieben, die es macht, eine Welt autonomer Menschen, das heißt ohne Gott und folglich ohne kategorisches moralisches Prinzip zu errichten. Es fehlt nicht an Bemühungen, diesem Dilemma, das aus der Glaubensverlegenheit der postchristlichen Gegenwart herrührt, zu begegnen. Hans Jonas hat ihm mit einer besonderen Verantwortungsethik zu begegnen versucht, Carl Friedrich von Weizsäcker die Grundsätze einer «asketischen Weltkultur» formuliert oder der Grünen-Politiker Joschka Fischer, angesichts der globalen Gefährdungen, das Prinzip der «selbsterhaltenden Vernunft» als eine Art Moralgesetz der entzauberten Moderne ausgerufen.

Aber alle diese neuen Morallehren entkommen dem entscheidenden Dilemma nicht: der Frage nämlich, welche Sanktionen oder Genugtuungen sie denen in Aussicht stellen, die gegen ihre Prinzipien verstoßen beziehungsweise sich ihnen fügen. Das Christentum besaß ein vielfach gestuftes System der Strafandrohungen und Belohnungen. Als Nietzsche den Tod Gottes ausrief, meinte er nichts anderes als den Einsturz dieses Moralsystems. Und wie in einer späten Entgegnung hat der amerikanische Historiker Allan Bloom unlängst bemerkt, die Suche nach einem Ersatz für die verlorene Gottesidee sei die wichtigste Frage für Gegenwart und Zukunft überhaupt, die Frage der «most modern modernity». Aber eine Antwort darauf hatte auch er nicht.

Statt dessen herrscht in den Wertfragen ein pluralistisches Stimmendurcheinander, das alles dem Belieben anheimstellt. Nach einem Gedanken des englischen Staatsdenkers Thomas Hobbes gibt es überhaupt keine Freiheit, wo nicht zugleich freiheitsbeschränkende Normen gelten, sei es in Form von Gesetzen oder, weit wichtiger noch, von selbstauferlegten Verboten. Das ist eine Überlegung, die den liberalen Gesellschaften der Gegenwart unendlich fernliegt. Ihr blinder, beinahe ungeteilter Beifall schlägt, vor allem im Kulturbetrieb, gerade denen entgegen, die den Abbau von Werten und Tabus betreiben, und es gab und gibt keinen Regelverstoß, der auf diesem Felde nicht rasche Prominenz, Umsatz, auch Einschaltquoten und Ermunterung einbrächte. Man kann es an den Bildungseinrichtungen beobachten, die unser Wertesystem als eines unter vielen behandeln und damit seine Verbindlichkeit in Frage stellen, an den Theatern, die längst zu Feierabend-Pandämonien von Obszönität und Gewalt geworden sind, an den Medien natürlich, die auf so verwirrende und ruinöse Weise die Lebensformen prägen, und selbst die Kirchen hat die herrschende Unsicherheit erfaßt, so daß sie dem Zeitgeist oder sogar den politischen Tagesparolen nachlaufen, während sie ihrem wertvermittelnden Auftrag mehr und mehr schuldig bleiben.

Man mag in solchen Erscheinungen eine Blüte selbstbestimmter, emanzipierter Kultur sehen. Aber man kann nicht daran vorbei, daß eine Gesellschaft einen Grundbestand verbindlicher Werte benötigt. Die zahlreichen Befreiungsschübe, die seit den sechziger Jahren in immer neuen Wellen über die Gesellschaft hinweggegangen sind, haben zwar manche überholten Beengungen beseitigt; auch sie sind Ausdruck eines von den Zwängen nackter Existenzsicherung befreiten Daseins und insoweit gewiß ein Gewinn. Nur muß man wissen, daß der Normenabbau, der damit zwangsläufig verbunden ist, kaum je ein Ende in sich selber findet und stets auf seine äußerste Konsequenz drängt. Dieser äußersten Konsequenz aber hält keine gesellschaftliche Wirklichkeit stand.

Denn Werte sind nicht nur Konventionen, Verhaltensregeln, Umgangsformen, wie sehr das alles auch dazugehört. Die sogenannten Sekundärtugenden beispielsweise, die in Westdeutschland vor Jahren unter Vorantritt eines amtierenden Ministerpräsidenten verhöhnt wurden und noch heute auf die skeptische Reserve der aufgeklärten Köpfe stoßen, sind keineswegs, wie schon die Protestgeneration behauptete, ein pharisäisches Instrument der Herrschaftssicherung, sondern fester Grund für den einzelnen und die Gesellschaft im ganzen. Sie verleihen Sicherheit, Vertrauen und eine Art Orientierung. Noch derjenige, der sich darüber hinwegsetzt, muß zugleich wissen, daß er gegen Gültiges verstößt. Denn eine

Gesellschaft ohne Normen kann nicht bestehen. Wer sie auflöst oder die Auflösung widerspruchslos geschehen läßt, endet unvermeidlich bei den Daseinsverhältnissen der Horde.

Das alles heißt zugleich, daß es nicht nur (und nicht einmal in erster Linie) staatliche Gesetze sein können, die den Bestand der Werte gewährleisten. Gesetze bieten nicht mehr als einen eher weiten Rahmen, hinter dem die Zone des Verbotenen beginnt. Was dagegen das Gebotene ist, das ethisch Richtige, sagen sie nicht. Und gerade dieses System von allen respektierter Übereinkünfte geht unter unseren Augen verloren. Der Satz, daß die freien Ordnungen die Voraussetzungen nicht erzeugen können, von denen ihre Existenz abhängt, drängt jedem einzelnen die Verantwortung dafür auf, diese Voraussetzungen nach Kräften zu schaffen und zu erhalten.

Nahezu alles, was sich vor diesem Hintergrund zur Sicherung freiheitlicher Verhältnisse vorbringen läßt, ist vom Geruch des Altmodischen umgeben. Aber mitunter ist das Altmodische nur das, was immer gültig ist. Noch mag es Gesellschaften geben, in denen die Werte und die Regeln größere Macht besitzen als bei uns und wo nicht jede Verletzung moralischer Prinzipien als ein Gewinn neuer Freiheiten bejubelt wird. Aber auch dort sind, als unumgängliche Konsequenz der Modernität, die auflösenden Tendenzen im Vordringen.

Erkennbar wird in alledem das alte Doppelgesicht der Freiheit, deren Verwirklichung nicht nur äußere Herrschaftsfesseln abwirft, sondern den Menschen auch aus religiösen, moralischen, familiären und anderen Bindungen entläßt. Die halbreligiösen, auf Ideologie und Führertum gestützten Zwangsstaaten dieses Jahrhunderts waren nicht zuletzt ein Versuch, dem befreiten Menschen durch eine suggestive Zukunftsidee ein Ziel und damit einen neuen Glaubensgrund, Bindungen, Kameraderien sowie Motive für sein Verlangen nach uneigennützigem Tun zurückzugeben. Vermutlich hat ihnen zu dem Massenanhang, den sie fanden, nichts so sehr wie die Tat-

sache verholfen, daß sie die Menschen nicht jener Freiheit überlie-
ßen, die viele nur als Orientierungsverlust erleben.

Dennoch gehört die Idee der Utopie, die ihnen zugrunde lag,
einer vergangenen Epoche an, und die Sinnbedürfnisse der Menschen werden sich mit solchen Verheißungen auf geraume Zeit
nicht mehr stillen lassen. Denn das Versprechen, das jede Utopie
ihrem Begriff nach enthält, muß von einem optimistischen Gene-
ralimpuls getragen sein, wie er die Epoche seit der Aufklärung cha-
rakterisierte: die von keinem Zweifel angefochtene Gewißheit, daß
der Mensch, unter wie großen Mühen und über wie viele Durch-
gangsstationen auch immer, die Unvollkommenheit der Verhältnisse überwinden und die Welt aus eigenem Willen gleichsam neu
erschaffen könne. Aber gerade dieser Glaube ist bis zum Rest aufgezehrt, zwischen ihm und der Gegenwart liegen die Tragödien der
verwirklichten Utopien.

Die Frage ist, ob auch die postutopischen Gesellschaften eine Art
Ersatz dafür ins Feld führen, welche pragmatischen Herausforderungen sie sichtbar machen können, die den Willen und die Energie
auf ein großes gemeinsames Ziel richten. Es hat während der Nach-
kriegsepoche solche Herausforderungen verschiedentlich gegeben,
von Land zu Land andere, und auch, die Länder zumindest dieses
Kontinents verbindend, die Europaidee, die den Glanz eines großen und allen einleuchtenden Versprechens verbreitete. Das eigentliche Unglück, das sich mit Begriffen wie Brüsseler Bürokratie oder
Maastricht verbindet, ist denn auch, daß sie Europa als Aufgabe
halbwegs zum Verschwinden brachten, so daß es in der Bevölkerung der Mitgliedsländer kaum noch Mehrheiten für sich aufbringen kann.

Faßt man zusammen, drängt sich der Eindruck auf, als endeten
alle Wege in immer anderen Sackgassen. Es könnte aber auch sein,
daß der Ausgangspunkt dieser Überlegungen fragwürdig ist.
Denn ihnen lag zugrunde, daß aller Lebenssinn, den ein Mensch
finden kann, von innerweltlichen oder politischen Herausforde-

rungen abhängt. Vielleicht verbirgt sich gerade darin ein moderner Irrtum.

Denn zur festen philosophischen Überlieferung seit dem Altertum zählt, daß der Mensch den Daseinssinn und die Gewißheiten, nach denen er verlangt, auch die Genugtuungen, die er zum Leben braucht, zuerst in sich selbst zu suchen habe. Zu finden sind sie, mehr als anderswo, in der Anstrengung, die aus der Wahrnehmung moralisch begründeter Verantwortungen erwächst: aus selbstlosem Tun, der Zurückstellung eigener Interessen zugunsten Dritter, aus Gesetzestreue, dem Bewußtsein erfüllter Pflichten und vielem anderen, was trotz aller individuellen Motive, die der einzelne dafür hat, stets das Ganze der Gesellschaft einschließt. Wer, dem Wort Voltaires zufolge, seinen eigenen Garten bestellt, verrichtet sein Teil für eine Ordnung, die allen zugute kommt.

Sieht man es so, fällt dem Staat die Aufgabe zu, die Voraussetzungen für die Wahrnehmung solcher Verantwortung zu schaffen, nicht mehr, aber auch nicht weniger. Heute ist er eher dabei, die Verantwortung abzubauen. Darüber hinaus muß er befestigte Linien errichten, Verteidigungsstellungen. Zu ihrer Behauptung zählt ein rigoroseres Beharren als derzeit üblich auf den wenigen elementaren Normen, die eine liberale Ordnung verlangt, die Bewahrung der Institutionen, die die Freiheit gewährleisten, sowie die Sicherung der Regeln, die das Herz ihrer Dinge sind. Viel mehr ist kaum nötig. Die Ohnmacht dagegen, die Duldung von allem und jedem im Namen der Liberalität, dient der Freiheit nicht, sondern baut sie Schritt für Schritt ab.

Was schließlich dem Staat wie den einzelnen, die ihn bilden, gemeinsam sein muß, ist ein geschärftes Bewußtsein für die permanenten Gefährdungen, denen jede offene Ordnung ausgesetzt ist. Und diese Gefährdungen kommen derzeit nicht so sehr von den falschen Propheten, die den Menschen nur Versprechungen bieten, die sie schon einmal nicht halten konnten. Das wird sich erschöpfen. Sie erwachsen viel eher aus diesen Gesellschaften selbst, aus ihrer Bequemlichkeit, der Tendenz zur Überdehnung der Freiheit im Namen der Freiheit; aus der Verwirrung der Begriffe, dem Abbau der Normen, der Lust an der Destabilisierung, den Ressentiments gegen die moderne Welt im ganzen und noch vielem, was für jeden von uns die Erfahrung jeden Tages ist.

Doch bleibt die freie Ordnung selbst dann noch ein Experiment wider alle Wahrscheinlichkeit. Denn sie gründet auf einer Reihe von Voraussetzungen, die strenggenommen gegen die menschliche Natur gerichtet sind: auf einem System der Instinktverleugnungen und Selbstverbote, auf der Duldung und sogar Privilegierung von Minderheiten sowie auf immer neuen Anstrengungen, die nicht von äußeren Notwendigkeiten erzwungen sind, sondern «nur» der Stimme der Einsicht folgen. Und sie bietet für alle diese Ansprüche kaum Rechtfertigungen und jedenfalls keine Verheißungen mit einem grandiosen Weltenprospekt als Ziel. Das einzige Versprechen der freien Gesellschaften ist die prekäre, immer von Ungewißheit umgebene Aussicht auf ein zuträgliches Zusammenleben von Menschen mit Menschen. Vielleicht ist die Bewahrung der Freiheit nicht gleich, wie Tocqueville gemeint hat, eine «Kunst». Aber von selbst erhält sie sich auch nicht, und an ihre Gefährdungen wieder und wieder zu erinnern hat man weit mehr Gründe, als die meisten sich träumen lassen.

Ich möchte mit diesen Überlegungen ein Bewußtsein dafür schaffen, daß, ganz im Gegensatz zum gedankenlosen öffentlichen wie privaten Meinen und Verhalten, ein Leben in Verhältnissen, wie sie in dem begünstigten Teil des Landes unter glücklichen Umständen geschaffen wurden und in den neuen Ländern unter großen Mühen gerade entstehen, keineswegs zu den Selbstverständlichkeiten zählt; daß dergleichen nicht gelingen und keine Dauer haben kann ohne die Mitwirkung eines jeden, ohne tätige Phantasie und den Sinn fürs Ganze. Die verbreitete Absenz von der Politik ist deshalb eine so besorgniserregende Erscheinung, weil sie die Lebensbedingungen dieser Ordnung nicht nur ignoriert, sondern abbaut.

Zwar hat die Bundesrepublik in ihrer früheren und in der vereinten Gestalt eine ernste Bewährungsprobe noch nicht ablegen müssen, und es war und ist leicht mit der Bejahung ihrer Verhältnisse, solange ein Zusammenhang von Demokratie und Wohlstand oder doch Hoffnung auf einen solchen besteht. Aber darauf läßt sich keine große Zuversicht gründen. Zum unverdienten Glück von uns allen zählt, daß seit dem Zusammenbruch der kommunistischen Verheißung weder eine gedankliche noch eine reale Alternative existiert, in deren Zeichen das freiheitliche System in Frage gestellt werden könnte.

Aber manchmal fragt man sich auch, ob ein solcher Gegner uns allen nicht guttäte: gleichsam als die Feder, die unsere Ordnung in Spannung hält. Der Gorbatschow-Berater Georgi Arbatow hat im Herbst 1989, als die Krise der Sowjetunion schon spürbar, aber noch nicht zum Ausbruch gekommen war, bei einem Besuch in Bonn gesagt: «Wir werden euch etwas Furchtbares antun. Wir werden euch den Feind nehmen. Seht zu, ob ihr damit zurechtkommt.» Das bezeichnet in der Tat einen Teil der Schwierigkeiten, mit denen die hochentwickelten demokratischen Ordnungen heute zu tun haben. Aber die tiefere Ursache ist der Mangel an festem Grund. Er geht auf die Gleichgültigkeit zurück, mit der die liberalen Ordnungen, ihrem Wesen entsprechend, die so leidenschaftlich erwarteten Antworten auf das Sinnproblem des modernen Menschen verweigern. Jeder muß die Antworten selber finden. Diese Mühe ist unvermeidlich. Doch was man die innere Verfassung der Freiheit nennt, hat damit zu tun. Deshalb ist es gerechtfertigt, von der «schwierigen Freiheit» zu sprechen.

Historische Porträts
und
Betrachtungen

Noch einmal:
Abschied von der Geschichte

Polemische Überlegungen zur Entfremdung von Geschichtswissenschaft und Öffentlichkeit

(1977)

Ein Mensch ohne Geschichte ist wie ein Gesicht ohne Augen.

Polybios

Wenn Bücher ihre Schicksale haben, so haben ihre Titel sie mitunter auch. Im Jahre 1946, inmitten des zertrümmerten, schuldbedrückten und ratlosen Nachkriegsdeutschland, veröffentlichte Alfred Weber eine Schrift, die zu den bedeutenden Zeugnissen der moralischen Besinnungsliteratur jener Zeit rechnet. Schon während der Endphase des Krieges geschrieben, suchte sie aus der Erfahrung des Hitler-Regimes Folgerungen zu ziehen und die allgemeine Erschütterung für einen Impuls grundsätzlicher Neuorientierung fruchtbar zu machen. Sie trug den Titel «Abschied von der bisherigen Geschichte», wurde diskutiert, viel berufen – und vergessen.

Bewahrt jedoch und ins Arsenal geschichtskritischer Standardformeln übernommen wurde der Titel des schmalen Bandes, wenn auch mit einer kennzeichnenden Abwandlung. Als Verfasser des «Abschieds von der Geschichte» sieht Alfred Weber sich noch heute gelegentlich in Anspruch genommen.

Offenkundig ignoriert diese Veränderung die These des Buches und erweitert sie ins Prinzipielle. Aber die Frage ist, ob die Verfälschung nicht gerade eine Wahrheit ans Licht gebracht hat; ob nicht Geschichte oder doch die zur Geschichte gerinnende Politik weithin noch immer betrieben wird, als habe es die monströse Erfahrung des Hitler-Reiches, die Alfred Weber als Endphase eines jahr-

247

hundertelangen Irrwegs beschrieben hat, nicht gegeben; während das, was man «Abschied von der Geschichte» nennen kann, zumindest in diesem Land, tatsächlich stattgefunden hat.

Dieser «Abschied» war zunächst vom Blick auf das Dritte Reich selber inspiriert: mit ihm, dem grauenvoll zu Ende gegangenen, wollte ein verbreitetes Empfinden die ganze eigene Geschichte vergessen. Eine Rolle spielten dabei zunächst gewiß die im ganzen zwar gutgemeinten, aber grobschlächtig, naiv und auch nicht ganz ohne Spuren von Selbstgerechtigkeit unternommenen geschichtspädagogischen Bemühungen der Siegermächte. Darin sah Deutschland sich als die ewig renitente, im Daueraufstand gegen alle Normen der Gesittung und Humanität verharrende Nation dargestellt. Lange Ahnenreihen, bis zurück zu Luther oder gar Arminius dem Cherusker wurden konstruiert, um diese These zu erhärten, und bald erschien die Geschichte des Landes vielen als eine einzige Abfolge von Irrtum, Schuld, Aggressivität und moralischer Verweigerung, die im Hitler-Regime nur ihren konsequenten, eigentlich unvermeidlichen Ausdruck gefunden hatte. Für manche Menschen sei die Geschichte «just one damned thing after another», hat Arnold Toynbee einmal, wenn auch in anderem Zusammenhang, gesagt; den Deutschen jener Jahre schien sie das auf ganz buchstäbliche Weise zu sein. Und so war es nicht eigentlich ein Abschied von der Geschichte, was damals stattfand, sondern ein halb aus Überdruß, halb aus dem Bedürfnis nach Selbstverleugnung unternommener Versuch, überhaupt aus der Geschichte auszutreten und gleichsam nur noch, wie Leberecht Hühnchen, den eigenen Garten zu bestellen.

Wie immer bei solchen allgemeinen Stimmungsumschwüngen waren die Symptome überall greifbar, auch im scheinbar Äußerlichen. Die Vergangenheit, ihre Zeugnisse, Traditionen und Maßstäbe wurden vielfach aus keinem anderen Grunde verworfen als weil sie Vergangenheit waren. Max Rychner hat vor Jahren einmal vom «deutschen Hang zum Wegwerfen und Erbverschleudern» gesprochen, in dem sich ein «moralüberspanntes und trotzdem geistig verantwortungsloses» Verhalten offenbare: das wurde nun zu einer Erfahrung auf nahezu allen Ebenen. Die zweite, in den Nachkriegsjahren vollbrachte Zerstörung der deutschen Städte war dafür ebenso kennzeichnend wie die sogenannte «Kahlschlag»-Literatur, deren Vertreter alle Tradition leugneten und literarisch die «Stunde Null» proklamierten. Auch die nach 1945 vorgenommene Umbenennung von Straßen und Plätzen gehört hierher, die mitunter nicht einmal Erinnerungen schonte, die auch einer kritischen Überprüfung ihres historischen Bezugspunktes hätten standhalten können. In Berlin beispielsweise wurde der Belle-Alliance-Platz nach Franz Mehring, ein Teil des Lützow-Ufers nach einem inzwischen vergessenen Finanzsenator umbenannt. Lauter Abschiede jedenfalls und Traditionsbrüche: verbissen, übereifrig und getrieben vom Bedürfnis nach radikaler Selbstverleugnung.

Die Geschichtswissenschaft, deren Gegenstand naturgemäß im Mittelpunkt des mächtig hervorbrechenden Absageverlangens stand, blieb begreiflicherweise davon nicht ausgenommen. Auf Jahre hin schien sie nahezu verstummt und wie paralysiert durch den verbreiteten «antihistorischen Affekt», von dem Theodor Schieder gesprochen hat. Was neben der meist ins Allgemeine ausgreifenden Beklemmungsprosa jener Zeit an historischen Arbeiten vor allem zur jüngeren Geschichte erschien, stammte bezeichnenderweise, von wenigen Ausnahmen abgesehen, aus der Feder von Emigranten sowie vor allem von englischen und amerikanischen Historikern.

Inzwischen sind dreißig Jahre vergangen, doch man spricht, ungeachtet einer Fülle von historischen Publikationen, noch immer von einer «Krise der Geschichte». In der Tat ist diese Krise unleugbar. Nur hat sich ihr Bild charakteristisch verändert. Denn all die Verdrängungsbedürfnisse der Nachkriegsära, die Nullpunktgelüste und Abschiedsneigungen sind lange dahin; desgleichen die Jahre eines dimensionslosen Gegenwartskults, die ihnen folgten, sowie

249

auch der kurze und hektische, im Zeichen überwiegend linker Utopien stehende Versuch, die Zukunft in Besitz zu nehmen; er ist inzwischen in Enttäuschung und teilweise militante Resignation umgeschlagen. Seit die Zukunft mehr und mehr an suggestiver Kraft eingebüßt hat und ihre Schrecken größer anmuten als ihre Verheißungen, scheint es, als wendeten die Menschen ihr Gesicht wieder nach rückwärts, der Vergangenheit zu. Die nostalgischen Wellen, deren Zeugen wir sind: die vielfältigen Bemühungen, die Reste überkommener Bausubstanz zu erhalten; die Besinnung auf regionale Traditionen, in denen ein Stück geschichtlich legitimierter Identität greifbar wird, sowie schließlich auch die Erfolge historischer Ausstellungen oder popularisierender Geschichtswerke über Germanen, Phönizier, Römer und Staufer – das alles ist vielleicht noch nicht das sich offenbarende Geschichtsbewußtsein selbst; aber sicherlich sind es unübersehbare Hinweise auf die Bereitschaft, es zurückzuerwerben und zumindest den Versuch anzustellen, historische Orientierungspunkte wiederzufinden.

Es sind Versuche einer von der Geschichtswissenschaft im Stich gelassenen Öffentlichkeit. Während die Fachhistoriker noch mit Wolfgang Mommsen von einem Rückgang des «schlicht antiquarischen Geschichtsinteresses» sprechen und die historische Indolenz der Öffentlichkeit beklagen, hat sich der Umschlag längst vollzogen. Noch nie in der Geschichte der Bundesrepublik hat es ein derartig breites, ganz elementares Interesse an der Vergangenheit gegeben. Es beschränkt sich nicht nur auf die ältere oder doch länger zurückliegende Geschichte; vielmehr umfaßt es auch und gerade das, was wir «Zeitgeschichte» nennen. Dafür sprechen inzwischen nicht mehr nur die Erfolge populär vereinfachender, den Eklatcharakter jener Jahre in Rechnung stellende Arbeiten, sondern auch die Auflagen historisch anspruchsvoller Darstellungen. Desgleichen kann man auf die sprunghaft gewachsene, vielfach engagiert sich meldende Anteilnahme an Fernsehserien, Filmen oder Diskussionsveranstaltungen zur jüngeren Vergangenheit verweisen. Das eine wie das andere aber macht auf ein offenbar schon geraume Zeit empfundenes Defizit aufmerksam: das Unvermögen der Historiker über mehr als dreißig Jahre hinweg, Gedanke und Gefühl der Öffentlichkeit für das, was damals geschehen ist, wirksam zu mobilisieren. Der mit Vorliebe gegen alle Formen optischer Darbietung gerichtete Einwand, hier werde erst durch ein Medium, mit dem die Geschichtsschreibung unter keinen Umständen Schritt halten könne, das Interesse geweckt, verfängt nicht. Ein Interesse, das geweckt werden kann, ist auch vorhanden. Die Mittel, es zu aktivieren, gibt es immer. Auch das Wort ist eines. Man muß es nur zu gebrauchen wissen. Vor allem muß man es gebrauchen wollen. Nicht die Öffentlichkeit verharrt folglich störrisch beim «Abschied von der Geschichte». Vielmehr hat die Geschichtswissenschaft die deutsche Öffentlichkeit aus ihrer Vorstellung verabschiedet und gibt sich selbstvergessen ihren akademischen Lüsten und Glasperlenspielen hin. Sie weiß nicht, daß sie ein Publikum hat, und läßt dessen Erwartungen immer wieder ins Leere laufen. Dem engen Zirkel der Fachleute zugewendet, in ihre entrückten Nachdenklichkeiten vertieft, hegt sie einen heimlichen, wenn auch bemüht wirkenden Stolz für exklusive Auflagen und hält sich einiges auf den Staub der Bibliotheken zugute.

Die Neigung, sich der Öffentlichkeit zu entziehen, offenbart sich vor allem auf zweifache Weise. Die eine Gruppe der Historiker retiriert ins Spezialistentum und entwickelt eine Obsession für das zunehmend enger formulierte Thema. Gewiß wäre es unsinnig, den Wert der thematisch begrenzten Monographie, der einsichtsvermittelnden Detailuntersuchung zu bestreiten, es gibt von Bracher, Hillgruber, Jäckel, Nolte und anderen Spezialstudien von hohem, erkenntnisförderndem Rang. Hinzu kommt, daß angesichts der besonderen Situation nach dem Untergang des Dritten Reiches viel an geduldiger Einzelarbeit geleistet werden mußte, ehe für größere Arbeiten das Fundament bereitet war.

Aber dies ist eines; etwas ganz anderes jedoch ist jene Flut von

Schriften mit bizarr überzogener Fragestellung, die sich mitunter wie die Produkte einer ebenso verlegenen wie phantasielosen Titelhuberei ausnehmen. Sie haben nichts zu tun mit der Erkundung der weißen Fläche im Geschichtsbild, sondern dehnen diese, durch thematische Verfehlung, eher noch weiter aus. Jacob Burckhardt hat gelegentlich über die Autoren solcher Mikrowissenschaft gesagt, sie wüßten nicht, wie lange ein Menschenleben dauere und wieviel Zeit ein Leser an dergleichen wenden könne. Strenggenommen gar keine. Man solle bei der Abfassung einer Monographie, mahnte er, stets den «Agricola» des Tacitus in Reichweite haben und sich einschärfen: je weitläufiger, desto vergänglicher. Ein englischer Historiker, so hat er warnend hinzugefügt, habe sich bei der selbstversunkenen Erforschung der schottischen Predigten des 17. und 18. Jahrhunderts eine Gehirnlähmung geholt.

Jedenfalls liegt in der Beschränkung aufs Kleinmeisterliche, die sich in der derzeitigen Zeitgeschichtsschreibung so großtut, einer der Gründe für die Entfremdung zwischen Geschichte und Öffentlichkeit. Eine ausufernde Studie über die Seeckt-Krise, über «Theorie und Praxis des sittlichen Lebens im Dritten Reich» oder die Soziologie der SA im Emsland wird denjenigen nicht erreichen, dem der historische Zusammenhang alles dessen unbekannt ist; das heißt, daß die Detailstudie erst als Vorarbeit für umfangreichere, einen größeren Zeitabschnitt erfassende Darstellungen ins Recht gesetzt wird.

Aber diese Darstellungen bleiben aus. Über das NS-Regime beispielsweise ist bis heute strenggenommen keine umfassende Arbeit erschienen, die auch nur einen Teil der zahllosen Einzeluntersuchungen sachverständig verarbeitete. Der französische Historiker Fustel de Coulanges äußerte um 1880 vor seinen Hörern an der Sorbonne: «Nehmen Sie an, hundert Fachleute teilten unter sich die Vergangenheit Frankreichs auf, so daß jeder einen besonderen Abschnitt erhält. Glauben Sie wirklich, daß dabei am Ende eine Geschichte Frankreichs herauskommt? Ich bezweifle das sehr. Es wird dem Leser zumindest der Zusammenhang der Ereignisse fehlen. Aber auch dieser Zusammenhang ist eine geschichtliche Wahrheit.»

Das ist auch der Grund dafür, warum zum Beispiel die große Hitler-Biographie Alan Bullocks mehr zum Geschichtsverständnis der deutschen Öffentlichkeit beigetragen hat als alle die Hunderte von Einzeldarstellungen, die Jahr für Jahr erscheinen. Zwar haben viele von ihnen Bullocks Werk streckenweise überholt und auch dessen später leicht revidierte Hauptthese, daß der entscheidende Antrieb für die Laufbahn des Diktators der Hunger nach Macht gewesen sei, außer Kurs gesetzt. Aber eine überaus wichtige Einsicht vermittelt dieses Werk noch immer, und das vielleicht gerade des einen oder anderen seiner Mängel wegen. Bullock hat es schon in den späten vierziger Jahren, bei vergleichsweise dürftiger Quellenlage, zu schreiben begonnen, und kein Zweifel ist möglich, daß der Autor sich des Risikos, das er einging, nicht bewußt gewesen wäre.

Daß er es dennoch auf sich nahm, hatte mit seinem Sinn für das Bedürfnis der Zeitgenossen nach einer zusammenhängenden Deutung der Ereignisse zu tun, in dem zugleich das Bewußtsein des Historikers für seine Verantwortung lebendig ist. Wer nach den Motiven für die Blickverengung der deutschen Geschichtswissenschaft fragt, wird allenthalben auf eine tiefeingewurzelte Scheu vor gerade diesem Wagnis stoßen. Rechtfertigend heißt es, man bedürfe noch weiterer Forschungen und Quellenfunde, ehe die größeren Darstellungen geschrieben werden könnten. Aber alle wissen, daß das Gegenteil richtig ist. Denn keine Epoche der Geschichte ist so breit dokumentiert wie die Zeit des Dritten Reiches oder selbst die der Weimarer Republik, und das Problem der Historiker besteht schon lange nicht mehr im Mangel, sondern in der nahezu unüberschaubaren Fülle des Materials. Waldemar Besson hat schon Ende der sechziger Jahre dazu aufgefordert, die Phase der Stoffbeschaffung endlich zu beenden und mit dem Versuch großer, interpretierender

Zusammenfassungen zu beginnen. Die Forderung ist nicht aufgegriffen worden. Nach wie vor schaffen die Historiker Materialien zutage, die das Bild jener Zeit nicht spürbar verändern, sondern geradezu darauf angelegt scheinen, den Fisch im Wasser zu ersäufen. Man muß wohl, will man den Ursachen für den herrschenden Kult des Bruchstücks auf den Grund kommen, einen Blick auf den Universitätsbetrieb werfen. Die Ausbildung der deutschen Historiker erfolgt noch immer ausschließlich nach Gesichtspunkten der wissenschaftlichen Akribie. Dagegen ist im Grunde nichts einzuwenden. Aber täuscht man sich wirklich in der Annahme, daß viele der Kleindetailabhandlungen, wie sie vor allem die Promotionspraxis beherrschen, nur in Auftrag gegeben werden, um Zubringerdienste für die nachfolgenden Detailabhandlungen der Professoren zu leisten? Jedenfalls wird in dieser Art von universitärem Dienstleistungsbetrieb, der vielfach noch immer besteht, von frühauf alles erstickt, was den wirklichen Historiker ausmacht: Überblick, Assoziationsvermögen, der Sinn für Zusammenhänge, Urteilskraft sowie schließlich auch die schriftstellerische Qualität; statt dessen wird eine Enge und Fußnotenseligkeit vermittelt, die ihre absurde Pedanterie zum selbstlosen Dienst an der Wissenschaft stilisiert.

Das Unvermögen, Zusammenhänge zu erfassen, hat inzwischen auch den Schulunterricht erreicht, jedenfalls sofern die Geschichte als Unterrichtsfach nicht überhaupt beseitigt und beispielsweise, wie in Berlin, durch die sogenannte Politische Weltkunde ersetzt ist oder im Rahmen der Oberstufenreform überhaupt abgewählt werden kann. Es ist nicht mehr als ein pädagogischer Gemeinplatz, daß der fehlende Überblick das Geschichtsverständnis überaus erschwert. Erst vor dem Panorama einer ganzen Epoche entwickelt sich der Sinn fürs Detail und das Interesse daran. Im heute vielfach betriebenen, sogenannten problemorientierten Geschichtsunterricht, der sich nur noch einzelne «relevante» Aspekte aus dem Gesamtbild herausgreift und hintergrundlos durch die Zeiten verfolgt, ist die Verhinderung geschichtlichen Verstehens geradezu institutionalisiert worden. Hinzu kommt, daß dies alles meist im Zeichen einer der Emanzipations- und Entlarvungstheorien erfolgt, wie sie die ideologische Mode derzeit anbietet und die den freilich unstreitigen Vorzug haben, die Antwort meist schon in der Fragestellung mitzuliefern. Ihre Wortführer behaupten, die Schüler zureichender auf die Probleme und Entscheidungslagen vorzubereiten, denen sie sich gegenübersehen werden. Doch indem man die Geschichte auf das gegenwärtig richtig und wichtig Erscheinende einengt, fixiert man zugleich das Bild der Zukunft, während diese selber alle Offenheit einbüßt und zur bloßen Projektion gegenwärtiger Bewußtseinszustände erstarrt. Am Ende wird dann Geschichte nur noch instrumental zur Indoktrination für vordergründige politische Zwecke benutzt – oder aber einfach verdrängt.

Diese Methode spiegelt, wenn auch vielfach gebrochen, einen Richtungsstreit wider, der seit geraumer Zeit entbrannt ist. Ungeachtet aller geschichtstheoretischen Kontroversen im Verlauf der Vergangenheit hat es selten eine so heftige und anhaltende Auseinandersetzung über die tauglichste historische Methode gegeben wie in unserer Zeit. Doch so wichtig diese Frage ist, drängt sich nicht selten der Eindruck auf, hier stünden sich zwei Widersacher in der am Ende doch gemeinsamen Absicht gegenüber, immer aufs neue, mit ständig sich wiederholenden Argumenten, die Überlegenheit der eigenen Theorie zu begründen, um dem Beweis in der Praxis zu entkommen. Jedenfalls bleiben die Werke, die doch die eigentlich überzeugenden Belege für den Vorzug der einen oder anderen Auffassung wären, angesichts der homerischen Leidenschaft, mit der die Streitenden einander gegenüberstehen, ungeschrieben. Unnötig zu sagen, daß der Gegenstand der Meinungsverschiedenheit, in dem sich die Vertreter der traditionellen und der sozialgeschichtlichen Richtung gegenüberstehen, selbst dem historisch interessierten Publikum unendlich fern ist. Der Verdacht meldet sich daher auch, dieser ganze Methodenstreit sei, neben dem Rückzug ins Spezialistentum, hier wie dort vor allem als Methode interessant, sich den Ansprüchen und Bedürfnissen der Öffentlichkeit zu entziehen.

Zweifellos zutreffend ist, daß soziale Erscheinungen, wirtschaftliche Faktoren, strukturelle Daten, nicht zuletzt mit dem Beginn der Industriellen Revolution, zunehmend an Bedeutung gewonnen haben – wie in der Realität, so auch im Verständnis dessen, was Geschichte ist. Und unstreitig hat auch die Verlängerung sozialgeschichtlicher Fragestellungen in die weitere Vergangenheit hinein der Erkenntnis voraufgegangener Epochen neue Zugänge eröffnet. Aber, so muß man auch sagen, diese Aspekte revolutionieren die Geschichtsschreibung nicht; sie liefern ihr nur zusätzliches, reicheres Material. Gleichzeitig erweitern sie die historische Darstellung und erschweren sie damit. Sie sind eine zusätzliche Herausforderung an den Historiker, nicht mehr und nicht weniger.

Keine neuartige Herausforderung im übrigen. Materielle Interessen und soziale Phänomene sind von aller jüngeren Geschichtsschreibung als antreibendes Element erkannt und berücksichtigt worden, man kann für Deutschland die Namen Lamprecht, Schmoller oder Hintze nennen, für Amerika Charles Beard und die Schule der New History, für Frankreich bis auf Hippolyte Taine zurückgehen – doch haben die Historiker meist diese «Trivialität als Trivialität» betrachtet und sie nicht «zur umwälzenden Entdeckung» aufgespreizt, wie Ernst Nolte zutreffend bemerkt hat. Räumt man indessen dieser Betrachtungsweise im Zeichen der «Gesellschaftsgeschichte» den Vorrang vor allen übrigen ein, verschärft und verengt man sie noch durch konsequent strukturanalytische Ansätze und verbindet die Darstellung gar mit dem «Interesse an emanzipatorischen Entwicklungsprozessen, an der Durchleuchtung der Widerstände gegen sie und an der Vermehrung ihrer Durchsetzungschancen», wie man beispielsweise, in programmatischem Tonfall, bei Hans-Ulrich Wehler lesen kann, so geht man ihrer offensichtlichen Vorzüge leicht verlustig.

Vor allem gerät die unverzichtbare Vielfalt historischer Perspektiven aus dem Blick. Auch der Einsicht werden Schranken gesetzt. Ein Phänomen wie der Nationalsozialismus beispielsweise oder gar die Figur Hitlers können gesellschaftshistorisch allein sicherlich nicht ausreichend begreiflich gemacht werden. Gewiß, die Weltwirtschaftskrise, das Dilemma des demokratischen Parteiensystems, die soziale Dynamik der SA oder die Prozesse sozialer Umschichtung: das alles und anderes mehr liegt allzu deutlich zutage, als daß es für Aufstieg und Machteroberungsprozeß Hitlers außer Betracht bleiben könnte. Die Rassenpolitik des Regimes jedoch mit ihrer Endlösungsmanie, sein radikaler Kriegs- und Katastrophenwille oder seine späte Untergangseuphorie: durchweg Elemente, die ebenso zum Verständnis des Ganzen, sogar zu dessen innerstem Wesen gehören, bleiben bei diesem methodischen Ansatz unerklärbar. Sicherlich ist die Geschichte nicht eine einzige Abfolge von Haupt- und Staatsaktionen, oder, fachlich ausgedrückt, sie erschöpft sich nicht in der engeren politischen Geschichte; auch läßt sie sich nicht als das offene Manövrier- und Aktionsfeld sogenannter großer Männer verstehen, die als freischwebende Willensenergien den Weltenlauf auf Bahnen stoßen, die Willkür oder Wahnwitz ihnen soufflieren.

Aber das darf man nicht, wie häufig, bis zur radikalen Entpersonalisierung historischer Vorgänge treiben. Denn nach wie vor, allen wohlbegründeten Theorien zum Trotz, interessiert den Menschen nichts so sehr wie der Mensch. Bezeichnenderweise gewinnt der Geschichtsverlauf in den scharf nachgezeichneten Strukturanalysen häufig einen unverkennbar konstruierten Charakter. Die Widersprüchlichkeiten, die jeder Entwicklung innewohnen, die Zufälle, Unberechenbarkeiten, kurz: die Freiheit im Verhalten kommt dabei abhanden, und was immer geschieht, scheint einem verborgenen Gesetz zu gehorchen. In begriffliche Zusammenhänge gezwängt, wirken die Ereignisse eigentümlich determiniert, und mitunter stellt sich der Eindruck her, der alte Schicksalsbegriff tauche hier in rationalistischem Aufputz wieder auf.

Das ist denn auch das eigentliche Dilemma der sozialgeschichtlichen Methode: ihre Vertreter wissen fast durchweg nichts vom Menschen, von denen, die man groß nennen mag sowenig wie von den kleinen. Es steht, geht man der Sache auf den Grund, eine ganz und gar absurde Anthropologie hinter dieser Auffassung. Sie reduziert den Menschen zum Bündel mechanischer Reflexe auf das jeweils erkannte materielle Interesse. Doch bedarf es keiner großen psychologischen Einsicht, um zu erkennen, daß die Menschen sich nur selten am unmittelbaren, krassen Vorteil orientieren. Denn oft erkennen sie ihr Interesse nicht, oft handeln sie auch geradezu dagegen: aus Angst, Liebe, Haß, Hingabebereitschaft oder aus Gründen sei es der Moral, sei es der Perversion von Moral. Immer sind ihre Motive verschlungen, widersprüchlich, oft rätselhaft, wäre es anders, benötigte man keine Psychologie, sondern nur eine Art Reaktionsphysik. Das Unvermögen der konsequent betriebenen Sozialgeschichte, die komplexe Natur des Menschen zu erkennen, bewirkt eine geisterhafte Leere in nahezu allen ihren Arbeiten. «Man spielt hier den Hamlet ohne den Prinzen von Dänemark», hat Golo Mann einmal geäußert – und es machte gerade Erfolg und Wirkung mancher, unter streng fachlichem Aspekt vielleicht problematischen Auseinandersetzung mit der Hitlerzeit aus, daß man hier den Prinzen wieder auf die Bühne und vor die Zuschauer stellte, und Ophelia, die Königin, Rosenkranz, Güldenstern und den Geist des ermordeten Vaters auch.

Bezeichnenderweise gilt die äußerste Geringschätzung der sozialgeschichtlichen Schule der sogenannten Ereignisgeschichte, der erzählenden Darstellung historischer Zusammenhänge. Alle wahrhaft moderne Geschichtsbetrachtung, so lautet die Begründung, ziele vor allem auf Analyse und Kritik. Und tatsächlich sind die Hervorbringungen zahlreicher Sozialhistoriker oft weniger Geschichtsschreibung als kritische Gutachten zur Geschichte und, über diesen Umweg, zugleich zur gesellschaftlichen Situation der Gegenwart. Aber die Frage ist, ob sich dahinter nicht ein grandioses

Mißverständnis verbirgt; ob nicht eine historische Betrachtungsweise, die den Radius ihres Interesses auf wirtschaftliche und soziale Aspekte verengt, die Verhältnisse in der ökonomisch domi-
nierten Bundesrepublik genauer spiegelt, als ihr selber bewußt ist,
so daß sie eher als Ausdruck affirmativer Tendenzen im Gewande
der Kritik gelten kann und ebenjenen Zustand offenbart, als dessen
Widerpart sie sich aufführt.

Die moderne Geschichte habe die Aufgabe, war unlängst zu lesen, der gesamten Vergangenheit den Prozeß zu machen. Es steht
ein naives Bedürfnis nach intakter, «richtiger», nach Gegenge-
schichte hinter solchen Vorstellungen: es geht nicht um die Beschreibung und Analyse dessen, was nach bestem, auch kritischem
Verständnis sich ereignete, sondern was sich eigentlich hätte ereig-
nen sollen. Einen Zusammenhang verstehen zu wollen, heißt danach fast schon, den Beruf zum Historiker zu verraten. Und es ist
diese Haltung, aus der die Abneigung gegen die erzählende Geschichte kommt: Wer erzählt, lasse sich immer schon halben Wegs
auf die Zeit, die Menschen und die Voraussetzungen ihres Verhaltens ein, die Erzählung korrumpiere das strenge Urteil – auf diese,
eingestandenermaßen zugespitzte Formel ließe sich das Motiv der
radikaleren Vertreter der sozialanalytischen Schule für das Verdikt
über die herkömmliche Darstellungsweise bringen.

Aber wirkliche Geschichtsschreibung ist immer erzählend, alles
andere ist nur Material- und Schlepperdienst. Ranke hat einmal be-
wundernd eingeräumt, daß die Art, in der Walter Scott historische
Romane schrieb, doch der Geschichte am ehesten gerecht werde.
Gewiß bedarf das mancherlei Einschränkungen. Die Darstellung
historischer Abläufe kann unterdessen auf analysierende Ausgriffe
und statistische Daten nicht mehr verzichten. Aber wenn es um
Verbreitung von Erkenntnissen, um Bewußtmachungsprozesse
geht, wenn also Geschichtsschreibung sich an ein Publikum wenden soll, kommt es entscheidend darauf an, die Zahlen zum Leben
zu erwecken und aus toten Diagrammen Funken der Einsicht zu-

tage zu fördern. Die statistischen Kolonnen dagegen, die Zahlenhaufen, die viele Sozialhistoriker, wirr und selbstgefällig, vor dem Leser ausschütten, dokumentieren nicht mehr als einen subalternen Fleiß, der sich nicht über sein Material zu erheben vermag. Schreiben heißt immer auch Weglassen, aus dem tausendfältigen Geflecht verworrener Zusammenhänge herauszufinden und ordnend ins Gleichgewicht zu bringen, was sich zum möglichst authentischen und anschaubaren Bild zusammenfügt. Manche Leute seien verblüfft darüber, hat Mommsen im Blick auf seine Darstellungsweise bei Gelegenheit bemerkt, daß «ein Autor seine Gelehrsamkeit auch einmal in die Tasche stecken kann und nicht immer den Rock mit den Nähten auswendig trägt».

Will man der «Krise der Geschichte», die nach alledem ganz offenbar eine Krise der Geschichtsschreibung ist, entgegenwirken, so lohnt es sich überhaupt, einen Blick auf die große Geschichtsschreibung des 19. Jahrhunderts zu werfen. Denn sie besaß, was der heutigen in so stupendem Maße abhanden gekommen und der wohl ausschlaggebende Grund für deren Entfremdung von der Öffentlichkeit ist: humane Neugier sowie den Sinn für die literarische Dimension aller Historiographie. Man übertreibt kaum mit der Behauptung, daß die bedeutende deutsche Literatur des 19. Jahrhunderts ganz überwiegend Gelehrtenprosa ist; die Prosa vor allem von Historikern.

Der Hinweis ist nötig wegen des umlaufenden Vorurteils, daß es unmöglich sei, exakt und gleichzeitig gut zu schreiben; daß Literatur die Wissenschaft ruiniere, weil beider Kriterien höchst gegensätzlich seien. Die eine orientiere sich an der Sache, die andere an der Form; diese frage nach dem Richtigen, jene nach dem Schönen. Die Wissenschaft vermittle Informationen, die Literatur benutze diese nur.

Solche Gegensatzpaare, so zutreffend sie an sich sind, bringen aber nur die unterschiedlichen Ausgangspunkte zum Vorschein. Sie gelten in dieser abstrakten Schärfe überdies am wenigsten für die

Geschichtswissenschaft, der es gerade nicht nur um die dürre Information, sondern um die Vermittlung aufschließender Erkenntnis bei einem ausgedehnten Adressatenkreis geht. Das eben ist es, was die Geschichte zur Humanwissenschaft schlechthin macht.

In der Sprachlosigkeit der Historiker aber spiegelt sich jenes tiefe Desinteresse am Menschen, das die Arbeiten selber dokumentieren, noch einmal gegenüber der Umwelt. Der heute vielgehörte Satz, daß der Stil die Wissenschaft zugrunde richte, ist zuletzt nichts anderes als das Vorurteil einer hochsubventionierten Akademikerkultur, deren Nutznießer es sich leisten können, ihr Publikum geringzuachten und das eigene Metier in der Art von Geheimbündlern zu betreiben. Denn was sich «Wissenschaft» nennt und hochtrabend auf angeblich entsagungsvolle sprachliche Nüchternheit pocht, ist meist kaum etwas anderes als nicht realisierter Stil. Der Jargon, der sich in der Sozialgeschichtsschreibung inzwischen durchgesetzt hat, die Suada der Codewörter, das tote Klappern unverarbeiteter Statistiken – das alles macht die Geschichte zunehmend esoterischer und errichtet unübersteigbare Barrieren zu jenem breiten Publikum, dessen Bewußtseinserweiterung paradoxerweise zur Rechtfertigung jener Methode herhalten muß. Die sogenannte Emanzipation der Massen und deren Geringschätzung gehen dabei irritationslos Hand in Hand. Am Ende steht nicht Erkenntnis, sondern Verwirrung, und der Gegenstand ist nicht reif zum Begreifen, sondern nur zerstört.

Der wohl bedeutendste französische Sozialhistoriker dieses Jahrhunderts, Marc Bloch, hat in einer seiner Arbeiten davor gewarnt, der Geschichtsschreibung ihren «Anteil an Poesie» zu entziehen. Die Historie könne und müsse die Empfindung ebensosehr befriedigen wie den Verstand und alle Anstrengung darauf richten, das dürre Material, die Texte, Dokumente, Werkzeuge und Bilder, die uns überliefert sind, lebendig zu machen. Der wahre Historiker, schrieb er, gleiche dem Menschenfresser im Märchen: wo immer er Leben wittere, da suche er seine Beute.

Schlägt man, eher beiläufig, nach Art der Bibelstecher, eine der neueren sozialgeschichtlichen Arbeiten auf, so liest man beispielsweise über die Programmdiskussion innerhalb der deutschen Sozialdemokratischen Partei vor dem Ersten Weltkrieg: «Der Prozeß sozialer Emanzipation des Proletariats wurde nicht in der dialektischen Entfaltung von Produktionskräften und Produktionsverhältnissen angelegt; vielmehr wurde den technischen Produktivkräften eine Qualität immanenter Selbstorganisation unterstellt, die den Prozeß der sozialen Revolution wohl fördern, nicht aber initiieren könne.» Das ist, wiewohl es extremere Beispiele gibt, die Parodie, die sich für die Sache selber hält.

Die Sache selber aber lautet beispielsweise so – und ich wähle mit Bedacht das Beispiel eines abstrakten oder jedenfalls nicht erzählenden, nicht auf Anschauungsvermittlung gerichteten Textes aus der Geschichtsschreibung des 19. Jahrhunderts. Es ist eine Stelle aus dem achten Buch von Mommsens «Römischer Geschichte», in der er Rang und Größe des römischen Zivilisationsgedankens in der nachaugusteischen Zeit beschreibt:

«Die Führung des Weltregiments», heißt es da, «ist selten so lange in geordneter Folge verblieben und die festen Verwaltungsnormen, wie sie Caesar und Augustus ihren Nachfolgern vorzeichneten, haben sich im Ganzen mit merkwürdiger Festigkeit behauptet, trotz allem Wechsel der Dynastien und der Dynasten … Das eben ist das Großartige dieser Jahrhunderte, daß das einmal angelegte Werk, die Durchführung der lateinisch-griechischen Zivilisierung in der Form der Ausbildung der städtischen Gemeindeverfassung, die allmähliche Einziehung der barbarischen oder doch fremdartigen Elemente in diesen Kreis … diese lange Frist und diesen Frieden zu Lande und zur See gefunden hat. Das Greisenalter vermag nicht neue Gedanken und schöpferische Tätigkeit zu entwickeln, und das hat auch das römische Kaiserregiment nicht getan; aber es hat in seinem Kreise, den die, welche ihm angehörten, nicht mit Unrecht als die Welt empfanden, den Frieden und das Gedeihen der vielen vereinigten Nationen länger und vollständiger gehegt, als es irgendeiner anderen Vormacht je gelungen ist. In den Ackerstädten Afrikas, in den Winzerheimstätten an der Mosel, in den blühenden Ortschaften der lykischen Gebirge und des syrischen Wüstenrandes ist die Arbeit der Kaiserzeit zu suchen und auch zu finden. Noch heute gibt es manche Landschaft des Orients wie des Okzidents, für welche die Kaiserzeit den an sich sehr bescheidenen, aber doch vorher wie nachher nie erreichten Höhepunkt des guten Regiments bezeichnet; und wenn einmal ein Engel des Herrn die Bilanz aufmachen sollte, ob das von Severus Antoninus beherrschte Gebiet damals oder heute mit größerem Verstande und mit größerer Humanität regiert worden ist, ob Gesittung und Völkerglück im Allgemeinen seitdem vorwärts- oder zurückgegangen sind, so ist es sehr zweifelhaft, ob der Spruch zu Gunsten der Gegenwart ausfallen würde.»

Aller Geschichtsschreibung, die den Namen verdient, geht es darum, dem gesamten Erkenntnismaterial einer Zeit Ordnung, Zusammenhang und Form zu geben in dem Bewußtsein, daß jedes Werk auf Öffentlichkeit zielt. Auch die Darstellung geschichtlicher Zusammenhänge hat ihre dramaturgischen Regeln; denn Dramaturgie ist nichts anderes als die Organisation des Stoffs mit dem Ziel, sich dem Leser begreiflich zu machen und ihm die intendierten Einsichten zu vermitteln. Ein Kapitel hat einen Anfang, es bedarf der Höhepunkte, die aus der kalkulierten Mischung der Elemente, der Perspektiven und der Tonlagen erwachsen; es enthält Detailstudien so gut wie überblickende Passagen, Strukturuntersuchungen, Porträts, typologische Betrachtungen oder quellenkritische Erwägungen – dies alles durch Sprache gebunden zu dem, was Stil heißt und eben nicht bildungsbürgerliche Zutat ist, sondern zu den Voraussetzungen vermittelter Erkenntnis, das heißt der Wissenschaft selber zählt. «In dem Maß, wie er Kunst hervorbringt, ist der Historiker kein Künstler, sondern vollkommener Historiker», hat Siegfried Kracauer diesen Anspruch formuliert. Und ein Kapitel muß einen Schluß haben, dem Aktschluß eines Schauspiels vergleichbar. Auch diese Kunst hat Theodor Mommsen wie kaum ein anderer Historiker beherrscht. Das 9. Kapitel des Dritten Buches der «Römischen Geschichte» beschließt er mit einem Porträt des Publius Scipio, des Siegers von Zama, der Spanien, Nordafrika und weite asiatische Gebiete für Rom erobert hatte, ehe er verbittert in freiwillige Verbannung ging. Es heißt da: «Sein stolzer Sinn, seine Meinung, ein anderer und besserer zu sein als die übrigen Menschen, seine sehr entschiedene Familienpolitik, die namentlich in seinem Bruder Lucius den widerwärtigen Strohmann eines Helden großzog, verletzten viele und nicht ohne Grund. Wie der echte Stolz das Herz beschirmt, so legt es die Hoffart jedem Schlag und jedem Nadelstich bloß und zerfrißt auch den ursprünglichen Hochsinn. Überall aber gehört es zur Eigentümlichkeit solcher aus echtem Gold und schimmerndem Flitter seltsam gemischter Naturen, wie Scipio eine war, daß sie des Glückes und des Glanzes der Jugend bedürfen, um ihren Zauber zu üben, und daß, wenn dieser Zauber zu schwinden anfängt, unter allen am schmerzlichsten der Zauberer selbst erwacht.»

Das ist unübertrefflich. Um aber Mißverständnissen vorzubeugen, sollte hinzugefügt werden, daß es nicht um das Ansinnen geht, «wie Mommsen» zu schreiben. Niemand kann das. Gemeint ist die in alledem sich bekundende Haltung äußersten Respekts vor dem Leser. Er habe mit der Darstellung vor allem deshalb «gerungen», hat Mommsen später bemerkt, weil er ein größeres Publikum erreichen wollte, und aus ebendiesem Grunde hat er seine Freunde wiederholt gebeten, ihm stilistische Flüchtigkeiten zu notieren und Kritik an der Lesbarkeit seines Werkes zu üben. Der besseren Verständlichkeit zuliebe schreckte er sogar nicht davor zurück, von römischen «Generalen», von «Bürgermeistern», «Junkern», «Parteien» oder «Kapitalisten» zu sprechen. Als ihm dies verschiedentlich vorgehalten wurde, hat er entgegnet: «Es gilt doch vor allem,

die Alten lebendig zu machen, sie von dem phantastischen Kothurn, auf dem sie der Masse des Publikums erscheinen, in die reale
Welt, wo gebaut und gelebt, gesägt und gehämmert, phantasiert
und gezweifelt wird, zu versetzen – darum mußte der Konsul ein
Bürgermeister werden undsoweiter. Es mag zuviel geschehen sein;
glauben Sie nicht, daß ich eigensinnig gegen den Einwand mich op-
poniere. Aber meine Intention, denke ich, ist rein und richtig; die
möchte ich auch vertreten.»

Vielleicht ist es kein Zufall, daß Mommsen nicht eigentlich Historiker war, sondern Jurist, Lehrer für Römisches Recht. Täuscht
die Vermutung, daß mit ihm die Rolle der Außenseiter in der modernen Geschichtsschreibung beginnt, die allein noch ein Publikum kennen und darum auch besitzen? Jedenfalls stammen nahezu
alle Versuche, die Geschichte der vergangenen fünfzig, sechzig
Jahre oder doch größere Phasen davon, im Zusammenhang oder
unter einem übergreifenden Interpretationsansatz darzustellen,
von Historikern, die dem Wissenschaftsbetrieb nicht angehören –
die zwei oder drei Ausnahmen, die es auch gibt, einmal unberücksichtigt gelassen.

Weit über tausend Historiker arbeiten in der Bundesrepublik allein im Bereich der sogenannten Zeitgeschichte, und man fragt sich,
was sie tun. Zwei von ihnen haben unlängst gemeinsam eine Studie
über Albert Speers Straßenlaternen von 1938 verfaßt. So ist vieles.
Aber findet sich keiner unter ihnen, der die darstellerische Kraft
und wohl auch den Mut besitzt, um auf die Herausforderung zu
reagieren, daß wir in der Gesamtdarstellung der Weimarer Republik noch immer auf die dreißig Jahre alte, gewiß bemerkenswerte
Arbeit von Erich Eyck – einem Juristen übrigens – angewiesen
sind, beziehungsweise auf die mit dem Jahre 1930 endende Darstellung von Arthur Rosenberg – dieser übrigens ein Althistoriker?

In München existiert, in einem pompösen, mit allem Aufwand
ausgestatteten Betonbau, das Institut für Zeitgeschichte. Es verfügt
über die denkbar umfangreichsten Archive und Materialien und

beschäftigt rund zwanzig ausgebildete Historiker. Niemand wird die Verdienste des Instituts in Frage stellen. Es liefert Gutachten, erteilt Auskünfte und hat bedeutende Editionen veröffentlicht. Es hat uns auch über den kroatischen Ustascha-Staat, über das Reichskommissariat Niederlande oder gewisse «Einigungsbestrebungen im Kalkül der deutschen Wirtschaft und Politik von 1925 bis 1933» höchst wichtige Einzeluntersuchungen zur Verfügung gestellt. Aber keine Geschichte über den Staat Hitlers, die diesen Namen verdiente, keine der Zwischenkriegsepoche, keine des Zweiten Weltkriegs, keine der sogenannten Endlösung, und was erschienen ist, geht über eine dürre Mitteilungsprosa, in der das Oberseminar seine stilbildende Kraft demonstriert, kaum je hinaus.

Zu den Ursachen des Krisenbildes, das sich aus alledem ergibt, soll auch zählen, daß der Geschichte der übergreifende Sinnzusammenhang verlorengegangen ist. Für die Historiker des 19. Jahrhunderts war sie in der Tat noch «der Fortschritt im Bewußtsein der Freiheit» oder der Entfaltungsbereich sittlicher Kräfte. Und es ist sicherlich richtig, daß vergleichbare Vorstellungen, die dem Historiker Orientierungspunkte und Perspektiven an die Hand geben, nicht mehr bestehen. Allenfalls von Vertretern der strukturanalytischen Richtung kann man Hoffnungen hören, mit Hilfe ihrer Wissenschaft ließen sich, würde sie nur den exakten Wissenschaften weiter angenähert, instrumentale Hinweise für die Bewältigung zahlreicher Gegenwartsprobleme entwickeln. Doch schon im zweiten Jahrhundert vor Chr. hat der Historiker Polybios die gleichen Hoffnungen genährt: Er widme sich vor allem der jüngeren Geschichte, schrieb er, «da Wissenschaft und Technik in unserer Zeit einen solchen Aufschwung genommen haben, daß man alles, was, in welcher Lage auch immer, an uns herantreten mag, gleichsam methodisch bewältigen kann». Das tiefe Mißverständnis, daß die Menschen gleichsam die Puppen der jeweiligen Strukturen und alle Probleme ausschließlich gesellschaftlicher Natur seien, sie folglich auch mit strukturellen Eingriffen gelöst werden könnten, ist hier schon mit dem ganzen Gestus wissenschaftsgläubiger Gewißheit formuliert. Die seither vergangene Geschichte hat diese Gewißheit aber immer aufs neue dementiert.

Inzwischen sind andere, verläßlicher scheinende Gewißheiten zerstört, und nicht auszuschließen ist, daß die Krise der Geschichtswissenschaft diesen Vorgang reflektiert. Das Bewußtsein der Gegenwart ist beherrscht von dem Gefühl, ungesteuerten, auch undeutbaren Prozessen ausgeliefert zu sein. Der Zusammenbruch des europäischen Staatensystems, der Aufstieg neuer Mächte, die weltweit registrierbaren kulturellen und sozialen Auflösungsprozesse, die Zerstörung der Umwelt, der Niedergang der traditionellen Religionen: das alles und vieles mehr läßt kaum noch die Frage zu, welche Kräfte da am Werke sind, woher sie kommen oder wohin sie drängen. Kein fester Standort jedenfalls ist denkbar, kein Wille, kein Gesetz erkennbar, nach dem sich das alles vollzieht; schließlich auch kein Sinn.

Die Frage ist aber, ob der Historiker solcher Gewißheiten überhaupt bedarf. Viel eher scheint zutreffend, daß das stärkere oder schwächere Bewußtsein eines Sinnes in der überschaubaren Geschichtsschreibung kaum etwas anderes bewirkt hat, als einem Werk die bestimmte Farbe hinzuzufügen, während es für sein Zustandekommen gänzlich belanglos war. Der englische Historiker Edward Gibbon oder Jacob Burckhardt schrieben aus pessimistischem Geist und erfüllt von Untergangsstimmungen, und Treitschke wiederum erfand der preußischen Geschichte kurzerhand einen «Sinn», als er in ihr selber keinen fand: nämlich den der Einigung Deutschlands und den von Preußens Berufung zur Macht. Tatsächlich läge es für den wirklichen Historiker auch näher, sich vom Sinnverlust der Geschichte weniger entmutigen als vielmehr stimulieren und zur Suche, wenn nicht nach einem «Gesetz» oder «Sinn», so doch nach übergreifenden Vorstellungen beflügeln zu lassen. Denn aller Beschäftigung mit der Geschichte liegt ein Bedürfnis nach Selbstverständigung zugrunde, der Anfang ist immer Unsicherheit. Viel eher ist daher zu vermuten, daß die gegenwärtige Krise nicht zuletzt damit zu tun hat, daß weitaus zu viele nur zu genau wissen, wo sie stehen: nämlich nahe beim Sozialstaat oder bei einer der couranten Ideologien – und das eine wie das andere, so muß man befürchten, enthebt sie gerade aller produktiven Unsicherheit.

Von Hochschullehrern aller Fachrichtungen kann man bewegte, wenn auch ratlose Klagen hören über die Lethargie zahlreicher Studenten, ihre falschen Anspruchshaltungen, den abhanden gekommenen Leistungswillen. Das mag vielfach nicht unzutreffend sein, doch erklärt es schwerlich die gestörte Verbindung zwischen Wissenschaft und Öffentlichkeit, zumal die Professoren selber in diesen Kontaktbruch einbezogen sind. Viel eher hat es, sucht man nach den allgemeineren Gründen, mit der gesellschaftlichen Isolierung der Universitäten zu tun, dem insularen Sonderbewußtsein, das sich in ihnen entwickelt und das, in unterschiedlichen Erscheinungsformen, einen verbreiteten Realitätsverlust zur Folge hat. Doch bevor man solche ins Weite und damit auch Ungenaue entschwindende Überlegungen anstellt, sollte man greifbare Mißstände benennen. Wenn die Überlegung richtig ist, daß man weniger von einer Krise der Geschichtswissenschaft im engeren Sinne als vielmehr von einer Krise im Ausdrucks- und Verständigungswillen der Historiker zu sprechen hat, muß man zum Beispiel auf die fatale Praxis der Kollektivreferate verweisen, wo mehrere Studenten gemeinsam eine Arbeit vorlegen, eine Praxis, durch die alle formale Anstrengung von Beginn an verhindert wird. In die gleiche Richtung wirkt das Institut des Laufbahnprofessors, die Möglichkeit der hartnäckig ersessenen Karriere. Statt über Publikationen zu Ruf und Geltung zu gelangen, konzentrieren zahlreiche junge Akademiker sich, angesichts der härter gewordenen Konkurrenzlage, schon frühzeitig auf den universitären Macht- und Positionskampf mit dem Ziel einer beamteten Stellung. Die Maxime des angelsächsischen Wissenschaftsbetriebs «Publish or perish!» ist hier ersetzt durch die Devise «Struggle or perish!». Wer sich in seinen produktivsten Jahren einige Zeit lang für eine größere Arbeit aus dem Universitätsbetrieb zurückzieht, muß fürchten, alles zu verlieren, worauf er seine Zukunft bauen will: Beziehungen, Einfluß, Anwartschaften.

So wirken viele Ursachen zu dem Befund zusammen, den wir zu beklagen haben: der tiefen Entfremdung von Geschichtsschreibung und Öffentlichkeit. Entscheidend wird sein, ob die Historiker wieder den von Marc Bloch beschworenen «Anteil an Poesie» entdecken, der in aller Wissenschaft auch enthalten ist, und ein Bewußtsein dafür entwickeln, an der Literatur als einer geselligen Einrichtung teilzunehmen. Solange die Öffentlichkeit im «Abschied von der Geschichte» verharrte, mochte man die Risiken einer verstummten oder doch sprachlos gewordenen Geschichtsschreibung vergleichsweise gering veranschlagen.

Doch mit dem wiedererwachten historischen Interesse wächst auch die Gefahr, daß das im Stich gelassene öffentliche Bewußtsein irreführende Geschichtsbilder entwickelt. Der Blick in die jüngere Vergangenheit lehrt, daß nichts so viel Unglück, so viel Terror und Schrecken heraufbeschworen hat wie falsches historisches Bewußtsein. Denn die Geschichte ist, wie Paul Valéry geäußert hat, «das gefährlichste Gebräu, welches das Laboratorium des menschlichen Gehirns hervorgebracht hat», weil sie «die Menschen zu Träumern macht, sie berauscht, ihr Gedächtnis zersetzt und ihre Reaktionen überspannt».

Die Folgen verschwiegener, verfälschter Erinnerungen sind für das Bewußtsein der Völker verheerend. Es zählt zu den Eigentümlichkeiten der Geschichte, daß die Gefahren, die aus ihrem Verlust resultieren, weitaus bedrohlicher sind als der Nutzen, den sie bestenfalls erbringen kann. Das gerade begründet jene Verantwortung, der die Historiker sich so häufig entziehen. Die Geschichte ist keine praktische Wissenschaft und kann uns in der Tat nicht klug für den Augenblick machen, das heißt Verhaltensregeln für

269

Entscheidungslagen auf politisch-sozialem Feld verschaffen. Aus der Bemühung, die sie abverlangt, erwachsen am Ende, neben der bloßen Vergegenwärtigungslust, nur einige höchst einfache Einsichten: in Versagen und Behauptung, Interessenkämpfe und Machtbedürfnisse, in Blindheit, Widerstand und Angst der Menschen, die vor uns waren; mitunter auch in das Richtige und Falsche. Das ist nicht viel, gewiß. Aber jeder kann es erkennen; und mehr als solche simplen Einsichten sind am Ende auch nicht vonnöten, um ein Wort von Hannah Arendt abzuwandeln, damit diese Welt ein Ort bleibt, wo Menschen wohnen können.

Pathetiker der Geschichte und
Baumeister aus babylonischem Geist
Theodor Mommsens zwei Wege
zur Geschichte

(1982)

Niemand entkommt seiner Zeit. Wenn es richtig ist, daß die größten Männer mit ihrem Jahrhundert durch eine Schwachheit zusammenhängen, so gilt das für die Stärke auch. Zu der von Irritationen
nicht freien Anziehungskraft, die das 19. Jahrhundert inzwischen
ausübt, gehört, was der Gegenwart verlorenging: sein ins Große
gerichteter Wille, die Energie ins Monumentale, der Hang zu gewaltigen Projekten und unerhörten Vorhaben. Balzac plante die
«Comédie humaine» auf mehr als zweihundert Bände, Ranke den
aus genauester Detailforschung sich erhebenden Riesenbau einer
Weltgeschichte, Richard Wagner «Das Gesamtkunstwerk»: alles
Unmaß, alles Parforce und über Menschenkraft hinaus. Und wie im
Kulturellen verhält es sich im Materiellen mit der expansiven Tüchtigkeit der Epoche, ihrem Ehrgeiz nach neuen Entdeckungen und
immer weiteren Räumen.

Vieles blieb, so über jede Proportion hinaus erdacht und gewollt,
im Ansatz stecken und nur halbvollendet: weitgezogene Fundamente oder grandiose Steinbrüche, aus denen sich, in Abwandlung
eines Wortes von Fichte, spätere Jahrhunderte Häuser bauen konnten. Die Bibliographie Theodor Mommsens umfaßt mehr als fünfzehnhundert Titel, darunter Werke wie «Das römische Staatsrecht» oder «Das römische Strafrecht», die in der gesamten historischen Forschung nicht ihresgleichen haben; und in der Literatur
der zweiten Jahrhunderthälfte gibt es kaum etwas, das in seinem
sprachlichen Rang, der plastischen Vergegenwärtigungskraft sowie
seiner konzeptionellen Weite und Geschlossenheit: mit einem Wort
dem, was man großen Stil nennt, der «Römischen Geschichte» an

die Seite zu stellen wäre. Und doch kann man sagen, daß die Wissenschaftsgeschichte kein Lebenswerk verzeichnet, das so unfertig und, bei aller Tendenz zum Kolossalischen, so bruchstückhaft geblieben ist wie dasjenige Mommsens. Nur seine kategorische Persönlichkeit, die Überlegenheit seines Interesses sowie seine ubiquitären Kenntnisse haben diesen Sachverhalt verdeckt. Zu fragen wäre, um welchen Preis.

Mit ihm ging ein enzyklopädisches Zeitalter zu Ende. Schon als junger Rechtshistoriker betrieb er zugleich ein ausgedehntes philologisches Studium, bildete zusammen mit Theodor Storm und seinem Bruder Tycho einen Dichterzirkel, der ein «Liederbuch der Freunde» (1843) publiziert, übersetzte Shakespeare und Byron, Carducci und Victor Hugo. Darüber hinaus widmete er sich der Geschichte, doch betrachtete er sie als Ergänzungswissenschaft zum Studium des alten Rechts und der Philologie. In ihm präsentierte sich die Altertumswissenschaft, wie sie zu jener Zeit noch ohne jede spezialisierende Bezeichnung hieß, noch einmal als Einheit, als umfassendes, alle Lebensbereiche von der Sprache bis zum Recht, von der Literatur bis zur Wirtschaft einschließendes Ganzes; mit ihm und nicht zuletzt durch ihn bricht sie aber auch auseinander.

Man ist mit diesem Hinweis fast schon im Zentrum des Mommsenschen Lebensproblems. Die Vielseitigkeit seiner Interessen und Begabungen, seine Strenge im Detail und seine Fähigkeit zu weitestem Überblick, seine Forscherpassion und seine darstellerische Kraft: mit alledem war er zum Geschichtsschreiber wie geschaffen. Und wenn er in einer berühmten Rede bemerkt hat, daß der Historiker neben einer Vielzahl von Kenntnissen auch und vor allem Unerlernbares benötige, nämlich Phantasie, Künstlertum, Genie, so kann man davon ausgehen, daß er sich selber, wenn auch unter gelegentlichen Zweifeln, dies alles zugestand. Und doch blieb die «Römische Geschichte», die ihn weltberühmt machte, nicht nur sein einziges historiographisches Werk im strengeren Sinn, sondern auch ein Torso. Immer wieder widmete er sich anderen Pflichten, unglücklich, sich Mut zusprechend, nach Gründen für die selbstentfremdende Hingabe suchend und wie auf der Flucht vor jener Aufgabe, in der er sein «Eigenstes und Bestes» geben konnte. Man weiß von den Lebenszufällen, denen die «Römische Geschichte» die Entstehung verdankt. In einem Brief an Gustav Freytag aus dem Jahr 1877 hat Mommsen berichtet, wie er im Jahr 1849, als junger Leipziger Dozent, der bis dahin in Italien alte Inschriften registriert, an einem Rendsburger Lokalblatt als Journalist gearbeitet und an einem Altonaer Mädchenpensionat als Lehrer unterrichtet hatte, einen Vortrag über die Gracchen hielt. Unter seinen Zuhörern befanden sich die beiden Inhaber der Weidmannschen Verlagsbuchhandlung, Karl Reimer und Salomon Hirzel, die ihn kurz darauf mit der Frage aufsuchten, ob er bereit sei, für eine Edition populärer, aber anspruchsvoller historischer Darstellungen eine «Römische Geschichte» zu schreiben.

Mommsen sagte zu, aber zu fragen ist wohl, ob das Vorhaben je zustande gekommen wäre, wenn er nicht kurze Zeit später den Universitätsdienst hätte quittieren müssen, weil er an den Leipziger Unruhen vom Mai 1849 führend beteiligt gewesen war. Otto Jahn, auf den die Berufung zurückging, hatte dem Freund gleich anfangs den Ratschlag gegeben, «für den deutschen Salat mehr Öl als Essig» aufzubringen, aber Mommsens leidenschaftliches politisches Temperament war für die Besonnenheit, wie sie ihm da nahegelegt wurde, nicht gemacht. Bald sah er sich mit seinem jähen, im Grunde einzelgängerischen Liberalismus, der die Demokraten als die Vertreter des «souveränen Unverstands» verspottete und die Regierung bezichtigte, sich dem deutschen Einheitswillen zu widersetzen, zwischen alle Stühle geraten. Die letzten Monate in Leipzig und die zwei anschließenden Jahre in Zürich, inmitten zahlreicher Emigranten, deren Radikalismus ihm, wie er in einem seiner mißvergnügten Briefe schrieb, nur als die laut geratene Spielart der aus Deutschland bekannten servilen Haltung erschien, gaben dem ins Abseits Gedrängten die Muße, sich der «Römischen

Geschichte» zu widmen und die Arbeit daran in wesentlichen Partien voranzutreiben.

Diese äußeren Umstände waren aber gewiß nicht entscheidend für den Entschluß, das Buch zu schreiben; sie begünstigten ihn nur. Ein großes Werk bedarf der ebenso großen Herausforderung, die ästhetischer, politischer oder wissenschaftlicher Natur sein kann. Im Fall der «Römischen Geschichte» treffen, wie der genauere Blick lehrt, alle drei Beweggründe zu.

Die Darstellung des Altertums war um die Jahrhundertmitte vor allem vom Werk Barthold Georg Niebuhrs bestimmt, der, wie dann auch Philipp August Boeckh und einige andere, die ersten Ansätze zur Überwindung der klassizistischen und ästhetischen Betrachtungsweise jener Epoche geleistet hatte. Die eigene Position im Widerspruch gegen das herrschende Kultbild der Antike formulierend, war ihnen aufgegangen, daß die Alten nicht jene feierlich stimmenden Statisten des Wahren, Guten und Schönen waren, zu denen die eigentlich deutsche Renaissance des 18. Jahrhunderts sie stilisiert hatte, und daß beispielsweise «die Athener von Gerste und Weizen lebten, nicht etwa von Poesie und Philosophie». Von tiefem Soupçon gegen die Tugend- und Heldenbilder des «klassischen Altertums» erfüllt, ausgerüstet mit der Fähigkeit zu durchdringender Kritik sowie dem Sinn für die politische und menschliche Realität, setzten sie der von Winckelmann geprägten Idealvorstellung der alten Welt eine nüchternere Auffassung entgegen, Empirie gegen Mythos, Wissenschaft gegen wirklichkeitsentrückte Poesie.

Aber diese Umarbeitung einer ebenso majestätischen wie populären Legende war in vielfacher Hinsicht in den Anfängen steckengeblieben. Zwar verfügte Niebuhr über ein breites Wissen, das er als Finanzfachmann und später als Diplomat noch um zahlreiche praktische Erfahrungen erweitert hatte. Aber sein kritischer Vorsatz, «abgerissene und ärmliche Nachrichten mit Sorgfalt und Anstrengung ... zu ergründen, zu verbinden und zu beleben», hatte sich noch zu sehr durchs Gestrüpp falscher oder apokrypher Überlieferungen kämpfen müssen und war deshalb auch über die frühe Periode der römischen Geschichte, die Zeit bis zum Ersten Punischen Krieg, nicht hinausgekommen. Schwerer wog, daß ihm die wissenschaftlich zureichende Kenntnis des Rechts fehlte, das, unverfälschbar wie es seiner Natur nach war, der Auffassung Mommsens zufolge, weitaus verläßlichere Auskunft bot als alle anderen Quellen: «Es bedarf der Auseinandersetzung darüber nicht, daß die Verfassung und ihre Wandlungen eben die Geschichte selber sind.» Das Recht setzte die Institutionen, regelte die öffentlichen wie die privaten Angelegenheiten, es war der reinste, konzentrierteste Ausdruck jenes vergangenen Lebens, dessen Vergegenwärtigung die Aufgabe des Historikers war, zumal kein Volk der Geschichte so sehr zum Recht begabt war, so sehr im Recht sein Lebenselement gefunden hatte wie das römische. Erst das Recht öffnete den authentischen Zugang zum Ganzen, den Inschriftenkunde und Numismatik, Archäologie und Papyrologie ebenso erweiterten wie die Zeugnisse der Literatur und der bildenden Kunst.

Hinzu kam, daß Niebuhrs Werk in einem umständlichen, gespreizten Stil verfaßt war, durchwuchert vom Dickicht gelehrter Nachdenklichkeiten, ein «Labyrinth von Seyn und Nicht-Seyn», wie Goethe schrieb, «von tausend Gegensätzen und Widersprüchen», dessen Titel eigentlich nicht «Römische Geschichte» hätte lauten dürfen, sondern «Kritik der Schriftsteller, welche uns die römische Geschichte überlieferten». Nicht nur die eigene Ausdrucksbegabung, die Mommsen während seiner journalistischen Tätigkeit mit rasch wachsender Freiheit erprobt hatte, sondern auch das Vorbild Thomas Babington Macaulays offenbarten ihm, daß dem unbefangenen Zugriff, der die Wissenschaft mit sprachlicher und dramaturgischer Meisterschaft verband, ganz neue Wege historischer Darstellung offenstanden. Mommsen hat denn auch wiederholt geäußert, daß der Geschichtsschreiber mehr vom Künstler als vom Gelehrten haben müsse; daß er «nicht in möglichster Vollständigkeit das Tagebuch der Welt wiederherzustellen» habe, sondern das Gewesene durch jene Phantasie vergegenwärtigen müsse, «welche wie aller Poesie so auch aller Historie Mutter ist».

Dieser Kunstgedanke erfüllt die «Römische Geschichte» im einzelnen wie im ganzen, und ihr Erfolg hat ebenso damit zu tun wie die prinzipielle Kritik, auf die sie seit ihrem Erscheinen immer wieder gestoßen ist. Die Fähigkeit, das Geschehene im Vordergrund auf große Zusammenhänge zu beziehen, der glanzvolle Satz- und Periodenbau samt den rhetorischen Figuren von Wiederholung, Wortspiel, Zitat oder sentenzhafter Verdichtung, der spannungssteigernde Einsatz andeutender Vorgriffe oder retardierender Einschübe, der Reichtum an Bildern und glücklichen Metaphern oder die Kunst der Charakterisierung, die von Hannibal wie von Scipio Africanus, von Sulla, Gracchus, Sertorius und vielen anderen unvergeßliche Porträts gezeichnet hat: Mit alledem hat Mommsen das tote Material, dem sich jeder Historiker gegenübersieht, zu anschaulichstem Leben erweckt und aus Staub und Asche die alte Welt in allen ihren Farben wiedererstehen lassen.

Mommsens Kapitelanfänge schlagen nicht selten schon im sprachlichen Gestus den Ton des Kommenden an, die beschließenden Sätze sind, dem Aktschluß eines Schauspiels vergleichbar, häufig auf den großen Effekt hin stilisiert oder, wie man fast sagen könnte, inszeniert, wie Mommsen denn überhaupt mehr Dramatiker als Erzähler ist, der die Abläufe komprimiert, die Positionen schroff gegeneinanderführt und die grellen Kontraste liebt.

Unter den vielen Distanzen, die ihn von Ranke trennen, ist diese nicht die geringste, und noch lange nach Erscheinen des ersten Bandes der «Römischen Geschichte» beispielsweise quält der Gedanke ihn, daß das Buch keinen wirkungsvollen Schluß habe.

Durchweg zieht Mommsen, in der Kennzeichnung einer Person oder eines Sachverhalts, die scharf modellierende, womöglich schneidende Formulierung der episch beschreibenden Schilderung vor, immer befindet er sich mit ganzer Person mitten im Geschehen, und mitunter hat der Leser Anlaß zu der Frage, was eigentlich dem Autor ebenden Abstand gewähre, dessen jede historische Darstellung bedarf: das wissenschaftliche Ethos oder der schriftstellerische Instinkt. So wenn er beispielsweise noch dem verächtlichsten Charakter oder der verlorensten Sache einige ausgleichende Lichtpunkte aufsetzt – ein Verfahren, das die ästhetische Regel ebenso wie die historische Abgewogenheit des Urteils für sich hat.

Von Cato, über dessen Unbeugsamkeit und Prinzipienstarre er Seite um Seite mit der Verständnislosigkeit eines Mannes urteilt, der sichtlich nicht wahrhaben will, daß auch der Widerstand gegen die eigene Zeit sein Recht und seine Würde haben kann, den er als «Don Quichotte der Aristokratie» dem Spott preisgibt, bemerkt er in einer resümierenden Schlußbetrachtung: «Die Republik war tot und niemals wieder ins Leben zu erwecken; was sollten die Republikaner noch auf der Erde? Der Schatz war geraubt, die Schildwache damit abgelöst; wer konnte sie schelten, wenn sie heimging? Es ist mehr Adel und vor allem mehr Verstand in Catos Tode, als in seinem Leben gewesen war. Cato war nichts weniger als ein großer Mann; aber bei aller jener Kurzsichtigkeit, jener Verkehrtheit, jener dürren Langweiligkeit und jenen falschen Phrasen, die ihn, für seine wie für alle Zeit, zum Ideal des gedankenlosen Republikanertums und zum Liebling aller damit spielenden Individuen gestempelt haben, war er dennoch der einzige, der das große, dem Untergang verfallene System in dessen Agonie ehrlich und mutig vertrat … Weil alle Hoheit und Herrlichkeit der Menschennatur schließlich nicht auf der Klugheit beruht, sondern auf der Ehrlichkeit, darum hat Cato eine größere geschichtliche Rolle gespielt als viele an Geist ihm weit überlegene Männer.» Und von den Samniten, die sich ähnlich blind gegen die vom Autor erkundeten Notwendigkeiten der Geschichte, der Einigung der italienischen Völker durch Rom, noch widersetzten, als sie ganz allein standen, heißt es:

«Sie rüsteten sich zur hoffnungslosen Gegenwehr mit jenem Mut freier Männer, der das Glück zwar nicht zwingen, aber beschämen kann.» Gewiß war in solcher sprachlichen Verzauberung, die einherging mit einer entschlüsselnden Kraft der Erkenntnis, ein Gutteil des Erfolges begründet, den die «Römische Geschichte» bei einem literarisch empfänglichen Publikum gefunden hat: «Die Republik schwankte nicht mehr bloß am Rande des furchtbaren Strudels, sondern der Schwerpunkt lag bereits über denselben hinaus, und der mächtige Bau, aus allen Fugen weichend, stürzte unaufhaltsam in die Tiefe.» Solche bildkräftigen Metaphern gehörten, solange das Bürgertum war, was es war, zum festen Bildungsbestand.

Aber dies war es nicht allein. Der Glanz der Formulierungen kam weit eher und weit häufiger noch aus der Sicherheit des Urteils; aus der unbedingten Gewißheit des Autors, die Kräfte des historischen Prozesses und folglich die Intention der Geschichte selber genauer als andere erfaßt zu haben. Es zählt schon zu den auffallenden Ausnahmen, wenn Mommsen beispielsweise über die Kämpfe der Gracchen-Zeit schreibt, «Recht und Schuld, Glück und Unglück [seien] so ineinander verschlungen, daß es sich hier wohl ziemen mag, was der Geschichte nur selten ziemt, mit dem Urteil zu verstummen». Die Regel dagegen bilden die ganz und gar apodiktischen Richtsprüche, die er über die Akteure und nicht selten auch über abweichende Auffassungen fällt.

Vielleicht wird nirgendwo Nähe und Abstand Mommsens zur Gegenwart so deutlich wie an diesem Punkt. Eine breite historische Literatur hat uns damit vertraut gemacht, daß die Geschichte sich im nachhinein leicht als ein Gewebe aus Irrtum, Schwäche, Blindheit und Versagen durchschauen läßt. Aus der vermeintlichen Höhe der Spätergeborenen, fern den Verworrenheiten des zurückliegenden Geschehens, seinem unendlich komplexen Kräftedurcheinander und den mühseligen Entscheidungslagen von ehedem, scheint, was der Augenblick verlangte, wie mit Händen zu greifen. Aus solcher Sicht nehmen sich alle Verstehenskategorien wie ein Akt der Untreue am Richteramt des Historikers aus. Odo Marquard hat, für unsere Zeit, sehr treffend von der «Tribunalisierung der Geschichte» gesprochen, diesem dauernd neu angestrengten Verfahren aus dem Bewußtsein überlegener Einsicht, durch das dem Wort vom «Prozeßcharakter» der Vergangenheit ein neuer, überraschender Sinn zugekommen ist. Und Mommsen selber hat, in ganz ähnlicher Weise, die Geschichte «recht eigentlich ein Totengericht» genannt.

Der Abstand bleibt gleichwohl unübersehbar. Mommsens Weltbild war noch ganz dem 19. Jahrhundert verhaftet, der Vorstellung, daß der Mensch größer sei als die Verhältnisse, nicht ihr Produkt, sondern ihr Beherrscher. Eine scharf umrissene Idealfigur tritt aus allem Urteilen hervor: einsichtsfähig, die eigene sittliche Vervollkommnung als Pflicht begreifend und mit dem Willen zu überpersönlichen Zwecken ausgestattet. Roms Aufstieg zur Weltherrschaft war ebendeshalb für Mommsen nie zweifelhaft, weil er diesen Typus in der Stadt wie bei keiner der konkurrierenden Gegenmächte vorherrschend sah; entscheidend gewesen sei die «sittliche Energie, welche die Welt beherrscht, weil sie sich selber zu beherrschen weiß, welche den einzelnen aufhebt in dem größeren Ganzen und den engen Egoismus zum Nationalsinn läutert, diese eigentliche Herrlichkeit und Gewaltigkeit der Menschennatur, auf der der Staat ruht».

Mommsens permanent hoher, wie von heißem Atem erfüllter Ton hat die Vergangenheit ganz ins Gegenwärtige geholt und zugleich idealistisch überbaut. Damit kam er in einer Zeit der erwachten, zwar von mannigfaltigen Gegenkräften behinderten, aber doch als unaufhaltsam empfundenen Nationalstaatsidee mit einem romantischen Reichsprospekt im Hintergrund den überschwenglichsten Erwartungen entgegen. Die «Römische Geschichte» ist davon auch ein Spiegel, und ein Stimulans sollte sie zudem sein. Auch das gehört zu ihrer Wirkungsgeschichte. Oder wie anders war es zu verstehen, wenn Mommsen angesichts einer der großen historischen Entscheidungen Roms, dem Entschluß zum Kampf gegen Karthago, schreibt: «Es war einer der Augenblicke, wo die Berechnung aufhört und wo der Glaube an den eigenen Stern und an den Stern des Vaterlandes allein den Mut gibt, die Hand zu fassen, die aus dem Dunkel der Zukunft winkt, und ihr zu folgen, es weiß keiner wohin.»

Die «Römische Geschichte» war und ist, auf eine zeitgenössische Formel gebracht, «Historiographie engagée» reinsten Geistes, und nie jedenfalls ist einem Werk großer Geschichtsschreibung auf eindrucksvollere Weise die Widerlegung des Satzes gelungen, daß Geschichte «sine ira et studio» darzustellen sei: Sie sei, wie Mommsen erklärt hat, so wenig ohne Haß und Liebe zu schreiben, wie sie ohne Haß und Liebe gemacht werde. Die Vergangenheit war, wie er es sah, vom gleichen Stoff wie die Gegenwart, nur Kostüm und Kulisse hatten gewechselt, eine Art Katalaunisches Feld, auf dem die gleichen Widersacher ohne Ende aufeinandertrafen, er selber mitten unter ihnen, streitend, leidend, parteinehmend und mitunter sogar den Eindruck erweckend, er wolle, was als historisches Faktum doch unabänderlich war, zuletzt noch wenden. Die Fiktion einer unbestechlich über die Geschichte richtenden Moral, aus deren Geist die Aufklärer bis hin zu Schlosser schrieben, hat er ebenso preisgegeben wie den Anspruch der «Objektivität», und auf diese Weise, was er an Besonnenheit opferte, an Intensität vielfach zurückgewonnen.

Diese Tendenz zur äußersten Vergegenwärtigung der Geschichte kommt auf der begrifflichen ebenso wie auf der politischen Ebene zum Vorschein. Der Consul wird zum «Bürgermeister», der Proconsul zum «Landvogt»; es gibt «Generale» und «Admirale», eine «Landwehr», «Bataillone» und «Schwadronen»; Mommsen spricht von «Ingenieuren», «Kapitalisten», «Fabrikarbeitern», von «Primadonnen» und «Kurtisanen». Daß diese Übersetzung ins Gegenwärtige aber nicht allein von der Absicht bestimmt war, «die Alten lebendig zu machen, sie von dem phantastischen Kothurn, auf dem sie der Masse des Publikums erscheinen, in die reale Welt ... zu versetzen», wird überall dort deutlich, wo Mommsen politische, mit einem bestimmten Affektgehalt besetzte Begriffe ins Altertum überträgt. Die Popularen werden zu «Anhängern der Volks- oder Fortschrittspartei», die Aristokraten zu «Junkern», die Linken heißen «bornierte Radikale», die Rechten «Ultras». Einen Schritt weiter bezeichnet er das Rom der Oligarchie als «Räuberhöhle», spricht von dem «notorisch feilen Senatorengesindel», von der «demokratischen Servilität, die zu allen Zeiten mit der höfischen gewetteifert» habe oder vom «Proletariat» mit «seiner Fratze der Volkssouveränität».

Dieser Mommsensche «Gegenwartseifer» ist so beherrschend, daß man nicht ganz ohne Grund behaupten konnte, das Werk sei ihm weniger wichtig gewesen als das Wirken; er selber hat das in die Bemerkung gekleidet, es sei ihm mehr daran gelegen, «die sittlich-politische Tendenz meiner Arbeit anerkannt zu sehen als ihren gelehrten Wert». Durchschlagend bleiben der Zorn und die Enttäuschungen eines Liberalen der vierziger Jahre des 19. Jahrhunderts, der sich um seine Hoffnungen auf einen freiheitlichen, nach innen gerechten, nach außen starken Einheitsstaat betrogen sah. «Mommsen konnte keine Seite Geschichte lesen», hat Friedrich Gundolf geäußert, «ohne daß seine zeitgenössischen Wunschbilder und Fratzen ihm vorschwebten ... Da er seine Nöte im Altertum wiederfand, so weilte er dort nicht nur wie ein Humanist und Polyhistor, der sich in schönere Ferne geflüchtet unter erhabene Trümmer, sondern als Hausherr. Keinem war je das römische Altertum so sehr vertrauter Umgang – den Schauer der Vorzeit, die Andacht zum Altertum als einem *Altertum,* die den Humanisten innewohnte, kannte Mommsen nicht mehr – ja er hat sie zerstört und ersetzt durch die abstandslose Gegenwart.»

Merkwürdig zu denken, daß dieser politische Kopf mit seinem leidenschaftlichen Drang, die Kämpfe von einst noch einmal auszutragen, aus der Richtung Niebuhrs kam und Inschriftensammlung, Dialektforschung sowie strengste Quellenkritik zum Zwecke der Entmythologisierung des Altertums betrieb. Von noch größerem Gewicht als alle erwähnten Aspekte, unter denen er das Werk des Vorgängers hinter sich ließ, war vermutlich, daß er auch mit dessen von der Überlieferung legitimierten Perspektiven brach.

Schon die Römer hatten ihre Geschichte im Sinne eines ebenso einfachen wie naheliegenden Dekadenzschemas interpretiert: Den Beginn machten jene frühen, aus unverdorbenem Dämmer emportauchenden Zeiten, in denen moralische Stärke und politische Kraft das Wohl des Gemeinwesens ebenso wie dessen machtvolle Entfaltung befördert hatte, ehe nach einem kurzen und glanzvollen Höhepunkt das eine wie das andere, sich wechselweise untergrabend, in Ermattung, Verfall und ein langanhaltendes, von inneren und äußeren Desastern vorangetriebenes Sterben überging.

Mommsen kehrte dieses Schema zwar nicht einfach um; kein Hegelianer, aber doch in der Luft Hegels aufgewachsen, versuchte er vielmehr aufzuzeigen, daß jede Epoche der römischen Geschichte mit einer nahezu gesetzlichen Zwangsläufigkeit aus den Triebkräften der vorausgegangenen Phase hervorgehe: dem unter wechselnden Vorzeichen beschwichtigten Konflikt zwischen Patriziern und Plebejern oder, wie es sehr modern schon heißt, zwischen Kapital und Arbeit, der in zunehmend krisenhafteren Zuspitzungen ein unübersehbares Sklavenproletariat schuf, den Mittelstand ruinierte und das römische Gemeinwesen schließlich an den Rand des Abgrunds trieb. Aber indem er seine Darstellung mit Caesar enden, ja seine gesamte Konzeption auf ihn: den schlechthin vollkommenen Menschen, wie er dem Historiker nur alle tausend Jahre einmal begegne, zulaufen ließ, kam es doch auf eine Art Umkehrung hinaus, und jedenfalls ist durch alle Wirren, Kämpfe und Intrigen, alle Bedrängnisse und Auflösungserscheinungen, die das Rom der untergehenden Republik ausmachen, ein apotheotischer Ton unüberhörbar.

Denn Caesar ist der Held dieser Geschichte, der menschlich wie politisch gleichermaßen grandiose Zielpunkt einer Weltkultur: ein männlicher Charakter, stolz, leidenschaftlich und großmütig; als Politiker ein Realist, dem «alle Ideologie und alles Phantastische … fern lag», und als Staatsmann sowohl mit der Einsicht wie mit der Fähigkeit ausgestattet, «den ausgefällten Spruch der geschichtlichen Entwicklung» zu vollziehen. Alle Gegensätze der Zeit wie der menschlichen Natur waren in ihm vereint und aufgehoben: «römische Energie und griechische Bildung, Wille zur Herrschaft und Gewähr der Freiheit, Sachverstand und Phantasie, Entschlossenheit und Milde», und mit alledem «regierte er die Gemüter der Menschen wie der Wind die Wolken zwingt». Noch keinem sei es gelungen, meinte Mommsen schließlich, nicht ohne einen Unterton resignierender Bewunderung, das Bild dieses Mannes anschaulich wiederzugeben: «Das Geheimnis liegt in dessen Vollendung.»

Gewiß hat Mommsen auch sein Caesarporträt mit einigen Schattenpunkten versehen, aber nie hat man so deutlich wie in diesem Falle das Gefühl, daß es vor allem geschieht, um den Glanz der Figur noch strahlender hervortreten zu lassen, und jedenfalls plagten ihn die pathetischen Zweifel nicht, die schon bei Cicero greifbar sind und die – von Petrarca bis Voltaire und Edgar Quinet – noch jeder empfunden hatte, der Caesars überragende Gaben mit dem Gebrauch zusammenzureimen versuchte, den er vor allem mit dem Entschluß zum Bürgerkrieg und zur Errichtung eines autokratischen Regimes davon machte. Die tieferen Schatten holte Mommsen sich vielmehr aus der krisenhaft verdüsterten Szenerie sowie vor allem von Caesars Gegenspielern: von Pompeius oder dem jungen Cato etwa, vor allem aber von Cicero, gegen dessen jahrhundertelang nahezu unangefochtene Autorität er seine ganze literarische Verführungskunst sowie sein advokatorisches Ingenium in so glanzvoller Weise aufgeboten hat, daß selbst das bessere Wissen nicht selten davon geblendet und überwältigt wird.

Die historische Stichhaltigkeit dieses Caesarbildes ist häufig und mit triftigen Gründen bestritten worden; doch man tut gut daran, die dahinter wirksame Geschichtsvorstellung selber als ein Stück Geschichte zu betrachten. Wieviel Überwältigung durch das Einzigartige, wieviel staunende Lust an der Erscheinung in dieses Porträt auch eingegangen sein mag: Kein Zweifel kann sein, daß eine elementare politische Sehnsucht daran mitgewirkt hat. Verschiedentlich ist die Auffassung vertreten worden, Mommsens Caesar sei ohne die Erscheinung Napoleons, der die Welt erst kurz zuvor gelehrt hatte, was ein einzelner über den Geschichtsverlauf vermag, nicht zu denken, und einiges spricht dafür, daß er sich von einem Mann solcher Art die Zauberformel für die hoffnungslos blockierten deutschen Verhältnisse versprach.

Die Erfahrung des Jahres 1848 hatte ihn jedenfalls gelehrt, daß die Nation sich die Einheit nicht selber geben, sondern nur durch einen rücksichtslosen Willen zusammengezwungen werden konnte. Ganz seiner Zeit und einem ihrer zentralen Gedanken verpflichtet, hat er das Ziel selber nie in Frage gestellt und in der staatlichen Einheit nicht nur die überlegene politische Organisationsform gesehen, sondern auch eine höhere Stufe der Entwicklung: Erst die Veranlagung zum Staat bewies die Kulturbegabung einer Nation und war ihre Rechtfertigung vor der Geschichte.

Wie hoch Mommsen dieses Ziel bewertete, wird an den Härten deutlich, die er dafür in Kauf zu nehmen bereit war. In dem mit bewegter Sympathie entworfenen Porträt Sullas beispielsweise hat er dessen Einigungswerk mit dem Bemerken kommentiert, es sei «mit endloser Not und Strömen von Blut dennoch nicht zu teuer erkauft» gewesen. Seine fast beziehungslose Fremdheit gegenüber der Welt der griechischen Stadtstaaten, sein Hohn über ihre «zwerghafte Vergrößerungssucht», ihren störrisch würdelosen Egoismus im Umgang mit der Weltmacht Rom, geht nicht zuletzt auf deren Unvermögen zurück, über die engsten Verhältnisse hinauszudenken und einen ins Große zielenden politischen Willen sei es selber zu entwickeln, sei es von außen hinzunehmen. Das «Treiben», vermerkt er mit deutlicher Geringschätzung, «hätte Anspruch wo nicht auf Billigung doch auf Nachsicht, wenn die Führer [der Achäer] zum Kampf entschlossen gewesen wären und der Knechtschaft der Nation den Untergang vorgezogen hätten; aber weder [die einen noch die anderen] dachten an einen solchen politischen Selbstmord – man wollte wo möglich frei sein, aber denn doch vor allem leben.» Aus der gleichen Vorstellungswelt stammt die Äußerung des Politikers Mommsen: «Wenn der nationale Staat jede Wunde heilen kann, darf er auch jede schlagen.»

Vor diesem Hintergrund hat man den häufig bemängelten moralischen Relativismus dieses Caesarbildes zu sehen. Bezwungen von der menschlichen und historischen Größe seines Helden, hat Mommsen ihm fast alle seine liberalen und demokratischen Überzeugungen geopfert und gleichsam Vollmachten ausgestellt, die, gerade wegen der offenkundig politischen Intention seines Werkes, auch der erschlichenen oder trügerischen Größe beim Publikum zugute kamen. Denn an der Machtfülle, über die Caesar vom Jahre 45 an als Dictator perpetuus und Imperator, als Pontifex maximus, Träger der tribunizischen Gewalt und Oberster Gerichtsherr gebot, fiel für Mommsen weniger der Verlust der Freiheit als der Gewinn ins Gewicht, den der zu eng und handlungsunfähig gewordene römische Nationalstaat im Übergang zum Weltstaat davontrug. Caesar vollstreckte nur, was der «heilige Geist der Geschichte» verlangte, wie Mommsen verschiedentlich mit einer wiederum fast hegelianischen Ergriffenheit formuliert hat. Im übrigen hat er die Formel für die Größe Caesars, neben dem Persönlichkeitszauber, auf den Mann des Staates und den sozialen Gesetzgeber verlagert und auch darin wieder jenes Idealbild kenntlich gemacht, das er in die Vergangenheit projizierte und für die Gegenwart erhoffte.

Man hat damit schon einige der Gründe für die viel erörterte Streitfrage zur Hand, warum Mommsen die «Römische Geschichte» nicht weiterschrieb, sogar den dritten Band nicht mit der Ermordung Caesars enden ließ, sondern mit dessen Sieg bei Thapsus, der ihm die Alleinherrschaft sicherte: Die Feier des großen Mannes konnte durch die Umstände seines Endes, die Motive der Verschwörer, nur Schaden nehmen, und mit ganz ungewohntem, fast ergreifendem Sentiment hat Mommsen später bekannt, er habe Caesar nicht sterben lassen können. Es ist nur die andere Seite der gleichen Empfindung, wenn er seine Unlust, die Arbeit in die Kaiserzeit hinein fortzusetzen, mit der Verlegenheit begründete, den «unter der Schale elender Hofgeschichten sich verbergenden Kern herauszuschälen» und eine «Geschichte der Menschheit unter den römischen Kaisern» zu entdecken. Denn von dieser Geschichte der Menschheit sollte die Fortsetzung handeln. Gerade indem er am Ende des dritten Bandes aus der Krise den Mann hervorgehen ließ, der die Fliehkräfte der verfallenden Republik auffing, bündelte und in eine neue Dynamik umwandelte, machte er seine konzeptionelle Vorstellung für den weiteren Verlauf des Werks erkennbar: daß er im Ende der Republik zugleich den Anfang einer neuen Weltepoche Roms sah, deren Ausgangspunkt und groß ansetzendes Versprechen niemand anderes als Caesar war. Auch weiß man, daß er über das historische Material auch und gerade der Kaiserzeit souverän gebot; die von Alexander Demandt kürzlich aufgefundene Kollegmitschrift hat noch genaueren Aufschluß darüber gebracht, und bei der ungemeinen Schnelligkeit seines Arbeitens wäre die Fortführung und Vollendung des Werkes eine Sache von vergleichsweise kurzer Dauer gewesen.

Angesichts dieser und zahlreicher weiterer Gründe macht es um so mehr erstaunen, daß Mommsen schon bald nach dem Abschluß des dritten Bandes der «Römischen Geschichte» den erschreckten Freunden erklärte, das Werk werde wohl für immer ein Torso bleiben. Hier soll nicht die ewige Kontroverse aufs neue ausgebreitet, vielmehr auf den schroffen psychologischen Widerspruch hingewiesen werden, in den Mommsen damit zu sich selber trat. «Ich habe … mein Bestes und mein Eigenstes in dieses Buch gelegt», hat er bei Gelegenheit bemerkt, das heißt die Fähigkeit, ein immenses Detailwissen zu groß entwickelten Konzeptionen zu ordnen, die schriftstellerische Kraft sowie insbesondere die politische Leidenschaft eines Mannes zur Geschichte, der nach einem treffenden Wort dem Licht der Erkenntnis weniger die Helle als die Glut entnahm: All das ließ er fallen und kam auch nie mehr darauf zurück. Denn der sogenannte fünfte Band über die Provinzen des Römischen Reiches, den er rund dreißig Jahre später gleichsam nachschob, führte das Werk nicht eigentlich fort, sondern fügte ihm lediglich einige buchstäbliche Randkapitel hinzu. Während des fast halben Jahrhunderts nach Erscheinen der «Römischen Geschichte» hat Mommsen seine gewaltige Arbeitsenergie fast ausschließlich der Forschung gewidmet. «Der Historiker», hatte er einmal geschrieben, «soll uns nicht Vorarbeiten, Excerpte geben, sondern seine Ansicht über den Gegenstand»; jetzt zog er sich selbst in die Beschäftigung mit den Vorarbeiten und Exzerpten zurück.

Mommsen hat seinen Abschied von der Geschichtsschreibung später mit dem Verlust der «Unbefangenheit und Unverschämtheit der jungen Menschen» oder, positiv gewendet, der «heiligen Hallucination der Jugend» begründet, mit dem verminderten «coraggio d'errare», wie es in einem Brief an einen italienischen Freund heißt, sowie der abhandengekommenen Bereitschaft zu «fragwürdiger Gewißheit und subjektiver Willkür» – und mit alledem den Widerspruch nur noch krasser herausgestellt. Es ist der Widerspruch eines Menschen, der nicht nur über zwei gleich starke Begabungen verfügte, sondern dessen Leben auch die Bruchstelle zweier wissenschaftsgeschichtlicher Perioden überspannte.

Für die ältere, bis auf die Antike zurückgehende Methode war die Absicht bestimmend gewesen, das gesamte historische Wissen in großen, einsichtsvermittelnden Zusammenhängen darzustellen. Ihr Anspruch zielte auf die Verbindung von Faktum, Deutung und hoher literarischer Form. Durch die kritische Geschichtsauffassung, wie sie mit Niebuhr, Boeckh und Droysen einsetzte, geriet von den dreien das Faktum zunehmend in Verdacht, und mit dem Gefühl, daß «wir alle mehr oder weniger nur auf gut Glück hin unser Netz in dieses Meer werfen», wurde zugleich das Bedürfnis wach, der historischen Wissenschaft jene gesicherten Grundlagen zu verschaffen, durch die sie sich erst als Wissenschaft auswies. Bezeichnenderweise begannen in Italien, Frankreich und Deutschland etwa zur gleichen Zeit jene ehrgeizigen Unternehmungen, das auf die Gegenwart gekommene, in alle Winde verstreute und vom Verlust bedrohte historische Material zu sichern und systematisch zu erfassen.

Ein vehementer, als Zeittendenz zu fassender «Trieb zur Empirie» kam darin zum Ausdruck, in dessen Zeichen auch Mommsens wissenschaftliche Anfänge gestanden hatten. Schon seine ersten drei Veröffentlichungen, noch während des Studiums verfaßt, stützten sich überwiegend auf epigraphisches Material, desgleichen ist eines der zwei Kapitel seiner Dissertation der Erklärung einer lateinischen Inschrift gewidmet, und wie ursprünglich, fast unabgeleitet, diese archivarische Leidenschaft war, geht beispielsweise daraus hervor, daß er bereits in seiner Schulzeit auf die Wahrnehmung hin, Goethes «Clavigo» habe bei seinem Erscheinen größeres Aufsehen erregt als der «Faust», sogleich den Plan faßte, alle Belege dafür zusammenzutragen, «bevor sie verloren gingen». Bald darauf machte er sich daran, eine Sammlung von Liedern und Zeugnissen der Volkspoesie anzulegen sowie, zusammen mit Theodor Storm, Sprichwörter und Sagen aus Schleswig-Holstein aufzuzeichnen.

Es war denn auch nichts anderes als die Ausweitung dieses frühen romantischen Interesses in den eigenen Lebensplan, daß er sich während seines ersten Italienaufenthaltes, als Stipendiat des dänischen Königs, auf eine Anregung Bartolomeo Borghesis hin, entschloß, die in Neapel lagernden alten Inschriften zu sichten und zu katalogisieren. Und es war nur der weitere folgerichtige Schritt auf dem gleichen Wege, daß er schon damals den Vorsatz faßte, alle auf Stein, Metall oder anderem Material erhaltenen lateinischen Inschriften methodisch zu sammeln und in einem umfassenden Werk nach dem Urtext zu veröffentlichen: eine Aufgabe, die ihm erst nach zehn Jahren zermürbender Auseinandersetzungen, Professorenintrigen und Quertreibereien übertragen wurde, deren Bewältigung indes seinen eigentlich wissenschaftlichen Ruhm begründet hat.

Die Behauptung ist sicherlich nicht übertrieben, daß wir von jenem Rom, über das die antiken Historiker nicht berichten: dem privaten Dasein der Menschen, ihren alltäglichen Beschäftigungen, ihren Vergnügungen und Vereinigungen, ihrem Recht, ihren Sitten, Geschäften und Umgangsformen bis hin zu ihren Jenseitserwartungen nur wenig wüßten ohne Mommsens aus allen Gegenden des einstigen Imperium Romanum von Trümmerstätten, Grabsteinen und Tempelresten kopierten, aus alten Bibliotheken und Museumsdepots zusammengetragenes Corpus lateinischer Inschriften.

Bedeutung und fast legendärer Rang dieses Werkes sowie der zahlreichen anderen, von Mommsen angeregten Quellensammlungen: der «Auctores antiquissimi», der «Chronica Minora», dem «Corpus Nummorum» oder «Papyrorum», um einige wenige zumindest zu erwähnen, haben darüber hinaus aber auch entscheidend dazu beigetragen, der Wissenschaftsentwicklung eine neue Richtung zu geben. Hatten Erforschung und Ordnung des Quellenstoffes bis dahin ihre Rechtfertigung nur aus ihrer fundamentierenden Funktion für die historische Darstellung bezogen, so wurden sie jetzt gleichsam selber fundamental. In den Vordergrund rückte ein sich selbst genügendes antiquarisches Interesse, das kein übergeordnetes Ziel mehr kannte und dessen Gegenstände beliebig waren oder doch unabhängig von jedem Erkenntniszusammenhang.

Die ungezählten, mit beispiellosem Aufwand verfertigten Akteneditionen, Regestensammlungen und Urkundenbücher aus der zweiten Hälfte des Jahrhunderts, die sogenannten Monumenta, stehen trotz dieser Bezeichnung nur für sich selbst: beziehungslos auf dem Terrain der Wissenschaft errichtete, nicht ohne Willkür aufgetürmte Komplexe, deren oft imponierender Anblick den Verlust nicht vergessen machen kann, mit dem sie erkauft wurden. Denn nicht das nackte Faktum allein, das in den «Real-Encyclopädien» gespeicherte Wissen, sondern auch und erst der Zusammenhang macht die Geschichte. Mommsen selber war, trotz allem, sich der Überlegenheit des Zusammenfassenden gegen die Einzeluntersuchung immer bewußt: «Ein zugleich geniales und methodisches Werk wird tausend male mehr nützen», schrieb er 1878 in einem Brief, «als alles Erbsenwerfen und Schwärmer abbrennen.»

Gleichwohl hatte er teil an jenem resignativen Zug, der hinter all dem Monumentalehrgeiz der Epoche sichtbar wird. Ein sechs Jahre später geschriebener Brief macht das, neben vielen anderen Zeugnissen, überdeutlich: «Die Institutionen», schreibt er da, «können wir einigermaßen begreifen; den Werkprozeß hat schon das Altertum nicht gekannt und wir werden ihn nie erraten.»

Zu sagen ist aber auch, daß dieser Gang der Dinge von der Entwicklung vorgezeichnet, der Ansatz notwendig und die übertreibende Tendenz unvermeidlich war. Man kann in der Idee, daß die Quellen, auch die Institutionen, überhaupt das Fixierbare die Historie selber seien, während der Geschichtsschreibung nur die mehr oder minder dilettierend betriebene Aufgabe zufällt, das Erforschte gefällig zu verbinden und in Lektüre zu verwandeln, eine Spielart des Prozesses sehen, der auf anderem Felde zum Gegensatz von reiner und angewandter Wissenschaft geführt hat; und der gebieterische Anspruch, den jene Urkundskompilatoren und Spezialforscher erhoben, die auf zusehends enger gezogenen Parzellen ständig tiefer gruben, rührte nicht zuletzt aus der vermeintlichen Gewißheit her, dem reineren, selbstloseren Prinzip entsagungsvoll zu dienen.

Es ist nicht ohne Ironie, daß die Altertumswissenschaft (und bald die Geschichte im ganzen) gerade von jenem Mann in Stücke gesprengt worden ist, der sie mit universaler Konsequenz aus ihrer Blickverengung erst vollständig befreit und, über alle politische Betrachtung weit hinaus, zur Sozial-, Wirtschafts- und Kulturgeschichte geöffnet hat; und daß der gleiche Mann auch die Trennung von «Forschung» und «Vermittlung» entscheidend vorangetrieben hat, der diese mit jener wie kein anderer verbunden und in der «Römischen Geschichte» für mehrere Generationen eine Art «Hausbuch des gebildeten Bürgertums» verfaßt hat.

Daran ändert wenig, daß Mommsen selber diese Entwicklung nicht wahrhaben wollte und den Zusammenhang, den eigentlich nur er noch darstellte, auch der Sache zuerkannte, die längst zu Bruch gegangen war. In einer Art Rückblick schrieb er: «Es ist mir beschieden gewesen, an dem großen Umschwung, den die Beseitigung zufälliger und zum guten Teil widersinniger, hauptsächlich aus den Fakultätsordnungen der Universitäten hervorgegangener Schranken in der Wissenschaft herbeigeführt hat, in langer und ernster Arbeit mitzuwirken. Die Epoche, wo der Geschichtsforscher von der Rechtswissenschaft nichts wissen wollte, in der der Rechtsgelehrte die geschichtliche Forschung nur innerhalb seines Zaunes betrieb, die Epoche, wo es dem Philologen wie ein Allotrium erschien, die Digesten aufzuschlagen, und der Romanist von der alten Literatur nichts kannte als das Corpus iuris, wo zwischen den beiden Hälften des Römischen Rechts, dem öffentlichen und dem privaten, die Fakultätslinie durchging, wo der wunderliche Zufall die Numismatik und sogar die Epigraphik zu einer Art von Sonderwissenschaft gemacht hatte und ein Münz- oder Inschriftenzitat außerhalb dieser Kreise eine Merkwürdigkeit war – diese Epoche gehört der Vergangenheit an.»

In der Tat hat Mommsen alle diese Verbindungstüren geöffnet, aber durchschritten wurden sie im Grunde nur noch von ihm, und es definiert gerade seinen überragenden Rang, daß er mit seinem breiten, stets zum Ganzen drängenden Interesse jene spezialistische Verengung nicht kannte, die mit den Epigonen hochkam. In nahezu regelmäßigen Abständen hat er daher auch die Einzelforschung zugunsten großer, zusammenfassender Werke verlassen und beispielsweise in dem fünfbändigen Werk «Römisches Staatsrecht», aber auch im fünften Band der «Römischen Geschichte» die Ergebnisse der Detailarbeit in ausgreifenden Überblicken dargestellt.

Mitunter schien aber auch er, angesichts der zunehmenden Isolierung eines selbst- und zielvergessenen Forschungsbetriebs, von Zweifeln erfüllt, zumal auch diese Arbeiten sich fast durchweg nicht an die gebildete Öffentlichkeit wandten, sondern an den engeren Kreis der Fachleute und, anders als die «Römische Geschichte», keineswegs nur das fertige Bild vorwiesen, sondern in umfangreichen wissenschaftlichen Apparaturen auch gleichsam die Bedingungen und Schritte nachzeichneten, die zu dessen Herstellung erforderlich gewesen waren.

«Wir versperren uns und anderen», hatte Mommsen bald nach dem Abschluß der «Römischen Geschichte» geschrieben, «mit unseren Baugerüsten mehr und mehr die Fassade, und es tut einmal not, die Sachen selbst in dem ganzen und großen Zusammenhang wirken zu lassen.» Von diesem aufklärerischen Impuls war er im ganzen immer mehr abgekommen. Er sah es, erfaßte die problematischen Züge der Sache und kam doch davon nicht frei. Vielmehr trieb er sie mit einer geradezu manischen Energie noch unablässig voran. Und die Besorgnisse, auch wo er sie öffentlich kundtat, kommen doch wie aus großer Höhe, wie Richtsätze, über deren Verbindlichkeit er selber jedenfalls hinaus war: «Wenn wir uns nicht selbst zu beschränken verstehen», wandte er sich an die Historiker, «so wird Staat und Publikum, deren Diener wir sind, in nicht zu kurzer Zeit uns im Stich lassen und die wahren Resultate der Wissenschaft auch aufopfern, um nur des wüsten Schutts endlich loszuwerden.» Seine Bemerkung, daß an der Geschichte nur das Handwerk erlernbar, alles übrige Genie sei, gilt offenbar auch für jenes Wissenschaftsprinzip, das nur Handwerk zu sein scheint, dem er selber aber noch im entlegensten Teilstück, dem er sich widmete, die Ahnung eines umfassenden Welt- und Lebenszusammenhangs zu vermitteln wußte.

Insofern ist auch unbegründet, was im Befremden darüber zum Ausdruck kommt, daß Mommsen viele Jahre seines Lebens an eine Aufgabe verschenkt habe, die jeder umsichtige Organisator ebenso hätte wahrnehmen können: In seiner Person war, was schon zerfiel, noch einmal groß und fast beschwörend verbunden. Zwar hat er ursprünglich nicht daran gedacht, aus der Sammel- und Forschungstätigkeit eine Lebensaufgabe zu machen und für das «Corpus Inscriptionum Latinarum» zunächst nur einen Zeitraum von vier bis sechs Jahren veranschlagt. Aber mit dem Eintritt in die Preußische Akademie der Wissenschaften (1858) und der Übernahme des Ständigen Sekretariats verfügte er über einen Apparat, den er, der Zeittendenz zum Großstaat und zur Großindustrie ebenso wie der zum Gigantomanen folgend, zu einer gewaltigen, zuletzt auch international vielfach verflochtenen Organisation mit einem Riesenheer von viri doctissimi als Arbeitern im wissenschaftlichen Großbetrieb ausbaute. Von Berlin aus, so hat man, den zentralen Einfluß Mommsens treffend charakterisierend, gesagt, sei die Altertumswissenschaft wie die Armee vom preußischen Generalstab dirigiert worden: Er vergab die Aufträge, lenkte die Forschungsrichtung und sprach, nicht immer glücklich, doch mit ungeduldiger Herrscherlaune operierend, bei der Besetzung der Lehrstühle mit, auf die er verdiente Epigraphiker hievte. Sicherlich hat er daher auch, allen Zweifeln zum Trotz, nie ernsthaft erwogen, Macht, Möglichkeiten und Prestige, die das Institut ihm und seinem zivil-cäsarischen Temperament eintrugen, je aufzugeben.

Dennoch hat Mommsen unter der Tätigkeit des Sammelns und Organisierens gelitten, die Belege dafür sind unübersehbar. Es mag noch scherzhaft gemeint sein, wenn er sich bei Gelegenheit als «Commis Voyageur der Kirchhofswissenschaft» bezeichnet. Aber an anderer Stelle heißt es, seine Aufgabe bestehe oft nur darin, «den

Schund des Schunds durchzuwühlen», oder er schreibt: «Den ganzen Tag mit nichtsnutzigen Arbeiten beschäftigt, als da sind Inschriften abschreiben, Corpora spoliieren, Graffite entziffern.» Am bekanntesten ist jener metaphorisch eingekleidete Seufzer aus vergleichsweise früher Zeit geworden, der seine Doppelbegabung und die Konflikte sichtbar macht, in die er dadurch geriet. «Lesen Sie einmal», schreibt er einem Freund, «was die Götter aus mir machen. Das ist Glück, mich soll aber stracks der Teufel holen, wenn ich mich darüber freue; wieviel lieber als anderen Leuten Ziegel machen baute ich selbst Häuser.»

Was ihn dennoch aber, über alle Anwandlungen der Unlust hinweg, bei der Sache hielt, waren neben der Überzeugung von Sinn und Notwendigkeit der Aufgabe vor allem die asketische Willenskraft und sein Pflichtbewußtsein. Dergleichen klingt inzwischen leicht pompös und hat den Beigeschmack der dekorativen Phrase. Gleichwohl hat es das, was damit gemeint ist, doch gegeben. Das Bürgertum verdankt dem unbedingten Ernst, mit dem es Begriffe wie Arbeit, Pflicht oder Dienst an der Sache in die Lebenspraxis übernahm, alles, was es groß gemacht hat, und nicht zufällig stellte Mommsen in Wesen, habituellem Zuschnitt und Lebensform den Typus des Bürgers oder, zugespitzter noch, des bürgerlichen Professors in reiner, fast schon überzeichnet wirkender Weise dar. Richard Wagner meinte denn auch nach einem Zusammentreffen, die leicht karikatureske Aura der Erscheinung mokant erfassend, der Gelehrte sehe aus wie jemand, der in dieser Maske zum Redoutenball unterwegs sei.

Was Mommsen auszeichnete und doch für viele galt, war eine Mischung aus nüchternen und emphatisch-zergrübelten, aus strengen und ätherischen Zügen, alles rückstandslos aufgehend in dem, was, wie er glaubte, einfach getan werden *mußte*. «Ich will das große Unternehmen, an das ich leider geraten bin, nicht fahnenflüchtig verlassen und was ich einmal übernommen habe, mit meiner letzten Kraft vollenden», schrieb er 1873 an seine Frau, und:

«Wahrhaftig, die Pflicht ist eine große Gottheit; ich führe ein Leben, schlimmer als ein Tagelöhner.» Man kann sicher sein, daß es so war. Als Dilthey 1884 nach Berlin kam, machte Mommsen ihm den Eindruck, daß er «müde und recht staubig von dem Weg auf den Landstraßen der Philologie, Inskriptionen und Parteipolitik» sei. Aber sein Ruhm war einzigartig, Erfolge und Ehrungen häuften sich, und seine Autorität gewann fast mythischen Rang.

Dennoch war er, vor allem in diesen späten Jahren, zusehends von depressiven Stimmungen erfüllt, und man hat dafür, auf der Suche nach den Motiven, vor allem die politische Entwicklung des Landes seit der Reichsgründung verantwortlich gemacht. In der Tat häufen sich seit den siebziger Jahren Mommsens Klagen über die «Erbärmlichkeit der Zustände», die «Nichtswürdigkeit unseres Regiments und die Fäulnis der Nation», und er nennt es ein «elendes Schicksal», in diesem Staat als «Ornamentstück figurieren zu müssen».

Gewiß fanden darin die Enttäuschungen eines Mannes Ausdruck, dessen eigentümliches Naturell es war, zeitlebens von den heftigsten politischen Empfindungen erfüllt und dennoch ohne eigentliche politische Begabung zu sein; er selber hat denn auch, obwohl zeitweilig Abgeordneter, seine Eignung zum Parlamentarier in Zweifel gezogen. Eine zusätzliche Rolle spielte aber sicherlich, daß die Beschäftigung mit der Geschichte einen Hang zu moralischen Werturteilen, zu strengen Grundsätzen und hohen Idealbildern in ihm geweckt oder verstärkt hatte, vor dem die politische Wirklichkeit mit ihren Kompromissen und durchweg nur halbhohen Zielen sich eher deplorabel ausnehmen mußte: Ein gut Teil seines abgrundtiefen Hasses gegen Bismarck war zweifellos von solchen literarisch-wissenschaftlich überzogenen Vorstellungen eingegeben.

Als Mommsen im Mai 1863 von Napoleon III. zur Audienz empfangen wurde, notierte er: «Ich gestehe, ich bin mit einem Gefühl von Neid weggegangen, daß das Schicksal uns nicht einmal einen solchen grand criminel zuwirft: was könnte der machen ...»

Tatsächlich war Mommsen, als das Schicksal so etwas wie ein Einsehen zeigte, als radikaler Anhänger der Einheitsstaatsidee zunächst auch überglücklich. «Es ist ein wunderbares Gefühl», schrieb er nach dem Sieg von 1866 an seinen Bruder Tycho, «dabei zu sein, wenn die Weltgeschichte um die Ecke biegt. Daß Deutschland eine Zukunft hat und daß diese Zukunft von Preußen bestimmt wird, das ist nicht mehr eine Hoffnung, sondern eine Tatsache, und eine gewaltige für alle Zeiten.» Aber in diesen Gefühlserhebungen, die sich mitunter zu der Vorstellung erweiterten, Deutschland könne so etwas wie der Idealstaat der Zukunft werden, war mehr Studierstuben-Exaltation, mehr politischer Romantizismus, als die Realität je einlösen konnte. «Preußens Geschichte», schreibt er schon bald nach Königgrätz, «scheint einen Verfasser zu besitzen, der für einzelne geniale Kapitel sich durch Bände von Schund entschädigt.» Und einige Jahre später versichert er in einem Gespräch: «Ja, dieser Bismarck hat uns hassen gelehrt, wie wir nie geglaubt hatten, einen fremden Menschen hassen zu müssen.»

Einmal steigerte er sich so sehr in Groll und Abscheu hinein, daß er, wie berichtet wird, nahezu «das Äußere eines Epileptikers zeigte». Einen vorläufigen Höhepunkt erreichte diese Dauergereiztheit in einem Brief Mommsens an seine Frau vom Mai 1885, der in Tonlage und Wortwahl schon das berühmte Testament von 1899 vorwegnimmt: «Das sage ich Dir jetzt, und Du wirst mir gehorchen, auch wenn ich nicht mehr bin: Auf meinem Grabe soll weder ein Bild noch ein Wort, nicht einmal mein Name stehen, denn ich will von dieser Nation ohne Rückgrat persönlich so bald wie möglich vergessen sein und betrachte es nicht als eine Ehre in ihrem Gedächtnis zu bleiben.»

Doch spricht einiges dafür, daß man Mommsens Depressivität nicht ausschließlich und möglicherweise nicht einmal überwiegend als politisch motiviert deuten darf. Die Politik war, bei einem politisch so reizbaren Temperament, nur der zunächstliegende Aggressionspunkt, und Mommsens Schroffheit außerdem in den Augen

seiner Gesprächspartner sicherlich spektakulärer, auch überliefe-
rungstauglicher, als die privaten, auf Familie, Freunde, Tätigkeit
sowie die eigenen Lebensumstände zielenden Verdikte. Daß sie
auftraten, ist nicht zweifelhaft, doch hat die nächste Umgebung die
Diskretionsbedürfnisse eines im Persönlichen so scheuen Menschen wie Mommsen pietätvoll respektiert. Immerhin finden sich
in den Briefen seiner Frau sowie in den Aufzeichnungen seines
Schwiegersohns, Ulrich v. Wilamowitz-Moellendorff, unmißver-
ständliche Hinweise darauf, und Wilamowitz hat auch berichtet,
wie Mommsen, nach einem Ohnmachtsanfall während eines Rek-
toratsdiners, auf dem gemeinsamen Heimweg, wie zu sich selber
sprechend, in verzweifeltes, offenbar weit über alle politischen Anlässe hinausgehendes Reden verfiel. Aber «nie und zu niemand-
dem», vermerkte er, «ist auch nur eine Andeutung von dem über
meine Lippen gekommen, was ich wider seinen Willen, sein Bewußtsein gehört hatte, nie werde ich ein Wort verraten.»

Man muß infolgedessen wohl tiefer ansetzen, als es meist geschieht, um den Verdüsterungen Mommsens einigen Grund abzugewinnen. Zweifellos war eine Veranlagung dazu vorhanden, die
schon im Vater hervortrat und, weit stärker und ins Krankhafte
übergehend, in Mommsens Bruder wiederkehrte. Aber bestim-
mender für diese schweren, einbruchartigen Gemütsbedrückungen
war offenbar doch das Bewußtsein der verfehlten Biographie.
Mommsens Anfänge hatten ganz im Zeichen romantischer Hoch-
gestimmtheiten gestanden, die von den Freundschaftsbünden, wie
er sie auf nahezu jeder Lebensstation schloß, den Empfindungen
von Aufbruch und gleichgesinnter Idealität, inspiriert und getragen
wurden. In einigen frühen Briefen hat er das Ansinnen zurückgewiesen, «Karriere» zu machen, seine Vorstellung ging auf anderes,
auf etwas Ungebundenes, Großes, er wußte vermutlich selbst nicht
was. Aber daß das Leben nicht gemacht war, auf einem Professo-
renstuhl zu enden, schien ihm gewiß. Es ist dieser Zug ins leidenschaftlich Unbestimmte, von der Wirklichkeit Abgehobene, der

den Typus des romantischen Jünglings im ganzen kennzeichnet, und Mommsen nimmt sich in dieser Umgebung wie eine etwas streng geratene, in seinem Sanguinismus, seinem Pathos aber durchaus legitime Variante davon aus. Gewisse grundierende Elemente aus diesen Jahren hat er sich bis zuletzt bewahrt, angefangen von der urromantischen Neigung, die lang vergangene Zeit gegen die eigene auszuspielen, bis hin zu dem Bedürfnis, sich gedichtweise zu äußern, dem er noch im hohen Alter mit amateurischer Hingabe genügte.

Genausowenig wie solche frühen Einflüsse ging ihm auch die Idee vom großen und, wie es in einem Romantikervers heißt, «zur Ewigkeit erhöhten» Leben je verloren. So unbestimmt und irreal diese Idee gewesen war, so vage blieb auch das Gefühl, im Fortgang der Jahre etwas preisgegeben zu haben, was mehr bedeutete als aller Erfolg und weltweiter Ruf. Am Ende war er doch mehr Gerüstbauer gewesen (oder geworden) als Architekt glanzvoller Fassaden vor weiträumigen, palastartigen Gebäuden, Organisator eines gewaltigen Ruinenfeldes, zwar nicht mehr wüsten, sondern geordneten Schutts. Aber die Träume der Aufbruchsjahre lagen darunter begraben. Einmal zwar hatte er sein «Bestes und Eigenstes» gegeben, doch auch dies war unabgeschlossen geblieben, ein grandioses Bruchstück, dann hatten ihn die Entwicklung der Wissenschaft, das Verlangen nach Einfluß, sein Hang zum Gemeinnützigen, aber auch Hausstandssorgen und Tagessachen von seinen Anfängen entfernt: Es war der gewöhnliche Weg, der alle Romantik zuletzt in irgendein Biedermeier führt, auch wenn es wie hier eher strenge und pflichtschuldige Züge trägt. Zurück geblieben jedenfalls war das Gefühl, zuviel vertan, versäumt und nicht sich selbst gelebt zu haben.

Unnötig zu sagen, daß man sich mit alledem auf spekulativem Grund bewegt. Aber nicht zuletzt Mommsens Testament, das bei seinem Bekanntwerden nach dem Zweiten Weltkrieg so viel Aufsehen erregt hat, stützt diese Deutung. Zwar hat die Kontroverse, die es entfachte, ihr Augenmerk so gut wie ausschließlich den politischen Passagen des Dokuments geschenkt, doch hat man darin eher einen Ausdruck des verbreiteten Bedürfnisses jener Jahre zu sehen, Kronzeugen und Kassandren des nationalen Irrwegs ausfindig zu machen. Diese umstrittenen Sätze lauten:

«Politische Stellung und politischen Einfluß habe ich nie gehabt und nie erstrebt: aber in meinem innersten Wesen, und ich meine, mit dem Besten, was in mir ist, bin ich stets ein animal politicum gewesen und wünschte ein Bürger zu sein. Das ist nicht möglich in unserer Nation, bei der der Einzelne, auch der Beste, über den Dienst im Gliede und den politischen Fetischismus nicht hinauskommt. Diese innere Entzweiung mit dem Volke, dem ich angehöre, hat mich durchaus bestimmt, mit meiner Persönlichkeit, soweit mir dies irgend möglich war, nicht vor das deutsche Publikum zu treten, vor dem mir die Achtung fehlt. Ich wünsche, daß auch nach meinem Tode dasselbe mit meiner Individualität sich nichts zu schaffen mache. Meine Bücher mag man lesen, solange sie eben dauern; was ich gewesen bin, oder hätte sein sollen, geht die Leute nichts an.»

Nicht nur die Wendung «was ich hätte sein sollen» läßt aufmerken. In der Begründung für sein Verlangen, die biographische Behandlung seines Lebens nach Möglichkeit zu verhindern, bezeichnete Mommsen diese politischen Überlegungen ausdrücklich als etwas zweites, Hinzukommendes. Das gewichtigere Argument steht im vorangehenden Absatz:

«Ich habe in meinem Leben trotz meiner äußeren Erfolge nicht das Rechte erreicht. Äußerliche Zufälligkeiten haben mich unter die Historiker und die Philologen versetzt, obwohl meine Vorbildung und auch wohl meine Begabung für beide Disziplinen nicht ausreichte, und das schmerzliche Gefühl der Unzulänglichkeit meiner Leistungen, mehr zu scheinen, als zu sein, hat mich durch mein Leben nie verlassen und soll in einer Biographie weder verschleiert, noch manifestiert werden.»

Es ist gewiß nicht nur Mommsens skrupulöse Bescheidenheit,

von der diese Sätze zeugen. Eher schon hat man es mit einem Nachhall jener sogenannten «romantischen Disproportion» zu tun, dem unheilbaren Bruch zwischen Ideal und Wirklichkeit, auf den die depressiven Schübe, unter denen Mommsen litt, zum Teil zumindest, zurückzuführen sind. Am Ende tritt darin aber auch jener Riß hervor, der durch das Jahrhundert im ganzen geht und an dem er teilhatte wie kaum ein anderer. Vielleicht ist es die eigentliche Anstrengung seines Lebens und deshalb auch sein letzter, über den Tod hinausgehender Wille gewesen, diese Widersprüche zu verdecken. Versöhnen konnte er sie nicht mehr.

Für die zwei Wege zur Geschichte: den auf Totalbild zielenden, die verworrenen Ereignisse in großen Deutungen verklammernden Epochenentwurf einerseits und die spezialistische, vom Pathos des Details ergriffene Einzeluntersuchung andererseits, hat Mommsen mit seinem Werk Markierungen gesetzt, wie sie auf diesem Felde und mit dieser Kompetenz nicht noch einmal auszumachen sind. Einem treffenden Wort seines Freundes Jacob Bernays zufolge war er ein «König und Kärrner zugleich».

Auch dies gehört schließlich zum Charakter des 19. Jahrhunderts: daß einer der Erste sein will und der Letzte auch. Es steht ein zum durchweg Äußersten drängender Wille dahinter, ein Ehrgeiz von immer aufs neue imponierender Kraft und Vitalität. Aber etwas rät uns, nicht allzusehr davon beeindruckt zu sein. Denn es ist ein Ehrgeiz aus gleichsam babylonischem Geist: maßlos, zum Unfertigen verurteilt und endend in grenzenloser Sprachverwirrung. Mit den Folgen haben wir zu tun.

Das tragische und wunderbare Schauspiel der Geschichte

Versuch über Jacob Burckhardt

(1987)

Unter den rund fünfunddreißig Zuhörern des Kollegs «Über das Studium der Geschichte», das Jacob Burckhardt im Winter 1870 in Basel hielt, befand sich auch der im Jahr zuvor an die Universität der Stadt berufene Friedrich Nietzsche. «Zum ersten Mal habe ich ein Vergnügen an einer Vorlesung», notierte er, und einem Freund schrieb er, die Gedanken Burckhardts kämen «völlig aus unserem Denk- und Gefühlskreise heraus».

Es war die Vorlesung, die später, nach dem Tod des Gelehrten, zusammen mit zwei gleichzeitig entstandenen Vortragstexten unter dem Titel «Weltgeschichtliche Betrachtungen» veröffentlicht worden ist. Der Eindruck, den das Kolleg auf Nietzsche machte, hat in dessen «Zweiter unzeitgemässer Betrachtung: Vom Nutzen und Nachteil der Historie für das Leben» seinen Niederschlag gefunden. «Bis zu welchem Grade das Leben den Dienst der Historie überhaupt brauche», heißt es da, sei «eine der höchsten Fragen und Sorgen in Betreff der Gesundheit eines Menschen, eines Volkes, einer Kultur. Bei einem gewissen Übermaß» an geschichtlicher Zuwendung, fährt der Text fort, «zerbröckelt und entartet das Leben».

Man kann Nietzsches Argument mit guten Gründen umkehren und im Zerbröckeln und Entarten des Lebens eine der Ursachen für die gesteigerte Hinwendung zum Vergangenen sehen. Wenn die Kräfte zu schwinden beginnen und ein Gefühl ausrinnender Lebenssubstanz sich breitmacht, tritt das Gewesene beherrschender ins Bewußtsein, und aus den aureatisierten Bildern drängen die Fragen nach den Ursachen seines Vergehens hervor und welche mächtigeren Kräfte das Mächtige immer wieder zu Fall gebracht haben. Die ganze Geschichte, soweit das Auge reicht, erscheint dann als eine riesige Schattenbühne mit dem Aufstieg und Fall von Staaten, Reichen oder Kulturen, und darin eingeschlossen die Empfindung, daß auch die eigene Epoche ihren nur befristeten Auftritt habe. Historisches Interesse solcher Art kommt aus dem Vorauswissen vom unvermeidlichen Ende jeder Form des Lebens und sieht sich vom Vergangenen als einem ewigen Metaphernspiel des Vergänglichen angezogen. Der Anwendungsfall für diese Überlegung ist Jacob Burckhardt.

Sein Leben fiel in eine äußerlich ruhige Zeit, in jenes 19. Jahrhundert, das in seiner ersten Hälfte von biedermeierlichen Zügen und später ganz überwiegend von großartigen Stimmungen des Aufbruchs und der Zukunftserwartung geprägt war. Nach Studienaufenthalten in Berlin und zwischendurch in Bonn zog er sich früh ins abseits gelegene, von aller Epochenunruhe verschonte Basel zurück, die Angespanntheit, Nervosität und pompöse Hektik des Großstadtwesens waren ihm zeitlebens nicht geheuer, und von Richard Wagner meinte er bezeichnenderweise, er habe eigentlich nach Berlin gehört. Und in Basel, wo seine Vorfahren seit dem beginnenden 16. Jahrhundert als einflußreiche Handelsherren, humanistische Gelehrte, Professoren und Prediger gewirkt hatten, blieb er dann zeitlebens, wenn auch nicht ohne Anfälle von Mißgelauntheit über die Stadt, die ihn «so langweilig und philiströs» anblicke, wie er einmal schrieb, und unter deren «Geldbroten» es kein rechter Mensch aushalten könne. Aber er war eingebunden in jene alte städtische Tradition, die von der eigenen Familie mitgeprägt war, sowie ausgestattet mit den materiellen und sozialen Sicherheiten, die mit einer patrizischen Herkunft verbunden sind.

Doch zugleich nahm er überall die Bilder von Auflösung und Zerfall wahr und lebte in dem Schrecken einer Endzeit. Die Schwermut und das Vergänglichkeitsbewußtsein, die den anderen,

heute verstärkt hervortretenden Zug des 19. Jahrhunderts ausmachen, haben in Jacob Burckhardt, neben Tocqueville, den sicherlich
ahnungsvollsten Zeugen gefunden: «Mich überkommt bisweilen
ein Grauen, die Zustände Europas möchten einst über Nacht in
eine Art Schnellfäule überschlagen, mit plötzlicher Todesschwäche
der jetzigen scheinbar erhaltenden Kräfte.» Sowenig er das optimistische Grundgefühl der Zeit teilte, so wenig konnte er, anders als
die Mehrzahl der Historiker neben ihm, an eine leitende Idee der
Geschichte glauben oder gar an einen Fortschritt im Bewußtsein
der Freiheit. Seinem vergleichenden Blick erschien keine Epoche
als Vorstufe zur jeweils folgenden, es gab kein Vorankommen, alles
war nur Hochgetriebenwerden und Zurückfallen, Auftürmen und
Erschöpfung, und das immer wieder eingeführte Bild dafür jene
Welle, «auf welcher wir im Ozean treiben» und die wir gern kennen möchten: «Allein, wir sind diese Welle selbst.» Dieses überwältigende Grundgefühl erlaubte ihm nicht einmal, wie der ge-
schichtsfromme Ranke, dessen Vorlesungen er in Berlin besucht
hatte, eine Art harmonischen Ausgleichs in allen historischen
Wechselbewegungen zu erkennen. Er sah sich im «bloßen Zwi-
schenakt» eines gewaltig dramatischen Prozesses und überall die
Kräfte am Werk, die blind und ruhelos auf die Katastrophe hinar-
beiteten.

In der zivilisationskritischen Unterströmung, die das ganze
19. Jahrhundert begleitet, nimmt Jacob Burckhardt eine ebenso herausragende wie außenseiterische Stellung ein. Seine Verdikte über
die «Jetztzeit», wie er, eine von Jean Paul geprägte und von Schopenhauer höhnisch verwendete Worterfindung aufgreifend, mit
Vorliebe formulierte, sind nicht weniger schneidend als die aller anderen, von der Zukunft beunruhigten Köpfe. Aber stärker als anderswo ist bei ihm der diagnostische Grund spürbar, aus dem die
Ängste kommen, sie sind ein Ergebnis leidenschaftsloser oder jedenfalls von allem Epochenüberschwang unbeirrter Beobachtung,
und was ihn beispielsweise von dem mit so weithin dröhnendem

303

Echo wirkenden Julius Langbehn sowie überhaupt von der kulturpessimistischen Richtung in Deutschland unterschied, war insbesondere die Unangefochtenheit von allen dumpfen, antiintellektua-
listischen und schließlich nationalaggressiven Begleittönen. Das
sentimentale Zurückrufen einer urtümlichen Lebensform, des
Bäuerischen und Erdigen, das dort beschworen wurde, die bemüh-
ten Remythologisierungsversuche blieben ihm zeitlebens eine finstere Marotte. «Der Weg zu den Anfängen führt überall zur Barbarei», meinte er mit Nietzsche, und statt einen idealen Urzustand
herbeizuträumen, ängstigte Burckhardt sich in der als unvermeidlich erkannten Modernität um den Rang dessen, was Europa einzigartig gemacht hatte: eine als nur dünner Firnis die animalische
«Garantielosigkeit» des Menschen verdeckende Tradition der Bildung, der Kunst und der humanen Maßstäbe, dies alles hervorgegangen aus der rivalisierenden Farbigkeit sehr verschiedenartig aus-
gezeichneter Nationen.

Außenseiterisch war seine Stellung auch in der Wissenschaft. Die
vor allem von Mommsen vorangetriebene große Bewegung des
19. Jahrhunderts zum organisierten Wissenschaftsbetrieb mit einem
wachsenden Heer hochspezialisierter Fachleute war ihm nicht nur
fremd, sondern auch zuwider, und er hielt sich nicht wenig darauf
zugute, gegen alle Zeittendenz den Typus des altmodischen Uni-
versalgelehrten mit breiten Kenntnissen und Neigungen zu verkörpern. Immer wieder stößt man auf ironische Bekundungen der
eigenen «Unwissenschaftlichkeit», auf Beißendes über die «Quis-
quilienforschung» und den Hochmut der Fachgelehrten, «die der
liebe Gott gemacht habe, weil er bisweilen auch seinen Jocus» haben wolle. Den Forscher, dessen Existenz rückstandslos im Er-
forschten aufgeht, hielt er für eine deformation professionelle, und
auf dem Grunde aller Objektivitätstheorien witterte er einen Mangel an Persönlichkeit und an lebendiger Wertvorstellung, der das
Bewußtsein der eigenen Unzulänglichkeit zum Studierstubenethos
stilisierte. Das war gegen Mommsen so gut wie gegen Ranke ge-

richtet. Mit der provozierenden Laune, die ihn oft überkam, stellte er sich gegen das ganze Wissenschaftspathos der Zeit, wenn er schrieb, wir sollten nicht vieles wissen, sondern vieles begreifend lieben. Aus dem gleichen Grunde pflegte er sich als «Dilettanten» zu bezeichnen, und einer seiner Schüler hat die Äußerung überliefert, daß er zwar das Wissenschaftliche liebe, «aber nicht das Streng-Wissenschaftliche!» Die Spezialisierung habe einen Punkt erreicht, wo mancher «die Fähigkeit der allgemeinen Übersicht, ja die Würdigung derselben einbüßt, während er in allem übrigen nicht einmal Dilettant, sondern Ignorant ist». In die gleiche Richtung zielte seine Bemerkung, es sei «der Schande werth, daß die Werke der meisten deutschen Historiker nur von Gelehrten gelesen» würden. Im Gegensatz dazu wende er sich an die Gebildeten; dieses «Gelübde habe ich mir gethan», schreibt er schon in jungen Jahren, er wolle nicht eine Schule gründen, was immer nur die Sache mittelgroßer Köpfe sei, sondern Menschen mit der Fähigkeit zu selbständigem Denken heranbilden.

Es war, faßt man alles zusammen, dem Inhalt, der Methode und dem Ziel nach Geschichtsstudium in weltbürgerlicher Absicht, was er betreiben und lehren wollte. Auch darin wird Burckhardts Distanz zur eigenen Epoche spürbar. In der Vorrede zu seinem ersten großen Werk, der Arbeit über das Zeitalter Constantins des Großen, heißt es, er wolle nicht eine «Enzyklopaedie des Wissenswürdigen» vorlegen, sondern «die bezeichnenden, wesentlichen charakteristischen Umrisse der damaligen Welt zu einem anschaulichen Bilde» sammeln. Im Gegensatz zu dem Quellenfuror der Zeit, der die Aufgabe der Wissenschaft im Aufspüren, Ordnen und Klassifizieren des Unentdeckten sah, beharrte er darauf, daß es weniger darauf ankomme, die Quellen zu vermehren, als die vorhandenen zu benutzen, und sah beispielsweise in den jedermann zugänglichen Kunstwerken einer Epoche gänzlich unausgeschöpfte und überdies von jeder Verfälschungsabsicht freie Materialien, die man nur lesen können müsse. Was statt dessen hochkam und in die vielen «Monumenta» einging, nannte er, bei allen Verdiensten im einzelnen, «subalternes» Spezialistentum und «Schuttschleppen». Umgekehrt äußerte sich der führende Hellenist der Zeit, Ulrich von Wilamowitz-Moellendorff, über Burckhardts «Griechische Kulturgeschichte», wie das «strenge» Fachgelehrtentum über alle seine Werke urteilte: daß sie für die Wissenschaft nicht existierten. Auch Burckhardts anderes großes Werk der frühen Jahre, «Die Kultur der Renaissance in Italien», das ihn mit einem Schlage berühmt machte, zeichnet sich weniger durch neue Funde und Forschungsergebnisse als durch die Originalität der Einsichten aus, die er dem überwiegend Bekannten abgewann. Mit Bedauern sprach er von den jungen Historikern, die aufopfernd entlegene Inschriften entzifferten, aber Herodot nicht kannten und nicht die Fülle des Überlieferten. Und als wolle er den Widerspruch zur Fachwissenschaft auf die Spitze treiben, verwendete er für die Renaissancedarstellung ausschließlich gedruckte, jedermann zugängliche Quellen, während alle Welt die methodische Errungenschaft gegenüber der Vergangenheit gerade in der Erforschung ungedruckter Quellen und nie eingesehener Archivbestände sah. Aber selbst die einen wie die anderen Materialien, alles Geschriebene überhaupt, kam für Burckhardt nicht einmal an vorderster Stelle, es wurde den Makel des Papierenen nicht los. Viel wichtiger waren ihm die Neugier sowie die Fähigkeit, das Überlieferte mit dem Blick des ersten Mals zu lesen und die Kunst der Fragestellung zu beherrschen.

Wie ein Ausdruck derselben Widersetzlichkeit wirkte es auf die historischen Schulen gleich welcher Richtung, daß er die politischen und wirtschaftsrevolutionären Vorgänge der Renaissance nur nebenhin, vor allem in ihren Wirkungen auf die Menschen oder die Kultur behandelte. Darüber hinaus mißachtete das Werk aber auch die Schnittlinien, an denen jene Konflikte entbrannten, die der Gegenstand des herkömmlichen historischen Interesses waren, wo Völker oder Nationen aufeinanderstießen, Stände oder Konfessionen sich in tödliche Streitereien verstrickten. Angesichts des Jahrhunderts von Michelangelo und Alberti, das er darstellte, von Raffael und Bramante, gerieten ihm solche Gegensätze aus dem Auge. Was er erstehen ließ, war ein Kapitel gemeinsamer europäischer Herkunftsgeschichte, und deren Krise hatte, damals wie gegenwärtig, so meinte er, viel mehr mit dem Dauergegensatz zwischen der Kultur und den Kräften ihrer Verneinung zu tun.

Sein Zugang zum historischen Stoff war eher künstlerisch, und tatsächlich hatte er, wie manch andere Historiker des 19. Jahrhunderts, in jungen Jahren einen Gedichtband veröffentlicht und einige Zeit sogar geschwankt, ob er zum Dichter berufen sei. Der Schritt in die Geschichte entstammte denn auch nicht nur der Einsicht in das unzureichende Kunsttalent, sondern war ein Versuch, die wissenschaftlichen mit den unaufgegebenen poetischen Neigungen zu verbinden. An der Geschichte liebte er folglich die Bilder mehr als das System, zu dem sie sich ordnen ließen, und wo er einen Vorgang, einen Charakter oder Zusammenhang mit dem Auge fassen konnte, bildeten sich wie von selbst die Schwerpunkte seiner Darstellung.

Nicht zuletzt diese an herrscherliche Willkür grenzende Eigenart hat ihn von Hegel und aller geschichtsphilosophischen Betrachtungsweise überhaupt getrennt, deren offenste Hypothesen sich noch den Anschein gaben, die Einsicht in den Gang der Dinge zu besitzen. Im schroffsten Gegensatz dazu beschied Burckhardt kurzerhand, der Mensch sei «nicht eingeweiht in die Zwecke des Weltplanes». Von allem Anfang an hielt er sich denn auch von den scharfsinnigen, ihm aber nur beliebig scheinenden Konstruktionen über den Geschichtsverlauf frei, stellte die notgedrungen perspektivischen Verzerrungen durch eine bestimmte Zeitgenossenschaft in Rechnung und vermied die großen Worte sei es der Bewunderung, der Entrüstung oder der Allwissenheit. Was ihn letzten Endes zur Geschichte gebracht hatte und zugleich von allen spekulativen Neigungen freihielt, hat er in einem Brief an Karl Fresenius aus dem Jahre 1842 formuliert: «Die Geschichte ist und bleibt mir Poesie im größten Maßstab; wohl verstanden, ich betrachte sie nicht etwa romantisch-phantastisch, was zu nichts taugen würde, sondern als einen wundersamen Prozeß von Verpuppungen und neuen, ewig neuen Enthüllungen des Geistes. Ihr Philosophen dagegen geht weiter, Euer System dringt in die Tiefen der Weltgeheimnisse ein, und die Geschichte ist Euch eine Erkenntnisquelle, eine Wissenschaft, weil ihr das primum agens seht oder zu sehen glaubt, wo für mich Geheimnis und Poesie ist.»

Was man an Burckhardts Darstellung zu Recht immer wieder gerühmt hat, ist denn auch die Fähigkeit, komplexe historische Stoffe in schriftstellerische Form zu übersetzen und aus Wissenschaft Kunst zu machen. Der Puls und die Farbe stammten daher, daß die Geschichte für ihn kein abgetanes Geschehen, keine vergangene Vergangenheit war, sondern ein Überlieferungszusammenhang, in dem er selber lebte und wirkte. Mittelalter, Renaissance, die Machtkonstellationen des 18. Jahrhunderts oder die Französische Revolution: es war alles Biographie. Formal kam ihm dabei die Bildhaftigkeit seiner Sprache, das Vermögen, Licht und Dunkel zu verteilen, sowie ein bohrender psychologischer Spürsinn zugute, und alles zusammen bewirkte, daß er Menschen und Zeiten aus den Schatten, in die das Vergangene stets zurückfällt, wieder ins Leben holte. Im Grunde war die besondere Plastizität seiner Darstellung nur die Spiegelung des eigenen «enormen Durstes nach Anschauung», von dem er früh gesprochen hat. Er könne nichts leisten, heißt es einmal, wo er nicht «ein Bild aus seinem Innern aufs Papier bringen» müsse, jeden seiner Gedanken habe er «an etwas Äußeres» anzuknüpfen. Infolgedessen glaubte er auch, zum philosophischen Denken unfähig zu sein.

Dennoch war er kein Erzähler. Schon der Anlage nach zeigen seine Darstellungen den Vorrang des Gedanklichen, der Reflexion und des Vergleichs. Immer wieder treten interessante Nebenaspekte ins Bild, psychologische und quellenkritische Erwägungen, und alle Lust am Räsonnement hindert ihn nicht, die eigenen Zweifel aufzudecken. Im ganzen ist es, auch in der Kunst des Weglassens, ein eher zeichnerisches Verfahren, das er anwendet, mehr Essay als Epos, und es hat zur Folge, daß Burckhardt weniger Prozesse und den Gang des Geschehens nachbildet, als vielmehr die Zeit für einen, meist mit dramatischem Sinn gewählten, Augenblick stillstellt, um nach Art eines Porträtisten in scharfen, charakteristischen Momentaufnahmen ihr Wesen zu enthüllen. Dabei sind der Mittelgrund und alles, was dahinter liegt, nicht weniger bedeutsam als der Vordergrund mitsamt den beherrschenden Akteuren, den «Zeugen ersten Ranges im großen Verhör». Treffend hat Erwin Rohde, der Freund Nietzsches, Burckhardts Stil als «in Anschauung denkend» bezeichnet.

Es hat nicht zuletzt mit diesem darstellerischen Verfahren zu tun, daß Burckhardt als Historiker jene Zeiten bevorzugte, die eine große Kultur im Augenblick der Euphorie zeigen, an deren Farbigkeit erst dem späteren Betrachter die Zeichen exzentrischer Überspannung aufgehen und wieviel fiebrige Agonie in dem Glanz war, den sie verbreiteten: Epochen des Verfalls vor allem oder doch des Übergangs. Die hellenische Antike, die constantinische Epoche, die italienische Renaissance. Droysen hat von Burckhardts Vorliebe für «verrottete Zeiten» gesprochen. Gleichzeitig und sogar mehr noch aber hatten diese Vorzugsthemen mit seinem Hang zum «Parallelisieren» zu tun, von dem er gesprochen hat, dem dauernden Bemühen, im Veränderlichen das Bleibende zu entdecken. In den Zeiten, die «rittlings über der Scheide zweier Epochen schweben», erkannte er die eigene wieder. Und wenn man sein Leben, wie vor allem die Briefe bezeugen, als eine anhaltende, verzweifelte Anstrengung gegen den Niedergang und die Tendenzen kultureller Auflösung ansehen kann, die er überall wahrnahm, war er doch fasziniert von den Prozessen der Alterung des Lebens.
Die große Parabel war die Antike, und mit der immer wieder neu

und anders ansetzenden Frage nach den Ursachen ihres Untergangs hat er sich in das nie abreißende, von Polybios und Augustin über Dante und Machiavelli bis hin zu Montesquieu und Gibbon geführte europäische Romgespräch eingeschaltet. Die Antwort, die er fand, war so charakteristisch wie hoffnungslos für die eigene Zeit. Es war nicht so sehr die Überwältigung von außen oder, wie noch Gibbon behauptet hatte, die zersetzende Macht des Christentums, die Roms Ruin herbeigeführt hatte, sondern innere Zerrüttung, ausgegebene Kraft und zu Ende gelebtes Leben. Auch hierin drängten sich ihm die anthropomorphen Bilder auf: Wie der Mensch seine Zeit habe bis zu Entkräftung und Sterben, so auch die Völker und Kulturen. Jacob Burckhardt sprach vom «Todesbett des Altertums».

In alledem steckte eine merkwürdige Mischung von Fatalismus und Aufbegehren. Für kurze Zeit, während seiner studentischen Jahre, hatte Jacob Burckhardt sich von den liberalen und demokratischen Stimmungen der Epoche erfassen lassen und danach seine politischen Neigungen sogar kenntlich gemacht, indem er, neben den ersten Vorlesungen an der Universität seiner Heimatstadt, für die konservative «Basler Zeitung» als Redakteur arbeitete. Er blieb liberal, soweit es gegen Polizeistaat, Zensur und andere Formen der Unfreiheit ging. Gleichzeitig aber graute ihm vor allem Radikalismus, vor den Eruptionen der Massenseele, der «republikanischen Zankfähigkeit», er habe den Volksmännern, wie er schrieb, «ins wüste, versoffene Auge gesehen». Als Basler und Schweizer hatte er aber auch, wie Hermann Heimpel einmal bemerkt hat, im Unterschied zu seinen deutschen Freunden, die Möglichkeit, konservativ zu sein, ohne für die Monarchie eintreten zu müssen.

Doch im Grunde war und blieb ihm die politische Unruhe der Zeit und worauf sie, über die Verfassungsrechte hinaus, gerichtet war, diese ganze, ins Massenhafte gehende Mixtur aus politischer Sehnsucht und materieller Glückserwartung, zutiefst fremd, er sah darin nichts anderes als die Anzeichen einer Krise, die «Alteuropa», wie er mit schon wehmütigem Blick zurück zu sagen pflegte, zugrunde richten würde. Als er daher nach wenigen Monaten seine Tätigkeit für die «Basler Zeitung» wieder aufgab, war dies nicht nur, «aus der Notwendigkeit meiner Natur», die Lossage von der aktuellen, parteinehmenden Politik. Die Entscheidung war von prinzipiellerer Art. Sie wandte sich gegen die Übermacht des Politischen überhaupt, sein Eindringen in alle Verhältnisse, sogar in die Wissenschaft, wie eine vor allem von Deutschland her ausgreifende Geschichtsauffassung offenbarte, die sich zunehmend von Rankes universalen Kategorien entfernte und allem ihre nationalen Aspirationen unterlegte. Im Gegensatz dazu hielt er daran fest, daß die Gegenwart den Blick fürs Gewesene nur schärfen, nicht perspektivisch verändern dürfe, so wie die Vergangenheit den Blick fürs Gegenwärtige auszubilden habe. Als Aufgabe trat ihm immer deutlicher ins Bewußtsein, im Einstigen das Eigene, die dauernde Bewegung von Aufstieg und Abgang der Kulturen sichtbar zu machen, das zähe Aufderstelletreten in allem Vorwärtsdrängen.

Es war diese Einsicht, die ihn gegen den Optimismus der Zeitgenossen wappnete; das Neue war das Neue nicht, sondern nur das Alte in anderer Drapierung und überdies erkauft mit Verlusten und Abschieden, die den Handelnden so leicht fallen, wie sie die Betrachtenden schmerzen. Insoweit war der Rückzug aus der Politik zugleich die Abwendung von der Geschichte der politischen Fakten, der Dynastien, Bündnisse und Bataillen. In den Vorlesungen an der Universität lehrte er sie zwar weiterhin, das erhaltene Verzeichnis vermerkt immer wieder die «Geschichte des Revolutionszeitalters» sowie Themen zur politischen Geschichte der Neuzeit. Aber im Persönlichen, auch in seinen Publikationen, bedeutete es methodisch die Wendung von der Ereignis-Geschichte zur Darstellung vor allem exemplarischer Zustände. Inhaltlich war es die Entscheidung für die Kulturgeschichte und für die Kunst als deren glanzvolle Hinterlassenschaft.

Es war ein Rückzug, sogar eine Flucht, und die kritischen Einwände, die immer wieder und bis heute gegen Burckhardts Wendung ins Apolitische und sogar Antipolitische laut wurden, treffen sämtlich zu: daß er den Geist der Zeit verabscheut, die Idee von Fortschritt und Massenglück als Irrweg angesehen und sich vor dem Neuen, das da heraufkam, in ein Zauberreich des Schönen und Kontemplativen zurückgezogen habe; sogar der Gedanke der Massenbildung schien ihm unerträglich und ein Widerspruch in sich. Wo die Bildung als Menschenrecht gefordert werde, sei sie nur «verhülltes Begehren nach Wohlleben» und schaffe «bloß heraufgeschraubte Mediokritäten», schrieb er so oder ähnlich immer wieder. Seine Verteidiger, die angesichts seiner zahllosen weiteren, ungeniert «reaktionären» Einlassungen auf die «differenzierte» Persönlichkeit, ihre Ängste und Widersprüche verweisen, gehen, wie ungewollt auch immer, von der Berechtigung des Vorwurfs aus, daß der Affekt gegen die Politik ein Versagen vor den Forderungen des Tages einschließe, ganz, als ob die Erkenntnisarbeit nicht auch ihre Forderungen und Ansprüche kenne. Burckhardt kam aus alten Verhältnissen und wußte, daß die Leidenschaft für das Denken keine andere Leidenschaft neben sich duldet, ohne zumindest Gefahr zu laufen, sich zu korrumpieren. Infolgedessen sah er sich durch die Kritik, soweit sie damals schon laut wurde, gerade ins Recht gesetzt.

Auf der anderen Seite stand hinter seinem «Malismus» gegen die moderne Zeit die Vorstellung, daß mit der Französischen Revolution ein Krisenprozeß eingesetzt habe, der, aller trügerischen Augenblicksruhe zuwider, noch lange nicht auf dem Höhepunkt angelangt sei und den Bruch mit allem bringen werde, was Europa groß und verehrungswürdig gemacht habe: «Es ist ein und derselbe Sturm, der seit 1789 die Menschheit erfaßt hat und auch uns weiterträgt.»

Was als gemeinsamer Antrieb von der Politik bis hin zur Kunst den prekären, immer gefährdeten Grund allen Daseins unterhöhlte und dem Untergang überantwortete, war die Erhebung des Subjekts, seiner Launen und Egoismen, zum letzten Maßstab. «Die furchtbar gesteigerte Berechtigung des Individuums», schrieb er 1842 an Gottfried Kinkel, «besteht darin: cogito (ob richtig oder falsch gilt gleich) ergo regno.» Die Folge mußte jene «tabula rasa aller Verhältnisse» sein, auf die er die Dinge zutreiben sah. Das 19. Jahrhundert, klagte er, besitze seither keinen Grund mehr, keinen Stil, keine Würde und habe die «Reversibilität von allem und jedem» zu seiner Maxime erhoben. Ebendies trenne die Gegenwart von jeglicher Vergangenheit, in der Überlieferungen und Traditionen ein nie in Frage gestelltes, wie brüchig auch immer gelegtes Fundament hergaben. Er zog sogar die eigene Wissenschaft in diesen Zweifel hinein und meinte, die historische Leidenschaft des Jahrhunderts sei nichts anderes als ein Symptom für den Verlust der Geschichte als lebendiger Zusammenhang. Vergangenheitslos und folglich ohne Orientierung gehe jetzt jedermann zur «Partei» der Politik, der Geschäfte und des schnellen Reichtums über und keine Verbindlichkeit halte das Begehren auf. Von Deutschland heißt es einmal, es sei dabei, den Weg von der Kulturnation zur bloßen Staatsnation zu gehen, aber es habe nun einmal «die Politik zu seinem Prinzip gemacht, es wird's nun tragen müssen». Solche und andere Äußerungen klingen mitunter, bis in die Formulierung hinein, wie ein Vorecho auf die Abwehrreflexe eines anderen, sehr verschiedenen und doch verwandten unpolitischen Betrachters.

Jacob Burckhardts Sorge, auf dünnem Grund über «furchtbaren Spalten und Klüften» zu stehen, «welche unser Leben unterirdisch durchziehen», sein Endzeitbewußtsein, ließ ihn noch einmal zurücksehen, damit, wie er bei Ranke gelernt hatte, das Erlebte nicht wieder verlorengehe und eine irdische Unsterblichkeit entstehe. Angesichts der Zeitenkehre, deren Symptome er überall wahrnahm, der Wendung von «Geist» und «alteuropäischer Bildung» zum «Stoff»: zu Geld, Verkehr und Kapitalismus, zu Militärmacht, Nationalismus und Demokratie mitsamt der Aufzehrung des Indi-

313

viduellen, die für ihn daraus folgte, verfestigte sich seine Überzeugung, daß Erkenntnis soviel wie Zurückrufung heiße und der denkende zugleich der sich erinnernde Mensch sei. Die vielfältigen Gründe für seine frühe Abkehr von der Politik und die Hinwendung zu dem, was ihn fortan beschäftigte, hat der Achtundzwanzigjährige 1846 in einem Brief an Hermann Schauenburg zusammengefaßt, der zu den Schlüsseldokumenten seines Lebens zählt: «Ich glaube in Euern Augen einen stillen Vorwurf zu lesen, weil ich so leichtfertig der südländischen Schwelgerei, als da sind Kunst und Altertum, nachgehe, während die Welt in Geburtswehen liegt … und die Vorboten des sozialen jüngsten Tages vor der Tür sind. In Gottes Namen! Ändern kann ichs doch nicht und, ehe die allgemeine Barbarei (denn anderes sehe ich zunächst nicht vor) hereinbricht, will ich noch ein rechtes Auge voll aristokratischer Bildungsschwelgerei zu mir nehmen, um dereinst, wenn die soziale Revolution sich einen Augenblick ausgetobt hat, bei der unvermeidlichen Restauration tätig sein zu können … Ihr werdet sehen, welche sauberen Geister in den nächsten zwanzig Jahren aus dem Boden steigen werden! Was jetzt vor dem Vorhang herumhüpft, die kommunistischen Dichter und Maler und dergleichen, sind bloß die Bajazzi, welche das Publikum vorläufig disponieren. Ihr alle wißt noch nicht, was Volk ist, und wie leicht das Volk in barbarischen Pöbel umschlägt. Ihr wißt nicht, welche Tyrannei über den Geist ausgeübt werden wird, unter dem Vorwand, daß die Bildung eine geheime Verbündete des Kapitals sei, das man vernichten müsse. Ganz närrisch kommen mir diejenigen vor, welche verhoffen, durch ihre Philosopheme die Bewegung leiten und im rechten Gleise erhalten zu können. Sie sind die feuillants der bevorstehenden Bewegung; letztere aber wird sich so gut wie die Französische Revolution in Gestalt eines Naturereignisses entwickeln und alles an sich ziehen, was die menschliche Natur Höllisches in sich hat. Ich möchte diese Zeiten nicht mehr erleben, wenn ich nicht dazu verpflichtet wäre; denn ich will retten helfen, so viel meines schwachen Ortes ist … Untergehen können wir alle; ich aber will mir wenigstens das Interesse aussuchen, für welches ich untergehen soll, nämlich die Bildung Alteuropas.»

Man kann diesen Brief und die depressive Gereiztheit der Vorhersagen unschwer als Ausdruck der großen Angst abtun, die das bürgerliche 19. Jahrhundert beherrscht hat. Aber zu Recht hat Werner Kaegi darauf hingewiesen, daß der Irrtum nur «die zu kurz gesehenen Zeiträume» betrifft. Wichtiger ist, daß der tiefe Pessimismus, der Jacob Burckhardt schon früh erfaßt hat, zu den Voraussetzungen seiner Produktivität zählt und auch hinter der unermüdlichen Leidenschaft des Sammelns und Beschreibens steht, die «die Herrlichkeiten dieser Welt» wenigstens im Wort festhalten wollte, die in der Wirklichkeit verloren schienen.

Die nahezu programmatische Bedeutung, die der Brief im Lebensentwurf des Verfassers besitzt, wird noch dadurch unterstrichen, daß Burckhardt wenige Tage später zu einem längeren Aufenthalt nach Italien aufbrach, ins «bessere Jenseits», wie er schrieb. Zunächst nach Mailand, dann «über Genua und Livorno unaufhaltsam vorwärts nach dem ewigen, unparteiischen, unmodernen, tendenzlosen, großartig abgetanen Rom» – und jedes der Adjektive, mit denen er die Stadt kennzeichnete, hatte etwas von einem Bekenntnis zu den Dingen, an die er sich künftig halten wollte.

Doch war Burckhardts Italienerlebnis nicht nur gelehrter und allenfalls genießender Art. Vielmehr umfaßte es darüber hinaus alle Motive, die für die deutsche Sehnsucht nach dem Süden immer bedeutsam gewesen sind: nach Befreiung von der Schwere und Verbindlichkeit sozialer Normen, nach lichteren Schatten, schärferen Konturen und, vor großen Hintergründen, entspannteren Daseinsformen, kurz: nach jener Mischung aus kultureller Verfeinerung und vitaler Ursprünglichkeit, die den Begriff «Italien» für das bürgerliche Zeitalter mit einem so elementaren Herkunft- und Heimatgefühl verknüpft hat. Der Satz, daß jeder Mensch zwei Vaterländer habe, von denen das eine Frankreich sei, entstammt einer späteren, politisierten Zeit, hinter die Burckhardt gerade zurückwollte. Für ihn war das andere Vaterland immer Italien.

Und Italien ist auch, auf die eine oder andere Weise, der Hintergrund aller Werke, die er innerhalb weniger Jahre veröffentlicht hat: der «Zeit Constantins des Großen» (1853), des «Cicerone» (1855), der Generationen als Anleitung und «Stationenbuch» zu den Sehenswürdigkeiten des Landes gedient hat, der «Kultur der Renaissance in Italien» (1860) sowie der «Baukunst der Renaissance» (1867). Zwar ist die Forschung über viele der darin enthaltenen Deutungen unterdessen hinweggegangen, doch hat das den Büchern selber keinen Abbruch getan. Interpretatorische Energie, Einfühlungsvermögen und literarischer Rang haben sie die Zeit überdauern lassen, als Kunstwerke der Wissenschaft. Auch haben sie der Forschung Richtungen gewiesen und Begriffe vermacht; erst mit Burckhardt beginnt das systematische Studium der italienischen Kunst, durch ihn erst erlangt «die Renaissance», die bis dahin überwiegend als ausgehendes Mittelalter oder beginnende Neuzeit gesehen wurde und jedenfalls nicht als Epoche aus eigenem Recht, den seither gültigen Umriß, und Wendungen wie «Der Staat als Kunstwerk» oder «Die Entdeckung der Welt und des Menschen» sind durch ihn geradezu zu Formeln aufschließenden Verständnisses geworden. Bezeichnenderweise sind alle späteren Versuche, die Kultur der Renaissance in Italien, gestützt auf die inzwischen gewonnenen Einrichtungen, im ganzen darzustellen, gescheitert. Burckhardts Werk ist der einzigartige Fall, daß ein Gelehrter eine Wissenschaft begründet und zugleich mehr oder minder abschließt.

Womöglich hat dies auch mit der unwiederholbaren Lebensstimmung zu tun, die das Werk erfüllt und die noch einmal, schon im Abgang, jenes klassische Ideal beschwört, dessen Zeit mit Winckelmann begann und das in Burckhardt seinen letzten Anwalt hatte. Er verwirft Michelangelo, der nicht das Menschliche gesteigert, sondern statt dessen das Übermenschliche, Nicht-Geheure nur gedämpft habe und der Kunst dämonisch imponieren wollte, desgleichen das «verwilderte» Barock mit dem leichtsinnigen, «frechen» Virtuosen Bernini vornean, aber auch den «pöbelhaften» Rembrandt, der die Linie dem krassen Lichteffekt geopfert habe und in sein «gemeines Gesicht» vernarrt gewesen sei, wie es von dem Selbstbildnis im Palazzo Pitti heißt. Dem Verdikt verfallen alle Werke, in denen das Genie oder der Blick auf grelle Wirkungen sich über die strengere Regel hinwegsetzen, in der Gegenwart hielt er Delacroix und Richard Wagner für die Protagonisten einer plebejischen Dekadenzkunst. Dahinter stand ein vorromantischer, ganz und gar ungebrochener Begriff des Schönen, der die Kunst als Trost, Verschleierer des Häßlichen und «Erleichterer des Lebens» verstand. Nietzsches Satz aus den «Unzeitgemäßen Betrachtungen»: «Damit der Bogen nicht breche, ist die Kunst da», kommt ebenso aus dieser Denk- und Empfindungswelt wie dessen verwandte Formulierung, daß niemand, der an der Wahrheit leide, den Schein der Kunst entbehren könne, auch wenn Burckhardt diesen Gedanken noch um die Überlegung erweiterte, daß erst die Tröstungen der Kunst den Menschen in die Lage versetzten, den Blick in die Abgründe auszuhalten. Er liebte Raffael und vor allem Rubens, dem er in späten Jahren einen von soviel Anschauungsglück wie Bewunderung zeugenden Huldigungsessay gewidmet hat.

Mit der «Baukunst der Renaissance in Italien» brachen Jacob Burckhardts Publikationen unvermittelt ab, nicht einmal den geplanten und sogar angekündigten Band über die bildende Kunst der Renaissance, der das Hauptstück der Gesamtdarstellung werden sollte, verfaßte er noch. Statt dessen lebte er von da an ganz seiner Lehrtätigkeit sowie den Vorträgen vor der Basler Gesellschaft. Den Zeugnissen zufolge, die wir besitzen, war das Katheder sein eigentlicher Ausdrucksort, die Farbigkeit der Beschreibung und die Kunst der Nuancierung verbanden sich, bei genauester Kenntnis der Quellen, mit gelegentlichen Einschüben des Feierlichen zu dem, was als die «Zauberkunst seines Erzählens» bezeichnet worden ist, in dem die großen Abgänge mit einem wirkungsvoll gesetzten Zitat so wenig fehlten wie die geistvoll-derben Überzeichnungen, so wenn er Heinrich VIII. ein «Stück Speck in Goldstoff» oder «Lümmel und Teufel zugleich» nannte und Cromwell eine Mischung aus geistlicher «Erwecktheit und Flegelei».

Bei allem Ernst, den er seiner akademischen Aufgabe widmete, ist der plötzliche Verzicht auf die literarische Öffentlichkeit nach den zurückliegenden Erfolgen dennoch überraschend. Aber anders als bei Mommsen hat das abbrechende Interesse an breiteren Wirkungen nichts mit einer Verlagerung seiner wissenschaftlichen Zielsetzung zu tun, sondern mit seinem nie veränderten, nur vom frühen Ehrgeiz abgelenkten Wissenschaftsbegriff. Denn er war der Überzeugung, daß die Bücher eine Endgültigkeit vortäuschten, die in der Wissenschaft nicht erreichbar war, sofern sie statt der toten Details, die den Spezialisten so teuer waren, das lebendige Ganze zu überblicken suchte. Er selber hat seine Werke denn auch «flüchtige Improvisationen» genannt und in einem späten Lebensbericht davon wie von etwas Beiläufigem gesprochen, das ihm überdies das Dasein getrübt habe. Die Rechte trat er bereitwillig an Verleger oder junge Wissenschaftler ab, half auch mit Nachträgen und Korrekturen aus und meinte jeweils schon nach kurzer Zeit, die Bücher hätten sich überlebt. Den «Cicerone», der als Reisebegleiter Auflage um Auflage verlangte, nannte er geringschätzig den «verstorbenen Tschitsch und dessen Ignoranz».

Aber ein frühzeitig resignativer Zug, der Burckhardt wiederum aus seiner Zeit entfernt, ist in diesem Vorbehalt gegenüber dem literarischen Werk doch unübersehbar. Da er Diogenes liebte, in dem er sein Ideal von Bedürfnislosigkeit und skeptischer Freiheit verkörpert sah, hat man davon gesprochen, daß er sich in seine «Basler Tonne» verkrochen habe, um von dort aus die Welt und die Geschichte zu betrachten. Jedenfalls besteht sein Gesamtwerk zu einem erheblichen Teil aus postumen Veröffentlichungen, und auf dem Manuskript der Vorlesung «Über geschichtliches Studium», das der Neffe Jacob Oeri 1905, acht Jahre nach Burckhardts Tod, unter dem Titel «Weltgeschichtliche Betrachtungen» aus dem Nachlaß herausgegeben hat, stand der Vermerk des Verfassers: «Zum Verbrennen».

Der Text, von dem Herausgeber nur an wenigen Stellen zur besseren Lesbarkeit ergänzt, hat, in Anlage und Durchführung, den freien, improvisiert wirkenden Charakter einer Vorlesung bewahrt, die sich zur Aufgabe setzt, «eine Anzahl von geschichtlichen Betrachtungen und Erforschungen an einen halb zufälligen Gedankengang anzuknüpfen, wie ein andermal an einen anderen». Große Passagen erwecken den Eindruck eines souveränen, aus anhaltendem Umgang mit den geschichtlichen Erscheinungen geführten Selbstgesprächs. Und wenn es bei so viel Detailwissen und so überlegener Freiheit der Betrachtung einen leitenden Gedanken darin gibt, dann ist es die nun mit der Autorität großer Altersweisheit vorgetragene Erkenntnis des Durchgehenden im einzelnen und der Dauer im Wechsel. Denn Subjekt und Objekt, Akteur und Opfer der Geschichte sei durchweg der Mensch, sie kenne weder einen Sinn noch einen Weltgeist und dessen wissende oder unwissende Geschäftsführer. So heißt es gleich zu Beginn: «Unser Ausgangspunkt ist der vom einzig bleibenden und für uns möglichen Zentrum, vom duldenden, strebenden und handelnden Menschen, wie er ist und immer war und sein wird; daher unsere Betrachtung gewissermaßen pathologisch sein wird.»

Das alles läuft auf den entschiedensten Gegensatz zu Hegel und dem optimistischen Diktum von der unendlichen Perfektibilität des in der Geschichte wirkenden Geistes hinaus. Der Geist, hält Burckhardt dagegen, sei von jeher «komplett» gewesen. Alle Geschichte sei nur Blühen, Wachsen und Vergehen, nicht die Vernunft herrsche in ihr oder gar eine Idee, sondern ebensooft das Verhängnis oder irgendeine blinde, zu immer anderen Erscheinungen drängende Kraft. Alle zusammen wälzten sich in ewigem Wechsel fort, gründend und zerstörend, ohne Ziel, ohne Sinn, und immer nur darauf aus, das widerstrebende Alte zu stürzen und neue Formen hervorzutreiben, die wiederum im Triumph die Agonie ahnen ließen. Denn «der Geist ist ein Wühler und arbeitet weiter».

Hauptstück der «Weltgeschichtlichen Betrachtungen» ist das Kapitel «Von den drei Potenzen», den geschichtlichen Hauptkräften Staat, Religion und Kultur in ihrem gegenseitigen Verhältnis. Dabei begreift Jacob Burckhardt den Staat und die Religion als die beiden «stabilen» Mächte, die ihren Grund in dem politischen und metaphysischen Bedürfnis des Menschen haben. Ihnen steht die Kultur als Reich der Freiheit gegenüber, des Beweglichen, Farbigen, Verschiedenartigen. Kultur ist Sprache, Geselligkeit und Technik, die Kunst und die Wissenschaft, sie ist das «europäische» Prinzip, das in naturgegebenem Streit mit den «orientalischen», «barbarischen» und auf Zwangsgeltung pochenden Potenzen des Staates und der Religion liegt. Beide entstehen nur in großen, furchtbaren Augenblicken, und diese Entstehungsart haftet ihnen für immer an, treibt sie zur Unterdrückung alles Spontanen und Individuellen, das seine Sphäre im Kulturellen hat, und zur Ausdehnung der Macht, die «eine Gier und eo ipso unerfüllbar» sei, böse an sich, unglücklich und folglich unglücklich machend. Doch wird die Macht nicht moralisierend gegenüber der Kultur abgewertet. Selbst das Böse ist ein, wie es heißt, «Teil der großen weltgeschichtlichen Ökonomie», und «die wichtigsten materiellen und geistigen Besitztümer der Nationen [entwickeln sich] nur an einem durch Macht gesicherten Dasein». Das eine wie das andere habe sein Recht, es sei nur darauf zu achten, daß keines das Übergewicht erlange.

Der pessimistische Grundton, der in den «Weltgeschichtlichen Betrachtungen» wie in keinem anderen Werk Burckhardts durchschlägt, kommt aus der Beobachtung, daß in jener andauernden Auseinandersetzung, auch in der Gegenwart wieder, die stabilen

Potenzen, vor allem der Staat mit der Tendenz zur totalen Macht, im Vordringen seien. Wie eh und je betreibe er, wenn auch unter anderer Verkappung, die «Abdikation des Individuums», diesmal sei es dessen Einbindung in nationale Zwecke und die Entwertung des einzelnen durch den Dauerappell an Hingabe und Dienst im heraufkommenden Kasernenhofstaat. Die Welt, so heißt es einmal, treibe der «Alternative zwischen völliger Demokratie und absolutem, rechtlosem Despotismus» entgegen, und die eine Vorstellung ängstigte Burckhardt so sehr wie die andere. Denn beide liefen am Ende auf dasselbe hinaus. Das demokratische Gleichheitsprinzip mitsamt der politischen und sozialen Nivellierung führte, wie er es sah, gerade nicht zu selbständigem Denken und Handeln, sondern, bei steigender Abhängigkeit und Verführbarkeit der Massen, zu einer wachsenden Machtausdehnung des Staates und damit zu einer neuen Form der Tyrannei. In einem berühmt gewordenen Brief, den Jacob Burckhardt zur Zeit der «Weltgeschichtlichen Betrachtungen» unter dem Eindruck des Krieges von 1870/71 schrieb, hat er den Charakter dieser Tyrannei, die das «Militärwesen» zum «Muster allen Daseins» machen werde, in seherischen Worten gezeichnet. Nicht nur Verwaltung, Bildung und Arbeit würden nach diesem Vorbild umgestaltet werden: «Ich habe eine Ahnung, die vor der Hand noch völlig wie Torheit lautet und die mich doch durchaus nicht loslassen will: der Militärstaat muß Großfabrikant werden. Jene Menschenanhäufungen in den großen Werkstätten dürfen nicht in Ewigkeit ihrer Not und ihrer Gier überlassen bleiben; ein bestimmtes und überwachtes Maß von Misere mit Avancement und in Uniform, täglich unter Trommelwirbel begonnen und beschlossen, das ist's, was logisch kommen müßte.»

Den Betrachtungen über die gegenseitige Verflechtung der drei Grundkräfte Staat, Religion und Kultur folgt im Fortgang des Buches eine Abhandlung über die beschleunigten Prozesse der Geschichte, die historischen Krisen, die Revolutionen, Kriege und Restaurationsphasen, auch dies eher eine Pathologie menschlicher Unrast und ihrer Umwälzungsbedürfnisse, die unablässig auf den besseren Zustand drängen, aber doch nur den anderen, anders maskierten erreichen. Einige Passagen daraus gehören, seit sie bekannt wurden, zum Repertoire der großen Zitate politischen Denkens: «Was die Anfangsphysiognomie der Krisen betrifft, so tritt zunächst die negative, anklagende Seite zutage, der angesammelte Protest gegen das Vergangene, vermischt mit Schreckensbildern vor noch größerem, unbekanntem Druck ... Fataliter helfen hiebei besonders alle diejenigen Aufgeregten mit, welche dann von den ersten Exzessen an in Heuler umschlagen. Die um *einer* Sache willen beginnende Krisis hat den übermächtigen Fahrwind vieler andern Sachen mit sich, wobei in betreff derjenigen Kraft, welche definitiv das Feld behaupten wird, bei allen einzelnen Teilnehmern völlige Blindheit herrscht. Die Einzelnen und die Massen schreiben überhaupt alles, was sie drückt, dem bisherigen letzten Zustand auf die Rechnung, während es meist Dinge sind, die der menschlichen Unvollkommenheit als solcher angehören ... Endlich aber machen alle mit, welche irgend etwas anders haben wollen, als es bisher gewesen ist. Und für den ganzen bisherigen Zustand werden durchaus dessen dermalige Träger verantwortlich gemacht, schon weil man nicht nur ändern, sondern Rache üben will und den Toten nicht mehr beikommen kann.» Und schließlich, mit der Skepsis des Mannes, der gerade aus der Betrachtung der historischen Krisenprozesse soviel Einsicht wie Distanz gewonnen hat: «Um relativ nur Weniges zu erreichen ... braucht die Geschichte ganz enorme Veranstaltungen und einen ganz unverhältnismäßigen Lärm. Dasselbe Phänomen kommt schon im Leben des Einzelnen vor: mit Anspannung des größten Pathos werden Entscheidungen getroffen, aus welchen Wunder was hervorgehen sollte, und aus welchen dann ein ordinäres, aber notwendiges Schicksal folgt.»

Jacob Oeri hat dem Text der Vorlesung in der Veröffentlichung noch zwei Vorträge hinzugefügt, die Burckhardt etwa zur gleichen

Zeit außerhalb der Universität vor einem größeren Publikum gehalten hat. Der eine trägt den Titel «Das Individuum und das Allgemeine» und beschäftigt sich mit der historischen Größe, der Verdichtung geschichtlicher Bewegungen in bedeutenden Individuen, in denen «Zeit und Mensch in eine große, geheimnisvolle Verrechnung» treten: neben den Dichtern und Künstlern vor allem die großen Männer der historischen Weltbewegung. Zwar mutet die Frage danach in einer Zeit, in der sozialhistorische und strukturgeschichtliche Ansätze das Feld beherrschen, eigentümlich überholt an. Denn der Tendenz, die Geschichte als strenge, von Gesetzmäßigkeiten bestimmte Wissenschaft zu betreiben, muß das «große Individuum» als eine Art Störfall erscheinen. Die Willkür, mit der es agiert, die selbstgesetzten Ursachen, die nicht fortgedacht werden können, ohne daß ein erheblich verändertes Bild der Ereignisse zutage träte, sowie die Macht, die es, bei allem Eingebundensein in die Zeitverhältnisse, über die Geschichte demonstriert, sind nicht rekonstruierbar und verweigern sich jedem nur rationalen Deutungsschema. Vielleicht liegt in dieser Notwendigkeit, dem gleichsam «aleatorischen» Prinzip, das die große Persönlichkeit immer wieder in den Geschichtsverlauf einführt, einer der Gründe dafür, warum sie nach wie vor gleichwohl auf ein so unvermindertes historisches Interesse stößt und die Frage nach ihrer Rolle und Bedeutung nicht veralten kann; als wüßten die Menschen besser als die Wissenschaft, daß die Geschichte nicht in vernunftgemäßen Formeln aufgeht und die Determinationszwänge, auf die alles Denken in Strukturen hinausläuft, ihr die Freiheit und die Farbe entziehen, die ihr Wesen ist.

Gleichzeitig aber faßt Burckhardt auch die andere Seite des Problems ins Auge, das Vergöttlichungsverlangen derer, durch die das große oder nur scheinbar große Individuum, die bloß «kräftigen Ruinierer», erst zur Größe kommen: Wir entdecken «in uns ein Gefühl der unechtesten Art, nämlich ein Bedürfnis der Unterwürfigkeit und des Staunens, ein Verlangen, uns an einem für groß gehaltenen Eindruck zu berauschen und darüber zu phantasieren. Ganze Völker können auf diese Weise ihre Erniedrigung rechtfertigen ...»

Dem Kapitel über die großen Individuen folgt schließlich die Abhandlung «Über Glück und Unglück in der Weltgeschichte», eine Art Schule der historischen Betrachtung: über die optischen Täuschungen, die sich so leicht einstellen, die Interpretationsverzerrungen aus Ungeduld, Mitleid und politischer Voreingenommenheit, den Einfluß irgendwelcher «Wünschbarkeiten». Immer sei es die Ursache historischer Falschbewertungen, einen Grundgedanken in die Geschichte hineinzudenken. Doch meldet sich sogleich auch die Überlegung, ob die Frage nach Glück und Unglück überhaupt zulässig sei. Nicht anders als Hegel wußte auch Burckhardt, daß die Weltgeschichte nicht der Boden des Glücks ist. Glück setzt Beharrung voraus, ein Zurruhekommen aller Spannungen und weiterdrängenden Energien, während Leben «nur in der Bewegung [ist], so schmerzlich sie sei». Am Ende steht die bezeichnende Erwägung, daß man versuchen müsse, den Begriff des Glücks im Völkerleben überhaupt loszuwerden und nur den des Unglücks beizubehalten. Denn die Geschichte sei, vom Menschen her gesehen, fast nur Tragödie und Schrecken. Glück dagegen sei, wie es in den feierlich bewegten Schlußsätzen der «Weltgeschichtlichen Betrachtungen» heißt, nur in der für irdische Wesen freilich nicht zugänglichen Erkenntnis des «wunderbaren Schauspiels» zu finden, wie der Geist der Menschheit sich immer neue Wohnungen baut. Das gälte auch für die eigene Zeit der Krisis und des Schwankens aller Verhältnisse. «Wer hievon eine Ahnung hätte, würde des Glückes und Unglückes völlig vergessen und in lauter Sehnsucht nach dieser Erkenntnis dahinleben.»

Man hat den Betrachtungen vorgeworfen, sie seien ein Buch «ohne Metaphysik», auch ohne Idee, und leugneten den Prozeßcharakter der Geschichte zum immer Neuen, so daß sie schließlich als sinnloses, blutiges Kreislaufen erscheine. Vielleicht hat ein Teil dieser Vorbehalte damit zu tun, daß Burckhardt keiner Schule angehörte und mit seinen Kategorien ebenso wie mit seinen Urteilen quer zu allen herrschenden Auffassungen des Historismus wie des Hegelianismus stand. In der Tat war die Geschichte für ihn nichts anderes als eine Flucht wechselnder Bilder auf meist düsterem Grund, und in dem anderen bedeutenden, postum veröffentlichten Werk, der «Griechischen Kulturgeschichte», hat er auch die klassische Antike in sein pessimistisches Weltbild einbezogen und, in Anknüpfung an seinen Berliner Lehrer August Boeckh, das von Winckelmann und der deutschen Klassik herstammende lichte Bild eines ewigen Arkadiens ins Schwärzliche umgefärbt: in der Beschreibung der «großartigen und zugleich schrecklichen Polis», den Überlegungen zum agonalen Trieb der Griechen, der sich nicht, wie man lange gemeint hatte, vorwiegend in Politik, Dichtung und Kunst äußerte, sondern auch im wütenden Dauerkrieg zwischen Hellenen und Hellenen mit seinen Gewalttätigkeiten und Menschenopfern und der, aufs furchtbare Ganze gesehen, weniger ein Eroberungs- und Herrschaftsehrgeiz war als vielmehr eine zerrüttende Krankheit. Die «Griechen, also erstens Mörder von Mitgriechen und zweitens kunstsinnig», heißt es einmal, und Burckhardt hat diesen Widerspruch nie aufzulösen versucht, sondern ihn mehr und mehr als Grundfrage schlechthin empfunden: Was die Leistungen der Kultur an Leiden gekostet haben und über welchen Abgründen sich erhebt, was dem späteren Betrachter nur noch Gefühle des Staunens und der Bewunderung abnötigt.

Es sei von «diesem feindseligen, alten Pessimisten so gut wie nichts zu lernen», schrieb eine große amerikanische Zeitung 1943, als die erste englischsprachige Übersetzung der «Weltgeschichtlichen Betrachtungen» erschien. Aber das war noch von jenem zukunftsgewissen Hochmut getragen, der Europa etwa um die gleiche Zeit abhanden kam. Friedrich Meinecke jedenfalls sprach gegen Ende des Krieges einmal, im Blick auf Jacob Burckhardt, von «Rankes gar zu leicht erobertem Welttrost» und fragte einige Zeit später sogar, ob Burckhardt nicht «am Ende wichtiger werden» könne als Ranke.

Eine Zeitlang war er es auch. Die Erfahrungen der ersten Jahrhunderthälfte schienen wie eine Bestätigung seiner Katastrophenahnungen. Aber es blieb bei satzweisen Zitaten. Der antipolitische Affekt Jacob Burckhardts, der ein Element aristokratischen Unverständnisses für die demokratische Epochentendenz enthielt, schuf viele Vorbehalte, zumal man darin eine der wenn auch anderswo hervorgetretenen Ursachen für manche autoritären und später sogar totalitären Anfälligkeiten erkannte. Und als Ende der sechziger Jahre, im Zeichen all der Aufbrüche ins Utopische, ein schwärmerischer oder auch erbitterter Optimismus vorherrschend wurde und in der Wissenschaft die Sozialgeschichte mit ihren Optimismen das Terrain besetzte, geriet Jacob Burckhardt mitsamt seinem wunschfreien Altersrealismus wieder in jene Außenseiterposition, die er schon zu Lebzeiten eingenommen hatte. Wo alles sich an emanzipatorischen Prozessen orientierte und deren Horizont mit verheißungsvollen Lichtern besetzte, mußte ein Denken merkwürdig anachronistisch wirken, das in der Geschichte ewige Wiederholungen, sinnlose Spasmen, nichts als Wellenbewegungen sowie das schöne und schreckliche Spiel von Naturkräften erkannte und sich eine Heilung nur davon erhoffte, daß «endlich der verrückte Optimismus bei groß und klein wieder aus den Gehirnen verschwände». Und wo Bildung als «Bürgerrecht» proklamiert wurde, nahm seine Überzeugung sich absurd aus, daß sie zu mühsam zu erwerben und zu schwer zu lieben sei, als daß sie je Allgemeingut werden könnte.

Dennoch könnten ihm die Umstände zu unerwarteter Resonanz verhelfen. Aber diesmal wären es weniger Pessimismus und Untergangsempfindung, die ihn dem Bewußtsein näherrückten. Worin die Gegenwart sich wiedererkennt, hat mehr mit seinem Argwohn gegenüber allen geschichtsphilosophischen Konstruktionen zu tun. Was er in einzelgängerischem Skeptizismus formulierte, ist unterdessen, wenn auch bisher noch widerstrebend hingenommen, eine sich verfestigende Gewißheit für alle geworden. Denn mit dem Zusammenbruch des Kommunismus ist nicht nur eine weltliche Heilslehre zugrunde gegangen sowie ein Imperium, das darauf gründete. Dergleichen füllt nur den Vordergrund des Geschehens, dessen Zeugen wir sind. Zur Epochenzäsur wird es, weil damit zugleich jener Glaube an die Allmacht von Mensch und Vernunft endet, der die gesamte Neuzeit beherrschte. Sein stolzer Kardinalpunkt war, die Entwicklungsgesetze und damit das Ziel der Geschichte erkennen zu können, und alle großen Welterklärungsformeln, bis hin zu Karl Marx und den bis gestern noch so selbstbewußten Exegetenscharen in seinem Gefolge, gaben ebendies zu wissen vor. Mit ihrem Scheitern endet eine Zuversicht, die weit und bis zum Beginn der Neuzeit zurückreicht.

Auch jene neuere These, die daraus die Folgerung zu ziehen schien und das «Ende der Geschichte» ausrief, war nichts anderes als ein Nachläufer des Bedürfnisses, dem Gang der Dinge eine plausible Deutung abzugewinnen. Insoweit entstammte sie noch ganz dem Zeitalter, dessen Abschluß sie dekretierte. Zugrunde lag ihr noch immer die zusehends brüchiger werdende Überzeugung, daß der Mensch in der unendlichen Bilderwoge der Geschichte einen Orientierungspunkt zu fassen vermöge, während Burckhardt nichts anderes entdeckte als elementar sich umwälzende Kräfte, deren Bewegung das einzige, erkennbare Ziel war.

Der Blick auf die wechselhafte, zwischen Annäherung und Unverständnis schwankende Rezeptionsgeschichte Jacob Burckhardts lehrt im Grunde nur, daß es damit noch kein Ende hat. Gerade dies aber könnte zugleich ein Indiz dafür sein, daß er nicht der Autor einer bestimmten Zeit, sondern aller Zeit ist. Dem «subalternen Geist», dessen Herrschaft er mit häufig aus der Resignation in Zorn umschlagendem Schrecken heraufkommen sah, hielt er gern entgegen, daß er den Widerspruch nicht ertrage und nur das Übereinstimmende gelten lasse. Womöglich ist der Anachronismus, der ihm verschiedentlich vorgeworfen wurde, nichts anderes als die aus aller Zeitgenossenschaft immer heraustretende Unabhängigkeit des Denkens.

Infolgedessen kann auch dahingestellt bleiben, ob Jacob Burckhardt der Gegenwart wieder nähergerückt ist. Was sein Werk, jenseits aller zeitabhängigen Verschiebungen, vermitteln kann, sind der Sinn für Distanz und die wirkliche Freiheit des Urteils. Auch Skepsis den Erscheinungen wie den eigenen Befangenheiten gegenüber, an denen der Zeitgeist, seine Theorien und die Vorzeichen, unter die er das Denken stellt, auf vielfach verschlungenen, oft kaum wahrnehmbaren Wegen mitwirkt. Auch die Wissenschaft hat ihre Moden und ihre Mitläufer, und wie überall gilt auch für die gelehrte Republik, was Jacob Burckhardt in einer der häufig aus Sorge und Hohn gemischten Verächtlichkeiten über die heraufziehende Massengesellschaft formuliert hat: «Es wird dahin kommen mit den Menschen, daß sie anfangen zu heulen, wenn ihrer nicht wenigstens hundert beisammen sind.»

In den biographischen Studien und Essays über Jacob Burckhardt ist der Pessimismus, der ihn so auffällig beherrscht und in die vorderste Reihe der apokalyptischen Denker des 19. Jahrhunderts stellt, vielfach verkleinert worden. Gleichzeitig hat man versucht, die Kraft der Bejahung, die er in der Kunst, im Erlebnis des Südens oder im geselligen Umgang mit Freunden und Schülern gefunden hat, dagegenzusetzen. Richtig daran ist, daß er, anders als beispielsweise Theodor Mommsen, keine depressiv gestimmte Natur war. Sein Pessimismus kam nicht aus seinem Wesen, sondern aus der Erkenntnis: vom Blick auf die Welt, auf Blindheit und Selbstzerstörungsdrang der Menschen, auf das dauernde Geschiebe zum Abgrund hin. Für die Griechen hat er den Widerspruch, der auch sein eigener war, auf die Formel gebracht, sie seien im Denken Pessimisten, im Leben dagegen Optimisten gewesen. Aus dem Schatten der Trauer, den er am gesenkten Haupt des vatikanischen Hermes entdeckte, hat er schon früh den Zusammenhang von Denken und Verzweiflung abgelesen.

Daher kann man seinem Werk, wie manche es versucht haben, auch nicht eine Art Rettungsbotschaft entnehmen, wonach die Kontinuität der europäischen Bildung und die Rückbesinnung auf das klassische Menschenbild jene Bedrohnisse abfangen würden, die er herannahen sah. Denn der Trost, den er suchte, war nicht von so einfach appellativer Art. Er hoffte auf «das Leidliche, womöglich in freundlicher Gestalt». Daneben glaubte er, daß die Verdüsterungen, die aus dem Denken kommen, ein Preis seien, der hinreichend Gewinn bringe. «Was einst Jubel und Jammer war», schrieb er einmal, «muß Erkenntnis werden.» Jenseits von Glück oder Unglück. Mehr kann nicht sein.

Preußens letzter Untergang

Gedanken über die Dauer einer historischen Episode

(1977)

Der Non-soli-cedo-Adler mit seinem Blitz-
bündel in den Fängen, er blitzt nicht mehr.

Theodor Fontane

Preußen hat zahlreiche Untergänge erlebt, ein jeder vernichtender und scheinbar endgültiger als der voraufgegangene. Doch aus allen seinen Desastern ist es am Ende immer wieder zu zähem Leben erwacht. Die Hoffnung des österreichischen Kanzlers Kaunitz 1755, Preußen werde «ecrasieret» werden, hat sich erst Generationen später erfüllt und Zweifel selbst dann noch erweckt. Dreißig Jahre nach seiner definitiven Beseitigung ist es erneut Gegenstand von Interesse, Bewunderung und Auseinandersetzung. Wunderbar am «Wunder des Hauses Brandenburg» scheint vor allem, daß es sich so häufig in der Geschichte wiederholte.

Mirabeau hatte ihm den Verfall noch vor dem Aufstieg attestiert und den Staat Friedrichs mit einer Frucht verglichen, die faul war, ehe sie reifte. Die Historiker sowie die Preußen selber datieren das Ende des Staates meist auf das Jahr 1871; de facto endete er am 20. Juli 1932 mit Papens «Preußenschlag», de jure Anfang 1934 mit Hitlers Gesetz zur Neuordnung des Reichs; und dann noch einmal, allen Zweiflern Gewißheit verschaffend, mit dem Kontrollratsgesetz Nr. 46 vom 27. Februar 1947.

Dieses Gesetz gab zwar vor, den Staat zu meinen, der nicht mehr bestand; tatsächlich aber richtete es sich gegen eine Idee, gegen eine Art politischen und gesellschaftlichen Ordnungsprinzips, dem mit dem Staat der Kristallisationspunkt entzogen werden sollte: den

«Träger des Militarismus und der Reaktion in Deutschland». Die Formulierung machte die vor allem im alliierten Lager verbreitete Vorstellung sichtbar, daß der Nationalsozialismus die Erfüllung preußischen Ungeistes sei und Hitler die ganze Ahnengalerie der preußischen Kaiser und Könige herunter seine unmittelbaren Vorfahren habe, bis hin zu «Frédéric, le premier Nazi», wie ein 1934 in Frankreich veröffentlichtes Pamphlet meinte, sowie, einer englischen Polemik zufolge, «The Potsdam Führer», den unterdessen aber alle wieder Friedrich Wilhelm I. nennen.

Zweifellos war Preußen einer der großen Sündenböcke des Jahrhunderts, die Anklagen kamen von allen Seiten. Georg Lukács sprach im Blick auf das Hitler-Regime von der «Verpreußung der Unterwelt», für Wolf Graf Baudissin, aus sächsischem Uradel, waren die Konzentrationslager eine im säkularisierten Preußentum angelegte Möglichkeit, und Churchill bezeichnete es in Teheran, als er für die Bestrafung und Auslöschung des schon Ausgelöschten plädierte, als den «bösen Kern», notorischen Unruhestifter und Verderber der Völker. Die Bundesrepublik wiederum, deren Selbstverständnis auf zahlreichen Abwehrkomplexen gegen die nationale Geschichte basiert, war nicht zuletzt ein antipreußisch entworfener Staat, und wenn die Republik von Weimar sich demonstrativ von Potsdam abgesetzt hatte, so war die Bonner Republik auf sicherlich noch entschiedenere Weise die Verneinung des einen wie des anderen.

Gewiß war Preußen immer, von Beginn an, ein merkwürdig provozierendes Gebilde und gerade nicht, wie der Historiker Friedrich Dahlmann geäußert hat, «nur der größte Fetzen von Deutschland». Es hat, in Verdammung wie Bekenntnis, durchweg extreme Parteinahmen geweckt. Georg II. von England meinte schon 1741, daß man Preußen nur durch Vernichtung beikommen könne, und entwickelte detaillierte Zerstückelungspläne, Napoleon, 1806 wie 1813, desgleichen. Auf der anderen Seite war man für Preußen nie, wie man für Habsburg oder das Haus Oranien war; nie gelassen, im Gefühl gesicherten Rechts, sondern immer erregt, immer im Affekt; etwa wie Polen für Polen sind.

Diese Emotionen haben verblüffenderweise alle Todesdaten überdauert, und in Abwandlung eines Wortes von Grillparzer ließe sich sagen, daß Preußen wie einer ist, der lebend hinter seiner eigenen Leiche hergeht. Bezeichnenderweise vollzieht sich die gegenwärtige Wiederentdeckung vielfach im Zeichen romantisierender Tendenzen, sei es, eher allgemein, in der Beschwörung der altpreußischen Idee, sei es, um einiges greifbarer, in mancherlei Widerstandsmythologien. Die Lust zum Frondieren komme, so kann man lesen, geradewegs aus Preußen, «unter allen Staaten der Neuzeit» sei es der «einzige, der sich immer wieder Rebellen zu Helden erwählte». Unbekümmert um Herkünfte, Umstände und Historie wird eine knappe Linie vom Prinzen von Homburg über den Herrn von der Marwitz zum 20. Juli 1944 geführt: «Sühnend strahlt das Opfer ... der Stauffenberg und Yorck und Schulenburg», vermerkt Edgar Salin. Andere feiern den preußischen Stil, den besonderen Typus oder die Idee von Opfer und Hingabe, die der Sandstaat am Rande Europas entwickelt hat, als unvergeßlichen Beitrag zur Zivilisation.

Dagegen Theodor Fontane, höhnend in einer seiner preußenfeindlichen Anwandlungen: «Das soll eine Weltrolle sein? Was hat Preußen der Welt geleistet? Was find ich, wenn ich nachrechne? Die großen Blauen Friedrich Wilhelms I., den eisernen Ladestock, den Zopf und jene wundervolle Moral, die den Satz erfunden hat, ‹Ich habe ihn an die Krippe gebunden, warum hat er nicht gefressen?›»

Man wird wohl noch einiges mehr finden. Aber richtig ist, daß der preußische Beitrag zur Welt wenig anziehend wirkt, weil er gewaltsam, wie mit zusammengebissenen Zähnen und eigentlich in fast allem der Natur der Menschen oder doch ihren quietistischen Bedürfnissen abgerungen scheint. Der Prospekt aus Sümpfen, Luch und Sand mitsamt dem hochsteigenden roten Adler machte die Szenerie nicht freundlicher: selbst als seine große Zeit begann, schlug durch den hellen, ein wenig stechenden Glanz, den es verbreitete, die düstere Grundierung durch, eine unverwechselbare Atmosphäre von Hunger, Plackerei und Melancholie. «Wünsche Euch eine bessere Zeit als wir erlebt haben», stand auf einem Zettel, den gegen Ende des 16. Jahrhunderts ein Handwerker für die Nachwelt im Turm der Berliner Nikolaikirche hinterlegt hatte, doch der Wunsch ging auf lange Zeit ins Leere. Noch zweihundert Jahre später nennt eine Berliner Statistik in nahezu jedem siebten Fall als Todesursache den «Jammer». Gewiß waren die Zeiten vorbei, in denen der europäische Adel ins Preußische reiste, um in den Wäldern heidnische «Pruzzen zu jagen». Aber das Hungerleidertum und die Schwäche, die daraus folgte, ein Geruch von Entbehrung, von ewiger Drangsal und Bluterei hing dem Land unverlierbar an.

Vielleicht blieb deshalb lange unbemerkt, wie es sich allmählich, elend und verwegen zugleich, unter die Mächte zu drängen begann. Von Karlsruhe oder München, noch mehr von Wien oder Paris aus, war Preußen tiefe machtpolitische Provinz, und die eine herausragende Herrscherfigur, die es vorzuweisen hatte, der Große Kurfürst, bestätigte gerade mit seiner lebenslangen, vergeblichen Anstrengung, aus seinen verstreuten, in die Landkarte eingesprenkelten Besitztümern einen Staat zu formen und sich in die europäische Politik einzuschalten, die naturgegebene, auch dem ehrgeizigsten Willen unüberwindbare Schwäche dieses Randgebildes. Friedrich I. wiederum, phantasieärmer, aber auch umsichtiger als sein Vater, schien es geradezu darauf angelegt zu haben, kein Aufsehen zu erregen, so unauffällig, in stillen und zähen Verhandlungen, erwarb er sich das Recht, den Titel eines Königs «in» Preußen zu führen und schuf damit die entscheidende Voraussetzung für alles Kommende. Noch sein Sohn und Erbe, Friedrich Wilhelm I., wurde an den Höfen Europas, von der kultivierten, hochmütigen Adelsverwandtschaft, wie ein polternder Stallknecht belächelt.

Über seiner derben Einfalt, der paternalistischen Strenge, seiner Neigung zum Fluchen, Beten, Schlagen und der wunderlichen Marotte mit den «Langen Kerls» blieb die Leistung dieses «größten inneren Königs», der dem bis dahin kaum existenten Staat eine straffe, wirksame Struktur gab, fast verborgen: er schuf die Zentralverwaltung und die Grundlagen eines modernen, auf ein besonderes Ethos verpflichteten Beamtentums, unterwarf sich den widerspenstigen, auf angestammten Unabhängigkeiten beharrenden Landadel («Ich ruiniere die Junkers ihre Autorität; ich komme zu meinem Zweck und stabilisiere la souveraineté wie einen rocher von bronce»), ordnete die Finanzen und stellte ein schlagkräftiges, Preußens Möglichkeiten ebenso wie Preußens politisches Gewicht zunächst weit übersteigendes Heer auf. Erst mit Friedrich II., dann aber augenblicklich und spektakulär, trat es in die Geschichte.

Zur intellektuellen Suggestion, die Preußen bis in die Gegenwart verbreitet, gehört diese eigentümlich systematisch wirkende, wie nach einem verborgenen Plan ablaufende Vorgeschichte, in der drei gänzlich verschiedene Herrscherfiguren in gleichsam «richtiger» Reihenfolge auftreten. Nicht weniger bedeutsam war aber die historische Verspätung Preußens. Erst zu Beginn des 18. Jahrhunderts zum Staat geworden, besaß es nichts Gewachsenes, keine Geschichte, kein Staatsvolk, keine naturgegebenen Grenzen. Aber daß es wie aus dem Nichts kam und Voraussetzungen wie Maximen seiner Staatlichkeit erst entwickeln mußte, hat ihm zugleich die Freiheit verschafft, sich nach modernen, auf die reine Funktionsfähigkeit gerichteten Prinzipien zu organisieren.

Preußen war eine Kunstfigur, von den Launen der Geschichte zusammengewürfelt aus höchst unterschiedlichen Teilen. Ohne jedes natürliche Integrationselement, wurde ihm in der Idee des Staates das Verklammerungsstück gegeben, das alle seine Bewohner verband, unterwarf und gleichmachte. Der Sinn für Disziplin, Unterordnung und Hingabebereitschaft hatte keinen über sich selbst hinausweisenden Gedanken, sondern war ausschließlich auf den Staat bezogen und im Staat dergestalt ethisch verankert, daß die Weigerung, dem allgemeinen Wohl zu dienen, einem Akt des Hochverrats gleichkam. Das war die berühmte preußische «Pflicht», die Friedrich Wilhelm I. seinen Untertanen buchstäblich eingebleut hat und die weder ihm selber noch dem Ruhm des Hauses Brandenburg zu leisten war, sondern jenem Prinzip, das er in seiner schlichten, aber anschaulichen Bildersprache wie eine andere, dritte Person als «König von Preußen» zu personifizieren pflegte, der er selber wie jedermann unterworfen war.

Die preußischen Herrscher, allen voran Friedrich II., haben durchaus ein Bewußtsein für das artifizielle Wesen dieses Staates besessen. Es machte ihn anpassungsfähig, instrumental einsetzbar und damit stärker. Wie sehr sich sein Gebiet auch durch Erbzufälle, Eroberungen oder Einbußen auf der Landkarte hin- und herschob, von Osten nach Westen, von Westen nach Osten: er verlor doch nichts von seiner Identität, ungerührt oktroyierte er sich den unterschiedlichsten Verhältnissen, Völkerschaften und Traditionen und blieb doch immer, der er war.

Zugleich aber lag in seinem erkünstelten, hintergrundlosen Charakter die entscheidende Ursache seiner Gefährdung. Was auf der Landkarte so willkürlich zu verschieben war, ließ sich ohne Mühe auch gänzlich fortdenken, und in der Tat ist diese Sorge durch alle Wechselfälle der Geschichte das tiefe Dauertrauma Preußens gewesen. Die Klage der Königin Luise in einem Brief von 1807, «Preußen existiert nicht mehr», ist undenkbar aus der Feder eines sächsischen, bayerischen oder badischen Fürsten. Als Friedrich II., kurze Zeit nach seinem Regierungsantritt, in Verleugnung alles dessen, was er bis dahin gesagt und geschrieben hatte, zum Krieg aufbrach, hatte er nicht so sehr das «Rendezvous mit dem Ruhm» im Sinn, das er seinen Offizieren ankündigte; vielmehr unterwarf er sich, «le premier domestique de l'Etat», dem, was er als seine Pflicht verstand: dem Staat endlich das noch immer nicht vorhandene, existenzsichernde Gebiet zu schaffen, ihn ein für allemal so zu etablieren, daß er nicht mehr fortzudenken sei. Preußen müsse, meinte er, erobern oder untergehen.

Die Unfähigkeit, ein Bewußtsein gesicherten Daseins zu entwikkeln, war die Ursache für die preußische «Fragilität». Wie unter einem schrecklichen Zwang schien es unablässig ausgleichen zu wollen, was man heute sein Legitimitätsdefizit nennen würde. Das hat der Regierungszeit Friedrichs den dramatischen und hochtourigen Ton verliehen, und wie der erste Krieg sind auch die späteren niemals nur Eroberungsfeldzüge, sondern immer zugleich Akte innerer Herrschaftssicherung gewesen: in Kolin wie in Kunersdorf hat der König dem Lande überhaupt erst eine Erinnerung an sich selber und damit eine Geschichte gegeben. Ähnliche Absichten sind hinter jeder Entscheidung, jedem Auftritt Friedrichs bis in die gezielt eingesetzten anekdotischen Schnörkel zu spüren. Er hat zwar den Staat, in konsequenter Unterwerfung unter den Willen seines Vaters, weiter objektiviert und sein Leben, seine Vorlieben, sein ganzes Wesen dem «abscheulichen Handwerk», wie er es nannte, geopfert; gleichzeitig aber war er die Erscheinung, in der die abstrakte, erkältende Staatsidee Preußens anschaulich wurde und einige versöhnende Farbe gewann.

Das Bewußtsein der Zerbrechlichkeit hat den preußischen Charakter im ganzen geprägt und ihm den angestrengten Zug zur Härte gegeben, das häufig Verbogene, Malträtierte oder sogar Gebrochene, das am auffälligsten an seinen beiden großen Königen zutage tritt: der eine im Grunde ein leutseliger, gutmütiger Mann, aber Sklave einer tyrannischen Idee, unter der er selber zum Tyrannen wurde; der andere ein empfindsamer Schöngeist, weich, nervös, hochherzig, dekadentes 18. Jahrhundert, ein Flötenspieler und Menschheitsbeglücker. Und dann der Bruch, der alles zu verleugnen schien. Der «Antimachiavell», den Friedrich in jungen Jahren verfaßt hat, ist häufig als ein Dokument unverbindlicher, literatenhafter Schwärmerei gedeutet worden. In Wirklichkeit traten in der Streitschrift Überzeugungen hervor, die mit seinem innersten Wesen zu tun hatten. Doch hat er den Widerspruch zwischen humanitärem Ehrgeiz und den Zwängen der Staatsräsion nie aufgelöst: er hat der Macht seine Träume, seine Maximen und, wie er selber geäußert hat, sein Leben geopfert – und sie doch illusionslos verachtet; er hat Kriege geführt – und darunter gelitten. Man verfehlt das Wesen der Erscheinung, Friedrichs lebenslangen Konflikt mit dem, was er für seine Schuldigkeit hielt, wenn man darin nur den Ausdruck jener sentimentalen Cäsarenpose sieht, die auf Eroberungszügen die Tragik beklagt, dem Glück der Untertanen nicht auf andere, menschenfreundlichere Weise dienen zu können.

Die Bereitschaft zur Selbstverleugnung, die Neigung, alle sanfteren Bedürfnisse als Wehleidigkeit abzutun, hat schließlich typenbildend gewirkt und den Kern dessen hervorgebracht, was man den preußischen Charakter nennt. Nie zeigte er sich gelöst, nie frei, sondern immer überwach, nervös, immer auf dem Quivive, in jener «fürchterlichen Überspanntheit», die man im gemächlichen Jena nicht ohne Befremden an Heinrich von Kleist beobachtet hatte. In einem berühmten Schema hat Hugo von Hofmannsthal Preußen und Österreich gegenübergestellt und durch Vergleichung die Konturen des einen wie des anderen herausgearbeitet: «Preußen: geschaffen, ein künstlicher Bau, von Natur armes Land, alles im Menschen und von Menschen; daher: Staatsgesinnung als Zusammenhaltendes, mehr Tugend, mehr Tüchtigkeit, disziplinierbarste Masse, grenzenlose Autorität.» Dagegen sei Österreich organisch gewachsen und reich von Natur. Der Preuße ist «unvergleichlich in der geordneten Durchführung, verwandelt alles in Funktion, drängt zu Krisen», während der Österreicher alles ins Soziale umbiegt und den Krisen ausweicht.

In alledem war Preußen ein Produkt der Aufklärung und, nach dem Urteil des französischen Historikers Henri Brunschwig, deren «eigentliche Heimat», wie finster es so manchem hellen Kopf von heute auch erscheinen mag. Daß es die Kraft zur Existenzbehauptung aus sich selber zog, alle metaphysischen Verbrämungen entschlossen abgeworfen hatte und gleichsam nackt und ohne irrationale Stützkonstruktion nur noch Staat an sich zu sein versuchte, überhaupt das Mechanische, kühl und sinnreich Funktionierende seines Wesens faszinierte eine Zeit, die soeben zu entdecken begann, daß die gesellschaftlichen Zustände in die Macht des Menschen gegeben und aus dem Kopf konzipierbar seien. La Mettries Maschinenmensch schien hier zum Maschinenstaat erweitert, und nicht ohne Grund haben zahlreiche zeitgenössische Beobachter sich korrespondierender Metaphern bedient. Hegel sprach von der «maschinistischen Hierarchie» Preußens, und Goethe brachte die Erscheinung Friedrichs auf ein Bild, das die vom König selber kalkuliert eingesetzten Wirkungen der eigenen Legende, ihren großen, betäubenden Orgelton, treffend veranschaulicht: «Von der Bewegung der Puppen», bemerkte er, «kann man auf die verborgenen Räder, besonders auf die große alte Walze F. R. gezeichnet, mit den tausend Stiften, schließen, die diese Melodien hervorbringt.»

Zweifellos war aber Preußen das modernste Staatswesen der neu anhebenden Epoche, von überall her zog es die Philosophen und die Talente an. Es war fortschrittlich, freigeistig, unruhig, ernst, in fast allem der Gegensatz zu dem anmutigen, leichtsinnigen Geist der Epoche, aber doch das Kommende genauer darstellend, so daß viele es als den «Modellstaat» der Zukunft betrachteten.

Die religiöse Toleranzpolitik, in der sich diese Modernität vor allem anzeigte, war schon 1613 eingeleitet worden, als Johann Sigismund als erster deutscher Fürst auf seine Konfessionshoheit verzichtete. Sie wurde weitergeführt im Edikt von Potsdam, 1685, das als Antwort auf die nur drei Wochen zuvor verfügte Aufhebung des Edikts von Nantes nicht nur die besondere preußische Begabung im blitzartigen Erfassen einer Situation und ihrer Chancen sichtbar machte; vielmehr war es auch so etwas wie der Eintrittsakt Preußens in die europäische Geschichte, und der Auftritt bleibt denkwürdig: ein unbeachteter Randstaat, finster, elend und rückständig, fordert das große Frankreich im Zeichen von Glaubensfreiheit und

Toleranz heraus. Um den Vorsprung zu veranschaulichen, muß man sich vergegenwärtigen, daß Frankreich die Religionsfreiheit erst 1789 verkündete, England erst 1829, und bezeichnenderweise stieß sie in Preußen zunächst auch auf heftige Widerstände, weil sie der streng in ihrem Väterglauben verwurzelten Bevölkerung die Duldung von Sektierertum und Ketzerei aufzunötigen schien.

Aber die preußischen Herrscher beharrten auf dem Prinzip der Toleranz und scheuten auch vor Zwangsmitteln nicht zurück: aus aufgeklärter Gesinnung, kühler Vernünftigkeit, vor allem aber, weil es dem armen, tief rückständigen Land Arbeitskräfte zuführte, Kenntnisse in den verfeinerten Formen der Landwirtschaft und des Gewerbes verbreiten half, Ärzte, Wissenschaftler, Kaufleute anzog. Die Einwanderungsbewegung nahm zeitweilig solches Ausmaß an, daß die Bevölkerung Berlins zu mehr als einem Drittel aus Konfessionsflüchtlingen bestand: aus Holländern, Franzosen, Italienern, Verfolgten aus dem Salzburgischen, aus Polen und der Schweiz.

Die Kraft zur Integration, die nicht nur der Staat, sondern bald auch seine Bewohner entwickelten, zählt zu den großen, erinnerungswürdigen Vollbringungen preußischer Geschichte. Um die Mitte des 18. Jahrhunderts galt Berlin als die Stadt, in der jedermann seinen Stolz daransetzte, ohne Vorurteil zu erscheinen. Dies und die unter Friedrich weitgehend abgeschaffte Folter, eine Justiz, die in Umrissen schon die Idee der Rechtsstaatlichkeit erkennbar machte und im Preußischen Allgemeinen Landrecht von 1794 eine beispielhafte gesetzliche Grundlage erhielt, die Meinungsfreiheit, die Schule auf dem Dorf und die großzügige Asylpraxis: das waren einige der Ursachen jener «Preußenbegeisterung», die damals, neben Frankreich, vor allem England erfaßte.

Man pries preußische «austerity», die Wirtschaftsplanung sowie die Justizreform als vorbildlich, und zeitweilig entstanden überall auf der Insel sogenannte «Drillgemeinschaften», «to learn the Prussian Exercise». Lord Chesterfield ließ 1749 die Grand Tour seines Sohnes in Berlin beginnen und gab ihm den Hinweis mit:

«You will see there, full as well, how states are defended by arms, adorned by manners, and improved by laws.» Es ist denn auch nicht verwunderlich, daß der Beifall, den die Revolution von 1789 in Preußen hervorrief, von der Regierung ohne Beunruhigung vermerkt wurde; Preußen war Frankreich weit voraus. Den Unterschied hat ein preußischer Minister dem Gesandten aus Paris gegenüber formuliert: die «heilsame Revolution», die in Frankreich von unten nach oben gemacht worden sei, vollziehe sich in Preußen schrittweise von oben nach unten.

Modern im Sinne der Aufklärung war auch der Typus, den Preußen hervorgebracht oder doch postuliert hat: es war ein Menschenbild, das ganz aufs Öffentliche orientiert war und kaum Raum für individuelle Sphären, Bedürfnisse und Neigungen ließ. Pflicht, Gehorsam, Ordnungssinn, Selbstverzicht, Opfer: darin bestand das preußische Ethos. Doch wer ihm genügte, mochte tun, denken oder glauben, was ihm beliebte. «Die Seele for Gott, alles andere for mir», formulierte der König. Der asketische, die tätige Nächstenliebe fordernde, ganz und gar nicht gefühlsweiche Pietismus, der seit Beginn des 18. Jahrhunderts mit der Berufung Speners und vor allem August Hermann Franckes das besondere, durch alle staatliche Liberalität hindurchschimmernde Bild preußischer Frömmigkeit beherrscht, hat das eine mit dem anderen, die Pflicht vor Gott mit der vor dem Staat, verbunden: Religion und politisches Ethos formten und förderten einander. Selten irgendwo wird diese charakteristische Verknüpfung anschaulicher als am Tag von Leuthen, der mit dem Choral begann: «Gib, daß ich tu mit Fleiß, was mir zu tun gebühret», und endete mit dem Gesang: «Nun danket alle Gott.»

Es war im ganzen eine merkwürdige Verbindung von Untertänigkeit und Freiheit, wenn auch, von heute her gesehen, der Dienst- und Pflichtanspruch des Staates vorherrschend wirkt. Zu den Erstaunlichkeiten Preußens zählt, daß es ihm, trotz aller Lasten, die es den Bewohnern aufdrückte, aller Unzufriedenheiten, die es unter ihnen weckte, doch gelang, der nahezu totalen Inanspruchnahme den Charakter auferlegten Zwangs weithin zu nehmen; und zum ersten und vielleicht einzigen Mal in der Geschichte hat es, zeitweise wenigstens, eine Ahnung davon spüren lassen, daß der Herrschertraum verausgabend geleisteter, sogar als Selbststeigerung empfundener Unterordnung unter das höhere Wohl des Staates in dieser Welt möglich ist. Die Härte, der Rigorismus seiner eintönigen, immer auf Begriffe wie Pflicht und Opfer zulaufenden Grundsätze wurde sicherlich vielfach drückend empfunden; doch in dem Maße, wie seine Bewohner sich die Forderungen zu eigen und zum Bestand persönlicher Moral machten, gewannen sie auch Pathos und Größe.

Das war denn auch vielleicht das eigentliche Genie Preußens: dem Gewöhnlichen einen Schimmer des Besonderen zu verleihen. Die «Riesenarbeit der Idealisierung», die Schiller an Friedrich II. nicht vornehmen mochte, hat der König am Ende selber geleistet. Den Druck, der von seinem Regiment ausging, hat er gemildert durch den Zug ins Große, den er seinen Veranstaltungen zu geben wußte, und deshalb, trotz aller mesquinen Eigenschaften, aller Menschenverachtung und -presserei, am Ende die Geschichte für sich zu gewinnen vermocht. In der Tat ist sein Beiname «der Große» nicht das Verschwörerwerk deutschnationaler Professoren. Und wenn, wie Ranke gemeint hat, «eine Art von Kultus, den man dem König widmete, alle Mängel bedeckte», muß doch der Kultus erst seinen Gegenstand haben, man kann nicht nur einen Affen zu Pferde setzen. Noch in einem Gedicht von 1776 bat Voltaire, wenn er ins Jenseits komme, um «einen Schemel» am Throne Friedrichs.

Gewiß ist Friedrichs Ruhm undenkbar ohne die Gunst der Umstände, ohne Spielerglück und Zufall. Aber auch das gehört zu Preußen und hat seine Anziehungskraft von frühauf mitbestimmt: der Triumph gegen alle Wahrscheinlichkeit, der Sieg wider jede Berechnung, der große Mirakelton seiner Geschichte mitsamt dem

Element hasardierender Hochstapelei, das erforderlich ist, damit das Wunder überhaupt erst seine Macht erweisen kann. Der alte Dubslav von Stechlin äußert bei Gelegenheit, große Zeit sei immer dann, wenn's gerade nochmal gutgegangen und das Desaster mit knapper Mühe vermieden worden sei: fürwahr, ein preußisches Wort!

Doch Preußen hat nicht nur unter Friedrich zahlreiche Widersprüche vereint, eine «grelle Mischung von Barbarei und Humanität», wie der britische Gesandte aus Berlin berichtete; vielmehr hat es, noch in den letzten Lebensjahren des Königs, wenn auch unabhängig von ihm, eine neue, gänzlich unerwartete Entwicklung genommen und in einer beispiellosen kulturellen Blüte nahezu übergangslos die zweite große Epoche seiner Geschichte begonnen.

Die einzigartige Ballung bedeutender Namen hat nur in einigen Städten des italienischen Cinquecento eine Parallele: Kant, Hamann und, der Herkunft nach, Herder, die Gillys, Vater und Sohn, Schinkel und Schadow; Clausewitz; Kleist, Arnim, Brentano und E. T. A. Hoffmann; Tieck und Novalis; die Gebrüder Schlegel, Ranke und Savigny, Schelling, Fichte, Hegel und die Humboldts: man ist versucht zu sagen, in den dreißig, vierzig Jahren jener Jahrhundertwende artikuliert sich der Weltgeist am vernehmlichsten von Preußen aus. Erheblichen Anteil daran hatte die schon von Friedrich vorangetriebene Judenemanzipation, deren widerstrebendste Gegner inzwischen die orthodoxen Juden selber waren. Sie brachte ein neues, unerhört antreibendes Element ins Spiel und gab dem lange stockigen kulturellen Leben des Landes plötzlich Salz sowie Weite und gesellige Form. In den Salons der Rahel Varnhagen oder Henriette Herz nahm jene deutsch-jüdische Symbiose erste Umrisse an, die zu den großen europäischen Kulturereignissen rechnen wird, ehe Hitler ihr ein Ende machte.

Diese Blütezeit fiel streckenweise zusammen mit der Epoche von «Preußens tiefster Erniedrigung»: der Serie von Niederlagen im Verlauf der napoleonischen Kriege, der Besetzung Berlins, dem

Verlust von mehr als der Hälfte seines Staatsgebiets: es war schon wieder nahezu das Ende. Aber mit der ihm eingefleischten Zähigkeit hat Preußen nicht nur die Katastrophen von 1806/07 überwunden, sondern zugleich, wie in einem Akt trotziger Selbstbehauptung, Kräfte der Erneuerung mobilisiert. Das Reformwerk jener Jahre, das vor allem von Stein, Hardenberg, Scharnhorst, Gneisenau, Boyen, Humboldt und Grolman ins Werk gesetzt wurde, brachte die Selbstverwaltung der Städte und ein neues, an französischen Vorstellungen orientiertes Militärsystem, die Bauernbefreiung, die bürgerliche Gleichstellung der Juden, die Gewerbefreiheit sowie, mit der Gründung der Berliner Universität, die «Jahrhundertreform» des Hochschulwesens. Die häufig anzutreffende Vorstellung jedoch, daß dieses Programm die Absicht verfolgte, eine breite Stimmung für den Befreiungskrieg zu entfachen und, ausgesprochen oder nicht, eine Art politischen Reformversprechens enthielt, das später, nach dem Sieg, uneingelöst blieb, ist nichts als eine Legende. Eher trifft das Gegenteil zu. Wenn das Reformprojekt, nach großem Anlauf, weitgehend in Stillstand und Enttäuschung endete, so war das, neben den Gegensätzen unter den Reformern selber, vor allem auf die Indolenz der Öffentlichkeit zurückzuführen. Noch immer war Preußen ganz überwiegend ein Agrarstaat, es gab kein starkes, selbstbewußtes Bürgertum, das die Reformen abzustützen vermochte, und jedenfalls war der vom Lande kommende, feudale Widerstand dagegen stärker als die vereinzelt und diffus hervortretenden nationaldemokratischen Bestrebungen. Auch stammten die Pläne der Reformer zum ansehnlichen Teil aus der Zeit vor den napoleonischen Kriegen. Sie beschränkten sich auf soziale, ökonomische und kulturelle Veränderungen in der Absicht, das stehengebliebene, hinter die Zeit zurückgefallene Land, das einst das modernste Europas gewesen, von der Französischen Revolution jedoch überholt worden war, wieder auf die Höhe der Epoche zu bringen.

Das war aber auch die tiefere, von keinem Erfolg zu heilende

Schwäche aller dieser Reformprojekte: daß der Staat wiederum nur in den Funktionen, seinem «maschinistischen» Element modernisiert werden sollte. Zwar gingen manche Überlegungen dahin, daß der gesellschaftliche Wandel am Ende auf die politischen Verhältnisse durchschlagen müsse. Aber das wäre eine mittelbare Folge gewesen, niemals war es ein bewußt angesteuertes Ziel. Preußen blieb ohne Idee, es kam über seine Anfänge nicht hinaus. Was im 18. Jahrhundert sein Vorzug, die Bedingung seiner Anziehungskraft und seiner Größe gewesen war, wurde jetzt sein Anachronismus.

Aus diesem Grunde auch hat es sich lange gesträubt, an die Spitze der erwachenden Nationalbewegung zu treten und jene «deutsche Sendung» zu übernehmen, die Heinrich von Treitschke und seine Schule ihm zugewiesen haben. Die Wendung zum Polizeistaat, die «Demagogenverfolgungen» und die drakonische Zensur, die so viel Empörung erzeugt und Preußens reaktionären Verruf bewirkt haben, überhaupt der besonders schikanöse Rigorismus, mit dem es seit den Karlsbader Beschlüssen auf Ruhe und überlieferte Ordnung sah, sind schwerlich mit der plötzlichen Sklerose eines Staates zu erklären, der sich soeben noch in seiner Führung als vital und erneuerungsfähig gezeigt hatte; sie richteten sich daher auch nicht allein gegen die liberalen Tendenzen, sondern ebenso sehr gegen die nationale Einigungsbestrebung, deren unabtrennbarer Teil sie waren. Die von Friedrich Wilhelm III. und vor allem von seinem Nachfolger, Friedrich Wilhelm IV., inspirierte pietistische Erweckungsbewegung der dreißiger und vierziger Jahre war ein letzter, fast verzweifelt anmutender Versuch, über den bloßen und sterilen Widerstand gegen diese Kräfte hinauszukommen und dem Zeitgeist offensiv, mit einer eigenen Idee zu begegnen. «Seltsam ergreifend», urteilt Sebastian Haffner, «dieser verspätete Wunsch eines Kunststaats, sich um der Staatsräson willen eine Seele zu geben.»

Aber für Preußen war es fast so etwas wie eine Frage auf Leben oder Untergang. Erst instinktiv, dann immer bewußter hat es die

Gefahren erfaßt, denen es sich aussetzte, wenn es sich mit der Dynamik der nationalen, bürgerlichen Revolution verband. Die Schroffheit und Härte, die zahlreichen Überreaktionen, zu denen es sich gegen jenen «deutschnationalen Schwindel» verleiten ließ, von dem Bismarck seit den frühen fünfziger Jahren wiederholt gesprochen hat, deuten darauf hin, wie sehr es nach wie vor unter seinem Fragilitätskomplex litt; daß es fürchtete, die Ideen der Zeit könnten in den «Staat ohne Idee» eindringen und ihn von innen her bedrohen; und daß es spürte, dieser Probe nicht gewachsen zu sein und daran zugrunde zu gehen.

«Gott wird wissen», schrieb Bismarck in einem Brief, «wie lange Preußen bestehen soll. Aber leid ist mir's sehr, wenn es aufhört, das weiß Gott!» Und doch hat er mehr als jeder andere Politiker zu diesem Ende beigetragen, ein Treibender und Getriebener, immer wieder skeptisch innehaltend, voller düsterer Ahnungen angesichts der heraufziehenden Preußendämmerung, dann aber doch wieder den Prozeß beschleunigend, dessen Herr und Opfer er war. Geraume Zeit hatte er geglaubt, gehofft und versucht, die deutsche Nationalidee dem preußischen Staatsinteresse dienstbar zu machen, doch war ihm die Steuerungsmacht über den einmal in Gang gesetzten Prozeß bald entglitten, und während der Reichsgründung schien er nur noch darauf bedacht, Preußen vor dem zu retten, was doch am Ende sein Werk war, und es nicht einfach im Reich aufgehen zu lassen. Das verfassungspolitische Zwitterwesen, das er entwarf, drei Viertel Bundesstaat, ein Viertel Staatenbund, war der Reflex von Widersprüchen, in denen preußisches Sentiment, Einsicht in den Geschichtsverlauf und historischer Ehrgeiz vehement aufeinanderstießen.

Wilhelm I. ließ sich nicht irremachen: Der Streit darüber, ob er zum «Deutschen Kaiser» oder zum «Kaiser von Deutschland» gekrönt werden solle, war nichts anderes als eine letzte Bemühung, Preußens Untergang im Reich, und sei es nur durch eine Art Titular-Vorbehalt, zu verhindern. Aber am Vorabend von Versailles sagte er unter Tränen: «Morgen ist der unglücklichste Tag meines Lebens. Da tragen wir das preußische Königstum zu Grabe.»

In der Tat entwickelte das Reich, das so viele romantische Gefühle nationaler Zusammengehörigkeit wiederbelebte, eine Eigendynamik, die alle Bismarckschen Vorsichtigkeiten überrannte. Elementare Sehnsüchte, von deren Gewalt der nüchterne, traumlose preußische Staatsgedanke sich nie hatte träumen lassen, brachen hervor. «Als Poesie gut», hatte der kühle Friedrich Wilhelm III., in einer ironischen Randbemerkung, auf eine Denkschrift Gneisenaus von 1811 zur Levée en masse geschrieben: Poesie, die Preußen immer fremd gewesen war, war auch die Reichsidee mitsamt der Schwärmerei dafür. Sie machte die Ängste dreier Generationen wahr. Preußens Zeit war in mehr als einem Sinne abgelaufen.

Es hat sich, bald nach der Reichsgründung, in den preußischen Kernlanden eine konservative altpreußische Fronde gebildet. Verbittert, nicht ohne begreifliche Trauer, registrierte sie, wie in dem erfolgreichen, prosperierenden, sich groß und breit machenden Reich zugleich mit Preußen selber unterging, was es einst ausgezeichnet hatte: Nüchternheit, Strenge gegen sich selbst, das Ethos von Dienst und Pflicht. Aber auch das Reich selber berief sich auf Preußen, nicht ohne Grund schließlich; dies war die Vormacht, damals wie jetzt, es hatte die Einigung herbeigeführt und stellte das Herrscherhaus; und richtig ist sicherlich auch, daß Preußen nicht nur im Reich unter-, sondern auch prägend darin aufging. Gleichwohl hat es bald schon, mehr und mehr, als nur noch dekoratives Ausstattungselement gedient. Mit seiner bilderreichen, atemlos wirkenden, immer wieder dramatisch kippenden Geschichte, seinen großen Königen und Staatsmännern, seiner «Sendung» schließlich, sah es sich in zusehends kühneren und hohleren Analogien als die deutsche Zentral- und Patenmacht beschworen.

Von da an, spätestens, wurde der Bruch unübersehbar. Preußen war stets eine widersprüchliche Erscheinung gewesen. Nun hängten den zahlreichen bestehenden Widersprüchen immer neue sich an, bis alles ins Unidentifizierbare entschwand. Im Meinungsstreit derer, die heute das preußische Erbe für sich reklamieren, lebt die Vieldeutigkeit der Erscheinung selber fort; der bis zur Unkenntlichkeit aufgelöste Begriff löst zuletzt auch alle Widersprüche auf.

So wird Preußen für eine bestimmte sozialdemokratische Tradition von Lassalle und Bebel bis zu Otto Braun und Julius Leber in Anspruch genommen; doch ebenso für die Yorcks, die Tresckows und die Schulenburgs, die am 20. Juli 1944 noch einmal für einen kurzen, dramatischen Augenblick in der Geschichte sind; Moltke gilt als Preuße, desgleichen Hindenburg sowie der militärische Typus, den George Grosz kenntlich gemacht hat; aber auch Karl Marx wird, von einem seiner Biographen, Preußen zugerechnet. Und schließlich Hitler. Die Frage lautet wohl, ob ein derartig mißdeutbarer Begriff am Ende mehr sein kann als eine Hülse, die es erlaubt, den unterschiedlichsten Vorurteilen einen pittoresken oder fatalen Traditionsvorsprung zu sichern.

Rudolf Augstein hat vor Jahren, trotz einiger verbaler Verwahrungen, die Verbindungslinie zwischen Hitler und Friedrich ausgezogen und den einen zu einem Vorläufer des anderen gemacht. Aber vom rüden Machiavellismus der Anfangsjahre Friedrichs abgesehen, gibt es keine Gemeinsamkeiten, die über dem Niveau der politischen Sonntagsschule noch auszumachen wären. Mit Ludwig XIV. oder gar den beiden Bonaparte ließe sich solche Genealogien-Spielerei beispielsweise für Frankreich auch anstellen, Ahnherr irgendeiner historischen Fatalität können viele in vielen Staatengeschichten sein – nur fehlt sie eben. Man geht der nationalsozialistischen Propaganda noch nachträglich auf den Leim, wenn man Hitler in die preußische Tradition zwängt. Sein Antisemitismus, seine Unduldsamkeit, der maßlose, selbstherrliche und launenhafte Charakter seiner Machtpraxis, die Züge von verwilderter Bohème, die ihm eigen waren, sowie schließlich all der imperiale Wahnwitz: das kam viel eher aus den Geröllhalden der Habsburger Tradition, und was immer davon später in alldeutschen Köpfen herumgespukt hat – Preußen, das immer etwas abgerissene, immer ächzend verausgabte, von Zerbrechlichkeitsängsten heimgesuchte Preußen, hat nie in Großräumen und Weltmachtvorstellungen gedacht, dergleichen war Hitlers österreichische Mitgift, und noch Bismarcks wiederholte Beschwörungen, daß das Reich «saturiert» und «die deutsche Uhr auf hundert Jahre richtig gestellt» sei, kommen aus der ständigen preußischen Besorgnis, sich zu übernehmen.

Die Verbindungslinien, die hier gesucht werden, lassen sich noch am ehesten in jener abstrakten Loyalitätsidee ausfindig machen, die einem Staat eigentümlich war, in dem militärische Vorstellungen alle sozialen Verhältnisse durchdrangen. Das instrumental beschränkte Expertentum in Offizierskorps und Beamtenschaft, das für Hitlers Machtergreifung ebenso wie für die spätere Inangriffnahme seiner Welteroberungspläne so entscheidend war, ist nicht zu begreifen ohne den erblindeten preußischen Pflicht- und Gehorsamsbegriff, der alles in Disziplin, Mechanik, Zweck verwandelte und dessen Moral und Lust das bloße Funktionieren war.

Die neuerwachte Preußenneigung meidet vielfach diese jüngeren Phasen. Auffällig daran ist gerade, daß sie überwiegend auf die friderizianische Epoche zielt, allenfalls noch die klassisch-romantische Phase umfaßt, zur Bismarckzeit ein eher mühsames Interesse herstellt und der wilhelminisch-neudeutschen Karikatur des Preußischen sowie allem Späteren gegenüber ganz und gar gleichgültig bleibt; bezeichnenderweise ist auch der deutsche Widerstand von ihr nicht miterfaßt worden.

Einiges spricht dafür, daß nicht nur Äußerliches: nicht nur die dramatische Pracht und der Zinnsoldaten-Charme der friderizianischen Welt die Ursache dieser Vorliebe sind. Viel eher drückt sich darin das Verlangen nach intakter Geschichte aus, das, geht man die deutsche Entwicklung zurück, tatsächlich erst bei Friedrich und der unmittelbar folgenden Epoche innehalten kann. Alle fragwürdigen Seiten des Königs haben dem historischen Respekt nicht Abbruch tun können, in ihm hatte ein Teil des Landes einmal an der

Spitze der Zivilisation gestanden, es war doch eine «Weltrolle» gewesen. Alles Nachfolgende jedenfalls war auf die eine oder andere Weise genierlich: Mühsal in kleinen Verhältnissen, schrille Großmannssucht und dann das würdelose Gekeuche einer Generation ewig Zukurzgekommener, die ihrem Platz an der Sonne nachjagten und, anders als Friedrich, die Blicke der Welt eher in Furcht oder Verachtung auf sich zogen.

Eine Nebenrolle, nicht mehr, spielt wohl auch, daß sich vor jenem älteren Hintergrund die Trauer um neunhundert Jahre verlorener Ostgeschichte legitimer vorbringen läßt, als dies sonst möglich ist. Namen wie Küstrin und Breslau, Grüssau, Stettin oder Königsberg erhalten erst im Blick auf die friderizianische Ära ihr ganzes sentimentales Gewicht zurück, während andere noch einmal Marschtritt hörbar machen, idyllisch anmutenden Schlachtenlärm, und am Ende das Tedeum von Graun: Hohenfriedberg, Roßbach, Leuthen. Und durch den Katalog lange entschwundener und polonisierter Namen geistert mitunter wohl auch eine irreale Hoffnung, die sich am Beispiel Preußens inspiriert: ein letztes Mal wartend auf das Wunder des Hauses Brandenburg.

Stärker indessen hat die Wiederentdeckung Preußens gewiß mit der Sympathie zu tun, die allem rasch und scheinbar vorzeitig Zugrundegegangenen gehört. Das berührt um so eigentümlicher, als Preußen sicherlich doch seine Zeit gehabt hat und zuletzt sehr verausgabt und überlebt wirkte. Wer sich erinnert, wie beispielsweise Hindenburg, Blomberg, Fritsch oder Keitel die Konfrontation mit Hitler bestanden, wird, ungeachtet aller Ausnahmen, einräumen müssen, daß dem versprengten Preußen sogar gewährt wurde, was Karl Marx im Anschluß an Hegel allen bedeutenden historischen Ereignissen zugestand: die Farce, die auf die Tragödie folgt.

Immerhin, sehr viel Dauer hatte es nicht und war im ganzen, wie Napoleon gesagt hat, wirklich nur eine «Episode». Doch könnten alle diese Motive das sich belebende Interesse nicht zureichend begründen, wenn jenes Preußen vor den Jahren der Heiligen Allianz, das Preußen der Aufklärung und der anhebenden Romantik, nicht zugleich dem Zeitbewußtsein so unverkennbar entgegenkäme. Es war ein Staat ohne aufdringliche Ideologie, ohne «Sendung», der aber doch, in dem sehr vagen Sinne, der solchen Begriffen eigen ist, als «links» und «fortschrittlich» gelten kann; dabei überaus dynamisch und fähig, nicht weniger Energie zu entfalten als einer der sendungsbewußten Staaten seit der Französischen Revolution. Auf alten Stichen, beispielsweise Eosander von Göthes, die eine Ansiedlung, ein kleines Schloß inmitten einer endlos sich verlierenden Sandwüste zeigen, wird noch etwas von dem zivilisatorischen Pathos spürbar, das dem Preußen jener Epoche eigen ist. Die Gleichzeitigkeit von Aufklärung und innerer Kolonisation gab ihm überdies den Impuls einer zweifachen Utopie, während der Zeitgenosse nicht einmal die eine auszumachen vermag, die seinem Tun einen übergreifenden Sinn verschaffen könnte.

Häufig wird, vor diesem Hintergrund, die stil- und typenbildende Kraft des einstigen Preußen beschworen: das Pflichtbewußtsein, die Fähigkeit, über das materielle Interesse hinauszudenken, Skepsis, innere Unabhängigkeit sowie die Bereitschaft zu asketischen Haltungen. Doch bleibt zu fragen, ob solche Anrufungen mehr als die Mangelempfindungen einer Wohlstandsgesellschaft offenbaren, die statt des Bürgers nur noch verwöhnte Sozialpetenten kennt und schon lange unfähig ist, die Idee des Gemeinsinns durch einen moralischen Gedanken zu stützen.

Auch wäre zu bedenken, daß solche Wertvorstellungen nur in Funktion eines historischen Zusammenhangs entstehen und daher zu ihrer Wiederbelebung vergleichbarer Umstände bedürfen: Alles andere bleibt, ist die Tradition einmal unterbrochen, leere Beschwörung. Die Lebensumstände innerhalb der sozialistischen Entbehrungsgesellschaft mögen denn auch eine Ursache dafür sein, daß heute im östlichen Teil Deutschlands, wenn auch abseits der offiziellen Indienstnahme, mehr Spuren preußischen Wesens aufzufinden sind als im westlichen. Gewiß lassen sich auch vereinzelte

Elemente der verfassungsrechtlichen Ordnung der Bundesrepublik bis ins alte Preußen zurückführen; und wie das alte Preußen ist die Bundesrepublik eine Art Flüchtlingsstaat. Aber auch das sind nur noch Spuren, und alle Wiederentdeckungsbestrebungen können nicht darüber hinweghelfen, daß Preußen hier wie dort, in allem was es war, wirklich vergangen und eine im ganzen zwar große, aber zusehends verblassende Erinnerung ist. Er wisse nicht, hat Friedrich der Große bemerkt, «wohr mir Mein Stern Noch herumpromenieren wird»; jetzt kommt die Bahn an ihr Ende.

Wenn aber weder Preußen noch die Reste seiner stilprägenden Kraft für die Gegenwart mobilisiert werden können, bleibt nur die historische Vergegenwärtigung. Sie bedarf keiner Rechtfertigung, und niemand muß sich ein Gewissen machen, der von der Geschichte nichts anderes als eine Geschichte erwartet. Anders als viele meinen, besteht die Vergangenheit überwiegend nicht aus Trümmern, auf denen Botschaften an die Nachwelt verzeichnet sind; mitunter sind es einfach nur Trümmer.

«Es gibt hier nichts zu schießen …!»

Die Deutschen und die Revolution

(1968)

Ihrem ungeliebten ersten Präsidenten gleich, hassen die Deutschen die Revolution wie die Sünde. Hundertfünfzig Jahre lang, die in ganz Europa eine Epoche der Unruhen und Umwälzungen waren, blieb Deutschland nahezu unbewegt und seinen Verspätungen treu. Immer haben höhere Gesichtspunkte: Ordnung beispielsweise oder Vaterland oder Sicherheit es verhindert, die politischen und sozialen Fragen, wie die Zeit es verlangte, zu bewältigen.

«Es gibt hier nichts zu schießen», herrschte eine revolutionäre Ordnungsperson einen einsamen Rotgardisten an, der 1918, am Tage der Münchner Revolution, auf dem Maximiliansplatz seiner revolutionären Wut durch einen Schuß in die oberen Stockwerke des Regina-Palast-Hotels Luft machte.

Das deutsche Gedächtnis kennt weder geköpfte Könige noch erschlagene Gauleiter, keine Straßenschlachten, keinen Bastillensturm oder siegreich durchgestandenen Verfassungskonflikt.

Eher geniert bewahrt es die Erinnerung an einige halbherzige Erhebungen und einen selbstquälerisch wankelmütigen Widerstand, alles in Jammer und Bitternis endend. Nicht einmal der Rückblick auf große Niederlagen ist ihm vergönnt, es kennt nur den Katzenjammer kläglichen Scheiterns. Entmutigt schrieb ein Hamburger Jakobiner in den «Annalen für die leidende Menschheit» von 1796: «In Deutschland ist eine Revolution unmöglich.»

Dieses Unvermögen hat viele Interpretationen gefunden, und am Ende gelten wohl auch viele Gründe. Die besondere Psychologie eines Volkes in bedrängter Mittellage zählt ebenso dazu wie das protestantische Staatsverständnis, die unvergessene Schockerfahrung des Dreißigjährigen Krieges und die Kleinstaaterei mitsamt der deutschen «Obödienzgesinnung» sowie dem Mangel an bürgerlichem Selbstbewußtsein. Durchweg in ihrer neueren Geschichte hat die Nation sich der Macht gegenüber vornehmlich durch Gutwilligkeit und anhänglichen Sinn bemerkbar gemacht. Selbst die Aufklärung, die überall in Europa als radikale Herausforderung nicht nur der ideellen, sondern auch der politischen Autoritäten auftrat, hat in Deutschland, sofern sie nicht unpolitisch war, das Landesfürstentum gestützt und gefeiert. Nicht ohne Grund hat das Land denn auch vom päpstlichen Hof einst den Ehrennamen «Land des Gehorsams» erhalten. Napoleon meinte, die Deutschen machten keine Revolution, denn sie seien nicht Mörder genug; und sein Landsmann Tocqueville, der, nicht anders als die sensible Intelligenz des 19. Jahrhunderts überhaupt, tief beunruhigt in die von Revolution und Volksherrschaft bestimmte Zukunft sah, äußerte mit ironischer Gefaßtheit: «In Deutschland finden Revolutionen nicht statt, weil die Polizei sie verbieten würde.»

Die höhnische Pointe verbirgt ein Paradox. Denn das Land ohne Revolution hat zur revolutionären Mobilisierung Europas mehr als jedes andere beigetragen. Einem Jahrhundert hat es die bravourösesten Erkenntnisse, die schneidendsten Parolen – und zugleich die elendesten Beispiele für ein dienerhaftes Verhältnis zur Macht geliefert. Es hat die Revolution begründet, proklamiert und versäumt. Tatenarm und gedankenvoll: so, mit einem ihrer romantischen Dichter, haben die Deutschen sich selbst gern gesehen und ihre revolutionäre Ohnmacht apologetisch gedeutet.

Tatsächlich hat der deutsche Umgang mit der Revolution, philosophisch und studierstubenhaft wie er war, immer den Charakter einer Ersatzhandlung gehabt. Die Radikalität des Gedankens verdeckte die Schwäche des Willens. Indem man Kant zum «Scharfrichter der Ideen», zu «unserem Robespierre» erhob, vollstreckte und vermied man die Revolution in einem. Zum «Kartell der

Angst», an dessen Widerstand sich jeder Neuerungswille brach, haben nicht zuletzt die bravourösen Philosophen gezählt, sobald sie ihre Schreibtische verließen. Die Wirklichkeit war ihnen immer unheimlich. «Wer», so glossierte Heinrich Heine die Besorgnis vor der Realität, «etwas Liebes zu verlieren hat, und sei es auch nur den eigenen Kopf, flüstert bedenklich: Wird die deutsche Revolution eine trockene sein oder eine naßrote?» Weder das eine wird sie sein noch das andere. Die deutsche Revolution entwickelte sich gerade aus der Zurückweisung des herkömmlichen revolutionären Geschehens, aus dem Schrecken vor Chaos und öffentlichem Blutvergießen. Zwar akzeptiert sie den Einsatz von Gewalt, doch sie verweigert ihn der Straße. Die deutsche Revolution, sofern sie außerhalb ihrer Studierstuben auftritt, ist Gegenrevolution oder gebärdet sich doch so; das heißt, zu ihren Voraussetzungen zählt, daß sie von oben und zugleich von rechts erfolgt. Revolutionäre Unternehmungen, in denen eine dieser Voraussetzungen fehlt oder unberücksichtigt bleibt, sind ohne Chance.

Das ist die Erfahrung, die, beginnend mit Georg Forster und den deutschen Jakobinern, jeder aus der Galerie deutscher Revolutionäre machen mußte: der Vormärz und die frühen Sozialisten, Lassalle, Bebel, die Soldatenräte vom November 1918, Karl Liebknecht und Rosa Luxemburg, Ebert, Thälmann, Röhm oder Ulbricht und selbst die Wortführer des Protestes von heute. Hitler schließlich auch. Sein Erfolg wird dadurch genauso erklärt wie der Mißerfolg aller anderen.

Die Ausgangslage freilich deutete keineswegs darauf hin. Denn die Deutschen, vor allem in ihren «räsonierenden Klassen», haben die Französische Revolution als «Morgenröte», «große Umrollung der Herzen» und «Befreiung der Menschheit» nicht weniger schwärmerisch begrüßt als die übrigen Völker Europas. «Alle denkenden Wesen haben die Epoche mitgefeiert», erinnerte sich der Philosoph Hegel mit ungewohntem Enthusiasmus: «Solange die Sonne am Firmament steht und die Planeten um sie herum kreisen, war das nicht gesehen worden, daß der Mensch sich auf den Kopf, das ist auf den Gedanken stellt und die Wirklichkeit nach diesem baut.» Die aufklärerische Überzeugung von der intellektuellen Konstruierbarkeit menschlicher Verhältnisse schien mit der ersten Probe zugleich bekräftigt. Die Revolution erwies sich als die Erfüllung der Philosophie.

Das Pathos, das der Epoche eigen ist, rührt folglich weniger aus dem stolzen Bewußtsein, den Absolutismus durch die Volksherrschaft verdrängt zu haben; es entstammt vielmehr der Gewißheit, daß der Mensch zum Herrn seiner Geschicke, zu seinem Gesetzgeber erst geworden sei, seit er die Herrschaft der Verhältnisse durch die Herrschaft über die Verhältnisse ersetzt habe. Das war die Freiheit, deren Anbruch die Zeit feierte.

Nur so wird der furchtbare Schock verständlich, den die Entwicklung der Revolution zur Schreckensherrschaft auslöste. Es war weniger das Mitleid mit den Opfern von Guillotine oder Septembermorden, das die Phantasie okkupierte; niederschmetternd war vielmehr der Eindruck, daß die Revolution offenbar wie eine Naturgewalt, ohne Rücksicht auf die Absichten der Akteure, ihren Weg nahm: ungerührt, mechanisch, ihrer eigenen Konsequenz folgend. «Die Lava der Revolution fließt majestätisch und schont nichts. Wer kann sie aufhalten?» notierte Georg Forster in Paris.

Es war eine Ohnmachtserfahrung, die unvergeßlich blieb. Deprimiert wandten sich Deutschlands Wortführer vom Geschehen in Frankreich ab. Kaum einer blieb dem Enthusiasmus des Jahres 1789 treu. Nur Immanuel Kant, unerschrocken in Königsberg, empfahl «neue Versuche dieser Art». Der Begriffskatalog, der künftig die Vorstellung der Revolution bestimmte, orientierte sich, tief pessimistisch, am Vokabular des Chaos: Pöbelwut, Sittenlosigkeit, Zerstörung, Mord, Elend oder Krise ersetzten die bis dahin gültigen Formeln des Überschwangs. Das Wort «Revolution» selbst, so lange ein Begriff der Hoffnung, wurde nun zu einem Synonym für

«Schreckensherrschaft». Dahinter war stets die Auffassung wirksam, daß Revolutionen, erst einmal entfesselt, mit historischer Zwangsläufigkeit in Unglück und Anarchie ausarten müßten. Die französischen Vorgänge lieferten das abschreckende Modell, das, bis in die Gegenwart, den Begriff wie die Anschauung bestimmte. La Grande Peur, die Große Angst vor der Revolution, hat das ganze 19. Jahrhundert beherrscht und gepeinigt. Sie kroch aus allen Winkeln und verdarb selbst die Unschuld patriotischer Empfindung. Als Friedrich Wilhelm III. 1813 den Ausmarsch der Befreiungsheere beobachtete, äußerte er inmitten seiner hochgestimmten Umgebung bedrückt: «Da unten marschiert die Revolution.» Der beschauliche Charakter, zu dem das Jahrhundert von Biedermeier und Bürgertum sich stilisierte, gelang nicht ohne Anstrengung und war, wie der Historiker Heinrich von Sybel formulierte, eher ein «Fanatismus der Ruhe», der von der allgegenwärtigen Angst sich nährte.

Diese Angst hat für das bürgerliche Denken aus der Zukunft eine Kategorie der Verzweiflung gemacht. Sie hat der Zeit den grundsätzlich antirevolutionären opportunistischen Zug verschafft und verhindert, daß eine der zahlreichen sozialrevolutionären Bewegungen zum Erfolg gelangte. Den radikalen Liberalismus hat sie in Deutschland, verhängnisvollerweise, sogar umgebracht. Sie war in der Tat das «Gespenst», von dem das «Kommunistische Manifest» sprach.

Der Gedanke an die Elementargewalt revolutionärer Prozesse ängstigte die einen wie die anderen: Adel, Bürgertum und Volk, Herrschende wie Beherrschte. Er hat 1830 den Willen der gegnerischen Kräfte korrumpiert und achtzehn Jahre später bewirkt, daß die Revolution, vor der nach dem Eingeständnis Friedrich Wilhelms IV. «alle auf dem Bauche lagen», wie spielend zu Anfangserfolgen kam; er erklärt aber auch, warum die Erhebung, führungslos, so überaus rasch scheiterte. In ihrer ersten Sitzung nach den Märzereignissen von 1848 verabschiedete die neugewählte Berliner

Stadtverordnetenversammlung eine «kräftige Proclamation». Das Bekenntnis zu den Errungenschaften der Revolution enthält, was künftig zur Standardformel aller Aufrufe in Zeiten des Umsturzes wird: die Warnung vor «Unordnung und Anarchie» als den «gefährlichsten Feinden». Die deutsche Revolution fürchtet nichts so sehr wie die Revolution.

Die gleiche Sorge hat auch bewirkt, daß die Bewegung der Paulskirche in Ergebnislosigkeit und Enttäuschung auslief. Die liberalen und bürgerlichen Kreise, die ihre Spitze bildeten, gerieten nicht zuletzt infolge ihres revolutionären Halbmuts in eine überaus widerspruchsvolle Lage. Denn sie benutzten die aufgebrachten Massen und fürchteten sie zugleich: sie wollten die Revolution, aber wohlreguliert durch konterrevolutionäre Mittel; sie drohten den alten Mächten mit dem Volk und verbündeten sich mit ihnen gegen das Volk. Die Revolution ging daran zugrunde: la Grande Peur.

Es gab um die Mitte des Jahrhunderts, das bewiesen Stimmung wie Ereignisse, keine Bejahung revolutionärer Konzepte mehr. Die Furcht vor der «souveränen Kanaille», wie Schopenhauer den gemeinen Mann nannte, erfüllte den gemeinen Mann selbst. Entgegen der liberalen Legende hat ja sowohl die breite Bevölkerung Berlins als auch, etwas später, die der badischen Aufstandsgebiete, nicht zuletzt in den Arbeitervierteln, den Mut der Revolutionäre schlecht gelohnt und eher gegenrevolutionäre Neigungen bekundet: Noch «sehr ruhebedürftig und den alten Autoritäten ergeben», nennt Friedrich Meinecke sie. Zweifellos wollten sie Anerkennung ihrer Bedürfnisse, Verbesserung der materiellen Lage, bürgerliche Freiheiten – aber deshalb noch keineswegs die Revolution.

Sie wollten nun endlich und vor allem die nationale Einigung. Das Verlangen danach erwies sich, quer durch alle Fronten und Schichten, als so unwiderstehlich, wie es die Forderung nach Freiheit und Gleichberechtigung im Innern nie gewesen war. Schon in der Paulskirche hatte es begonnen, die verfassungspolitische und soziale Programmatik der Linken zu zersetzen. Es war zweifellos das primäre Bedürfnis der Epoche, auch wenn man davon ausgeht, daß der Einigungswille teilweise erst hochgesteuert wurde, um die Dynamik der Massen in einem populären Ziel aufzufangen. Jedenfalls verwirrten sich nationale und soziale Frage auf unentflechtbare Weise und blieben am Ende, die eine wie die andere, unzureichend gelöst. Nationalgesinntes Gelehrtentum tat zur Begriffsverschlingung noch einiges hinzu. Indem es die Einigungskriege von 1866 und 1870/71 als «die größte Revolution seit Luther» oder als «Revolution in Uniform» zu feiern anhob, begründete es eine eigentümliche Tradition; denn anders als der Begriff es verlangt, sind von da an nach deutschem Allgemeinverständnis Revolutionen eigentlich nicht die Phasen innenpolitischer Spaltungen und Machtkämpfe, sondern gerade die Stunden emphatischer Verbrüderung: August 1914 war deutsche Revolution; 1933 wiederum.

An der Macht nationaler Sentiments wie antirevolutionärer Stimmungen versuchten sich die sozialrevolutionären Konzepte vergebens. Das verdeutlicht das Schicksal der sozialistischen Bewegung. Es war der provokante Marxsche Einfall, das verpönte Wort «Revolution» gerade zum zentralen Begriff und Programmpunkt zu erheben, um sich dessen Schreckcharakter nutzbar zu machen. Doch der Zeitgeist ließ sich nicht düpieren. Marx hatte anderwärts formuliert, daß die Idee nicht nur zur Wirklichkeit, sondern die Wirklichkeit auch zur Idee drängen müsse. Die Wirklichkeit des 19. Jahrhunderts jedoch drängte nicht zur revolutionären Idee.

Die Folge war, daß die revolutionäre Zielsetzung zusehends an programmatischem Ernst verlor und sich statt dessen zur rhetorischen Figur zurückbildete. Nicht selten sah sie sich von im Grunde ganz verträglichen Männern beschworen, die es gelernt hatten, den Mund revolutionär zu spitzen, ohne je zu pfeifen. Während sie die Zeit erschaudern machen wollten, vertrauten sie in Wirklichkeit, ihren deterministischen Überzeugungen getreu, auf das Gesetz der Geschichte, das im «großen Kladderadatsch» die Sache der Revolution schon ans Ziel führen werde. Der eher idyllische Typus des sozialdemokratischen Funktionärs der Jahrhundertwende, der so viel oratorische Unerbittlichkeit mit friedfertigem Gemeinsinn zu vereinbaren wußte und die Ballonmütze wie zum Maskenfeste trug, spiegelte diese Widersprüche: rechtschaffene, von keinem Mutwillen getriebene Erscheinungen, die nicht Visionen, sondern Vorstandsbeschlüssen folgten, einer wie der andere ein Sachwalter mit dem Sinn fürs Praktische, aufopferungswillig im Dienst des Ganzen – tüchtiges proletarisches Honoratiorentum.

Unter dem eher geselligen und jedenfalls gänzlich unblutigen Temperament seiner Repräsentanz hat der revolutionäre Sozialismus, vor die Entscheidung gestellt, die Revolution selbst immer wieder verworfen uni ihr schließlich abgeschworen: Gewalt sei ein reaktionärer Faktor, versicherte Wilhelm Liebknecht 1891, und selbst Friedrich Engels machte sich um diese Zeit daran, die alten Postulate zu opfern: Die Zeit der politischen Überrumpelungen und Revolutionen sei vorbei, so beteuerte er, der Sozialismus gedeihe «weit besser bei den gesetzlichen Mitteln als bei den ungesetzlichen und dem Umsturz». Als revolutionäres «Gespenst» war der Sozialismus fünfzig Jahre zuvor aufgetreten – nie mehr als ein Gespenst war er gewesen.

Die Revolution als Fiktion: So kam sie auch der Gegenseite zustatten. Denn trotz aller Lossagungen und Widerrufe hat die Sozialdemokratie dem kaiserlichen Deutschland durchgängig als Drohung gegenüber einem Bürgertum gedient, das in seine gemütvolle Antiquiertheit verliebt war; gerade die Mischung von revolutionärer Rhetorik und Arglosigkeit hat die SPD der etablierten Macht für die Zwecke der Herrschaftssicherung unersetzlich gemacht.

Unabhängig davon hat es der Sozialdemokratie freilich, wie eigentlich immer dem revolutionär gestimmten Temperament auf der deutschen politischen Szene, an der zureichenden Provokation durch die Macht gefehlt. Stets gelang es, die revolutionäre Zuspitzung zu vermeiden und der Revolution von unten, wenn je sie drohte, durch eine Konzession von oben zuvorzukommen: Wieder und wieder wurden die deutschen Revolutionäre am Sturm auf die Bastille gehindert, indem man ihnen ein ordnungsgemäßes Entreebillet in die Hand drückte. In der Tat mochte es nur ein unbeugsames Gemüt verdrießen, daß die nicht unbeträchtlichen sozialpolitischen Verbesserungen für die Arbeiterschaft nicht vor der verheißenen endzeitlichen Kulisse zustande gekommen waren, wenn die «Verdammten dieser Erde» unter Donner und Posaunenton zum Gerichtstag schreiten und ihr Erbe antreten, sondern als prosaische Vereinbarung unter Sozialgegnern; daß sie nicht nur keinen Erfolg der Revolution bedeuteten, sondern geradezu deren absehbaren Mißerfolg.

Die Mehrheit der deutschen Arbeiterschaft, ihre Führung gewiß eingeschlossen, hat diesen Mißerfolg durchaus in Kauf genommen und sich taub gestellt gegenüber der ungeniert eingestandenen Zähmungsabsicht der Gegenseite. Ihr Bedürfnis nach konstruktiver Mitarbeit am Ganzen, nach Loyalität, zeigte sich aller ideologischen Grundsatztreue weit überlegen und stieß sich weder am monarchischen System noch an politischer und gesellschaftlicher Diskreditierung: Der reine Proteststandpunkt, rief Wilhelm Liebknecht unter dem Beifall seiner Anhänger, ermüde und lähme auf die Dauer. Auch hat die Arbeiterschaft des Reiches, traditionellen Reflexen folgend, die gebietende Autorität viel eher im Strahlenglanz des Thrones gesehen als am filzgedeckten Vorstandstisch ihrer Zahlabende. Möglicherweise hat Walther Rathenau nicht unrecht mit der Überlegung, daß die Sozialdemokratie im August 1914 die Kriegskredite bewilligen mußte, weil «die Massen von ihr hinweg zu den Vorgesetzten strömten»: den wirklichen Vorgesetzten, Herr Leutnant, Herr Unteroffizier.

Diese Schwächen, Kompromisse und «Verrätereien» im Auge, hat Rosa Luxemburg, ganz außer sich in ihrem furiosen Radikalismus, das «beispiellose Versagen einer gesellschaftlichen Klasse ihren geschichtlichen Aufgaben gegenüber» gegeißelt: Nicht einen

Löwen, sondern einen Hund werde einst ein Bildhauer als Symbol der ergreifenden Sklaventreue des deutschen Proletariats wählen müssen.

Was Wunder, daß auch die revolutionäre Chance, die sich mit dem Ende des Ersten Weltkrieges und dem klanglosen Abgang der deutschen Fürsten bot, ungenutzt blieb; denn was die Umgangssprache «Novemberrevolution» nennt, war nur ein wirrer, aus Erschöpfung und Depression herrührender Militärstreik, keine Erhebung, sondern ein Zusammenbruch. Im Gedächtnis der Nation haben jene Wochen und Monate sich denn auch nie als Überwältigung des Alten und Neubeginn dargestellt, sondern als ein wirres Gemisch von Meuterei, Niederlage, Verrat, Chaos und Grauen vor dem «roten Mob». Die Erinnerungen an 1789, die Ängste des 19. Jahrhunderts, drückten noch immer.

Man weiß, wie unglücklich Friedrich Ebert war, daß die Geschichte samt dem Genossen Scheidemann die Monarchie liquidierte: In seinem hausväterlichen Biedersinn hat er die Zukunft vor allem in der Vergangenheit gesehen. Schon der Übergang zu einem halbdemokratischen System, vom Kaiserreich noch in letzter Stunde verfügt, hatte eine in allen Lagern gänzlich unvorbereitete Öffentlichkeit angetroffen, deren Reichstag sich unfähig zeigte, aus seiner Mitte einen Kanzler zu wählen. Die Republik kam als große Verlegenheit und ohne sich selbst recht zu wollen; das Zögern des Kaisers in der Abdankungsfrage und die Absicht, einen linksradikalen Revolutionsversuch abzufangen, hatten sie überraschend beschert – mißliche Fügung für ein Land, dessen politische Phantasie, wie sich zeigte, allenfalls ausreichte, einen republikanischen Obrigkeitsstaat an die Stelle des monarchischen zu setzen. Die Gewalt, so hatte Karl Marx erklärt, sei die Geburtshelferin der Geschichte. Folgerichtig unterblieb sie im November 1918; denn es gab nichts, was geboren werden wollte.

Ordnung und, wie Josef Hofmiller schrieb, Kartoffeln: Das war der Wille der Nation. Die Sozialdemokratie hat ihn artikuliert. Im eiligen Bündnis mit den alten Mächten hat ihre Führung die Minderheiten überspielt und unterdrückt, die im Rätesystem einen revolutionären Neuansatz suchten. Sie hat damit nicht nur jene Mächte politisch aufs neue legitimiert, sondern auch den eigenen Verzicht auf die Veränderung der gesellschaftlichen Verhältnisse kundgetan.

Angst und Bekümmerung blockierten alles. Hinzu trat das exzessive Verantwortungsbewußtsein einer Partei, die sich nach langem und entbehrungsreichem Außenseitertum als Ordnungsmacht zur Bewährung gerufen glaubte. Statt sich der revolutionären Dynamik zumindest taktisch, als Gegenkraft, zu bedienen, wurde sie, rabiat und kurzsichtig, im neugewonnenen Obrigkeitsbewußtsein zerschlagen. «Wir können nicht sagen, wir haben die Revolution ‹gemacht›, aber wir sind nicht ihre Gegner gewesen», versicherte bald nach dem November 1918 eine Erklärung des Parteivorstandes, und selbst diese Formulierung ist nicht ohne beschönigenden Zug. Gewiß gab es viele Gründe, dem Neuerungswillen, spontan und unreflektiert wie er war, Schranken zu setzen. Aber entscheidend war wohl, daß der Sozialdemokratie Bebels und Eberts die gegenrevolutionäre Position längst einleuchtender und vertrauter war als die revolutionäre.

Infolgedessen kam nicht einmal ein zaghafter Sozialisierungsversuch zustande. Max Cohen-Reuß, sozialdemokratisches Mitglied der Revolutionsregierung, sprach mit dem Blick auf seine Partei von der «Angst vor der Zerschlagung der jetzigen Wirtschaftsformen», die feudalen Positionen des Großgrundbesitzes blieben unangetastet, und selbst der vergleichsweise radikale Kurt Eisner in München garantierte «allen Beamten» ihre Stellungen: Die gesellschaftlichen Gruppen, die einzig über Herrschaftsverständnis und Herrschaftstradition verfügten und ihre autoritären Neigungen besaßen, gingen nahezu ohne Machtverlust aus dem Übergang zur neuen Staatsform hervor. «Die größte Dummheit der Revolutionäre war es», pflegte Ludendorff zu höhnen, «daß sie uns alle leben ließen.»

So stark war die Macht des Alten, daß noch die Verfassung stellenweise versuchte, die Verhältnisse der Kaiserzeit republikanisch zu kopieren und sich beispielsweise in der Ausstattung des Präsidentenamtes ein «Ersatzkaisertum» zu schaffen. Das Bedürfnis nach Kontinuität angesichts einer zusammenbrechenden Ordnung verschaffte der Revolution einen opportunistischen, halbherzig konservativen Zug, durch den sie sich selbst aufhob oder doch in Frage stellte. «Ach ja, die kleine Revolution damals ...»: auf diesen Ton einer vernichtenden Gerührtheit sind zahlreiche zeitgenössische Erinnerungen gestimmt. Nimmt man es genau, so proklamierte die Weimarer Verfassung eine Revolution, die niemals stattgefunden hatte. Ganz im Gegenteil war die Verfassung gerade das Mittel gewesen, die Macht und die Chancen der revolutionären Bewegung zu brechen. In resignierter Vorahnung nannte einer der revolutionären Wortführer schon im Dezember 1918 sie alle, die bewahrungsfreundlichen Revolutionäre, einen «politischen Selbstmörderklub». Zeit ihres Bestehens hat dann die Republik an diesen unausgetragenen Problemen gekrankt, an dem Grundwiderspruch zwischen einem politischen System, das die Demokratie gestattete, und einer sozialen Struktur, die sie verbot» (Dahrendorf).

Allen Veränderungen an der repräsentativen Spitze zum Trotz hatte Deutschland sich seine Verspätungen bewahrt. Vor einem demokratischen Prospekt bewegte sich eine Nation, die, mißtrauisch gegenüber der Gegenwart, ihren Traditionen und altertümelnden Bewußtseinsneigungen anhing, die Demokratie verachtete und sich deren Wirklichkeit auf dunkle Weise mit Entwurzelung, Verstädterung, Minderwertigkeit und Zerstörung des Hergebrachten zusammenreimte. Nie hat die Weimarer Republik, die so viel Vergangenheit zu retten versucht hatte, den Charakter des Illegitimen, den «Ludergeruch der Revolution» ganz abtun können.

Denn die angebliche Revolution von 1918 hat sich immer als eine linke Revolution verstanden: Das machte sie auf die Dauer anstößig und verdarb ihre Chancen. Auch litt sie an dem paradoxen deutschen Begriff der revolutionären Legitimität. Für Revolutionen war danach die Obrigkeit zuständig. Sie gewährte oder verwarf: 1848 beispielsweise hatte sie die Revolution verworfen, im Oktober 1918 beispielsweise sie gewährt. Die rechtmäßige Revolution, hieß das, erfolgt stets von oben.

Erst 1933 erhielt und vollführte Deutschland eine Revolution, ganz wie es seinen Vorstellungen entsprach: veranstaltet in Ruhe und Ordnung, als Stunde der Einigung erlebt, von rechts her vorgetragen und von der staatlichen Autorität, zuständigkeitshalber, legitimiert. Es war die Erfüllung der vielfach fehlgelaufenen, gescheiterten, in Ungeduld oder Versäumnis zuschanden gewordenen deutschen Revolution. ˙

Hitler selbst hatte ihre Voraussetzungen erst erlernen müssen. Im November 1923 war vor der Münchner Feldherrnhalle, im Feuer eines Gendarmeriepostens, sein Versuch gescheitert, eine rechte Revolution von der Straße her, im offenen Konflikt mit der Staatsmacht, zum Erfolg zu führen. Die Einsichten, die er aus dem Fehlschlag zog, haben seine gesamte Taktik, weit über die Phase der Machtergreifung hinaus, bestimmt.

Beherrschend war die Überlegung, daß die romantische Figur der Revolution endgültig der Vergangenheit angehöre: jenes idealische Melodrama, das sich an grellen Öldrucken vom Bastillensturm wie an Delacroix' barrikadebrechender «Freiheit» eher poetisch orientierte und das Volk, heroisch zusammengerottet, unter Schlachtenblitz und Pulverknall, vor den Zwingburgen der Unfreiheit geschichtsträchtig versammelt sah. Im Begriff der Revolution, wie er lange gültig war, lebten diese Erinnerungen weiter: Die Französische Revolution sei das «Urbild aller Revolutionen», hatte Friedrich Schlegel bemerkt, «die Revolution schlechthin».

Indes, die Carmagnole war verstummt. Der Verzicht auf den gewaltsamen Umsturz, den Friedrich Engels formuliert hatte, war von der Vorstellung bestimmt, daß 1849 bereits die Barrikade «ihren Zauber verloren» und die Straße als klassischer Schauplatz revolutionärer Ereignisse abgedankt habe. «Der Revolutionär müßte verrückt sein», notierte er, der sich auf den offenen Kampf einließe, da die Entwicklung «alles zugunsten des Militärs», der Staatsmacht also, verändert habe. Als Engels diese Sätze schrieb, 1895, hatte der kleinkalibrige Magazin-Hinterlader den glatten Perkussion-Vorderlader in ebender Weise verdrängt wie in den zwanziger Jahren das Maschinengewehr den Hinterlader. Das «tiefe Gefühl der Heiterkeit», das Ernst Jünger empfand, als eine dreiköpfige Maschinengewehrgruppe fünftausend Demonstranten binnen einer Minute zum Verschwinden brachte, spiegelte die Erleichterung des bürgerlichen Bewußtseins nach mehr als einem Jahrhundert der Angst.

Diese Entwicklung ist auf den Begriff der Revolution nicht ohne Einfluß geblieben. Die romantische Vorstellung war beherrscht von den Bildern der aufständischen Gewalt und rückte sowohl den ideologischen als auch den sozialen Aspekt des revolutionären Geschehens, die Veränderungen in Herrschaftspersonal oder Produktionsverhältnissen, ihren Bilderbuchneigungen zuliebe in den Hintergrund. Die moderne Revolution dagegen sieht, im Bewußtsein der Unterlegenheit gegenüber der etablierten Gewalt, ab von der Insurrektion. Sie erobert die Macht nicht, sondern «ergreift» sie. Sie übt eher bürokratische als brachiale Gewalt. Sie verwirklicht sich mit Hilfe, nicht im Konflikt mit der Staatsgewalt. Als «gleitende», «schleichende», «legale» Revolution hat man diesen Typus begrifflich zu erfassen versucht.

Das Modell dafür war die nationalsozialistische Machtergreifung. Denn niemand hat konsequenter und erfolgreicher als Hitler aus dieser Erkenntnis die Nutzanwendung gezogen. Er hat damit zugleich das deutsche Volk mit Idee und Wirklichkeit der Revolution versöhnt.

Die taktischen Prinzipien, die er seinem zweiten Anlauf zur Macht zugrunde gelegt und gegen alle Ungeduld in den eigenen

Reihen hartnäckig verteidigt hat, verlangten Ordnung und strikte Legalität. Die Töne einer teils revolutionären, teils bloß gewaltgelaunten Aggressivität wurden gedämpft und nur gelegentlich einschüchternd zur Geltung gebracht. Hitler selbst entwickelte sich zu einem Manne der Ordnung, sammelte Sympathien bei Honoratioren und machtvollen Institutionen und überdeckte seine radikalen Absichten durch unermüdlich neu vorgetragene Wohlverhaltungsschwüre und Traditionsbekenntnisse. Der revolutionären Gewalt, so notierte Curzio Malaparte 1931 nach einem Besuch in Deutschland, zeige Hitler sich «in zunehmendem Maße abgeneigt. Schüsse tun seinen Ohren weh.»

Als «Adolphe Légalité» achtete er auf Reputierlichkeit. In seinem berühmten Legalitätseid, den er 1930 vor dem Reichsgericht schwor, hat er, nicht ohne Berufung auf «Gott den Allmächtigen», für das Problem der revolutionären Gewalt die im Lande weithin überzeugende Lösung angeboten: «Ich sage Ihnen, daß, wenn ich legal zur Macht gekommen sein werde, dann will ich in legaler Regierung Staatsgerichte einsetzen, die die Verantwortlichen an dem Unglück unseres Volkes gesetzmäßig aburteilen sollen. Dann werden möglicherweise legal einige Köpfe rollen.»

Der zynische Spaß, den die Erklärung mit dem Begriff der Legalität trieb, blieb nahezu unbemerkt. Sie konnte sich die verbreitete Auffassung zunutze machen, daß Gewalt, war sie gesetzlich gedeckt, ihren Gewaltcharakter und damit ihren Schrecken verlor ... Hans Frank, Rechtsanwalt und späterer Generalgouverneur Hitlers, hat versichert, daß die Äußerung «befriedigend und befreiend» gewirkt und zahlreiche «ernste Bedenken einem allenfalls von Hitler zu befürchtenden Gewaltregiment gegenüber» zerstreut habe. Die eigentümliche Reaktion brachte das soziale Ressentiment zum Vorschein, das die antirevolutionären Haltungen stets mitbestimmt hat: Das bürgerliche Bewußtsein leidet es nicht, daß «die Straße» Rechte geltend macht. Auch die revolutionäre Gewalt kennt ihr Oben und Unten. Ausgeübt durch eine beamtete

Staatspolizei oder auch eine korrupte, in Opportunismus und Rechtsverrat heillos versinkende Justiz, ist sie diesem Bewußtsein weitaus erträglicher als in den plebejischen Händen hergelaufener Schlagetots aus den SA-Stürmen.

Immerhin hatten Röhm und seine braune Armee lange Zeit von dem anderen Rechtfertigungsmotiv profitieren können, das der Gewalt in Deutschland zugute kommt; denn solange sie sich durch Uniformen, diszipliniertes Auftreten und gestochenen Marschtritt als Gegenbild zum chaotischen Aufruhr proletarischer Prägung in Erscheinung zu bringen vermochten, waren Respekt und Nachsicht ihnen sicher. Gewalt legitimierte sich auch dadurch, daß sie nicht wie Meuterei, sondern wie die Erfüllung eines Befehls oder doch einer Pflicht erschien. Erst als Röhm und seine Gefolgsleute, vom Frühjahr 1933 an, die disziplinäre Unbedingtheit aufgaben und das gestiegene Selbstbewußtsein in Willkürakten terroristisch zur Geltung brachten, forderten sie Hitler heraus: Sie desavouierten seine Taktik an entscheidender Stelle.

Denn als Revolution gegen die Revolution hatte die nationalsozialistische Bewegung ihren Aufbruch begonnen. Mit diesem Etikett hatte sie unter einem verängstigten Kleinbürgertum Hoffnungen und Anhängerschaft mobilisiert.

Die nationale Revolution, die sie in scharfer Frontstellung gegen die Revolution von links proklamiert hatte, unterschied sich eben durch das Element der Ordnung vom Schreckbild sozialistischer Anarchie. Diese Erwartungen sahen sich nun durch Röhms anmaßenden Terrorismus zunehmend in Frage gestellt.

Zum entscheidenden Termin, der Begriff wie Absichten der nationalsozialistischen Revolution aufdeckte, ist der 30. Juni 1934, der Tag des sogenannten Röhm-Putsches, geworden. An ihm kollidierten zwei revolutionäre Konzepte. Während Hitler begonnen hatte, die Revolution unter dem Mantel der Legalität und hinter den bewußt aufrechterhaltenen alten institutionellen Fassaden zu betreiben, drängten Röhm und seine rüde Kumpanei mit wachsendem

Nachdruck auf eine «richtige» Revolution und jene «Nacht der langen Messer», in der für ein sentimentales Spießgesellentum der revolutionäre Prozeß kulminierte. Vor den Pelotons in Stadelheim und Lichterfelde wurde der Konflikt gegen die Revolution des traditionellen, romantischen Typs entschieden.

Das mehrtägige Morden kam paradoxerweise der Popularität Hitlers zugute. Denn trotz anfänglichen Erschreckens über die Brutalität des Vorgehens überwog das Gefühl der Erleichterung darüber, daß den revolutionären Umtrieben der SA, die so viele tiefsitzende Ängste wiederbelebt hatten, ein Ende gesetzt sei. Mit Vorliebe deutete man sich das blutige Strafgericht im Sinne des eigenen antirevolutionären Affekts: als Überwindung der «Flegeljahre der Bewegung», als Sieg der gemäßigten Kräfte, als Abschied von der Revolution.

Der zweite Schlag jedoch, den Hitler in den Tagen der Röhm-Affäre führte, läßt den illusionären Charakter solcher Deutungsversuche erkennen. In einer gezielten Mordaktion zerbrach er Moral und Machtanspruch der alten Herrschaftskasten, weil sie das gemeinsame Bündnis zusehends benutzten, um ähnlich wie 1918 beim Bündnis mit der SPD die Revolution zu verhindern. Die Morde vom 30. Juni 1934 machten den Weg frei für die Revolution neuen Typs. Der von dem Geschehen zunächst an herkömmliche revolutionäre Prozesse erinnerten und beunruhigten Nation rief Hitler wenig später, auf dem Parteitag in Nürnberg, beschwichtigend zu: «In den nächsten tausend Jahren findet in Deutschland keine Revolution mehr statt.»

Im gleichen Augenblick, eigentlich, begann sie. Hitler hatte gelegentlich vom «ganz besonderen heimlichen Genuß» gesprochen, «zu sehen, wie die Leute um uns nicht gewahr werden, was mit ihnen wirklich geschieht». Während das Regime im Vordergrund einen rührseligen ideologischen Mummenschanz aufführte, der ihm die vertrauenerweckend konservativen Züge lieh, entfaltete es in Wirklichkeit eine radikale revolutionäre Praxis.

Nichts blieb von ihr verschont. Sie erfaßte und veränderte die politischen Institutionen, sie zerbrach die in Generationen verkrusteten Klassenstrukturen in Armee, Bürokratie und Wirtschaft und ließ weder die Kirchen, die Universitäten oder Vereine noch die Familien unbehelligt: Nur der Schlaf sei noch Privatsache, verkündete Robert Ley. Und während die einst revolutionäre SA den Schlagring mit der Winterhilfsbüchse vertauschte und zum politischen Kriegerverein entartete, wurde in den Kadern der SS, in den Adolf-Hitler-Schulen und Ordensburgen eine revolutionäre Elite des neuen Typs herangebildet: traditionslos, unsentimental, aktionsbereit.

Der Krieg und das rasche Ende des Regimes haben verhindert, daß diese Eliten zu jenen Einsätzen gelangten, für die sie als die utopische Vorhut des Nationalsozialismus gedacht waren; überhaupt blieb vieles nur Ansatz, Entwurf, wie beispielsweise die Überlegungen zur Ehe- und Familiengesetzgebung; anderes enthüllte sich als Ausdruck jener exzessiven Projektemacherei, zu der das Regime eigentümliche Anreize vermittelte. Hitler, der in einer Geheimrede zu Beginn des Jahres 1939 für die Verwirklichung der nationalsozialistischen Revolution, die genetischen Planspiele zur Züchtung des «neuen Menschen» eingeschlossen, einen Zeitraum von hundert Jahren verlangt hatte, klagte in einer seiner letzten überlieferten Äußerungen, das Ende schon vor Augen, daß ihm das Schicksal die Chance der Zeit verweigert habe.

So war es in der Tat. Was immer das Regime an Traditionen erstickt und an Bindungen zerrissen hatte, war nicht lange genug zerstört gewesen, um der Vergessenheit anheimzufallen; aber doch lange genug, um in seiner Lebenskraft gebrochen zu sein. Entgegen dem Anspruch, die deutsche Vergangenheit, ihre Würde, ihren Zauber, ihren Adel wiederherzustellen, hat das Dritte Reich tatsächlich den Rückweg dahin zerstört.

Ironischerweise verdankt daher die Bundesrepublik nicht zuletzt der nationalsozialistischen Revolution, die sich vom Krieg und seinen Folgen noch intensiviert sah, ihren verfassungspolitisch relativ unangefochtenen Status. Die Zerschlagung überständiger Strukturen, die Ausschaltung der konservativ-autoritären Herrschaftsklassen sowie die Neuverteilung sozialen Ranges haben das 19. Jahrhundert in Deutschland an sein Ende gebracht.

Das Ancien régime, das über alle Wechselfälle der Zeit, alle Krisen und vermeintlichen Niederlagen hinweg seine soziale Resistenz erwiesen hatte, ist damit erst im ganzen vorüber. Sein Abschied von der Geschichte ist nicht ohne Opfer und tragisch empfundene Begleiterscheinungen erfolgt: Es hat zwischen dem 30. Juni 1934 und dem 20. Juli 1944 seine Führungsschicht, in den verlorenen Ostgebieten einen erheblichen Teil seiner ökonomischen und gesellschaftlichen Basis eingebüßt und schließlich durch Korruption und Unzulänglichkeit auch noch die Integrität der Erinnerung verdorben. Sein Abgang hat vielfältige Konsequenzen. Zwangsläufig bedeutet er Verstummen, Reduzierung, Verzicht. Er hat bewirkt, daß die konservative Position in der Bundesrepublik unbesetzt geblieben ist. Aber er hat diesem Staat bislang auch den militanten Widerspruch und damit die Notstände erspart, die nicht unbeträchtlich zum Ende der Weimarer Republik beigetragen haben.

Nimmt man alles zusammen, so weiß das deutsche Gedächtnis von keiner Revolution, die Respekt und Anhänglichkeit zum Bewußtsein verdiente. Bis auf den heutigen Tag ist die Geschichte der revolutionären Bemühungen der Nation, so oder so, mit der Erinnerung an Niederlagen verknüpft.

Dabei wird es bleiben. Denn an die Stelle der Revolutionen, die noch mit Sieg oder Niederlage endeten, ist zusehends die Revolution als bürokratischer und technischer Prozeß getreten, dessen Funktionszusammenhang so kompliziert wie ungreifbar ist. Aus der Revolution alten Stils ließen sich noch ergreifende Emotionen, Bilder, Lieder und herzwärmende Parolen gewinnen; sie mochten ein Gefühl dessen vermitteln, was John Jay, einer der Führer der amerikanischen Unabhängigkeitsbewegung, «the charms of liberty» genannt hat. Das ist vorbei. Der Protest der jungen Generation richtet sich auch gegen den zunehmenden Abstrahierungsprozeß gesellschaftlicher Vorgänge. Sie ist die romantische Nachhut der revolutionären Intelligenz des 19. Jahrhunderts. Sie ist erkennbar im Verzuge. Ihr Verhalten, das intellektuellen Rigorismus und die Dynamik der Straße zu verbinden sucht, steht nicht nur gegen deutsche Ängste und Traditionen, sondern auch gegen die Zukunft. Indem es sich einen lange überholten Revolutionsbegriff zu eigen macht, hat es zwangsläufig auch den Horror vor der revolutionären Gewalt, das bürgerliche Ressentiment gegen «das Pack hinter der Barrikade» erneut wachgerufen. Es sind die Revolutionäre einer verspäteten Nation. Sie fixieren die Bundesrepublik auf einige antiquierte Positionen des 19. und beginnenden 20. Jahrhunderts.

So bleibt, im ganzen, was die Revolutionierung des Bewußtseins angeht, das Ergebnis so kurios wie ernüchternd. Weit über hundert Jahre revolutionärer Bemühung: Gedankenarbeit, Utopien, Aufbrüche, Tote, Verzweiflung, Erfolge, Niederlagen immer wieder – und am Ende eine Nation, erbost über Abgestandenem.

Doch «um relativ nur weniges zu erreichen», steht in Jacob Burckhardts «Weltgeschichtlichen Betrachtungen», braucht die Geschichte ganz enorme Veranstaltungen und einen ganz unverhältnismäßigen Lärm ... Mit Anspannung des größten Pathos werden Entscheidungen getroffen, aus welchen Wunder was hervorgehen sollte, und aus welchen dann ein ordinäres, aber notwendiges Schicksal folgt».

371

Unzeitgemäßer Held seiner Zeit
Winston Churchill
(1981)

Never give in! Never, never, never, never!
Winston Churchill, 1941

Welche Macht der Zufall besitzt und wie leicht ein Mensch die eigene Größe verfehlen kann, wird so eindrucksvoll, so bis an die Grenze nahezu des Absurden, an kaum einem anderen Akteur der Geschichte deutlich. Als Winston Churchill Anfang 1965 starb, galt er als eine der überragenden Erscheinungen des Jahrhunderts. Wie in einer späten Huldigung an seinen theatralischen, barock ausladenden Gestus, der so oft als befremdend empfunden worden war, feierte England ihn als den größten Staatsmann der eigenen Geschichte, «sure of his majestic place in history», wie die «Times» schrieb, eine Kolossalgestalt, «one of the great captains of all time», halb mythisch schon zu Lebzeiten: «What panache!» – Welche Großartigkeit!, äußerte einer seiner politischen Gegner überwältigt.

Das kaum Begreifliche ist, daß Winston Churchill sich diesen gewaltigen Ruhm in drei oder allenfalls vier Jahren erworben hat, im fünften war er bereits von einer Nation, die ihn stets mit einem Rest von Widerstreben bewundert hat, verabschiedet. In den vierzig vorausgegangenen Jahren hat er ihre politische Unterstützung nie erringen können, von allem historischen Rang zu schweigen. Gewiß war er populär. Aber es war die Popularität eines lärmumwitterten Außenseiters, der übertriebenen Gefallen daran fand, von sich reden zu machen. Vom Mißtrauen begleitet, stand er die längste Zeit im Ruf eines rücksichtslos ehrgeizigen, unkontrollierten, am Ende schließlich gescheiterten Politikers: eine große Begabung, aber unerfüllt geblieben; nur aufs Besondere verweisend, nicht das Besondere selber.

Auch ist wohl kein Zweifel, daß eine nicht unerhebliche Anzahl politischer Konkurrenten die von Churchill bekleideten Ämter im ganzen ebenso hätte ausfüllen können. Seine immer etwas überspannt wirkende Energie wäre vom einen oder anderen vermutlich durch größere Kontinuität, seine Unrast durch solides Gleichmaß wettgemacht worden. Bis 1940. Bis dahin wäre die Geschichte nicht anders verlaufen ohne ihn; er hatte einigen Ereignissen nur eine etwas grelle Farbe gegeben. Aber 1940 änderte alles. In diesem Jahr und dem darauffolgenden, so hat Sebastian Haffner in einer meisterlichen Studie über Winston Churchill geschrieben, schmilze dessen Biographie «in die Weltgeschichte ein; man kann die eine nicht ohne die andere erzählen. Man nehme Churchill aus der Geschichte dieser Entscheidungsjahre heraus – und es ist nicht mehr dieselbe Geschichte.»

In der Tat ist Churchills Bedeutung nur vom Zweiten Weltkrieg und der zu Recht legendär gewordenen Konfrontation mit Hitler her zu begreifen. Mit einem bis zum letzten Augenblick ausgehaltenen Verzögerungseffekt hat dieses Ereignis den schon an der Schwelle des Alters stehenden Mann in die Geschichte gehoben – wie dieses Leben denn im Rückblick überhaupt den Anschein erweckt, als sei es nicht ohne inszenatorische Phantasie entwickelt.

Schon der Beginn deutete darauf hin. Mit einem effektvollen, wie kalkuliert wirkenden Coup hatte der Fünfundzwanzigjährige, ein Urneffe des großen «Malbrouk», der Sohn des ehemaligen Schatzkanzlers Lord Randolph Churchill und einer Amerikanerin, um die Jahrhundertwende die öffentliche Bühne betreten: ein junger Kavallerieoffizier, der sich durch einige vorlaute schriftstellerische Versuche sowie durch ein paar ungenaue, in jedem Fall von Tollkühnheit zeugende Gerüchte annonciert hatte und dann, in einer

Stunde nationaler Niedergeschlagenheit, als angesichts des kläglich verlaufenden Burenkriegs alle Welt auf eine Wende oder wenigstens einen Akt kühner Selbstbehauptung wartete, plötzlich seinen Auftritt machte. Es war im Grunde nur ein alltägliches Abenteuer, was er vorzuweisen hatte: er war in Gefangenschaft geraten und auf waghalsige Weise entkommen. Aber es war jene Art flamboyanter Unternehmung, die, sind die Umstände danach, wie mit einem Schlage die öffentliche Phantasie okkupiert. Damals schrieb die «Daily Mail» über ihn: «Angesichts der Schnelligkeit, mit der er vorwärtsdrängt, wird ihm mit dreißig Jahren kaum noch das Parlament genügen und mit vierzig nicht einmal mehr England.»

Wenige Jahre später war er tatsächlich Abgeordneter, kurz darauf Minister, und eine Episode jener Zeit kennzeichnet seinen selbstbewußten, vom frühen Erfolg beflügelten Ehrgeiz: Ein Besucher hat berichtet, er habe den jungen Politiker überrascht, wie er versonnen auf die Napoleon-Büste starrte, die auf seinem Schreibtisch stand, und ihn schließlich, in die Wirklichkeit zurückkehrend, ironisch sagen hören: «Langsam, Winston, langsam!» Jedenfalls tat eine außerordentliche Zukunft sich vor ihm auf.

Doch hat Churchill diese Ausgangsposition in den folgenden Jahren Schritt für Schritt ruiniert. Niemand kann sagen, daß sein Scheitern aus der Laune unglücklicher Umstände oder der Ranküne skrupelloser Gegenspieler resultierte – jenen romantischen Malheurs der Genies, die vom allezeit übermächtigen Mittelmaß so häufig zu Fall gebracht werden. Vielmehr waren die Ursachen der immer wieder verspielten Chancen nur in ihm selber zu suchen. Der Schriftsteller Goronwy Rees hat ihn, im Blick auf die Jahre bis zu Beginn des Zweiten Weltkriegs, «angesichts seiner ungewöhnlichen geistigen und charakterlichen Fähigkeiten, einen geradezu sensationellen Versager» genannt.

Die erste jener zahlreichen Provokationen, durch die er seine Aussichten verdarb, stand sogleich am Beginn seiner Laufbahn und wurde durch die beiläufige Arroganz seines Verhaltens noch gesteigert. Drei Jahre nach seiner Wahl zum konservativen Abgeordneten, im Mai 1904, erhob er sich eines Tages ohne Ankündigung, ohne große Umstände im Parlament, spazierte gemächlich von der Seite der bornierten, in Schwäche und Selbstgefälligkeit erstarrten Regierungspartei hinüber zu den Bänken der aufstrebenden Liberalen und nahm neben Lloyd George Platz. Zwar avancierte er auf Grund dieses Parteiwechsels augenblicklich vom Hinterbänkler zum Ministeramtsanwärter, aber die Konservativen haben ihm den Akt der Untreue bis zuletzt nicht verziehen; zu unbekümmert, zu anstößig war die Freiheit, mit der er sich zu seinem Ehrgeiz bekannte. Sein Rechtfertigungsversuch, er habe nicht der Partei untreu werden, sondern vielmehr sich selber treu bleiben wollen, schien vielen gerade den Verdacht zu bestätigen, den er damit abwehren wollte: daß er die eigene Person über die Grundsätze, die Konnexionen und Loyalitäten stellte. Selbst als er viele Jahre später zur Konservativen Partei zurückkehrte, blieb ein immer spürbarer Rest von Kränkung, den alle Erfolge und alles persönliche Gewicht nicht tilgen konnten, und als Vorsitzender hat er sich der seufzenden Partei nur als übermächtiger Kriegspremier aufzwingen können.

Auch als Liberaler blieb er in den Schlagzeilen. Zunächst etablierte er sich, allem unverhüllt aristokratischen Gebaren zum Trotz, nicht etwa auf dem gemäßigten Flügel, sondern unter den Radikalen: Er entdeckte die soziale Frage – auch das, wie man vermuten darf, nicht zuletzt aus karrieristischen Motiven. «Ich würde es begrüßen», erklärte er, «wenn der Staat alle möglichen neuartigen und abenteuerlustigen Experimente unternähme. Er muß sich mit der Betreuung der Alten und Kranken und vor allem der Kinder befassen ... Wir werden eine Linie ziehen, unterhalb derer niemand leben und arbeiten darf. Wir haben die Absicht, ein Auffangnetz über dem Abgrund aufzuspannen ... Das Volk beschwert sich nie ohne wirklich ernsten Grund. Die Sache des Liberalismus ist die Sache der vergessenen Millionen.» Doch spielte in solchen herausfordernd formulierten Ankündigungen wohl auch die Absicht eine Rolle, seine einstigen Parteifreunde sowie seine Standesgenossen zu reizen, ein Element großherziger Menschlichkeit steckte sicherlich auch darin, und schließlich schien ihm die soziale Frage wie kein anderes Thema jene radikalen Einsätze möglich zu machen, die seinem ungestümen, oft überdreht wirkenden Willen zum Engagement am genauesten entsprachen. Zusammen mit Lloyd George nahm er ein großes soziales Reformprogramm in Angriff, das die Verhältnisse des alten Manchester-England umwandelte, er führte den Achtstundentag ein, Mindestlöhne, Schiedsgerichte und brachte das gewaltige Gesetzgebungswerk der Sozialversicherung durch das Parlament. Im Jahre 1910 zum Innenminister ernannt, reformierte er den britischen Strafvollzug und begann kurz darauf, wiederum mit Lloyd George, die erst nach mehrjährigem Kampf und drei erbitterten Parlamentswahlen erfolgreich beendete Auseinandersetzung um die Entmachtung des Oberhauses.

In alledem kam vermutlich aber auch einer der Züge zum Vorschein, die ihn dem eher skeptischen Temperament seiner Landsleute, trotz aller Faszination, die von ihm ausging, von Anfang an verdächtig und nicht ganz geheuer machte: die unstete, fast besessene Hingabe an immer neue Themen, Aufgaben und Projekte, der Mangel an Phlegma, das nach dem überlieferten Verständnis des Landes ja nicht nur eine Frage des Stils, sondern auch Voraussetzung besonnenen Verhaltens ist – wie Churchill denn überhaupt, zumindest vom Kontinent her gesehen, eigentümlich unenglisch wirkt in all der derben Kraft und Fülle, die ihm eigen waren, in der naiven Freude am Unmaß, dem hemmungslosen Geltungs- und Pointenhunger, die ihm einen unverkennbar «amerikanischen» Zug verschafften: «Ich glaube, offen gesagt, daß Vulgarität ein Zeichen von Stärke ist», schrieb er in einem frühen Brief. Wo immer die englische Lebensart als die Vorherrschaft der Norm über das Ungestüm, der Konvention über das Temperament, des Gleichmuts über den Affekt definiert wurde, mußte er höchst fremdartig wirken, ein «Reklamemacher», wie die Fürstin Pless über den jungen Handelsminister schrieb, der unglücklich sei, sofern er nicht in aller Munde ist. Noch die unentwegt und wie ein Markenzeichen in Anspruch genommene Zigarre demonstrierte, aufgeräumterweise, den Verstoß gegen die Regel.

Der rasche Ämterwechsel verstärkte den Eindruck ewig angespannter, zur Macht drängender Nervosität noch. Im Jahre 1906 wurde er Unterstaatssekretär für die Kolonien, zwei Jahre später Handelsminister, wiederum zwei Jahre später Innenminister, im Oktober 1911 Erster Lord der Admiralität, und jedem dieser Ämter vermittelte er etwas von seiner ungeheuren Intensität, seiner genialischen Energie, aber auch etwas von seiner Irrlichterei, der dreisten Lust an Aufsehen, großem Theater und Knalleffekt. Den Ruf, in den er bald zu geraten begann, verdeutlicht eine Karikatur aus dem «Punch», die ihn an Bord eines Schiffes neben dem zeitungslesenden Premierminister Asquith zeigt; auf seine Frage, ob es zu Hause Neues gäbe, erhält Churchill die Antwort: «Wie denn, wo Sie doch hier sind!»

Es gibt eine Art Hellsicht, die der Blindheit verwandt ist: dies beschreibt das Dilemma, in das Churchill schon bald nach Beginn des Ersten Weltkriegs geriet. Er hatte gegen alle Widerstände ein neues Flottenprogramm durchgeboxt, und die Ereignisse hatten ihm recht gegeben. Jetzt erschienen ihm auch seine strategischen Vorstellungen so unwiderleglich (und waren es, im Lichte späterer Erkenntnisse, im wesentlichen wohl auch), daß er nicht nur alle Einwände rücksichtslos beiseite schob, sondern auch das Geflecht politischer Abhängigkeiten, in das er verwoben war, mehr und mehr aus dem Auge verlor. «Seine glänzenden Eigenschaften», hat Admiral Bacon bemerkt, «wurden geradezu die Ursache seiner Mißerfolge. Sein klarer Kopf und seine lebhafte Einbildungskraft ließen ihn glauben, er sei unfehlbar. Seine außerordentliche Tatkraft führte dazu, daß er sich um jede Einzelheit kümmerte ... Als ausführender Befehlshaber an der Front hätte er sich vermutlich großen Ruhm erworben, aber zur Führung eines hohen zivilen Amtes im Kriege war er in keiner Weise geeignet.»

Sein Scheitern Mitte Mai 1915, als er im Rahmen einer Regierungsumbildung seines Postens enthoben wurde, war denn auch in wachsenden Zweifeln solcher Art sowie in Churchills sträflicher politischer Sorglosigkeit begründet. Das mißglückte Dardanellen-Unternehmen, die «Katastrophe von Gallipoli», war, wie hoch man seine persönliche Verantwortung dafür auch immer bemessen mag, nur der äußere Anlaß des Sturzes. Bezeichnenderweise bemerkte er die Regierungskrise, deren eigentlicher Anlaß er war, nicht einmal und agierte noch hektisch ins Leere, als die Entwicklung schon über ihn hinweggegangen war. Nicht ohne Sinn für pädagogische Ironie wurde er zum «Chancellor of the Duchy of Lancaster» berufen – auf einen Posten, der, wie Lloyd George bemerkt hat, Anfängern oder verdienten Politikern bei hervorbrechender Greisenhaftigkeit verliehen werde.

Im Lichte all dieser Vorgänge ist die mitunter gestellte Frage, ob Churchill überhaupt ein geborener Politiker gewesen sei, nicht ganz so abwegig, wie es auf den ersten Blick wohl erscheint. Er selbst hat nach seiner Verabschiedung geklagt, er habe doch niemals an irgendwelchen Intrigen teilgenommen, immer habe er sich alles erkämpft: «Und trotzdem werde ich mehr gehaßt als sonst einer!» Die ungewohnte Larmoyanz der Äußerung offenbart nicht nur die schockartige Wirkung des Sturzes, sondern auch eine wirkliche Schwäche. Sein Wesen drängte immer auf frontale Beziehungen, er gab sich direkt, unverstellt, und die offene Aggressivität lag ihm weit mehr als die Tricks, die Schliche und Manövrierkünste der Routiniers des parlamentarischen Betriebs. Der spätere Premierminister Baldwin meinte einmal, Churchill könne nicht lügen, aus diesem Grunde sei er ein so schlechter Verschwörer; Baldwin sprach von einem Unvermögen. Überhaupt fehlte es Churchill an den im engeren Sinne politischen Tugenden: sein auffallender Mangel an Menschenkenntnis verführte ihn immer wieder dazu, sich mit arbeitswütigen Zeloten, oberflächlichen Zynikern oder Scharlatanen zu umgeben, die für manche Rückschläge seines Lebens die eigentliche Ursache waren. Auch mangelte es ihm an Geduld, Umsicht, Diskretion, während er überreichlich von allem besaß, was dem politischen Erfolg abträglich ist: der Neigung zur Rechthaberei, der Unvorsichtigkeit und Lust an der Provokation. Die Verbindung von hitzigen und launenhaften Zügen mit einem unbändigen Geltungswillen gab der ganzen Erscheinung etwas anstoßerregend Glücksritterhaftes, doch stellte er alle diese Schwächen auf überwältigende Weise dar, und seine Menschlichkeit sprengte jede Norm. Was immer er in Angriff nahm, so schien es, diente ihm, trotz aller rasch erworbenen fachlichen Kompetenz, vorab als Mittel exzentrischer Selbstverwirklichung.

Nicht zufällig war er denn auch ohne starkes demagogisches Talent. Gewiß hat er viele große Reden gehalten, und es gibt zahlreiche Wendungen von ihm, die auf unvergeßliche Weise in der Geschichte sind. Aber das alles wirkte immer wie für die Unvergeßlichkeit ausgedacht, vorher in Form gebracht, nicht selten war es sogar auswendig gelernt und auf mögliche Einwürfe der Opposition hin durchgespielt, um die eigene Schlagfertigkeit zu präparieren. «Winston verbrachte die beste Zeit seines Lebens damit», hat einer seiner Parlamentsgegner nicht ohne Bosheit bemerkt, «überraschende Stegreifreden vorzubereiten.» Zum großen Demagogen fehlte es ihm an Biegsamkeit, an femininer Einfühlungsgabe, und wie wirkungsvoll seine Auftritte auch waren, sie machten doch das Unvermögen eines egomanen Temperaments sichtbar, sich vom Augenblick, von den Kräften, die es freisetzte, tragen zu lassen und mit dem Publikum in eine Art mystischer Kommunikation zu treten. Sein gewählter, hochgezogener, oft feierlich wirkender Sprachgestus, der aus dieser Art sorgfältig ausgefeilter Rhetorik herrührte, ist ihm häufig entgegengehalten worden. Doch pflegte er zu erwidern, daß der pathetische Ton der legitime Ausdruck staatlicher Ordnung und die Sprache das vornehmste Mittel politischer Repräsentanz sei.

In einer Unterredung, einige Zeit vor seinem Sturz, hatte er den Premierminister Asquith kennzeichnenderweise gebeten, «seine Zukunft nicht konventionell zu sehen», doch jetzt schien sie tatsächlich ins Gewöhnliche abzurutschen. Einige Wochen antichambrierte er herum, sein Ehrgeiz ebenso wie sein Tätigkeitsdrang quälten ihn um so mehr, als er im Krieg die vermutlich niemals wiederkehrende Chance sah, dem einen wie dem anderen auf eine offenkundig uneigennützige Weise Genüge zu tun. «Ich bin erledigt. Mit mir ist es aus!», hatte er auf die Nachricht von seiner Verabschiedung hin immer wieder gemurmelt. Wie deprimiert er war, geht aus seinem Entschluß hervor, sich reaktivieren zu lassen und als Bataillonskommandeur nach Frankreich zu gehen; aber es war eine sinnlose Geste, bald nahm er seinen Abschied und kehrte ins Unterhaus zurück. Zum größeren Teil kam seine Verzweiflung sicherlich daher, daß er tief in den Schatten gedrückt war, selbst seine Reden erregten kein Aufsehen, die Nachrichten von der Front erstickten alle rhetorische Mühe. Damals entdeckte er sein Talent zur Malerei; es schien tatsächlich aus mit ihm.

Zwei Jahre später, im Sommer 1917, kehrte er doch auf die Szene zurück; Lloyd George, der neue Premierminister, holte ihn, ihrer langjährigen Freundschaft eingedenk, gegen allgemeinen Widerstand wieder in die Regierung. Zwar galt immer noch, was einer der ehemaligen Mitarbeiter Churchills gesagt hatte: «Man konnte an keinem Tag voraussagen, wohin sein Einfallsreichtum uns am anderen Tag bringen würde», aber Lloyd George glaubte sich ihm gewachsen. In seinen Kriegserinnerungen hat er die Frage, warum Churchill so viele erbitterte Feinde und kaum je irgendwelche Anhänger gehabt habe, zum Anlaß genommen, eine scharfsinnige Charakterskizze zu entwerfen: «Tagelang», heißt es da, «erörterten wir im Kabinett nichts anderes als Churchill, seine Gaben, seine Schwächen, seine Fehler, besonders seine Fehler. Es war dabei höchst interessant zu beobachten, wie die Mittelmäßigkeit dem Genie gegenüber jede Phase von Mißtrauen und schlotternder

Angst durchläuft … Niemand bestritt Churchills blendende Begabung und seine persönliche Faszinationskraft. Auch räumten sie ein, daß er Courage besitze und ein unermüdlicher Arbeiter sei. Warum, so fragten sie, besaß er trotz alledem mehr Bewunderer, aber weniger Anhänger als irgendein anderer Mann des öffentlichen Lebens in England? … Ihre Erklärung war: Sein Geist sei eine überaus starke Maschine, aber mit irgendeinem versteckten Fehler in ihrem Material oder ihrer Konstruktion; er hindere die Maschine daran, immer zuverlässig zu arbeiten. Woran es lag, konnten sie nicht sagen. Aber wenn der Mechanismus versagte oder falsch lief, dann machte gerade die ihm eigene Kraft die Folgen verheerend – nicht nur für ihn selbst, sondern auch für die Sache, mit der er sich befaßte, und für die Männer seiner Umgebung. Das ließ sie vor ihm zurückschrecken. Sie meinten, das Metall dieses Mannes habe irgendeinen Gußfehler, es sei tragisch – aber Grund genug, seine Fähigkeiten lieber ungenutzt zu lassen. In ihren Augen leistete er keinen Beitrag zu dem gemeinsamen Ideen- und Energiekapital in der Stunde der Gefahr, vielmehr bedeutete er eine zusätzliche Gefahr, vor der man sich schützen mußte.

Ich sah die Sache anders. Für mich waren sein erfinderischer Verstand und seine unermüdliche Energie von unschätzbarem Wert; vorausgesetzt», so fügte Lloyd George hinzu, «daß man ihn überwachte.»

Unter dieser Aufsicht hat Lloyd George, unnachgiebig in aller Intimität, Churchill während seiner fünfjährigen Regierungszeit gehalten; er war der einzige, der es je vermocht hat. Als er 1922 stürzte, schien auch Churchill wiederum am Ende. Aber noch einmal gelang es ihm, und auch jetzt wieder mit einer atemberaubenden Wendung, das Spiel neu zu organisieren: Zur Verwirrung der Öffentlichkeit verließ er, nach zwanzigjähriger Zugehörigkeit, die zerstrittene und erschöpfte Liberale Partei und kehrte zu den Konservativen, der «stupid party» seiner Anfangsjahre, zurück. Freilich benötigte er rund zwei Jahre und die Gunst vieler Umstände, ehe er wieder im Unterhaus erschien, aber am Ende triumphierten eben doch seine Energie sowie sein naiver, unbekümmert über alle Widersprüche und eigene Kehrtwendungen hinwegsetzender Machtwille, der es nicht ertragen konnte, abseits zu stehen. Der Geruch des unseriösen, prinzipienlosen Opportunisten hing ihm von nun an unverlierbar an, und nur der mutwillig herausfordernde, große Stil, mit dem er die Zahl seiner Gegner vermehrte, gab seinen Eskapaden einen versöhnlichen, wenn auch mit häufig erheiterter Verwunderung quittierten Zug.

Sein dramatisches Temperament benötigte aber auch Widerstände, um zur Übereinstimmung mit sich selbst zu kommen. «Was er sich vor allem wünscht», notierte H. G. Wells, «ist eine Bühnenwelt voller Schurken – und er, Winston, als einziger Held mitten unter ihnen.» Er hatte Lust an Gegnerschaften und brauchte Feinde, zur Not machte er sie sich absichtsvoll selber. Niemand vermag zu sagen, wieviel an seinem Entsetzen über die revolutionären Vorgänge im Rußland von 1917, über «die dumpfen und schmutzigen Gestalten des Bolschewismus» und diese würdeloseste Tyrannei der Geschichte», aus solchen psychologischen Bedürfnissen stammte.

Wie in allem anderen, war er auch in seinen Feindschaften stets zum Äußersten bereit. Schon 1919, und dann noch einmal 1920, hatte er den Krieg gegen die Sowjetunion gefordert und keinen Augenblick bedacht, daß dieser Gedanke in einem von vierjähriger Kriegsanstrengung tief erschöpften Lande höchst unpopulär und wie die Kaprice eines politischen Abenteurers wirken mußte. Ähnlich war es einige Jahre später, als er, inzwischen Schatzkanzler des konservativen Kabinetts Baldwin, den Generalstreik der Gewerkschaften zur großen Abrechnung mit den Sozialisten nutzen wollte, selbst einen Bürgerkrieg hätte er damals, wenn die Zeichen nicht trügen, in Kauf genommen. Denn unter den zahlreichen Schwenkungen, die er vollzogen hatte, fand sich unterdessen auch die vom Sozialradikalen zum Reaktionär, der sich über die Politik der Preisgabe bewährter Standesprivilegien eiferte, die Mißachtung großer Traditionen und die schnöde Anpassung an eine als Zeitgeist maskierte Gewöhnlichkeit verurteilte – bis er sich schließlich mit dem Sturz der Regierung Baldwin im Jahre 1929 erneut aus allen Ämtern und Positionen hinausmanövriert hatte.

Das Charakteristische, noch heute Verwirrende an allen diesen Wendungen ist eigentlich, daß nie eine kohärente politische Konzeption dahinter erkennbar wird, kein gemeinsamer Nenner, der die tausend Verhaltenswidersprüche einte; es war nur immer eine ehrgeizige, ungemein wandlungsfähige, in ihrem Willen starke Individualität. Sie vermittelte allen seinen Aktionen die blutvolle Tönung, den Zauber des unwiderstehlich Lebendigen – doch verhinderte sie auch, daß er je einen verläßlichen Rückhalt, eine Art Hausmacht fand: «Ich habe in der Politik meist so gehandelt, wie mir gerade zumute war», hat er mit allem denkbaren Freimut bekannt und wie entschuldigend hinzugefügt: «Wann immer ich aus Vorsicht, Trägheit oder auf den Rat anderer hin von meiner ursprünglichen Eingebung abgewichen bin, habe ich mich vor mir selber geschämt.»

Das Mißtrauen gegenüber einem Manne, der eigentlich immer nur mit grimmiger Lust er selber war, fand während der zehn Jahre von 1930 bis 1940 seinen deutlichsten Ausdruck. Churchill selber hat diese Zeit später seine «Wüste» genannt. Denn es waren Jahre voller Spannung, Dramatik, heraufziehender Bedrohung, und wiederum sah er sich zur Untätigkeit verurteilt. Wie um sich zu betäuben, flüchtete er in eine Vielzahl von Ersatzbeschäftigungen: er war Abgeordneter, schrieb Bücher, darunter eine vierbändige Biographie seines Ahnherrn Marlborough und gleich darauf eine ebenfalls vierbändige «Geschichte der englischsprechenden Völker»; er war ein höchst erfolgreicher Kolumnist, erlernte das Maurerhandwerk und erweiterte eigenhändig seinen Landsitz, er pflanzte Gärten, züchtete seltene Tiersorten, malte – aber kein Amt, keine Wirkungsmöglichkeit: eben eine «Wüste».

Immerhin verwendete er das Wort im Rückblick nicht ganz ohne providentiellen Unterton; er bereitete, wie er später bemerkt hat, in diesen Jahren seine Zukunft vor. Denn mit der Sache, auf die er sich jetzt mit seinem ganzen Ungestüm warf und die wiederum nur wie eine einzelgängerische Kaprice schien, sah er sich am Ende dieser zehn Jahre als ein Mann von unbeirrbarer Hellsichtigkeit und eines alle Rivalen überragenden Urteilsvermögens glanzvoll ins Recht gesetzt. Entgegen der offiziellen Politik, die, wie im Inneren gegenüber den sozial Schwächeren, nun auch in der Außenpolitik auf Befriedung, Ausgleich, auf «Appeasement» setzte, trat er als der unermüdliche Warner auf. Kein Zugeständnis gegenüber Hitler! war die immer wieder abgewandelte Formel, die er in dem zu jener Zeit deutschfreundlichen und aller Spannungen überdrüssigen Lande mit seinem ganzen Hang zur Provokation, seinem grandiosen Mut zur Unpopularität verkündete.

Es zählt zu den Legenden, die dieses wie jedes große, groß geführte Leben umgeben, er sei ein Deutschenhasser gewesen. Tatsächlich war das nicht der Fall, und zu jeder Bemerkung, die darauf zu deuten scheint, gibt es auch den Widerspruch. Er empfand eine romantisch-royalistische Neigung für den deutschen Kaiser und hat die im Anschluß an den Ersten Weltkrieg leidenschaftlich erörterte Kriegsschuldfrage nicht ohne das Befremden dessen verfolgt, der in der Politik bestimmte unabänderbare Gesetze am Werke sieht: die Auseinandersetzung war im Konflikt der Interessen und der rivalisierenden Machtansprüche begründet, die moralischen Kategorien hatten sich als wirksames Instrument psychologischer Kriegsführung erwiesen, doch war er nicht blind genug, der eigenen Propaganda noch im nachhinein zu erliegen und zu übersehen, daß der Krieg selber, aus Gründen gleichsam der politischen Physik, unvermeidbar gewesen war. Ludendorff betrachtete er nicht ohne Bewunderung, wie eine von ihm geschriebene Skizze des Generalquartiermeisters ausweist. Er hegte Sympathie für das konservative Temperament der Deutschen, das ihm eine Gewähr gegen den Kommunismus zu bieten schien, und liebte die Welt Habsburgs. Golo Mann hat berichtet, er habe Benesch als einen der Zerstörer der Doppelmonarchie verachtet.

Gehaßt hat er Hitler. Auch dies wohl nicht von Anfang an und gewiß nicht, weil ihm die militanten, auf irrationales Ideologienwerk eingeschworenen Bewegungen, die in den zwanziger und dreißiger Jahren lärmend den politischen Raum besetzten, gänzlich fremd gewesen wären. Nach einer Italienreise 1925 äußerte er sich tief beeindruckt über Mussolini und dessen «triumphalen Kampf gegen die bestialische Leidenschaft des Leninismus»; eine ähnliche Äußerung gibt es, wie man weiß, über den Hitler der mittleren dreißiger Jahre, und in einem satirisch gefärbten Zukunftsroman seines Freundes Harold Nicolson figuriert Churchill als Premier einer Koalitionsregierung mit dem britischen Faschistenführer Oswald Mosley.

Gleichwohl kann man schwerlich so weit gehen wie Sebastian Haffner, der sich Churchill, nach Temperament und politischer Neigung, als eine Art Wortführer des europäischen Faschismus vorstellen kann und der Auffassung ist, nicht viel mehr als die Nationalität habe Churchill daran gehindert, ebendies zu werden. Immerhin aber finden sich, soviel ist richtig, zahlreiche Elemente, die den «faschistischen» Charakter der Zwischenkriegsjahre definieren, auch bei ihm: das tiefe, panische Entsetzen über die brutale Permanenz der Revolution in Sowjetrußland sowie über mancherlei revolutionäre Symptome in vielen Weltgegenden; die romantisch-kriegerische Neigung; sodann die stark irrational getönte Schicksalsfrömmigkeit, die ihn zeitlebens erfüllte, sowie schließlich der Hang zu extremen Reaktionen. Daß er dies alles, wenn auch ungleich gebändigter, unverkrampfter, freier als die Faschisten selber in seinem eigenen Wesen vorfand, hat ihn vermutlich besser als viele seiner Zeitgenossen begreifen lassen, was da in diesen militärmäßig organisierten, von Größe und Geschichte atavistisch träumenden Sozialreligionen der Zwischenkriegsjahre heraufzog.

Vor diesem Hintergrund muß man sein Verhältnis zu Hitler sehen. Seine elementare Kriegernatur, die sich, wie er es sah, in eine schwächliche, rundum von Zauderern und «Appeasern» beherrschte Zeit hineinversetzt wähnte, witterte in Hitler augenblicklich den großen Gegner, der ihm gestatten würde, trotz aller Rückschläge, aller verspielten und vertanen Chancen, doch noch er selber zu werden. Es war diese fast instinktiv erfaßte Erwartung, die ihn seit Mitte der dreißiger Jahre in eine ungeduldige, fast schwärmerische Kampfeslaune versetzte.

Es mag denn auch offenbleiben, ob er, der Urneffe des Herzogs von Marlborourgh, den bohemischen Kleinbürger Hitler je besser begriffen hat als Neville Chamberlain, dessen Politik irrtümlicherweise auf Deutschland statt auf Hitler zielte; der, anders gesagt, auf deutscher Seite ein kalkuliertes Interesse voraussetzte anstelle des Gesinnungsfiebers eines Universalputschisten; aber unzweifelhaft ist, daß Winston Churchill in Hitler – anders, schärfer, unbeirrbarer als seine Zeitgenossen – einen Widersacher erkannte, der nicht nur Großbritannien, sondern die bestehende Weltordnung im ganzen tödlich und bis an die Grenzen ihrer Kraft herausfordern würde und so etwas wie der Urfeind schlechthin war. Aller Haß, aller Abscheu, dessen Churchill fähig war und den er so lange an disparate, mitunter auch irreal wirkende Gegner oder Kontrahenten gewendet hatte, konzentrierte sich von nun an immer ausschließlicher auf den bedrohlich emporwachsenden, geschäftig zum Krieg hinarbeitenden deutschen Diktator.

Auf diese merkwürdige Weise war er seit Mitte der dreißiger Jahre an Hitler gekettet: ohne ihn einfach nur Winston Spencer Churchill, ein hochbegabter Ansatz, ein paar turbulente Jahre, aber dann alles ruiniert durch einen unwiderstehlichen Hang zum Melodramatischen, am Ende belächelt, im Unterhaus sogar, entgegen aller Tradition, niedergezischt; eine brillante Fußnote der Geschichte, nicht viel mehr. Erst Hitler machte ihm den Weg zur Größe frei. Jeder Übergriff, jede neue Herausforderung gab dem

beharrlichen Warner recht. Chamberlain hat in einer Tagebuchno-
tiz vom Sommer 1939 festgehalten, wie Hitlers immer unzweideu-
tiger hervortretender Kriegswille Churchills ruiniertes Prestige
wiederherstellte und die Stimmung allmählich umschlug; und in
einer Weise, wie sie nur in diesem farbenreichen Leben mit seinen
Sprüngen und abrupten Wendungen möglich schien, wurde er vom
Querkopf großen Stils zur politischen Alternative einer unsicher
gewordenen Nation. Am 3. September 1939 schließlich, am Tage der
englischen Kriegserklärung, holte der Premierminister ihn ins Kabinett zurück. Churchill wurde, wie schon im Ersten Weltkrieg,
Marineminister. «Winston is back», lautete knapp und doch die
großen Erwartungen ankündigend, die sich mit dieser Amtsüber-
nahme verbanden, das Telegramm des Ministeriums an die Flotte.

Ein dreiviertel Jahr später war er, der soeben noch im Ruf eines
abgewirtschafteten politischen Durchgängers, eines bedeutenden
Schriftstellers allenfalls und glanzvollen Redners gestanden hatte,
selber Premierminister. Noch wenige Tage zuvor hatten weder der
König noch Chamberlain oder eine der drei Parteien ihn in diesem
Amt sehen wollen. Aber sein beharrliches Schweigen auf die Frage,
ob er in einem Kabinett Halifax ein Ministeramt übernehmen
wolle, die stumme Drohung, die darin steckte, sein geduldiges Warten, daß «nach ihm geschickt» werde, hatte schließlich alle Widerstände überspielt. «Ich fühlte eine tiefe Erleichterung», hat er über
seine Empfindungen im Augenblick seiner Ernennung am 10. Mai
1941 vermerkt, «endlich hatte ich die Macht über das Ganze und
konnte befehlen.» Und dann, in kaum unterdrücktem Jubel: «Ich
hatte das Gefühl, als schritte mir das Schicksal zur Seite und als sei
mein ganzes zurückliegendes Leben nur eine Vorbereitung auf
diese Stunde und diese Berufung gewesen. Ich war gewiß, ich
würde nicht versagen. Infolgedessen erwartete ich, als ich um drei
Uhr nachts zu Bett ging, den Morgen zwar mit Ungeduld, aber ich
schlief traumlos. Ich brauchte keine tröstenden Träume.»

In der Tat war das, nach so vielen Außenseiterjahren, so viel

Hohn, so viel verschmähtem Einsatzwillen, *seine* Stunde, und selten in der Geschichte haben ein Mann und eine Situation sich so überwältigend ergänzt. Entscheidend war zunächst wohl, daß er sich erstmals vom öffentlichen Willen getragen wußte. Die Menschen hatten in ihrer großen Mehrheit Frieden gewollt, und Chamberlain hatte diesen Willen unter immer neuen Zugeständnissen in Politik umgesetzt. Mit dem Scheitern Chamberlains sollte und mußte der Mann des Krieges seine Chance haben: daß Churchill dessen Prophet gewesen war, hatte seine Landsleute so lange mit Mißtrauen gegen ihn erfüllt; jetzt wurde es die Grundlage des breiten, alle Bedenken hinwegfegenden Vertrauens, das ihn trug.

Hinzu kam, daß der Krieg gegen Hitler ihm eigentlich zum erstenmal ein übergreifendes, vom Geruch persönlicher Absichten freies Ziel verschaffte, das zugleich die divergierenden Charakterzüge zusammenzwang und zu einer mitreißenden Formel einte. Der Kampf um die Selbstbehauptung, die Freiheit seines Landes und gleichzeitig damit um die Bewahrung einer großen, alle nationalen Interessen übersteigenden Lebensform, der Einsatz für das, was Churchill die «Weltverantwortlichkeit» nannte, war endlich die «Idee», die er so lange entbehrt und in so vielen launenhaft und ungereimt wirkenden Ausfällen gesucht hatte. Sein romantischer, für große Gedanken und generöse Ziele empfänglicher Sinn schob alle realpolitischen Erwägungen beiseite und versagte sich die Überlegung, daß England strenggenommen nicht angegriffen, von Hitler vielmehr bewundert und heimlich umworben war. Überhaupt verwandelte der Krieg Churchills vielkritisierte Schwächen unvermittelt in Vorzüge. Die Rücksichtslosigkeit im Verfolg der Ziele, den ungezügelten Tatendrang, die Freude an Drama und Exaltation sowie die aggressive Kampfeslaune, die so lange irritierend auf Nerven und Sinne seiner Umwelt gewirkt hatte: das alles machte ihn unwiderstehlich und schien jetzt, in der Düsternis dieser ersten Kriegsphase, wie ein Versprechen auf den Sieg; desgleichen Churchills Bedenkenlosigkeit. «Wenn Hitler eine Invasion der Hölle plant», erklärte er, «werde ich mich im Parlament sogar freundlich über den Teufel äußern»: das hätte gestern noch wie ein neuerlicher Beleg seiner Skrupellosigkeit gewirkt; heute galt es als Beweis von Stärke und ungeheuerlicher Entschlossenheit.

Mit alledem wurde er, von Beginn an, zu einer Art Symbolfigur des Widerstandswillens; und die deutsche Kriegspropaganda hat ihn denn auch, noch bevor er Premierminister wurde, zu ihrem wütendsten Haßobjekt gemacht. Gewiß wäre England auch ohne ihn zur Selbstverteidigung entschlossen gewesen, das Durchhaltevermögen des Landes, seine stoischen Kräfte in der Niederlage waren immer groß. Was Churchill der Auseinandersetzung außer seiner rastlosen Energie hinzugab, war der zum Äußersten entschlossene Ernst, den Krieg als eine Frage von Leben oder Tod zu führen, sowie der mitreißende, grandiose Schicksalston, den er anzuschlagen wußte. «Was ist unser Ziel?», fragte er mit seiner eigentümlich bellenden Stimme in einer seiner ersten Reden als Premierminister; «Ich kann das nur mit einem Wort beantworten: Sieg! Sieg um jeden Preis! Sieg trotz aller Schrecken, so lang und so hart der Weg dahin auch sein mag! Ohne Sieg gibt es kein Weiterleben!» Und nach Dünkirchen schloß er seine Rede mit den berühmten Sätzen: «Wir werden nicht nachlassen und nicht wankend werden! Wir werden bis zum Ende durchhalten! Wir werden in Frankreich kämpfen, auf den Meeren und den Ozeanen! Wir werden mit wachsender Zuversicht und Stärke in der Luft kämpfen, werden unsere Insel verteidigen, koste es, was es wolle! Wir werden am Strand kämpfen, auf den Landeplätzen, auf den Feldern und Straßen, wir werden auf den Hügeln kämpfen! Wir werden uns niemals ergeben!» Schon bald darauf, im Gefühl wachsenden Selbstbewußtseins, höhnte er zum Festland hinüber: «Wir warten auf die lange angekündigte Invasion. Die Fische auch!» Niemand hätte so wie er dem Lande die Inspiration der großen Stunde vermitteln können, das Bewußtsein, im Angesicht der Geschichte zu handeln;

er machte noch die Verzweiflung zu einem großartigen Gefühl: so in der berühmten Blut-, Schweiß- und Tränen-Rede vom 13. Mai 1940; desgleichen einige Wochen später, als er ausrief: «Verhalten wir uns so, daß die Menschen selbst nach tausend Jahren, die das britische Empire noch bestehen mag, sagen werden: Dies war seine größte Stunde!» Es war die Stunde Churchills.

Er schwankte nie, wie einsam England sich angesichts des an allen Fronten triumphierenden Hitler, der ihm im Bündnis mit Stalin überdies einen gewaltigen eurasischen Block des Totalitarismus entgegensetzte, auch immer fühlen mochte. Gewiß konnte der deutsche Diktator, der unersättliche, vielfach wortbrüchige, verächtlich inferiore Hitler ihn keiner Anfechtung aussetzen. Aber Churchill hat sicherlich schon bald erkannt, daß der bedingungslose, um buchstäblich jeden Preis gesuchte Sieg England entscheidend schwächen würde. Schon jetzt ging, was er dem Lande über alle geschwundene Macht hinaus abverlangte, weit über dessen Möglichkeiten; aber er wollte es, noch einmal, «als militärische und moralische Zentralmacht leuchten» lassen. Der Preis jenes Sieges, den er wollte, war nichts anderes als das Empire selber.

Er hat diesen Sieg dennoch mit Leidenschaft erstrebt und alle Kompromißmöglichkeiten immer verworfen. Zwar hoffte er, der tragischen Konsequenz zu entgehen, die er heranrücken sah, und hat einiges an politischer Phantasie, seine Intelligenz und Energie an diese Aufgabe gewandt. Aber am Ende war sein Siegeswille stärker als jede andere Erwägung. Die in der Tat «unnatürliche Koalition» zwischen Briten, Amerikanern und Sowjetrussen, die vor allem sein Werk war, hat er nicht zuletzt aus diesem Grunde zusammengebracht.

Dennoch ist er, wie man weiß, mit seinem Vorhaben gescheitert; über das Empire hinaus, dessen Zeit vermutlich ohnehin zu Ende ging, hat er einen Teil der Lebenskraft Englands an diesen Sieg gegeben. Wenn de Gaulle, dem solche Eingeständnisse schwer wurden, im Rückblick gesagt hat, im großen Drama des Krieges sei

Churchill der Größte gewesen, so bezog er das, mehr noch als auf alles andere, auf diese imponierende Bereitschaft, um des Sieges willen alles «perfide» Interesse hintanzustellen und selbst den Abschied seines Landes von der Geschichte dafür in Kauf zu nehmen.

Denn natürlich hätte Churchill das Spiel mit größerer Vorsicht, enger kalkuliertem Interesse betreiben können, etwa indem er die Kräfte der drei anderen Mächte gegeneinandergeführt, verschlissen und für das Empire soviel Substanz wie möglich zu retten versucht hätte. Doch hätte diese Politik nicht nur seinem rückhaltlosen, immer aufs Ganze gehenden Wesen widersprochen, sondern auch dem visionären Zug, der seine Überlegungen zusehends prägte. Bald nach Beginn des Krieges hatte er ansatzweise schon den Gedanken entwickelt, die erstrebte Waffenbrüderschaft mit den USA zu einer Wiedervereinigung der englischsprechenden Völker zu nutzen und diesen dann die Vorherrschaft über den Erdball zu sichern. Er hat diesen Plan, in einem charakteristisch tollkühnen Verfahren, schmieden und gleichzeitig einer äußersten Belastungsprobe aussetzen wollen, als er den amerikanischen Präsidenten Roosevelt dafür zu gewinnen suchte, zusammen mit dem Sieg über Hitler die Ausschaltung Stalins und die Beseitigung des Bolschewismus zu betreiben. Je länger der Krieg dauerte, desto entschiedener ging er davon aus, daß der eine Revolutionär nur das Spiegelbild des anderen sei und beide als der Feind alles dessen zu gelten hätten, wofür England, in Stellvertretung der zivilisierten Menschheit, diese Auseinandersetzung auf sich genommen hatte.

Auch mit diesem Konzept, das den Hintergrund seiner sogenannten Südstrategie bildete, ist Churchill bekanntlich gescheitert. Der Versuch, die USA zum «Stoß in den weichen Unterleib der Achsenmächte» zu überreden und die alliierte Großoffensive anschließend über Wien, Prag und Warschau zum Baltikum zu führen, um Ost- und Mitteleuropa vor den Expansionsbestrebungen Stalins zu bewahren, ist über einen Ansatz nicht hinausgekommen; dann haben militärische Überlegungen, Churchills Schwierigkeiten, sich offen zu einer Strategie gegen den einen seiner großen Bündnispartner zu bekennen, sowie Roosevelts Arglosigkeit die Wende herbeigeführt. Auf der Konferenz von Teheran, Ende 1943, machte der amerikanische Präsident mit Stalin gemeinsame Sache; sie verwarfen Churchills überdies von eigenen Widersprüchen verwirrtes Konzept. Der Entschluß zur Invasion Frankreichs bedeutete zugleich die Erweiterung des sowjetischen Einflußbereichs nach Westen sowie die Teilung Europas. Der Augenblick, den Churchill neben dem Schicksal einhergeschritten war, war unwiderruflich vorüber.

Es hatte offenbar damit zu tun, daß nun erstmals auch die Kräfte nachließen. Was die Euphorien der gewaltigen Aufgabe, Organisieren, Kämpfen, Zusammenbringen, was die pathetische Atemlosigkeit der vergangenen drei Jahre verborgen hatte, wurde jetzt sichtbar: daß Churchill, als er endlich zum Zuge kam, schon ein alter Mann gewesen war. Aller Triumph, den er auskostete, konnte nicht verbergen, daß das Ende des Krieges ihn unglücklich machte, und dies nicht nur, weil er machtpolitisch verloren worden war. Er hatte immer den Kampf geliebt, allenfalls auch die Niederlage, weil sie reiche Möglichkeiten zu großen, erbitterten Gesten bot, doch nicht den Sieg, der zweideutige, schwer durchschaubare Gefahren barg und immer auch das Ende aller Konfrontation bewirkte.

Jedenfalls haben die Beobachter jener Jahre übereinstimmend die plötzlich einsetzende Reduktion bemerkt. Zwar war die Tatkraft des nahezu Siebzigjährigen noch immer ungewöhnlich, aber häufig wirkte er unkonzentriert, umständlich und als agiere er ohne Schwerpunkt. Nicht selten war er grundlos gereizt oder verfiel in pessimistische Apathien, aus denen er sich in einen betäubenden Aktionswirrwarr rettete. Unentwegt entwickelte er Pläne, die er nach kurzen hektischen Ansätzen fallenließ, dazwischen stößt man auf Entscheidungen oder Szenen, die einige fatale Schatten auf die im ganzen so generöse Erscheinung werfen, darunter beispielsweise die Maßnahmen gegen das widerspenstige Athen oder die

Unterschrift unter das Dokument über die Austreibung der Deutschen, dessen Folgen er später, vor allem im Verlauf der Potsdamer Konferenz, vergeblich zu mildern versuchte. Noch einmal kam ihm das «Schicksal» entgegen, doch er bemerkte es nicht. Im Mai 1945 hatte er das Koalitionskabinett aufgelöst, «tränenüberströmt», wie es im Bericht eines Augenzeugen heißt, hinter dem vertrauten, grünbespannten Tisch stehend und die Geschichte beschwörend: «The light of history will shine on all your helmets!» Nicht einmal zwei Monate später wählte England ihn ab. Es war ein Akt emotionsloser, politischer Nüchternheit und, wie alle Entscheidungen aus purer Zweckmäßigkeit, nicht ohne schnöden Zug; der große Kriegsmann hatte, was erwartet worden war, getan, der Krieg war aus, er sollte gehen. Lord Moran, der Leibarzt Churchills, hat berichtet, wie schon Monate zuvor der Kräfteverfall eingesetzt hatte, hinzu kamen Gedächtnisschwund, Konzentrationsmangel, häufige Absencen. Churchill selber dagegen sah in der Wählerentscheidung nicht die Chance des großen, fast tragischen Abgangs, sondern nur die Bitternis der Niederlage; und kaum hatte er den tiefen Schock verwunden, begann er, den Wiedergewinn der Macht zu organisieren. Nebenher schrieb er ein sechsbändiges Werk über den Zweiten Weltkrieg, auch das wieder, wie Arthur Balfour die Arbeit über den Ersten Weltkrieg genannt hat, eine Art «Autobiographie Winstons in Gestalt einer Geschichte des Universums». Sein schriftstellerisches Œuvre umfaßte am Ende fünfunddreißig Bände, unter denen die Biographie seines Ahnherrn Marlborough nicht nur als Beispiel großer, anschaulicher Sprachgewalt, sondern auch als Werk professioneller Geschichtsschreibung hervorragt. 1953 erhielt er den Nobelpreis für Literatur. Und als könne er nicht enden, setzte er in einigen aufsehenerregenden Reden, so in Fulton, in Zürich oder Straßburg, sein legendäres Prestige ein, um die Vereinigung Europas sowie die Vision von einst, den Zusammenschluß der englischsprechenden Welt, voranzutreiben.

Unter Aufbietung aller Kräfte gelang es ihm schließlich, im Oktober 1951, doch noch einmal Premierminister zu werden. Es war indes nicht viel mehr als die trotzige Geste eines Mannes, der nach allem, was das Schicksal ihm gewährt hatte, auch dies noch wollte: selber den Zeitpunkt bestimmen, an dem er abtreten würde. Zu Lord Moran sagte er wenige Tage nach der Wahl verzweifelt: «Ich bin so verdummt. Ich habe keine Beziehung mehr zu meinem Leben.»

Er war nun ein Greis, im Sommer 1949 hatte er einen ersten Schlaganfall erlitten, vier Jahre später einen weiteren, der ihn halbseitig gelähmt und zeitweilig der Sprache beraubt hatte. Kaum war er imstande, wieder ein paar Worte hervorzubringen, sprach er von politischen Geschäften. In London aber machte immer unüberhörbarer das Wort vom «Halbtagspremier» die Runde. Nach langem Zögern, gedrängt von seinen Freunden, immer wieder sich anklammernd an dieses Amt, das er so lange gewollt, fast noch verfehlt, schließlich erkämpft, verloren und wiedergewonnen hatte, trat er Anfang April 1955 endlich zurück. Die englische Presse streikte gerade, so daß sein Abgang fast echolos blieb.

Eigenem Eingeständnis zufolge hat er lange Jahre unter dem Gedanken gelitten, in einer Zeit geboren zu sein, die es nicht mehr erlaube, unsterblich zu werden; nun war er es doch geworden. Immerhin wirkt seine Größe auf den ersten Blick merkwürdig hintergrundlos: in ihm verkörpert sich, aufs Ganze gesehen, kein der Epoche eigentümlicher Gedanke. Weit stärker gebildet waren die anachronistischen Züge seines Wesens: «Ich lebe gern in der Vergangenheit», bekannte er. Die Zeichen von Umbruch und Veränderung um sich her nahm er gleichgültig oder abwehrend zur Kenntnis, den Kräften und Bestrebungen der Zeit: von den Mitspracheforderungen der Arbeiterschaft bis zu den Emanzipationsprozessen in Europa oder der Dritten Welt, gewann er kein Verständnis ab. Auch hielt er zeitlebens, mit dem Starrsinn des viktorianisch geprägten Offiziers von Bangalore, an Begriff und Unversehrtheit des «Britischen Empire» fest und hat im «Commonwealth» im Grunde nichts anderes als Verrat und Anarchie zu sehen vermocht.

Solche unübersehbaren Schwächen mindern vielleicht seinen Rang, fügen ihm aber sicherlich auch etwas hinzu. Denn ihn trug nichts; keine Zeittendenz, als deren Wortführer er auftreten, keine übermächtige Zukunftsidee, die seinen Irrtümern Weihe oder doch Indemnität verschaffen konnte. Er war einfach der Repräsentant des zu allen Zeiten vorhandenen Willens, der Gewalt zu widerstehen, dem Erpresser nicht klein beizugeben, auch auf scheinbar verlorenem Posten die Herausforderung anzunehmen.

Das hat seiner Erscheinung den unverwechselbar symbolischen Charakter gegeben: «ein Held von Corneille», wie Heinrich Mann 1943 mit churchillianischem Pathos formulierte, «in der Maske des Zeitalters». Seine offenkundigen Schwächen haben dem Empfinden der Größe merkwürdigerweise noch vorgearbeitet. Es fiele nicht sonderlich schwer, sein Bild ganz aus der Skala schwarzer Farben heraus zu entwerfen. Die Unbeugsamkeit, mit der er immer nur er selber war, hat ihn zwar leicht angreifbar gemacht: ein Mann voller Ehrgeiz, Rücksichtslosigkeit, Haß, Sentimentalität; aber eben auch voller Wärme, Tapferkeit, Hingabe, Großmut, Männlichkeit. Die Verbindung des einen mit dem anderen hat ihn zugleich vor aller faden Schulbuch-Erhabenheit bewahrt.

Nach seinem Rücktritt lebte er noch zehn Jahre. Er verbrachte sie, geplagt von Altersbeschwerden, bei Kartenspiel, leichter Lektüre und stockend geführten Gesprächen. Er verstummte zusehends, erkannte weniger und weniger Gesichter und verlor allmählich alles Interesse, gleichgültig, worum es sich handelte. Der Rest war müdes Dahindämmern in der Sonne, dann und wann auch der Marasmus auf den High-Society-Yachten des Mittelmeers. Er überlebte Freunde und Gegner, aber die einen wie die anderen bedeuteten ihm nun nicht mehr viel. Mitunter, wenn er aus seinen apathischen Zuständen erwachte, sprach er, im Gedanken an die berühmte Formel, auf die er als Politiker so lange gewartet hatte, von der Hoffnung, daß bald nach ihm geschickt werde.

Die geschuldete Erinnerung
Zur Kontroverse über die Unvergleichbarkeit der national-sozialistischen Massenverbrechen.

(1986)

Ein amerikanischer Zeithistoriker hat unlängst den unfreien Stil der akademischen Debatte in der Bundesrepublik beklagt. Wann immer die Rede auf die Hitlerzeit und ihre moralische Bewertung komme, ändere sich unversehens die Tonlage. Entweder dränge man mit formelhaften Captationen und Schuldbeteuerungen, die so inhaltsleer wie unglaubwürdig seien, auf die Seite der kompakten Moralität, oder alles ende in moralischer Denunziation. Daran ist, wie jeder weiß, manches zutreffend. Aber richtig ist auch, daß die Öffentlichkeit, allen Ermunterungen von politischer Seite zum Trotz, aus dem Schatten, den Hitler und die unter ihm verübten Verbrechen geworfen haben, noch lange nicht heraus ist, und unvermeidlicherweise fällt er nach wie vor über alle ernsthafteren Versuche historischer Erörterung und Analyse. Zur wissenschaftlichen Integrität des Historikers zählt auch das Bewußtsein, daß seine Tätigkeit nicht im Leeren stattfindet, sondern vor einer Öffentlichkeit mit vielfältig unberechenbaren Verstärker- und Schwundeffekten. Er kann diese Wirkungen nicht ignorieren und muß dennoch versuchen, in Frage und Antwort weiterzukommen. Wie schwierig das sein kann, hat Christian Meier unlängst in einem Beitrag für diese Zeitung auf bewegende Weise gezeigt. Es verlangt Verantwortungsbewußtsein und innere Unabhängigkeit. Was es nicht verlangt, sind die Rituale einer falschen Unterwürfigkeit.

Diese Rituale werden von einem Konformismus dekretiert, der jede Position, die sich die Freiheit des Fragens bewahrt, unter moralischen Verdacht stellt. Spätestens seit dem Ende der sechziger Jahre wurde es üblich, jede historische Wahrnehmung, die nicht der damals herrschend werdenden Vorstellung folgte, der heimlichen Komplizenschaft mit dem «Faschismus» zu zeihen. Nicht auf den wissenschaftlichen Befund, das, wie versuchsweise auch immer, vorgetragene Ergebnis arbeitender Erkenntnis kam es an; entscheidend wurden vielmehr die häufig bloß vermuteten Motive dessen, der sie vorlegte.

Für diese elende Praxis gibt es seit kurzem eine neue Variante. Sie stammt von Jürgen Habermas. In einem Artikel in der «Zeit», der verschiedene historische Publikationen jüngeren Datums zu einer neokonservativen Tendenz bündelt, stellte er einige renommierte Historiker der Bundesrepublik unter Nato-Verdacht. Aus Schriften und Artikeln, von denen das eine oder andere auch in dieser Zeitung erschienen ist, las er allen Ernstes die Strategie heraus, «über eine Wiederbelebung des (deutschen) Nationalbewußtseins ... die nationalstaatlichen Feindbilder aus dem Bereich der Nato (zu) verbannen» und neue Feindbilder im Osten an deren Stelle zu setzen. Vor allem ein Artikel von Ernst Nolte (F. A. Z. vom 6. Juni 1986) diente als Beweisstück. Darin leugne Nolte, so Habermas, die Singularität der Naziverbrechen dadurch, daß er sie «als Antworten auf (heute fortdauernde) bolschewistische Vernichtungsdrohungen mindestens verständlich» mache; und Auschwitz vermindere er auf «das Format einer technischen Innovation».

Nun leugnet Nolte die Singularität der nationalsozialistischen Vernichtungsaktionen überhaupt nicht. Ausdrücklich vermerkt er, daß sie sich «trotz aller Vergleichbarkeit ... qualitativ von der sozialen Vernichtung unterscheiden, die der Bolschewismus vornahm»; dennoch, fährt er fort, dürfe man nicht allein auf den einen Massenmord sehen und den anderen ignorieren, zumal ein kausaler Zusammenhang zwischen beiden Untaten wahrscheinlich ist. Man fragt sich, wie dieser zentrale Gedanke, auf den die ganze Beweisführung Noltes zuläuft, von Habermas übersehen werden konnte. Falls es sich nicht um eine Form akademischer Legasthenie handelt, bleibt nur die Annahme, daß hier ein ideologisches Vorurteil sich die Dinge erst zurechtrückt, um sie dann attackieren zu können. Für die zweite Annahme spricht, daß Habermas seine These mit gestückelten Zitaten belegt, daß er den angegriffenen Autoren Äußerungen Dritter oder eigene Flüchtigkeiten unterschiebt und die Dinge mit einer Unbekümmertheit verdreht, für die es seit langem kein Beispiel gibt. Die Beschuldigten haben inzwischen kurz darauf geantwortet.

Nicht so sehr um diesen Versuch eines wissenschaftlichen und womöglich persönlichen Rufmords geht es hier. Die Auseinandersetzung birgt aber einen Kern, der die ganze Schwierigkeit der Fragen offenbart, die durch die Hitlerzeit aufgeworfen wurden. Dabei geht es vor allem um die These von der Singularität der Naziverbrechen. Es empfiehlt sich, die Begründungen, die dafür ins Feld geführt werden, einen Augenblick lang näher zu betrachten. Zunächst wird behauptet, das Ungeheuerliche, Nie-Dagewesene an der sogenannten Endlösung sei, daß deren Betreiber nicht nach Schuld oder Unschuld fragten, sondern die rassische Zugehörigkeit zur ausschließlichen Ursache der Entscheidung über Leben oder Tod machten. Aber Ende 1918 erklärte einer der ersten Chefs der Tscheka, der Lette Martyn Latsis, in einer Rede vor Kommissaren, daß im Zuge der bolschewistischen Revolution nicht mehr die Frage der Schuld, sondern die soziale Zugehörigkeit Strafe und Liquidation nach sich ziehe: «Wir sind dabei, die Bourgeoisie als Klasse auszurotten. Sie brauchen nicht nachzuweisen, daß dieser oder jener gegen die Interessen der Sowjetmacht gehandelt hat. Das erste, was Sie einen Verhafteten zu fragen haben, ist: Zu welcher Klasse gehört er, wo stammt er her, was für eine Erziehung hat er gehabt, was ist sein Beruf? Diese Fragen sollen das Schicksal des Angeklagten entscheiden. Das ist die Quintessenz des roten Terrors.» Und bei Alexander Solschenizyn kann man nachlesen, wie buchstäblich danach verfahren wurde, sofern überhaupt ein Nachweis erbracht und nicht einfach «nach Listen» erschossen wurde. Anders als ein berühmtes Wort meint, konnte man die Klasse gerade nicht «wählen», sondern war ihr, wenigstens zu jener Zeit, durch Geburt und Herkunft unwiderruflich verhaftet. Stand aber, wenn es sich so verhält, die gleiche Auffassung nicht hinter den «Schuldsprüchen» des Reichssicherheitshauptamtes, nur daß hier nicht ein soziales, sondern ein biologisches Sein als todeswürdig angesehen wurde? Im einen wie im anderen Falle gab es keine Möglichkeit der Rechtfertigung oder des Unschuldsbeweises, weil es um Schuld oder Unschuld gar nicht ging, sondern um bloße Zugehörigkeiten. Hier zu einer Klasse, dort zu einer Rasse.

Zur Begründung der Singularität von Auschwitz und allem, wofür es steht, wird ferner die administrative und mechanische Form angeführt, in der das Massenmorden vollzogen wurde. Das in der Tat ungeheuerliche Bild des bürokratischen Vollstreckers, der ungerührt, fern von den Leiden der Opfer, mit Akten und Sichtvermerken dem Vernichtungsgeschäft nachgeht, hat zu einem erheblichen Teil den Schock mitverursacht, der in uns allen nachwirkt. Im Begriff des Schreibtischmörders ist etwas vom Erschrecken des sich sträubenden Einsichtsvermögens festgehalten, das so viel Kälte und Pedanterie nur schwer mit der Verzweiflung, der Angst und den Todeskämpfen zusammenbringen kann, die auf seiten der Opfer dagegenstehen. Aber kann man glauben, daß das Ausrottungswerk Stalins auf wesentlich andere, weniger administrative Weise vollbracht wurde? Habermas wirft Andreas Hillgruber ein beschönigendes Vokabular vor, weil er in einem Buchtitel von der «Zerschlagung» des Reiches einerseits und vom «Ende» des europäischen Judentums andererseits spricht. Aber was er selber in schwerlich überbietbarer Verharmlosung «die Vertreibung der Kulaken durch Stalin» nennt, bedeutete in Wirklichkeit den Tod für Millionen. Kann man, sofern man es nicht aus den zugänglichen Quellen weiß, im Ernst annehmen, es habe dafür keine weitverzweigte Bürokratie mit Akten, Sichtvermerken und Schreibtischtätern gegeben? Gewiß bedeuten die Gaskammern, mit deren Hilfe die Exekutoren der Judenvernichtung zu Werke gingen, eine besonders abscheuerregende Form des Massenmords, und mit Recht sind sie zu einem Symbol für die technizistische Barbarei des Hitlerregimes geworden. Aber läßt sich wirklich sagen, daß jene Massenliquidierungen durch Genickschuß, wie sie während des Roten Terrors über Jahre hin üblich waren, etwas qualitativ anderes sind? Ist nicht, bei allen Unterschieden, das Vergleichbare doch stärker?

Wir kennen die grauenerregenden Bilder der Leichenhaufen, der zu größeren und kleineren Bergen zusammengetragenen Schuhe, Brillen, Koffer und anderer Habseligkeiten der Opfer. Doch was berechtigt uns, zu denken, es habe dergleichen in den Mordfabriken der Stalin-Ära nicht gegeben? Wir haben es nicht gesehen. Es gibt keine Fotos oder Filme davon. Aber ist es mehr als ein Mangel an humaner Phantasie, daß auch die Vorstellung kein Bild davon hat? Sind nicht, aufs Ganze gesehen, die Vorgänge hier wie dort in den entscheidenden Merkmalen vergleichbar? Beide Male geht es um mechanische, mit technischen Mitteln massenhaft «reproduzierbare» und gleichsam abstrakte Tötungspraktiken, auf administrativem Wege geplant und von Exekutoren vollstreckt, die im Dienste einer vorgeblich größeren Sache ungerührt ihre Aufgabe verrichteten. Was sie taten, geschah jedenfalls ohne innere Beteiligung, ohne irgendeinen Affekt, in dem doch, wenn auch in äußerster Perversion, zumindest der Widerschein dessen sich andeutete, was man der «menschlichen Natur», ihren gemeinen und abstoßenden Zügen zurechnen könnte.

Das dritte Argument schließlich, mit dem die Singularität der NS-Verbrechen begründet wird, stützt sich auf die Behauptung, daß es um vieles erschreckender sei, wenn solche Rückfälle ins Entmenschte sich in einem alten Kulturvolk ereigneten. In der Tat ist dieser Bruch nur schwer oder gar nicht überbrückbar. Als zumindest stummes Motiv begleitet die anhaltende Bestürzung darüber alles immer wiederkehrende Fragen, wie das möglich war, und die Fassungslosigkeit vieler angesichts des Geschehenen hat gerade damit zu tun, daß Deutsche das Massenmorden erdacht, geplant und ausgeführt haben; daß es sich vor dem Hintergrund einer jahrhundertelang gewachsenen deutsch-jüdischen Symbiose ereignete, die zu den großen Kulturleistungen der Geschichte zählt. Die Erschütterung darüber kann der Ursprung sehr persönlicher Empfindungen der Scham, auch der Kränkung sein, die dem Namen der eigenen Nation zugefügt wurde. Aber sollte es wirklich zulässig sein, damit vor alle Welt hinzutreten, auch wenn es immer wieder geschieht? Denn strenggenommen setzt dieses Argument die alte Nazi-Unterscheidung fort, wonach es höhere Völker gibt und Völker auf primitiverer Stufe, die nicht einmal vom Tötungsverbot wissen. Wer empfindlicher ist, wird den Hochmut erkennen, der darin steckt, die alte Herrenvolkgesinnung, wenn auch verborgen unter einer Demutsgeste.

Die These von der Singularität der NS-Verbrechen wird zuletzt auch durch die Überlegung in Frage gestellt, daß Hitler selber immer wieder die Praktiken der revolutionären Gegner von links als Lehre und Vorbild bezeichnet hat. Doch kopierte er sie nicht nur. Durchweg entschlossen, sich radikaler zu zeigen als sein erbittertster Widersacher, überbot er sie zugleich auch. Das läßt sich insbesondere zu Beginn auf allen Ebenen nachweisen und blieb nicht etwa auf die Auftrittsformen und Rituale beschränkt, durch die sich die NSDAP als Partei neuen Typs darstellte. Weit wesentlicher war der bürgerkriegsähnliche Zuschnitt, den Hitler der politischen Auseinandersetzung gab, bereit, wie er versicherte, «jedem Terror des Marxismus noch einen zehnfach größeren entgegenzusetzen».

Man muß nicht der Auffassung sein, daß Hitlers Vernichtungswille ganz überwiegend von der Vernichtungsdrohung der russischen Revolution inspiriert war; er kam, dem Ursprung nach, doch eher aus den frühen Ängsten und Überwältigungsphantasien des Deutsch-Österreichers. Aber daß er ganz und gar unbeeinflußt davon blieb, läßt sich schwerlich denken, und jedenfalls ist die Resonanz, die seine lange Zeit einsamen Wahnideen fanden, ohne die panischen Empfindungen, die sich von Rußland her ausbreiteten und

München im Frühjahr 1919 immerhin gestreift hatten, nicht zu begreifen. Die Berichte über das Deportieren, Morden und Austilgen ganzer Bevölkerungsgruppen waren sicherlich übertrieben. Doch enthielten sie einen zutreffenden Kern, der durch das Pathos der nahenden Weltrevolution zusätzlich an Glaubwürdigkeit gewann. In aller Verzerrung gaben sie Hitlers Ausrottungskomplexen einen realen Hintergrund. Und daß unter denen, die der schon bald in Chaos und Schrecken auslaufenden Münchner Räterepublik vorgestanden hatten, nicht wenige Juden gewesen waren, verschaffte überdies seinen antisemitischen Obsessionen eine scheinbare und jedenfalls agitatorisch nutzbare Bestätigung. Er ebenso wie die verängstigten Massen mochten glauben, daß eine Rettung, wenn überhaupt, nur durch den Entschluß möglich sei, in der Gegenwehr genauso zu verfahren, wenn auch «zehnmal» terroristischer. Es kann nicht unzulässig sein, diese Überlegung vorzutragen und einen Zusammenhang herzustellen zwischen den Greuelmeldungen von Osten und Hitlers Bereitschaft zum Exzeß. Wenn das aber so ist, fragt man sich doch nach den wirklichen Gründen für die Ungehaltenheit, die Noltes Bemerkung ausgelöst hat, die Ereignisse in Rußland seien «das logische und faktische Prius» zu Auschwitz und zwischen beidem sei ein «kausaler Nexus wahrscheinlich».

Gegen diese gedankliche Verknüpfung meldet sich ein verbreiteter Einwand. Er verweist auf den grundsätzlichen, kaum ausmeßbaren Unterschied der Ideologien. Der Kommunismus, so wird behauptet oder stillschweigend vorausgesetzt, reiche selbst in der sowjetrussischen Ausprägung, sofern man sich der Ursprünge erinnert, auf einen großen humanitären Ideenbestand zurück. Ein unverbrauchbarer Rest davon bleibe ihm immer erhalten. Weder die Leiden, die er verursacht, noch die ungezählten Toten, die er gefordert habe, löschten diese Herkunft aus. Demgegenüber entstamme der Nationalsozialismus dem inferioren Gedankenmüll völkischer Sektierer, wie er um die Jahrhundertwende in Traktaten und Groschenheften unter die Leute kam.

Der Hinweis ist nicht ohne Gewicht. Und wenn in den vehementen Kampfansagen der einen wie der anderen Seite das Wort «Vernichtung» auftaucht, kann auch nicht außer acht bleiben, daß die radikale Linke darunter zumeist nicht die physische, sondern offenbar die gesellschaftliche oder historische Ausschaltung des Gegners im Auge hatte. Aber der parareligiöse Anspruch, mit dem sie ihre Parolen auflud, die manichäische Unversöhnlichkeit, mit der sie die Welt wieder schroff in Gut und Böse, die Menschen in Gerechte und Verworfene unterteilte, verwischte zwangsläufig die Grenzen, die noch dem geschworenen Feind das Recht zu leben gewährleisteten, und die Erinnerung an die Religionskriege und den Fanatismus, den sie entbunden hatten, lag noch nicht weit genug zurück, um sicherzugehen, daß solche Postulate nicht wortwörtlich genommen und die «gesellschaftliche Vernichtung» in die buchstäblich physische umschlüge. In allem Reden gibt es einen Automatismus, der aus den Worten die Taten hervorgehen läßt und dem Gedanken die Unschuld nimmt, auf die er sich gern rechtfertigend beruft. Wenn Lenin verlangte, die russische Erde von den «Hunden und Schweinen der sterbenden Bourgeoisie» freizumachen, und Sinowjew ungerührt über die Auslöschung von zehn Millionen Menschen sprach, war das jedenfalls nicht mehr bloß metaphorische Radikalität, sondern schon die Konsequenz daraus. Schwerlich ist aber nachzuweisen, daß es sich beim Nationalsozialismus anders verhält, und wer will entscheiden, ob er sich mit seinen Untaten nicht auch im Netz verbaler Exzesse verstrickte? Martin Broszat und Hans Mommsen jedenfalls haben in einem Diskussionsbeitrag zum Mord an den Juden ebendiese Überlegung auf das NS-Regime angewendet und behauptet, dessen Führung habe nicht von vornherein und zielgerichtet auf die sogenannte Endlösung hingewirkt. Vielmehr seien sie zu Gefangenen eines Prozesses geworden, den sie selber durch ihre Phraseologie, durch die Gesetzgebung und einen Komplex sich gegenseitig bedingender und verschärfender Aktivitäten erst in Gang gesetzt hätten.

Zweifellos räumt diese Überlegung den Hinweis auf die unterschiedliche Abkunft der Ideologien noch nicht aus. Aber liegt nicht, gerade wenn man diesen Hintergrund ernst nimmt, die Frage nahe, warum von dem großen Geschichtsgedanken des Kommunismus, wie rudimentär auch immer, in der Wirklichkeit so gut wie nichts bewahrt blieb? Warum auch die Auseinandersetzungen in den Führungsspitzen, bei allem Kommen und Gehen, so gut wie nie im Namen humanitärer Prinzipien, sondern um taktischer Gegensätze willen ausgetragen wurden und aller Widerstand aus jenem ideellen Beweggrund nur immer die verlorene Sache namenloser oder namenlos gemachter einzelner blieb? Und welchen Unterschied macht es auf seiten der Täter, ob sie sich durch eine korrumpierte Menschheitsidee oder durch eine von allem Anfang an verderbte «Weltanschauung» gerechtfertigt glaubten? Läuft es auf mehr hinaus, als daß die einen mit allenfalls gutem, die anderen mit nicht so gutem Gewissen dem Mordgeschäft folgten?

Noch mehr verflüchtigt sich die ideelle Divergenz im Blick auf die Opfer. Seltsamerweise tun sich gerade die Vertreter jenes modernen Geschichtsbildes damit leicht, die vorgeben, nicht mehr so sehr die Mächtigen auf ihrem Gang durch die Historie zu verfolgen, sondern das leidende Subjekt. Aber welchen Unterschied kann es für die Gemordeten machen, ob sie einem historischen Prinzip von einst intellektuellem und humanitärem Rang oder «nur» einem von Phantomängsten durchsetzten Wahn zum Opfer fielen? Ernst Nolte hat in dem Werk «Der Faschismus in seiner Epoche», mit dem Schlußsatz des Kapitels über den Nationalsozialismus, diese Unterscheidung gleichwohl gemacht und, von seinem gedanklichen Ansatz aus, einen Trost darin erkennen wollen, daß die von Hitler gemordeten Millionen nicht «als unglückliche Objekte eines widerwärtigen Verbrechens starben, sondern als Stellvertreter bei dem verzweifeltsten Angriff, der je gegen das menschliche Wesen ... geführt wurde». Aber ist das mehr als ein Gedanke, und welche Verzweiflung könnte er abwehren?

Fragen jedenfalls über Fragen, und es soll in diesem Rahmen keine Antwort, in welcher Richtung auch immer, insinuiert werden. Viel eher geht es darum, Zweifel an der monumentalen Einfalt und Einseitigkeit der vielfach herrschenden Vorstellung über die vorbildlose Besonderheit der NS-Verbrechen zu wecken. Die These steht, nimmt man alles zusammen, auf schwachem Grund, und überraschend ist weniger, daß sie, wie Habermas unter Hinweis auf Nolte fälschlich behauptet, in Frage gestellt wird. Weit erstaunlicher mutet an, daß dies auf ernsthafte Weise bisher gerade nicht geschehen ist. Denn es bedeutet zugleich auch, daß die ungezählten anderen Opfer, vor allem – wenn auch gewiß nicht nur – die des Kommunismus, nicht mehr in der Erinnerung sind. Arno Borst hat einmal in anderem Zusammenhang erklärt, daß keine Gruppe der heutigen Gesellschaft so rücksichtslos unterdrückt werde wie die Toten. Das gilt insbesondere für die Millionen Toten dieses Jahrhunderts, angefangen von den Armeniern bis hin zu den Opfern des Archipels GULag oder den Kambodschanern, die vor unser aller Augen ermordet wurden oder werden – und doch aus dem Gedächtnis der Welt gefallen sind.

Vielleicht nicht so sehr aus dem Gedächtnis der Welt wie aus dem der Deutschen. Hat man sich je gefragt, warum die Enthüllungen Solschenizyns unter den Intellektuellen in der Bundesrepublik, anders als beispielsweise in Frankreich oder Italien, so gut wie nichts in Gang gesetzt, sondern nur dazu geführt haben, den Verfasser, ihn auch, ideologisch zu verdächtigen? Wer dies mit der Scham der Henkerssöhne oder -enkel erklären will, die sich scheuen, vom Strick im Haus des anderen zu sprechen, irrt sicherlich. Schon angesichts der französischen Massaker in Algerien, später angesichts von Vietnam und dann von Chile oder Argentinien, blieb, mit guten Gründen, die Zurückhaltung aus. Die Vermutung ist nicht hergeholt, daß die moralische Irritation politischen Absichten folgt. Und mit einer Empfindungslosigkeit, die schlimmste Erinnerungen heraufbeschwört, macht man sich an irgendwelchen Professoren-Schreibtischen, daran, die Opfer zu selektieren.

Wer die These in Frage stellt, daß die nationalsozialistischen Massenverbrechen einzigartigen Charakter hatten, muß sich überdies mit dem Einwand auseinandersetzen, daß der Hinweis auf die gleichartigen Verbrechen anderer den Vorwurf, dem man selber gegenübersteht, verringere. Immer sei das «Tu quoque!» nichts anderes als ein Versuch, aus den Untaten überall in der Welt Entlastung für die eigenen zu ziehen. In einer umfassenden Aufrechnung würde dabei der Genozid gleichsam der historischen Normalität zugeschlagen, in die jede Nation mit einem Verbrechensanteil verstrickt sei, am Ende, eher spät sogar, eben auch die Deutschen.

Unbestreitbar ist, daß das geschehen kann. Aber gegen den vorsätzlichen Mißbrauch, die Verfälschung nach dieser oder jener Seite, ist kein Gedanke gesichert, der Anlaß dieser Betrachtung ist zuletzt auch ein Beispiel dafür. Man kommt an den Tatsachen nicht vorbei, und manchmal rühren sie Empfindlichkeiten auf. Aber sie sind keine Verfügungsmasse, die man nach Belieben einsetzen kann, solange es um historische Wahrnehmung geht und nicht um Gesinnungswedelei. Den Hinweis Noltes auf einen «virulenten Antisemitismus» unter den polnischen Opfern des Nationalsozialismus nennt Habermas «unappetitlich», als ob die Fakten eine Sache des Geschmacks seien. In Marc Hillels Buch «Le massacre des survivants en Pologne 1945–1947» kann man, wie inzwischen auch einer Besprechung im «Merkur» zu entnehmen ist, als Beispiel unter anderen nachlesen, wie sich im Juli 1946, anderthalb Jahre nach der Befreiung von Auschwitz durch die Rote Armee, im polnischen Kielce ein Pogrom ereignete, bei dem die Täter, den Augenzeugen zufolge, mit dem Ruf vorgingen: «Wir vollenden Hitlers Werk.» Wo es dem Erkenntnisbemühen angezeigt scheint, muß es darauf verweisen können. Vielleicht hat der gegenwärtige Streit auch damit zu tun, daß der Historiker sich, anders als es in der Sozialwissenschaft vielfach üblich ist, an einen

Zusammenhang nachprüfbarer Fakten gebunden sieht; sie sind der Grund, auf dem er steht.

Zur Auseinandersetzung über die Frage der Unvergleichbarkeit der NS-Verbrechen ist aber auch zu sagen, daß Schuld schlechterdings nicht aufrechenbar ist. Kein fremdes Vergehen verkleinert das eigene, und kein Mörder hat sich je mit dem Hinweis auf den anderen exkulpieren können. Das sind Einsichten von so schlichtem Charakter, daß man sich scheut, daran zu erinnern. Und dennoch steht die Sorge, sie könnten außer Kraft geraten und alle historisch zurechenbare Schuld sich in einem allgemeinen Kompensationswirrwarr verflüchtigen, hinter vielen, auch ernst zu nehmenden Überlegungen zur Singularitätsthese.

Jenseits allen Lärms und Bezichtigungsgeschreis im Vordergrund ist die derzeitige Auseinandersetzung womöglich von ganz anderen Gegensätzen beherrscht. Jürgen Habermas, tief gefangen in den Geisterkämpfen von gestern und vorgestern, sieht die Grenze, die die Widersacher trennt, noch immer zwischen konservativen und fortschrittlichen, deutschnationalen und liberalen Historikern. Er sieht Strategien der moralischen Relativierung, die dem Ziel eines entlasteten Geschichtsbildes dienen und damit auf ihre Weise zu jener schimärischen «Wende» beitragen sollen, deren Helfer er überall am Werke sieht, Nolte und Hildebrand und Stürmer und Hillgruber – alle über einen Leisten. Es läuft auf die platteste Verschwörungstheorie hinaus, die hier, wie übrigens immer, nichts anderes als ein Ausdruck unbegriffener Verhältnisse ist. Vielleicht brächte es die Diskussion weiter, wenn man sie aus diesem Richtungsstreit und seinen fossilen Kategorien herausführte.

Fragen ließe sich beispielsweise, ob nicht eine andere Unterscheidung vorzuziehen wäre: auf der einen Seite die pessimistische Sicht auf die Dinge, die in der Geschichte nicht viel anderes wahrzunehmen vermag als den mörderischen Prozeß, der immer war, beherrscht von Haß, Angst und Ausrottung, sinnlos und ohne Ziel, aber aufgrund der technischen Mittel der Gegenwart mit einer nie gekannten Leidenschaftslosigkeit und zugleich unendlich viel opferreicher ablaufend als je in der Vergangenheit. Unter diesem Blick schrumpft Auschwitz dann in der Tat auf den Rang einer «technischen Innovation». Und den Pessimisten gegenüber stehen diejenigen, die aus den moralischen Katastrophen des Jahrhunderts die Hoffnungen von einst über die «Perfektibilität» des Menschen sowie seine Erziehbarkeit hinübergerettet haben und im Holocaust die eine und singuläre Abirrung sehen, nach der es zum Besseren weitergehen wird. Am Horizont, in irgendeiner Zukunft, erhebt sich hier, ramponiert zwar, aber nicht aufgegeben, das Bild vom «neuen Menschen». Für die andere Seite dagegen bleibt der Mensch immer der alte, mit dem Bösen als Teil der «condition humaine», und keine Utopie kam je dagegen an. Die einen halten sich für überzeugt, daß Hitler ein schrecklicher Fehltritt im Geschichtsprozeß war, der nie vergessen werden darf, die anderen beugen sich der Einsicht, daß der Genozid, den er ins Werk setzte, nicht der erste war und auch nicht der letzte; daß man den Opfern hier wie dort Erinnerung schulde und damit leben müsse.

Beide Auffassungen haben ihre Gründe, und es ist nicht einmal ausgemacht, ob es in die Entscheidung des einzelnen gegeben ist, wo er steht. Räumte man dies dem jeweiligen Gegenspieler ein, würde der Disput vermutlich seinen zänkischen, von herabsetzenden Einwürfen begleiteten Charakter verlieren und Ernst sowie Substanz gewinnen. Habermas hält sich und seiner Generation zugute, die Bundesrepublik vorbehaltlos gegenüber der politischen Kultur des Westens geöffnet zu haben, und macht sich zum Anwalt der «Pluralität der Lesarten». Das kann und soll zwar, sofern es irgend etwas zu bedeuten hat, den Streit nicht ausschließen, aber doch die persönliche Verunglimpfung. Keine gedankliche Leistung jedenfalls, kein historisch-literarisches Lebenswerk, das von ebensoviel wissenschaftlichem Ernst wie moralischer Beunruhigung zeugt und inzwischen weltweite Reputation besitzt, hat Ernst Nolte oder Andreas Hillgruber vor dem Vorwurf bewahren kön nen, Handlanger eines reaktionären und amoralischen Interesses zu sein. Statt dessen sehen sie sich als «Revisionisten» in Verruf gebracht. Als ob die Wissenschaft, genauso wie das Denken überhaupt, nicht entweder dauernde Revision oder gar nicht ist. Einmal mehr zeigt sich hier, daß die Siegelbewahrer der neuen Aufklärung, wenn Umstände und Interessen es nahelegen, zugleich die «Mandarine» der Mythen sind. Denn Hitler und der Nationalsozialismus sind noch immer, aller jahrelangen Gedankenmühe zum Trotz, mehr Mythos als Geschichte, und die öffentliche Erörterung zielt nach wie vor mehr auf Beschwörung als auf Erkenntnis. Zwar ist die Sorge nicht unbegreiflich, die zunehmende Akademisierung des Geschehenen könnte den moralischen Impuls gegenüber der Vergangenheit schwächen. Gerechtfertigt ist sie nicht. Viel eher ist zu erwarten, daß neue Überlegungen sowie differenziertere und zugleich auf breiteren Grund gestellte Einsichten den zerredeten, in häufig bloß noch rituellen Formen abgehandelten Gegenstand auch moralisch neu zugänglich machen.

Nachwort, 21. April 1987

Einige Beobachter haben die sogenannte Historiker-Kontroverse
«überflüssig» genannt, und wer auf die Substanz der Meinungsver-
schiedenheiten blickt, kann in der Tat dieser Auffassung sein. Denn
keiner der Gegner bezweifelte die Verbrechen an den Juden oder
bestritt sie gar, keiner versuchte sie zu relativieren oder mit anderen
Untaten anderer Völker aufzurechnen, und es bedurfte schon der
immer wieder staunenswerten Aufgeregtheit eines Rudolf Augstein, um die Formel von der «neuen Auschwitzlüge» zu erfinden.
Es gibt, wie wir nun wissen, ersichtlich auch eine Form der journalistischen Legasthenie. Auch nicht Ernst Nolte, dem das nun
gleichwohl überall nachgesagt wird, stellte die Einzigartigkeit der
Nazi-Verbrechen in Frage. Ganz und gar unbestritten blieb auch,
daß für die Deutschen selber diese Verbrechen singulären Charakter haben. Die Massenmorde sind ein elementarer Bestandteil ihrer
Vergangenheit und sicherlich auch, womöglich auf Generationen
hin, ihrer Zukunft.

In der Sache wurde der Streit durch die Frage Ernst Noltes aufgeworfen, ob Hitlers monströser Vernichtungswille gegen die Juden, dem Ursprung nach, aus frühen Wiener Eindrücken kam oder
eher aus späteren Münchner Erfahrungen, ob er originär oder re-
aktiv war. Trotz aller Konsequenzen, die sich aus der Antwort ergeben, handelt es sich dabei um eine reichlich akademische Überlegung. Sie hätte vermutlich auch nicht so viel Aufsehen erregt, wenn
nicht besondere Begleitumstände im Spiel gewesen wären.

Dazu gehört zunächst Noltes Hang zu scharf herausarbeitender
Pointierung, deren äußerste gedankliche, oft auch spekulative Zu-

spitzungen er allerdings gleichzeitig durch die Frageform in Zweifel zu ziehen pflegt, so daß sie als versuchsweise Denkfiguren erkennbar werden. Eng im Zusammenhang damit steht der verschiedentlich vorgebrachte Einwand, dergleichen hätte nicht in einer Tageszeitung publiziert werden dürfen. Aber das eine wie das andere steht in der gleichen Tradition suchender Erkenntnis. Sie hat mit dem Bewußtsein zu tun, daß der Wahrheit, wenn überhaupt, nur in einem langwierigen Prozeß nahezukommen ist, den nichts besser gewährleiste als der öffentliche Disput. Ich selber stimme in dem zentralen Punkt der eigentlichen Kontroverse nicht mit Nolte überein. Aber ich bin zugleich der Auffassung, daß auch und gerade problematische Überlegungen, sofern sie nicht gegen den politisch-moralischen Generalkonsens der Epoche nach Hitler verstoßen, jedermann zugänglich gemacht werden sollen und müssen. Es ist niemandem geholfen, wenn sie im Halbverborgenen bleiben. Nach mehr als vierzig Jahren historischer Belehrung über den Charakter des NS-Regimes und demokratischer Erprobung sollte die Gesellschaft der Bundesrepublik imstande sein, über solche Themen offen, kontrovers und zur Sache zu debattieren.

Wenn der Historikerstreit trotz allem wichtig war, so weil er, nicht anders als die beschämende Vorgeschichte dieses Buches, lehrte, daß gerade das nicht möglich ist. Nicht ohne melancholische Empfindung registriert man den Riß, der durch die historische Wissenschaft geht und sie in zwei Lager teilt. Auf der einen Seite stehen, vereinfachend gesprochen, diejenigen, die Hitler und den Nationalsozialismus als eine Art Antimythos bewahren und politischen Absichten dienstbar machen wollen – die Theorie einer Verschwörung von rechts, zu der Nolte, Hillgruber, Stürmer und Hildebrand groberweise verkoppelt wurden, die verunglimpfenden Bezichtigungen und die Ausweitung des Streits auf das Historische Museum zeigen es an. Und es ist sicherlich kein Zufall, daß Habermas, Jäckel, Mommsen und andere sich im zurückliegenden Wahlkampf in diesem Sinne engagiert haben. Manche Bekenntnisse zum

411

pluralistischen Charakter der Wissenschaft und zum Ethos der Gelehrtenrepublik enthüllen sich für den, der die Dinge überblickt, als nur floskelhaftes Gerede. Und auf der anderen Seite stehen, unverbunden und ohne irgendeine erkennbare Parteienpräferenz, die Vertreter einer wissenschaftlichen Bemühung, die fern – und manchmal vielleicht auch zu fern – von allen Tagesüberlegungen zu neuen Fragen kommt, ihre Hypothesen vorlegt und sie dem öffentlichen Disput aussetzt.

Strenggenommen hat Nolte nichts anderes unternommen, als jenen Vorschlag zur Historisierung der NS-Zeit aufzugreifen, den Broszat und andere gemacht haben. Jedem Einsichtigen und, wie Broszats bedeutender Eröffnungsartikel dazu erkennen läßt, auch ihm selbst blieb nicht verborgen, daß dieser Übergang mit Schwierigkeiten verbunden sein werde. Daß die erregtesten Einwürfe aber nicht zuletzt von denen kommen würden, die der Historisierung zunächst das Wort geredet haben, war nicht weniger überraschend als die Einsicht, daß die Aufklärer von einst die Frageverbieter und Mythologen von heute sind.

Dennoch wird der Prozeß der Historisierung weitergehen. Er ist nicht aufzuhalten. Denn er hat die mächtigste denkbare Kraft auf seiner Seite: die Zeit. Nicht die, die vergessen macht, sondern die aus neuen Fragestellungen auch zu geschärftem moralischen Empfinden führen kann. Daß Habermas und die Parteigänger des herrschaftsgeleiteten Diskurses nicht nur für ein statisches Bild des NS-Regimes plädieren, sondern auch gegen die verrinnende Zeit anlaufen, macht sie zu Anwälten einer aussichtslosen Sache.

Zeitgenosse Hitler

Eine Nachschrift

(1995)

Zum Einzigartigen, das mit dem Namen Hitler verbunden ist, gehört seine unverminderte Gegenwärtigkeit. Selbst fünfzig Jahre nach seinem Ende behauptet er eine Zeitgenossenschaft, deren Schatten beständig tiefer wird. Sie äußert sich nicht nur in fallweise wiederkehrenden Ängsten, psychischen Gleichgewichtsstörungen und Exorzismen, wieviel davon auch nur Ritual und bloßer Reflex sein mag. Vielmehr führt sie darüber hinaus zur Tabuisierung von Themen und Fragen, zu einer noch immer ansteigenden Flut von Schriften und Untersuchungen, auch wenn vieles davon dem Bild kaum zusätzliche Erkenntnisse abgewinnt, sondern die schon herausgearbeiteten Züge in chimärische Unschärfe entrückt. Zwar ist Hitler, wie Wochenschauen, Filme oder Schallplatten aus den zwanziger und dreißiger Jahren ebenso lehren wie die ideologischen Obsessionen, die ihn beherrschten, lange ins Anachronistische geraten, eine Erscheinung aus einer weit hinter den Horizont gefallenen Zeit. Dennoch ist er keineswegs historisch geworden, und selbst die Versuche der Wissenschaft, ihn und seine Herrschaft in geschichtlicher Distanz zu betrachten, haben Mal um Mal zu leidenschaftlichen Kontroversen geführt. Statt dessen ist er dabei, zum Mythos zu werden, der für alles Finstere und Abscheuerregende einsteht, das je in der Welt war. Je fremder und rätselhafter die Figur wird, desto sichtbarer tritt ihre sozialpsychologische Funktion hervor. Offensichtlich benötigt der Mensch die anschaubare Figur des Bösen, und eine säkularisierte Welt, die den alten Widersacher kaum noch als Kinderglauben kennt, ruft sich Hitler vor Augen, wenn sie den Urfeind schlechthin aus der Schemenhaftigkeit abstrakter Begriffe ins Bildhafte zurückholen will.

Man hat verschiedentlich die Auffassung vertreten, der geeignete Augenblick für die Darstellung geschichtlicher Ereignisse oder Personen liege etwa ein Menschenalter nach dem Geschehen. Als die Biographie 1973 erschien, gab es den Mythos Hitler noch nicht, doch die Betäubung, die dem Untergang gefolgt war, desgleichen die Sprachlosigkeit, begann soeben nachzulassen und das Interesse an die Stelle der Beschwörung zu treten. Im Rückblick erscheint die Zeit als ganz und gar offen, die bald so verfeindeten methodischen Schulen setzten gerade erst zu ihrem Abgrenzungswerk an, und ein Autor konnte sich, anders als vielfach später, durch die immer gültigen historischen Tugenden von Wahrnehmungsweite, Distanz, Einfühlung und Urteilskraft legitimieren, während alle Moralität, die ihm abverlangt wurde, einzig aus dem Begreifenwollen kam. Die Wissenschaft hatte erste große Schneisen in das verworrene Dickicht der Materialien geschlagen, es war eine Zeit des Sichtens und Ordnens, auch der ersten Darstellungsversuche, von denen einige, wie Karl Dietrich Brachers Studie über die Auflösung der Weimarer Republik, zum festen Bestand der zeitgeschichtlichen Beschäftigung mit der Epoche geworden sind. Die Mehrzahl dieser Arbeiten war jedoch infolge der Neigung, sich schwer zugänglich zu machen, ohne merkliches Echo geblieben.

Obwohl die Resonanz eines Buches stets einen Rest an Unerklärbarem birgt, liegt in der Tatsache, daß das Erscheinen dieser Biographie in jene Zeitzone fiel, vermutlich der hauptsächliche Grund für ihren Erfolg in die Breite. Desgleichen spielte die Erwartung der Mitlebenden nach einer Darstellung, in der sie, wie versetzt auch immer, etwas von sich und ihren Lebensumständen wiedererkannten, eine Rolle sowie das begreifliche Interesse der nachgekommenen Generation, zu erfahren, welche historische Konfusion mit ihren Wunschbildern, Irrtümern und Fehlrechnungen zu einem Geschehen geführt hatte, dem im Fortgang der Zeit nichts von seiner Unfaßlichkeit abhanden gekommen war. Am wenigsten hatte der Erfolg, wie einige Stimmen damals argwöhnten und unter erheblichem Phantasieaufwand nachzuweisen versuchten, mit einer von langer Hand vorbereiteten «Hitler-Welle» zu tun. Einige kabarettistische Lesungen aus «Mein Kampf», die Auktionspreise für ein Hitler-Aquarell, der Alec-Guinness-Film über die letzten Tage im Berliner Bunker und was es sonst noch an Zufallserscheinungen geben mochte, wurden von den Urhebern der These zusammen mit diesem Buch zur Ausgeburt einer über alle Grenzen hinweg operierenden Verschwörung verbunden. Die bizarre Erfindung, die damals viel Aufsehen erregte, war, wenn auch mit verdrehtem Vorzeichen, geradezu ein Ausdruck jener Hysterie, gegen die sie anzugehen vorgab. Und wenn die angebliche «Hitler-Welle» bald in Vergessenheit geriet, so mehr noch die Spuckebatzen, die darauf schwammen.

Das zu jener Zeit erstmals verstärkt sich meldende Bedürfnis nach begründeten Antworten zielte auf die Fragen, die nach wie vor den Kern jeder Beschäftigung mit diesem Gegenstand ausmachen: wie Hitler zur Macht hatte kommen, die Anhänglichkeit großer Massen gewinnen und trotz allen prahlerisch verübten Unrechts, trotz Krieg und Verbrechen im ganzen hatte behaupten können. Bis weit in die fünfziger Jahre hinein waren auf dem Markt zumal der Erinnerungsbücher verschiedene Formen der Beteuerungsliteratur vorherrschend gewesen. Sei es, daß die Parteigänger oder Mitläufer des Regimes ihre Zustimmung oder doch ihr unmutiges Schweigen zu rechtfertigen suchten, sei es, daß dessen Gegner ihrem Versagen und ihrer Ohnmacht die Begründungen nachlieferten. In den gleichen Motivzusammenhang gehörten auch die zahlreichen Deutungen, die darauf hinausliefen, Hitler zu dämonisieren und in überzeitliche Zusammenhänge zu entrücken: als Endfigur in der Krise der Moderne, als Katastrophe des «faustischen» Prinzips oder der deutschen Philosophie zwischen Hegel und Nietzsche. Über ungezählte weitere Ansätze hinweg reichten solche meist summarischen Befunde bis zu mancherlei theologisch gestimmten Interpretationen, die ihn zu einer Art apokalyptischem «Tier aus der Tiefe» stilisierten. Hier viel eher als in der blanken Erinnerungslosigkeit war jenes Verdrängungsbedürfnis anzutreffen, das später so oft berufen worden ist. Dem gleichen Vorsatz dienten auch die meisten Darstellungen aus marxistischer Sicht, deren Anwälte ebenfalls ein Versagen zu beschönigen hatten, und Hitler, wie es in einer dieser Deutungen hieß, zum «mühselig hochgespielten und teuer bezahlten Kandidaten einer im Hintergrund wirkenden Nazi-Clique» aus Reaktion und Großkapital machten.

Von allen diesen verwirrten und verwirrenden Darstellungen gab es schon seit Anfang der fünfziger Jahre eine bemerkenswerte Ausnahme: Alan Bullocks berühmte, aus der Tradition großer angelsächsischer Geschichtsschreibung verfaßte Hitler-Biographie. Mit einer glanzvollen Nüchternheit und ohne die teilweise wohl unvermeidlichen Voreingenommenheiten, denen alle deutschen Annäherungen an den Gegenstand unterworfen waren, zeichnete sie den Mann und seine Politik aus überlegener Distanz, leidenschaftslos und urteilsstark zugleich, und galt lange Zeit mit guten Gründen als die definitive Beschreibung seines Lebensganges.

Trotz des legendären Rufs, der das Werk alsbald umgab, stellten sich im Fortgang der Jahre jedoch rasch anwachsende Zweifel an wenigstens zweien seiner Ausgangsüberlegungen ein. Wie alle Welt hatte Alan Bullock seiner Darstellung zugrunde gelegt, daß Hitler der große Widersacher seiner Zeit war, und die Zeit, zumindest außerhalb Deutschlands, dies trotz aller Nachgiebigkeiten nie verkannt habe. Die Auffassung konnte zahlreiche Argumente für sich anführen. In der Tat schienen nach dem Desaster des Ersten Weltkriegs und trotz aller nachwirkenden Erregungen die Zeichen der Epoche auf Demokratie, wachsende Selbstbestimmung, Überwindung hergebrachter Verfeindungen zwischen den Staaten sowie, wenn auch zunächst nur in schmalen Silberstreifen, sogar auf Völkerverständigung zu weisen, und vor jeder einzelnen dieser Tendenzen nahm sich Hitler wie eine phantastisch rückständige, eigentlich absurde Erscheinung aus.

Aber was war mit den Besucherscharen, die seit 1933 in zusehends dichterer Folge nach Berlin oder auf den Obersalzberg pilgerten, viele zunächst widerstrebend oder ironisch gestimmt, doch dann immer wieder beeindruckt, alle die Simon und Eden, Lloyd George, François-Poncet und Toynbee? Was mit dem Publikum jenes Londoner Kinos, das nach dem Austritt Deutschlands aus dem Völkerbund beim Erscheinen Hitlers auf der Leinwand in Jubel ausbrach? Welche Empfindungen bewegten die in ihrem Traditionsstolz so hochmütige gute Gesellschaft von Florenz, dem verächtlich erwarteten Gast schon Stunden später «ihren Geist und ihr Herz» darzubieten, wie Graf Ciano schrieb, Mussolini selbst nicht zu vergessen, der dem anfangs so belächelten Parvenü von jenseits der Alpen bald bis zur Selbstaufgabe verfiel?

Und was, ließe sich fortfahren, drängte die europäischen Mächte, als Hitlers Rechtsverachtung längst offenkundig geworden war, zu jenem Wettlauf um Abmachungen und Verträge, die sie den Politikern der Weimarer Republik nie zugestanden hatten, als sei jede von ihnen begierig auf ihren Löffel vom Linsengericht? Es war doch nicht nur Angst, Gedankenlosigkeit oder Friedensliebe, was sie so bereitwillig die Einfallstore öffnen ließ, bis Hitler die gesamte Nachkriegsordnung über den Haufen geworfen hatte. Den entschlossenen Hitler-Gegnern jedenfalls, zumal den Emigranten, bescherte es immer neue Empfindungen von Bitterkeit und Ohnmacht, wie der deutsche Diktator, eine Zeitlang zumindest, nach den Worten eines von ihnen, als das «Hätschelkind» der Epoche aufzutreten vermochte. Fragen über Fragen. Sie alle mündeten in die Bemerkung, die der Verfasser zu Beginn der fünfziger Jahre von einem der unbeugsamen Hasser des Regimes vernahm: Nie habe ihn in all den Jahren der Hitler-Herrschaft der Gedanke verlassen, im Jahre 1933 nicht von einem skrupellosen Gegner, sondern von dem mächtigeren historischen Prinzip und folglich gleichsam von der Geschichte selbst besiegt worden zu sein.

Solche und andere Anstöße drängten dem Betrachter die Überlegung auf, ob Hitler nicht in aller Verspätung, die zu ihm gehörte, auch als Repräsentant starker Strömungen in einer Zeit gelten konnte, die aus den Fugen war. Jedenfalls hatte er den Rückenwind machtvoller Sehnsüchte für sich, der über Deutschland hinaus durch die Zeit ging und viele lange gültige Prinzipien von politischer Vernunft, Wirklichkeitssinn und Berechenbarkeit umwarf. Dazu zählte das Verlangen nach Utopie und Aufbruch sowie nach charismatischen Willensmenschen, die für die strikte Unterwerfung, die sie verlangten, Gefühle einer kollektiven Geborgenheit zurückgaben. Viele ahnten wohl, wie manipuliert und voll von Hintergedanken die neuen Zusammengehörigkeiten waren, die ihnen eingeredet wurden. Aber im ganzen fanden sich die richtungslosen Massen darin ernster genommen als durch ein Freiheitsversprechen, das sie mit ihren tausend Nöten allein ließ; und was den Verlust der politischen Rechte anging, glaubten sie sich reichlich entschädigt durch die Teilnahme an den jahrein und jahraus, landauf und landab inszenierten, mit dem Sinn für grandiose Liturgie veranstalteten Gemeinschaftserlebnissen, die ihnen tiefere Empfindungen politischer Mitwirkung verschafften als der gelegentliche Gang zur Wahlurne. Wenn es Unbehagen und bald auch unverhohlene Furcht waren, die das Deutschland Hitlers in der Welt verbreitete, rief es doch zugleich immer auch Neid und Bewunderung wach, und manchen schien es, als habe das Regime die Formel einer Zukunft gefunden, die so unverkennbar im Zeichen der Massen, ihrer ebenso großherzigen wie nicht geheuren Instinkte stand sowie ihrem Verlangen nach einem starken Glauben.

In alledem war eine radikale Wendung gegen die verhaßte bürgerliche Welt und deren Spaltungen am Werk, verbunden mit der Erwartung, deren platte, materialistische Verhältnisse zu überwinden und in Akten von Hingabe und überpersönlichem Opfer das verlorene Glück ursprünglicher Brüderlichkeit wiederzufinden.

Viele Zeitbeobachter und mehr noch diejenigen, die sich einer der politischen Bewegungen zumal gegen Ende der Weimarer Republik anschlossen, begriffen das düstere Schauspiel der Massenumzüge mit Fackeln und Fahnen schon als die Totenmessen, die einer unwiderruflich vergangenen Epoche gelesen wurden und jene neue Zeit heraufführten, die in ihren Liedern mit ihnen zog.

Politisch war der antibürgerliche Affekt auf der Rechten wie auf der Linken anzutreffen, und die seltsam spiegelbildliche Verkehrung, die so viel Ähnlichkeit wie Widerspruch enthielt, einte und trennte die Lager. Als instinktsicherer Demagoge hat Hitler die Epochensehnsucht nach jener Änderung von Grund auf, die vom radikalen Marxismus überall auf Straßen und Plätzen ausgerufen wurde, als verbreitetes Bedürfnis erfaßt, sie aber zugleich in der Stoßrichtung verändert und auf diese Weise die Stärke des Gegners zu seiner eigenen gemacht. Es war die von nun an unausgesetzt beschworene bolschewistische oder, wie er in bezeichnender Ausweitung seiner Wahnvorstellung ins Rassische zu sagen pflegte, jüdisch-kommunistische Gefahr, die ihm die Massen zutrieb, und er sah darauf, daß sie nicht nur als Angst vor politischer Überwältigung empfunden wurde, sondern als Bedrohung aller Werte, kulturellen Maßstäbe sowie der vertrauten Lebensform überhaupt.

Der unterdessen ausgebrochene, noch immer anhaltende Streit, ob und inwieweit Hitler als Reaktion auf die europäische Grundangst jener Jahre zu verstehen sei, war zu der Zeit, als die Überlegungen zu diesem Buch erste Umrisse annahmen, noch nicht entfacht. Aber daß sich in dem schreckensgeweiteten Blick auf Sowjetrußland alle Krisengefühle angesichts eines neu und fremd heraufziehenden Zeitalters in bestürzender Anschaulichkeit sammeln ließen und daß die Gemüter vor allem der bürgerlichen und kleinbürgerlichen Massen damit bis zur Hysterie getrieben werden konnten, geht aus ungezählten zeitgenössischen Quellen hervor. Darüber hinaus kann auch kein Zweifel sein, daß Hitler sich diese panischen Empfindungen zu eigen gemacht und mit großem rhetorischem und theatralischem Geschick in Aggression umgesetzt hat. Sie entsprachen, wie eine Zauberformel, der Gleichung seiner eigenen Persönlichkeit: den Ängsten, die ihn zeitlebens erfüllten, seinem Machtwillen sowie seinem Verlangen nach der großen Rolle, und erlaubten es auch, seiner Roheit und Kälte die Weihe durch ein überwältigendes Motiv zu geben. Unter den Verheißungen jedenfalls, mit denen er sich als rettende Kraft anbot, ist die Abwehr der kommunistischen Revolutionsdrohung erst im Innern und dann der Außenwelt gegenüber stärker als nahezu alles andere wirksam gewesen.

Gerade die Tatsache, daß Hitler und die rasch anschwellende Bewegung auf die unterschiedlichsten Bedürfnisse zu antworten schienen, hat ihrem Erfolg vorgearbeitet. Sie verbanden antibürgerliche wie antikommunistische, bewahrende und sozialrevolutionäre Vorstellungen, das gekränkte Nationalgefühl der Deutschen sowie universalistische Bestrebungen wie die allenthalben verbreitete Sorge vor einer nahenden großen Krise auf eine willkürliche und dennoch für alle, die nach einem Glauben suchten, einleuchtende Weise. Anders als vielfach später haben die Zeitgenossen ihn und seinen bunt gemischten Anhang nicht einfach als «rechte», «konservative» oder gar «reaktionäre» Erscheinung angesehen. Als eindeutig rückständige, der Wiederherstellung des Alten zugewendete Figur hätte Hitler bei den Zeitgenossen allenfalls jenes Gelächter erzeugt, dem Charlie Chaplin ihn preiszugeben versucht hat. Denn die Massen folgen nicht den Mumien, wie Hugenberg oder Papen auf ihre Weise ebenso erfahren und politisch bezahlen mußten wie kürzlich die kommunistischen Machthaber von Breschnew bis Honecker. Vielmehr begriff die Mehrheit Hitlers Aufbruch als das lange ersehnte Signal zu einer inneren Einigungsbewegung, die das Überlieferte festzuhalten und in eine mobilisierende Zukunftsvision einzuschmelzen versprach. Nichts anderes machte ihn auch geeignet, als die große Gegenkraft zu einer Zeit aufzutreten, die ans Ende eines langen Irrwegs geraten schien und nur durch eine Generalumkehr dem Untergang entgehen mochte. Weit über alle historisch greifbaren Anlässe wie die Niederlage von 1918, die Revolution und die gesuchten Demütigungen von Versailles hinaus, von Inflation, Deklassierung der Mittelschichten oder Weltwirtschaftskrise, haben solche Empfindungen einer nahen und notwendigen Zeitenwende dem Nationalsozialismus zur Massengefolgschaft verholfen und um ihn herum den Dunst einer halbreligiösen, adventistischen Aura sowie um Hitler eine Art messianischer Erwartung verbreitet.

Solche hier nur andeutungsweise angestellten Überlegungen machten offenbar, daß der Mann und die Zeit sowie die Wechselwirkungen, in denen sie standen, komplexer waren, als es dem Forschungsstand entsprach, der dem Werk Bullocks noch zugrunde lag. Nicht weniger ins Gewicht fiel, daß Bullock die für jede politisch-historische Biographie zentrale Frage nach dem vorherrschenden Impuls im Leben der beschriebenen Figur mit dem Hinweis auf den Machthunger Hitlers beantwortet hatte. Entfernte man alle Verbrämungen oder Fangschnüre und ging seiner gewaltigen Wortmacherei auf den Grund, so hatte er dargelegt, kam ein Machtwille zum Vorschein, der nur sich selbst kannte und begehrte. Die Dürre und menschliche Armut der «Unperson» Hitler, mit der sich so viele Historiker im Blick auf die angerichtete Katastrophe schwertun, deutete er gerade als Folge eines alles überlagernden, jede Spur menschlicher Substanz austrocknenden Machthungers.

Der Gedanke stützte sich weitgehend auf die These, die einer der frühen und dann abgefallenen Parteigänger Hitlers, der ehemalige Danziger Senatspräsident Hermann Rauschning, in der zweiten Hälfte der dreißiger Jahre in dem rasch berühmt gewordenen Buch «Die Revolution des Nihilismus» entwickelt hatte. Danach waren Hitler und der engere Kreis seiner Gefolgsleute voraussetzungslose Revolutionäre, die keine Ideologie besaßen oder gar verfolgten, sondern Ideologien nur benutzten zu einem einzigen Zweck: der Eroberung, Sicherung und Steigerung persönlicher Macht. So viele einleuchtende Aspekte diese Auffassung anführen kann, so vieles läßt sie doch auch ungeklärt. Den erbitterten, von Stimmungen eines wüsten Urhasses erfüllten Antisemitismus Hitlers beispielsweise, dessen Entstehung und niemals nachlassende, sogar den eigenen Zielen abträgliche Hartnäckigkeit womöglich das am schwersten aufhellbare Problem des hitlerischen Wesens ist, hat Bullock lediglich als «Sparren» angesehen und abgetan.

Es war dann, kein Jahrzehnt nach dem Erscheinen der Biographie von Bullock, der britische Historiker Hugh R. Trevor-Roper, der den ersten und sogleich entscheidenden Stoß gegen diese These geführt hat. In einem Münchener Vortrag über «Hitlers Kriegsziele» hat er den Diktator erstmals als einen ideologisch fixierten und in allen taktischen Manövern von einigen unbeirrbar verfolgten Prämissen geleiteten Politiker vorgestellt. Die Manien und Besessenheiten, die ganze Psychopathologie dieses Mannes kamen, wie Trevor-Roper überzeugend zu machen verstand, nicht so sehr aus einem monströsen Machtwillen, wie sehr er auch zum Persönlichkeitsbild Hitlers gehörte. Vielmehr gingen sie auf die vermeintlichen Gewißheiten eines aus Schlagworten und Ressentiments verfertigten, monolithisch starren Weltbildes zurück, dessen Konstanten die Eroberung von Lebensraum und ein obsessiver Judenhaß waren.

Nur ein geschlossenes, aus wie trügerischem Stückwerk auch immer fest verklammertes Geschichtsbild kann jene gewaltige Zerstörungsenergie entfalten, die Hitler bis in seine buchstäblich letzte Stunde freigesetzt hat. Gleichwohl erklärt es nicht alles. Was in diesem Fall hinzukam, war die Bereitschaft, durchweg bis an die äußerste Grenze zu gehen und auch bei vergleichsweise geringem Anlaß die letzte Karte auf den Tisch zu werfen. Wer mit dieser Entschlossenheit in die Runde tritt, setzt alle Spielregeln außer Kraft. Die vielbestaunten, den Mythos seiner Unbezwinglichkeit begründenden Erfolge, die Hitler bis ins Frühjahr 1939 verzeichnen konnte, hatten keineswegs nur mit der Blindheit und Schwäche der europäischen Mächte und nicht einmal mit seinem Übertölpelungsgeschick zu tun. Vielmehr kannte keiner seiner Gegenspieler irgendeinen Zweifel, daß alle Politik einen rationalen Kern habe und einem berechenbaren Interesse folge.

Diese niemals angefochtene Gewißheit war das eigentliche Motiv aller Zugeständnisse, die sie sich abringen ließen. Erst nach einer Kette von Irrtümern und immer neuen Nachgiebigkeiten, noch nicht einmal 1938 auf der Konferenz von München, sondern erst mit dem Griff nach Prag im Frühjahr 1939, kam ihnen die Ahnung, daß Hitler mit diesem Grundprinzip aller Politik brach. Sowenig wie die Deutschen selber begriffen sie, daß er um wörtlich jeden Preis den Krieg wollte, selbst um den der Katastrophe, und unter allen Deutungen, die sein Charakter gefunden hat, ist diejenige am ausgiebigsten belegbar, die ebendarin das unwiderstehlich treibende Motiv seines Lebensweges sieht. Weil er durchweg zu diesem letzten Einsatz bereit war, konnte und mußte er geraume Zeit Erfolg haben, nichts anderes war sein bejubeltes Geheimnis. Aber es war jene Art von Erfolg, auf die der Selbstmörder zielt. Dessen Typus, bis dahin der Geschichte unbekannt, betrat mit ihm die politische Bühne.

Ohne eine tief in Herkunft, früher Prägung und Zeitstimmung verankerte Todesenergie sind Wesen und Verhalten Hitlers kaum zu erklären, und man muß wohl die kulturpessimistischen Tendenzen in der zweiten Hälfte des 19. Jahrhunderts heranziehen, die Phobien und Überwältigungsprophetien, in denen sich die Zeit so entsetzt wie fasziniert erkannte, um dieser Neigung gerecht zu werden. Hier ist auch der Ort, auf Richard Wagner zu verweisen, der als Musiker, als politisierender Schriftsteller sowie als Persönlichkeit schlechthin das unvergleichliche Bildungserlebnis Hitlers war. Von ihm übernahm er nicht nur die Idee der ästhetisierten, ins Liturgische übersetzten Auftritte mit der symbolischen Versöhnung von Kunst und Politik im «Schönheitsstaat». Vielmehr formte er sich aus der Personnage von Heilsbringern, Weißen Rittern und Erlösern, die das Werk des Komponisten bevölkern, undeutlich zunächst, aber dann mit zunehmender Gewißheit, seine Retterrolle, dies alles vor dem Prospekt eines Weltbildes, das erfüllt war von germanischen Untergangsstimmungen und dem Rausch der Katastrophe, süchtig gleichsam nach Götterdämmerungen.

Weit abseits solcher belegbaren Entschlüsselungsansätze hat es in den zurückliegenden Jahren eine Vielzahl unterschiedlicher und sogar gegensätzlicher Versuche gegeben, den innersten Antrieben Hitlers auf die Spur zu kommen, und tatsächlich sind sie, dem bekannten Churchill-Wort zufolge, «ein Rätsel auf dem Grund eines Problems». Eine Erscheinung wie Hitler zieht unvermeidlicherweise zahlreiche ehrgeizige Geister an, die sich durch spekulative Kühnheit, Phantasiereichtum sowie eine souveräne Freiheit gegenüber den Quellen auszeichnen. Erich Fromm beispielsweise hat gerade Hitlers Todeswillen in den Mittelpunkt seiner Interpretation gerückt und den Ursprung im inzestuös eingefärbten Bild der Mutter gesehen. Getreu dem Übertragungsschema habe er dessen Züge auf Deutschland ausgeweitet, und seine «nekrophilen» Neigungen seien denn auch stets von dem lange unterdrückten, dann um so mächtiger hervorbrechenden Wunsch durchsetzt gewesen, dieses Bild zu zerstören, so daß am Ende die Einsicht herausspringt, nichts anderes als Deutschland sei das eigentliche Haßobjekt Hitlers gewesen. Im Gegensatz dazu hat Alice Miller das exzeßhafte Wesen Hitlers auf eine Vergeltungssucht zurückgeführt, die von der häuslichen Tyrannei und Züchtigungslust des Vaters herkam, Simon Wiesenthal noch in den achtziger Jahren die sichtlich literarisch inspirierte, von Nietzsche, Hugo Wolf und vielleicht sogar von Thomas Manns «Doktor Faustus» hergeleitete Auffassung vertreten, Hitlers Antisemitismus und alles, was daraus folgte, sei auf die Infektion durch eine jüdische Prostituierte im Wien kurz vor der Jahrhundertwende zurückzuführen.

Und so noch unsäglich vieles, worüber hier nicht berichtet werden muß. In ihrer Gesamtheit kranken alle diese Versuche an unzureichenden Belegen, oft dienen sie auch der Absicht des jeweiligen Verfassers, eine von ihm lange vertretene Theorie an einem spektakulären, vom fatalen Glanz des Bösen umwitterten Fall nachzuweisen, und alle bezeugen sie nur die Ohnmacht der Vernunft, mit einer Erscheinung wie Hitler zurechtzukommen. Gleichwohl kann, anders als noch kürzlich Claude Lanzmann, der Regisseur des Dokumentarfilms «Shoah», bemerkt hat, die Antwort nicht lauten, daß jede historische Darstellung Hitlers unerlaubt sei, weil sie das schlechthin Unbegreifliche begreiflich zu machen beabsichtige. Solche Thesen gründen auf dem verbreiteten Bedürfnis, Hitler als eine Art Antimythos pädagogisch einzusetzen und ihn als finsteres Monument, umgeben von all dem Schutt und zurückgelassenen Unrat, zur Abschreckung vor die Welt zu stellen. Auch die Sorge, daß die analytische Darstellung den Affekt schwäche, mag dabei im Spiel sein. Aber die aussichtsreicheren Gegenmittel bleiben Gedanke und Erkenntnis, und im Grund zielen Einwände wie die von Lanzmann oder früher auch von Jean Améry auf eine andere Form dämonologischer Verdrängung. Sie sperren Hitler aus der Geschichte und laufen darauf hinaus, das überlieferte Bild des Menschen von ihm und seinen Verbrechen nicht verwirren zu lassen.

Dabei liegt die entgegengesetzte Überlegung weit näher, wonach Hitler nicht die Ausnahme darstellt, sondern gerade die Regel: daß er den Menschen in seinem Urstand zeigt, seinem wirklichen Wesen und jenseits des allezeit rissigen Normengespinsts, womit Religion, Gesellschaft oder Moral die mörderische Natur halbwegs im Zaum zu halten versuchen, während als Ausnahme viel eher die Fälle einer gelungenen Zivilisierung zu gelten haben. Richtig an dem Einwand Lanzmanns ist nur, daß sich jede biographische Auseinandersetzung bewußt sein muß, nicht mehr als eine gelungene oder mißratene Annäherung zustande zu bringen. Mit seinem innersten Geheimnis, insonderheit den Ursachen seines manischen Judenhasses, ist Hitler der Welt entkommen.

Doch zu erfahren ist, wie aus aller Geschichte, selbst dann noch hinreichend viel: über die oft weit zurückreichenden Anstöße der historischen Prozesse, die Mechanismen der Abläufe, über Gebundenheit, Korrumpierbarkeit und Versagen, aber auch Freiheit der Menschen in Entscheidungslagen und anderes mehr. Zu der Kritik, die bei Erscheinen dieses Buches erhoben wurde, gehörte der Einwand, daß es als Biographie methodisch überholt sei und die gesellschaftlichen Kräfte sowie die Strukturen, die Hitler trugen und Schritt um Schritt voranbrachten, nicht ausreichend berücksichtige. Über die Berechtigung dieses Vorbringens mag sich der Leser sein eigenes Bild machen. Zutreffend ist daran die auch in dem Buch selbst schon angestellte Überlegung, daß die Rolle des einzelnen für den Geschichtsverlauf zusehends schwächer wird und er längst nicht mehr in dem Maße, wie es vielfach das 19. Jahrhundert sah, Geschichte «macht». Aber dieser eine hat eben doch, seltsam verspätet auch insoweit, noch einmal mehr davon gemacht, als es womöglich der Zeit entsprach.

Unwiderleglich ist, daß sich die Wirkungsmacht einzelner nicht gänzlich abtun und alles auf die Verhältnisse oder gar die Strukturen verlagern läßt. Zwar hat die sozialhistorische Sichtweise dem Verständnis des Geschehens zahlreiche Zugänge eröffnet, und die Deutung beispielsweise der Resonanz, die den Aufstieg und die Machteroberung der NS-Bewegung ermöglicht haben, auf festeren Grund gestellt. Ihr Erfolg ging gerade bei Bürgertum und Mittelstand weniger auf die Wirksamkeit weltanschaulicher Postulate zurück, wie überhaupt der Widerhall und die Fanatisierungsmacht der nationalsozialistischen Ideologie im Rückblick erheblich überschätzt werden.

Viel stärker jedenfalls bestimmten greifbarere Bedürfnisse oder Sehnsüchte das große Überlaufen, das Ende der zwanziger Jahre einsetzte. Was die Massen einnahm, war nicht die lockende Aussicht auf die weiten Ebenen der Ukraine oder die Ausschaltung und sogar Vernichtung der Juden. Vereinfacht gesagt und sichtlich den Illusionen des rasch wachsenden Anhangs aus allen Schichten und Lagern weitaus näher war vielmehr die suggestive Mischung aus gewohnt autoritätsstrenger Ordnung, einem Nationalismus, der dem Land Erneuerung und die Wiedererlangung der aberkannten Ehre versprach, und das eine wie das andere verbunden durch einen zwar vage formulierten, aber keineswegs ineffizienten Sozialismus, seine Gemeinschaftserlebnisse sowie die Gewinne an sozialer Schubkraft. Nicht der Glaube, ließe sich, die Dinge noch einmal vereinfachend, sagen, sondern die Sicherheits- und Aufstiegschancen haben, zumindest in der frühen Phase, massenhaft Proselyten gemacht. Und jedenfalls waren es nicht die in imaginären Nebeln von Rasse, Blutreinheit und Welteroberung entschwindenden Visionen, sondern weit schlichtere Parolen und Praktiken, die dem System zur Gefolgschaft und zu seiner bis heute verblüffenden Dynamik verholfen haben.

Die Ergebnisse der sozialgeschichtlichen Forschung wie die Studien zum Wählerverhalten, zu den Pathologien der Mentalitäten und Milieus, dem Einfluß der vorindustriellen Eliten oder den Reaktionen auf den einsetzenden Veränderungsprozeß und anderes mehr haben überdies das Regime in einen übergreifenden gesellschaftshistorischen Prozeß eingeordnet, der lange vor Hitler begann und mit ihm nicht zu Ende ging. Auf diese Weise ist zugleich sichtbar geworden, warum der von der Nachwelt so schroff empfundene moralische Bruch der Wahrnehmung der Zeitgenossen weitgehend verborgen blieb. Viele Mitlebende haben den daraus folgenden Vorwurf nur als Ausdruck der ahnungslosen Überheblichkeit von Nachgeborenen verstanden, in deren Darstellungen sie die eigene Erinnerung nicht wiederfanden.

Doch so erkenntnisfördernd alle diese oft empirisch gestützten Untersuchungen auch waren, erfaßten sie stets nur eine Teilansicht des Geschehens. Das machen in aller Regel schon die Fragestellungen kenntlich, die den Eindruck erwecken, als ginge der Mensch nahezu restlos in seinen gesellschaftlichen Umständen und eine Millionenbevölkerung in ihren quantifizierbaren Verhältnissen auf. Sie entsagen damit von vornherein jener Wahrheit, auf die das von der Zeit her denkende und ihren Blickverkürzungen zugleich enthobene Bemühen aller wirklich historischen Darstellung gerichtet ist. Der Satz von Johann Gustav Droysen, wonach «das wahre Faktum … nicht in den Quellen» steht, vermittelt eine Einsicht, die gegen alles positivistische Fieber der Gegenwart ihre Richtigkeit behält. Was der Historiker, über die Mengen verfügbaren Materials hinaus, vor allem hinzutun muß, sind Einfühlungsvermögen, Phantasie, Urteil und Zusammenhang.

Wie sehr es daran häufig fehlt, hat sich zuletzt, um ein entlegenes und doch nahes Beispiel heranzuziehen, in den achtziger und frühen neunziger Jahren erwiesen. Der bezeichnenderweise von niemandem vermutete, fast lautlose Zusammenbruch des strukturell so gefestigt scheinenden, ganz und gar auf den Machterhalt der herrschenden Schicht hin organisierten Sowjetimperiums hat neben vielem anderen sichtbar gemacht, daß die strukturanalytische Betrachtungsweise gewiß nicht der Königsweg zur Erkenntnis historischer Zusammenhänge ist. Darüber hinaus untergräbt die strukturelle Sicht aber auch nahezu alles, was die Geschichte an Widersprüchlichkeit, auch an Konfusion sowie an Unvermutetem und in alledem an vermittelbarer Einsicht enthält. Wenn die gesellschaftlichen Strukturen tatsächlich gebieterischer als alles andere geschichtsbeherrschende Bedingungen sind, unterliegt jedes Geschehen einer deterministischen Beengung. In der Tat werden dann die lebensgeschichtlichen Umstände, die Hitler zu dem werden ließen, der er war, seine Komplexe, Ängste, Vorurteile und die destruktiven Energien, die er daraus gewann, weitgehend irrelevant. Ebenso bringt es die Verantwortung für den Gang der Dinge, die sich jeder einzelne zurechnen lassen muß, nahezu zum Verschwinden oder reduziert sie auf das Gefühl schicksalsabhängiger Ohnmacht.

Aber aus dem Geschehen jener Jahre ist weder die Person Hitlers wegzudenken oder, wie man gesagt hat, zum «schwachen Diktator» zu verkleinern noch der Clan seiner stillen oder offenen Wegbereiter aus den alten Machteliten und auch nicht die orientierungslose Masse mit ihrer Sehnsucht nach Führung und strenger Ordnung. Alles hat sein eigenes Gewicht, und entscheidend ist die Balance, die der Autor zwischen den Elementen herzustellen weiß.

Der britische Historiker Ian Kershaw hat unlängst eine Biographie angekündigt, die Aufstieg, Machtgewinn und Herrschaftssystem Hitlers vor allem von den gesellschaftlichen Kräften her beschreiben will, deren Produkt der Diktator in so hohem Maße gewesen sei.

Hitler war jedoch stets mehr als das, und gerade die Differenz zu den Verhältnissen und wie er sie dennoch seinem Willen und seinem Wahnwitz fügsam machte, ist das Problem. Womöglich hat nicht zuletzt die stupende Macht über die Umstände und teilweise auch über die Zeitbedingungen, die Hitler als «Figur aus dem Nichts» bewies, jenen Geschichtsbruch erzeugt und jene äußerste Skepsis, die in aller Empfinden eingegangen sind. Man hat ihn und seine Herrschaft einen «Kulturschock» genannt. In Wahrheit greift der Begriff zu kurz. Er hat ein ungeheures Zerstörungswerk angerichtet: Menschen, Städte, Länder, auch Werte, Traditionen und Lebensformen ausgelöscht. Aber seine folgenreichere Hinterlassenschaft ist der Schrecken darüber, wessen der Mensch gegen den Menschen fähig ist. Jeder trägt seither eine Ahnung mit sich, wie dünn der Grund ist, auf dem alle stehen.

Diese Erfahrung hat einen tiefen Riß in dem hochpathetischen Bild hinterlassen, das der Mensch sich vom Menschen verfertigt und trotz aller Untaten, von denen die Geschichte voll ist, bewahrt hat. Der jahrhundertealte zivilisatorische Optimismus, der sich so viel auf die Bändigung der barbarischen Instinkte zugute hielt, das ganze evolutionäre Grundvertrauen in eine Welt, die trotz aller Aufhaltungen und Rückschläge zuletzt auch moralisch dem Besseren entgegengehe, ist durch Hitler ans Ende gelangt. Aufs Ganze gesehen hat er die schöne Selbsttäuschung aufgedeckt, die dem seit der Aufklärung herrschenden Menschenbild zugrunde lag. Doch dieses womöglich wichtigste seiner Vermächtnisse ist weder erkannt noch angenommen. Alle Welt, angefangen vom Erziehungssystem bis hin in die Politik, baut nach wie vor auf den natürlichen Hang des Menschen zum Guten und seinen gleichsam angeborenen, von der Einsicht beförderten Sinn für die Prinzipien der Moral. Infolgedessen hat die Gegenwart auch kein Bewußtsein dafür, wie jederzeit gefährdet und aller vereinten Anstrengung bedürftig die Sicherungen sind, die das Denken im Lauf von Jahrhunderten gegen die Freisetzung der Natur des Menschen entwickelt hat. Mehr als die Weltkarte jedenfalls, auf der Hitler, angefangen vom Ruin der hegemonialen Rolle Europas über das Ende des Kolonialzeitalters bis hin zur Gründung des Staates Israel, bleibende Spuren zurückließ, hat er das Weltbild verändert, wie sehr die Erkenntnis sich dagegen sträubt.

Es paßt ins Bild eines längst bodenlos gewordenen, nur noch redensartlich weitergereichten Optimismus, daß die Frage, ob eine Wiederholung jener Erfahrung möglich sei, zumeist verneint wird. Trotz allen nachwirkenden Entsetzens blickt die Gegenwart nicht ohne Geringschätzung auf Hitler, sein martialisches Auftrittsgebaren, seine ideologischen Finsternisse, seine Prophetenverdrehtheit. Bestärkt werden die Abwertungsempfindungen noch durch die unermüdlich beschworene Erinnerung an die Greuel, die er angerichtet hat, und alles zusammen leistet der These Vorschub, er sei so etwas wie der irreale, dem Begreifen entzogene Sturz in ein Mittelalter, das mit ihm noch einmal in die Welt zurückgekehrt ist.

Diese anhaltende Vorstellung hat die Einsicht in die Beweggründe verdunkelt, aus denen seine Verführungsmacht kam. Tief unter dem Gestrüpp der Tagesparolen im lärmenden Vordergrund stößt der Betrachter auf Urbedürfnisse, die zum Wesen des Menschen gehören und denen die moderne Welt mehr als jede andere

Zeit die Antwort schuldig bleibt. Die Fähigkeit, die Verlorenheitsgefühle der «einsamen Masse» zu erspüren, hat ihm die Anhängerscharen zugetrieben: das Verlangen nach einem Glauben, nach Sinn, Bindung und einem suggestiven Bild der Zukunft, nach Fronten und Abwehrlinien sowie nach ebenso klaren wie einfachen Lösungen in einer zusehends unübersichtlicher werdenden Gegenwart. Der Einwand, daß die Tendenz der Epoche in gänzlich andere Richtungen weise, geht ins Leere. Zu den von Hitler herkommenden Lehren gehört gerade, wie unschwer die Schubkraft, die eine Zeit zu beherrschen scheint, gebrochen und in ihrem Lauf verkehrt werden kann.

Darin liegt, weit über die Umtriebe der Jugendbanden hinaus, die sich so provozierend mit den Zeichen und abstoßenden Symbolen jener Jahre schmücken und die doch nur der Staub einer versunkenen Zeit sind, Hitlers paradoxe Modernität. Er hat denn auch nicht nur, wie die verbreitete Auffassung lautet, ein Zeitalter abgeschlossen. Als Urheber eines generellen, auf den Menschen und die Welt bezogenen Pessimismus ist er in einem von keinem Leugnen und keinem Beschwichtigungswunsch erreichbaren Sinne noch immer unser aller Zeitgenosse und die Gegenwart eine Epoche, an deren Zugang er steht. Ohne die Kenntnis seines Aufstiegs und der Gründe, die ihn trugen, heißt das, ist die Welt von heute nicht zu verstehen.

Die Absicht der Selbstverständigung sowie das Bedürfnis, einige Einsichten ins Gegenwärtige zu gewinnen, haben, über alle engeren historischen Fragestellungen hinaus, vor Jahren auch den Entschluß des Verfassers herbeigeführt, die Biographie Hitlers zu schreiben. Sie versuchte nichts anderes als eine Darstellung dessen, womit in umfassenderer Sicht unsere Epoche begann, welche persönlichen und sozialen Bedingungen für den Aufstieg des Mannes ursächlich waren, der sie auf so nachhaltige Weise mitgeprägt hat, auch wie seine Macht dauern und gerade im Scheitern ihre eigentliche Absicht verwirklichen konnte.

Anmerkungen und Nachweis
der Erstveröffentlichungen

Der Textauswahl für diesen Band lag die Absicht zugrunde, einen repräsentativen Überblick über das publizistische Œuvre Joachim Fests zu geben. Dazu wurden wichtige Debattenbeiträge abgedruckt, aber auch Texte, die Fests thematische Bandbreite deutlich machen. Nicht vertreten sind zum einen Artikel zu kulturpolitischen Debatten, wie etwa die Kontroverse um Rainer-Werner Fassbinders Theaterstück «Die Stadt, der Müll und der Tod»; sie werden Bestandteil eines 2008 erscheinenden Sammelbandes mit Joachim Fests Essays zu Literatur und Kunst sein. Da Beschränkungen notwendig waren, wurde zum anderen weitgehend auf Arbeiten über Themen und Personen verzichtet, die in den lieferbaren Büchern und Essaysammlungen Fests behandelt werden, so vor allem in «Begegnungen» und «Bürgerlichkeit als Lebensform».

Die meisten der hier versammelten Leitartikel und Kommentare hat Joachim Fest während seiner Zeit als Herausgeber der «Frankfurter Allgemeinen Zeitung» geschrieben. Da deren tagespolitischer Kontext häufig erläuterungsbedürftig erschien, werden im Folgenden einige Hinweise gegeben.

Leitartikel und Kommentare

Alle Artikel stammen aus der «Frankfurter Allgemeinen Zeitung».

Die Schuld der Gesellschaft
Adolf Eichmann war als Leiter des Judenreferats im Reichssicherheitshauptamt einer der Hauptorganisatoren des Völkermords an den europäischen Juden. Er wurde 1962 in Israel zum Tode verurteilt und hingerichtet. Die Wendung «Söhne Adolf Eichmanns» zitiert den Titel eines Essays, den der Schriftstellers Günther Anders ursprünglich als offenen Brief an Eichmanns Sohn Klaus verfasst hatte (Wir Eichmannsöhne – Offener Brief an Klaus Eichmann. München 1964; NA 1988).

Manie der Reformen
Seit der Zeit der Großen Koalition (1966–69) waren in der Bundesrepublik sowohl auf Bundes- als auch auf Länderebene eine Vielzahl innenpoliti-

scher Reformen eingeleitet worden, darunter etwa der Um- und Ausbau des Bildungswesens oder die kommunale Gebietsreform.

Die SPD / FDP-Regierung unter Willy Brandt machte «Reformen» zu einem zentralen Bestandteil ihres Regierungsprogramms und auch innerhalb der CDU-Opposition wurde über Reformkonzepte für verschiedene Politikfelder diskutiert. Mit dem Einsetzen der ersten Ölkrise Ende 1973 und deren wirtschaftlichen Konsequenzen änderte sich das politische Klima jedoch, «Reform» wurde besonders in konservativen Kreisen zu einem negativ besetzten Begriff.

Der erwähnte Minister für Wissenschaft und Bildung, Helmut Rohde (SPD), trat im Februar 1978 von seinem Amt zurück, nachdem die Reform des Berufsbildungswesens gescheitert war.

Angst als Bildungserlebnis

Am 28. Januar 1972 hatten Bundeskanzler Brandt und die Regierungschefs der Länder den sogenannten Radikalenerlass beschlossen. Danach sollten Bewerber für den öffentlichen Dienst darauf überprüft werden, ob sie an verfassungsfeindlichen Aktivitäten beteiligt waren oder entsprechenden Organisationen angehörten. Der Erlass richtete sich in erster Linie gegen Angehörige linksradikaler Organisationen. Bis 1979 kam es zu mehr als einer Million Anfragen beim Verfassungsschutz. Die Vielzahl der Überprüfungen, die unklare Definition des Begriffs «verfassungsfeindlich» und die unterschiedliche Handhabung je nach Bundesland verunsicherten die Betroffenen. Im In- und Ausland wurde der Erlass z.T. heftig kritisiert; in die Debatte schalteten sich auch Schriftsteller wie Heinrich Böll und Alfred Andersch ein.

Der Begriff «Bildungskatastrophe» geht auf eine Artikelserie des Publizisten Georg Picht aus dem Jahr 1964 zurück (im selben Jahr auch als Buch erschienen). Sie steht am Anfang einer breiten Diskussion über den Zustand des deutschen Bildungswesens, die unter dem Aspekt der internationalen Konkurrenzfähigkeit der Bundesrepublik, aber auch unter dem der sozialen Gerechtigkeit geführt wurde und zu den bildungspolitischen Maßnahmen der späten sechziger und frühen siebziger Jahre führte.

Eine Erinnerung

Der «Deutsche Herbst» gilt als Höhepunkt der Krise, in welche die Bundesrepublik durch die Anschläge der Rote Armee Fraktion (RAF) geraten war. Bereits am 7. April 1977 war Generalbundesanwalt Siegfried Buback ermordet worden, am 30. Juli der Bankier Jürgen Ponto. Ein RAF-Kommando entführte dann am 5. September 1977 Arbeitgeberpräsident Hanns Martin Schleyer, um inhaftierte Gruppenmitglieder freizupressen; am 13. Oktober brachten verbündete palästinensische Terroristen die Lufthansamaschine «Landshut» in ihre Gewalt. Die Bundesregie-

rung lehnte einen Gefangenenaustausch ab und ließ das gekidnappte
Flugzeug in der Nacht vom 17. zum 18. Oktober 1977 in Mogadischu von
einer Sondereinheit des Bundesgrenzschutzes befreien. Noch in derselben Nacht begingen die RAF-Mitglieder Gudrun Ensslin, Andreas Baader und Jan-Carl Raspe in der JVA Stuttgart-Stammheim Selbstmord.
Schleyer wurde von seinen Entführern erschossen, seine Leiche am
19. Oktober im Elsass aufgefunden.
Das öffentliche Klima in der Bundesrepublik war während dieser Zeit
äußerst aufgeheizt. Zahlreichen Politikern und Personen des öffentlichen
Lebens wurde vorgeworfen, mit der RAF zu sympathisieren – selbst BKA-
Präsident Horst Herold sah sich diesen Verdächtigungen ausgesetzt.

Filbingers Uneinsichtigkeit
Am 17. Februar 1978 erschien in der «Zeit» ein Vorabdruck aus Rolf Hochhuths Roman «Eine Liebe in Deutschland». Darin kritisierte der Schriftsteller den damaligen Ministerpräsidenten von Baden-Württemberg, Hans
Filbinger, heftig wegen seiner Tätigkeit als Marinerichter im Zweiten Weltkrieg. Nach weiteren Recherchen Hochhuths berichtete «Die Zeit» am
12. Mai 1978 über den Fall des zweiundzwanzigjährigen Matrosen Walter
Kröger, der noch im März 1945 als Deserteur hingerichtet worden war. Filbinger wurde vorgeworfen, als Ankläger im Militärgerichtsverfahren die
Verhängung und die Vollstreckung des Todesurteils betrieben zu haben.
Nach weiteren Enthüllungen trat Filbinger am 7. August 1978 von seinem
Amt zurück. Die gegen ihn erhobenen Beschuldigungen wies er jedoch bis
zu seinem Tod 2007 zurück und sah sich als Opfer einer Rufmordkampagne.
Erhard Eppler war damals Landesvorsitzender der SPD und Oppositionsführer im Stuttgarter Landtag.

Vom Kopfe her
Die Fußballnationalmannschaft der Bundesrepublik fuhr 1978 als Titelverteidiger zur Weltmeisterschaft nach Argentinien. Am 21. Juni verlor die
Mannschaft von Bundestrainer Helmut Schön in der Finalrunde gegen die
bereits ausgeschiedenen Österreicher mit 2:3 und verpasste damit sowohl
die Teilnahme am Finale als auch am Spiel um Platz 3.
Hans-Ulrich Rudel, im Zweiten Weltkrieg als Luftwaffenpilot berühmt
geworden, lebte nach dem Krieg in Südamerika und unterhielt Verbindungen zu rechtsgerichteten Diktaturen. In Deutschland engagierte er sich u. a.
bei der rechtsextremen Deutschen Reichspartei (DRP). Im Jahr 1976 kam es
zu einem politischen Skandal, weil Rudel auf Einladung ranghoher Bundeswehroffiziere an einem Traditionstreffen teilgenommen hatte. Zwei
Luftwaffengeneräle wurden daraufhin in den Ruhestand versetzt; am 3. Februar 1977 befasste sich der Bundestag mit der Affäre.

Nachwort zu Holocaust
Die vierteilige US-Fernsehserie «Holocaust» wurde im Januar 1979 in fünf Dritten Programmen der ARD ausgestrahlt und von etwa 20 Millionen Zuschauern gesehen. Das Medienecho und die Zuschauerreaktionen waren enorm. Die Serie gilt daher als wichtige Zäsur für die öffentliche Auseinandersetzung mit der NS-Vergangenheit in der Bundesrepublik.

In der Schlucht Babi Yar nahe der ukrainischen Hauptstadt Kiew erschossen SS-Einsatzgruppen unter der Beteiligung von SD- und Polizeieinheiten sowie einheimischer Hilfstruppen Ende September 1941 mehr als 33 000 Juden.

An den Parteien vorbei
Die siebziger Jahre brachten mit der Auseinandersetzung um die Brandtsche Ost- und Reformpolitik einen neuen, scharfen Ton in die innenpolitische Debatte. Unter den Oppositionspolitikern war es vor allem Franz Josef Strauß, der den Konflikt mit dem Gegner suchte. Bei den Bundestagswahlen 1980 trat er als Spitzenkandidat der CDU / CSU an, nachdem er das unionsinterne Rennen gegen den niedersächsischen Ministerpräsidenten Ernst Albrecht gewonnen hatte, verlor aber mit dem schlechtesten Ergebnis seit 1949. Dabei waren die Umstände günstig: Im Jahr zuvor hatte die Union Karl Carstens als Bundespräsident durchgesetzt, und die außenpolitische Lage war turbulent, vor allem durch die ersten Streiks in Polen. Zudem litt die SPD unter dem Streit um die Nachrüstung.

Für diesen Wahlkampf 1980 hatten die Parteien ein Wahlkampfabkommen geschlossen, dessen Einhaltung von einer Schiedskommission kontrolliert wurde. Das Wort vom Phoney Wahlkampf *(phoney,* engl.: unecht, schwindlerisch) spielt auf den *phoney war* an. So bezeichnen die Briten die erste Phase des Zweiten Weltkriegs zwischen dem deutschen Angriff auf Polen am 1. September und dem Beginn der Kampfhandlungen im Westen im April 1940.

Heinz Oskar Vetter (SPD) war von 1969 – 1982 Vorsitzender des Deutschen Gewerkschaftsbundes.

Weltsensation und Weltblamage
Am 22. April 1983 verkündete die Zeitschrift «Stern», die geheimen Tagebücher Adolf Hitlers entdeckt und in ihren Besitz gebracht zu haben. Drei Tage später präsentierte sie ihren Fund auf einer internationalen Pressekonferenz. Bereits Anfang Mai wurden die Tagebücher jedoch als Fälschung entlarvt. Für den Ankauf soll der «Stern» 9,3 Millionen D-Mark ausgegeben haben.

Joachim Fest begründete zunächst in einem FAZ-Artikel «Viel Lärm – viel Zweifel» vom 27. April 1983, warum er sowohl die Authentizität der angeblichen Entdeckung als auch deren Bedeutung für ein angemessenes

Verständnis des NS-Regimes skeptisch beurteilte. Nach dem hier abgedruckten Artikel meldete er sich am 6. Juni 1983 noch einmal unter der Überschrift «Bewältigte Vergangenheit» zu Wort.

Cargo-Kult

Am 6. März 1983 ergaben vorgezogene Neuwahlen zum Bundestag eine absolute Mehrheit für die seit dem 1. Oktober 1982 amtierende Regierungskoalition aus CDU/CSU und FDP. Bundeskanzler Kohl hatte als Oppositionsführer von seinem Vorgänger Schmidt (SPD) wiederholt «geistige Führung» verlangt.

Die Bundesrepublik befand sich Anfang der achtziger Jahre in einer Wirtschaftskrise. Die Einführung der 35-Stunden-Woche bei vollem Lohnausgleich war eine zentrale Forderung der Gewerkschaften, um dem Anstieg der Arbeitslosenzahlen zu begegnen.

Tod einer Ideologie

Die Reformpolitik Michail Gorbatschows, seit 1985 Generalsekretär der KPdSU, veränderte auch die politischen Rahmenbedingungen in den Ländern, die unter sowjetischem Einfluss standen. In mehreren von ihnen geriet seit 1988 das Machtmonopol der kommunistischen Parteien ins Wanken. So führte in Polen eine Ende April 1988 einsetzende Streikwelle zu direkten Gesprächen zwischen der Regierung und der verbotenen Gewerkschaft Solidarność. Dabei wurde die Einrichtung eines Runden Tisches vereinbart, der zwischen Februar und April 1989 tagte. Aus freien Wahlen im Juni 1989 ging das oppositionelle «Bürgerkomitee» als Sieger hervor; am 24. August wurde Tadeusz Mazowiecki zum ersten nichtkommunistischen Ministerpräsidenten gewählt. In Ungarn war es seit September 1988 zur Gründung oppositioneller Parteien gekommen, im Januar 1989 gewährte die KP Vereinigungs- und Versammlungsfreiheit und verzichtete auf ihre Führungsrolle. Im Mai begann das Land mit dem Abbau seiner Grenzsperren zu Österreich, was später zur Massenflucht von DDR-Bürgern führte.

Schweigende Wortführer

Bis Ende 1989 vollzogen die meisten Staaten des Warschauer Paktes die Abkehr vom bisherigen politischen System. Die Umwälzungen gingen zumeist weitgehend friedlich vonstatten, nur in Rumänien kam es zu einem blutigen Volksaufstand, in dessen Verlauf der Diktator Ceauşescu gestürzt und am 25. Dezember mit seiner Frau hingerichtet wurde. In der DDR führten Demonstrationen am 18. Oktober zum Rücktritt Erich Honeckers. Nach einer Massendemonstration gegen das SED-Regime in Ost-Berlin am 4. November mit einer Million Teilnehmer traten am 7./8. November Regierung und Politbüro zurück. Am 9. November wurden die Grenzen zur Bundesrepublik geöffnet. Schließlich konstituierte sich am

7. Dezember nach polnischem Vorbild ein Runder Tisch aus Parteien und Bürgerbewegungen.
«Für unser Land» war ein Aufruf vom 26. November 1989 betitelt, der für die Eigenständigkeit einer reformierten DDR warb und vor einem «Ausverkauf unserer materiellen und moralischen Werte» warnte.

Was für Berlin als Hauptstadt spricht
Am 20. Juni 1991 beschloss der Deutsche Bundestag nach kontroverser Debatte, den Regierungssitz des wiedervereinigten Deutschland von Bonn nach Berlin zu verlegen.

Auf dem Hochsitz der Moral
Im August 1990 hatten Truppen des irakischen Diktators Saddam Hussein das Nachbarland Kuwait besetzt. Bereits kurz nach dem Einmarsch verabschiedet der UN-Sicherheitsrat eine Resolution, die den sofortigen Rückzug forderte und ein Wirtschaftsembargo über den Irak verhängte. Nach weiteren Resolutionen und dem Ablauf eines Ultimatums begann eine multinationale Streitmacht unter Führung der USA am 16. Januar 1991 den Krieg gegen den Irak, zunächst aus der Luft, ab dem 24. Februar auch mit Landstreitkräften. Am 5. März 1991 annullierte der Irak die Annexion Kuwaits. Die Bundesregierung beteiligte sich nicht mit Truppen, wohl aber mit erheblichen finanziellen Mitteln an dem Einsatz.

Friedrichs letzte Reise
Nach seinem Tod 1786 war Friedrich II. entgegen seinem ausdrücklichen Wunsch nicht in einer Gruft auf der Terrasse seines Schlosses Sanssouci beigesetzt worden, sondern in der Potsdamer Garnisonkirche. Seit 1952 lagerte der Sarg in der Kapelle der Burg Hohenzollern in der Schwäbischen Alb. Im August 1991 wurde er mit dem ebenfalls dort aufbewahrten Sarg König Friedrich Wilhelms I. nach Sanssouci überführt. Die Beisetzung dort erfolgte in Anwesenheit von Bundeskanzler Helmut Kohl.

Das letzte Tabu
Im August 1992 war es im Rostocker Stadtteil Lichtenhagen zu tagelangen ausländerfeindlichen Ausschreitungen vor der Zentralen Aufnahmestelle für Asylbewerber gekommen. Am 23. November 1992 verübten Neonazis Brandanschläge auf zwei von Türken bewohnte Häuser im schleswig-holsteinischen Mölln. Dabei kamen drei Menschen ums Leben, zwei davon Kinder. Bei einem weiteren Brandanschlag auf das Haus einer türkischen Familie in Solingen starben am 29. Mai 1993 fünf Menschen.

Die ungeschriebenen Regeln
Der Text erschien als letzter Beitrag zur FAZ-Serie «Parteiendemokratie in der Krise?».

Ab November 1999 wurde in der Öffentlichkeit bekannt, dass die CDU in den neunziger Jahren unter ihrem Vorsitzenden und Bundeskanzler Helmut Kohl zur Verschleierung illegaler Parteispenden ein System schwarzer Konten unterhalten hatte, die nicht in den Rechenschaftsberichten der Partei auftauchten. Kohl gab die illegale Praxis zu, verwahrte sich jedoch gegen Vorwürfe, durch die Spenden seien politische Entscheidungen beeinflusst worden. Der Bundestag richtete einen Untersuchungsausschuss ein, der von Dezember 1999 bis Juni 2002 tagte. Im Zuge der Affäre kam heraus, dass auch der hessische CDU-Landesverband illegale Spenden erhalten hatte, die u. a. als Vermächtnisse verstorbener Juden verbucht worden waren.

Bei der Düsseldorfer «Flugaffäre» ging es u. a. um die Beziehungen zwischen SPD-Politikern und der Westdeutschen Landesbank. So sollen Mitglieder der nordrhein-westfälischen Landesregierung Privatflüge mit der bankeigenen Chartergesellschaft unternommen haben, darunter Finanzminister Heinz Schleußer. Ihm wurde darüber hinaus vorgeworfen, den Bankchef Friedel Neuber (SPD) vor einer bevorstehenden Hausdurchsuchung gewarnt zu haben. Schleußer trat im Januar 2000 von seinem Amt zurück.

1996 war der damaligen Bundestagspräsidentin Rita Süßmuth (CDU) vorgeworfen worden, sie habe die Flugbereitschaft der Bundeswehr für Privatflüge genutzt. Der ehemalige FDP-Vorsitzende und Bundeswirtschaftsminister Martin Bangemann war 1999 in die Kritik geraten, weil er nach seinem Ausscheiden als EU-Kommissar für Telekommunikation zum spanischen Telefónica-Konzern gewechselt hatte.

Politische Essays

Schwierigkeiten mit der Kritik
Aus: Fernsehen in Deutschland. Gesellschaftspolitische Aufgaben und Wirkungen eines Mediums. Mainz 1967, S. 105 – 110.

Das Dilemma des studentischen Romantizismus
Aus: Neue Rundschau 79 (1968), S. 421 – 434. Eine frühere Fassung des Aufsatzes erschien in dem Band Revolution gegen den Staat? Die ausserparlamentarische Opposition – die neue Linke. Eine politische Anthologie. Hrsg. von Hans Dollinger. Bern, München, Wien 1968, S. 223 – 241. Zwei Jahre später beschäftigte sich Fest in einem Essay unter dem Titel «Die verneinte Realität. Überlegungen zum Romantizismus heute» nochmals mit dem Thema («Der Spiegel» 49, 30. November 1970, S. 108 – 111; wieder in: Joachim Fest, Aufgehobene Vergangenheit. Stuttgart 1981, S. 118 – 126).

Gedanke und Tat
Aus: Aufgehobene Vergangenheit, S. 127–146. Der Text geht auf einen Vortrag zurück, der am 26. Oktober 1978 vor der Deutschen Akademie für Sprache und Dichtung in der Beethovenhalle Bonn gehalten wurde. Eine gekürzte Fassung erschien im Jahrbuch der Deutschen Akademie für Sprache und Dichtung 1978, zweite Lieferung, S. 21–32, sowie in der «Frankfurter Allgemeine Zeitung» vom 11. November 1978 (Bilder und Zeiten).

Von der Unverlorenheit der deutschen Frage
Aus: «Frankfurter Allgemeine Zeitung» vom 28. September 1982.

Der zerstörte Traum
Erschienen als selbständige Veröffentlichung in der Reihe Corso bei Siedler, Berlin 1991.

Zwischen Westen und nirgendwo
Aus: Joachim Fest, Fremdheit und Nähe. Stuttgart 1996, S. 220–243. Dieser Essay ist die erweiterte Fassung eines Beitrags, der Anfang 1992 für die Festschrift zum 60. Geburtstag von Johannes Groß geschrieben wurde. Der ursprüngliche Text erschien unter dem Titel «Nicht wie alle Welt. Immer wieder das deutsche Sonderbewusstsein: Aktuelle Bemerkungen zu einer Debatte von gestern» in der «Frankfurter Allgemeinen Zeitung» vom 13. Juni 1992 (Bilder und Zeiten).

Nach dem Scheitern der Utopien
Aus: Sinn und Form 49 (1997), S. 410–422. Der Essay ist die aktualisierte Fassung eines Vortrages, den Joachim Fest am 23. September 1993 bei der SEL-Stiftung gehalten hat. Eine veränderte Fassung erschien unter dem Titel «Nach dem Scheitern der großen Entwürfe» in dem Band Orientierungsverlust – Zur Bindungskrise der modernen Gesellschaft. Hrsg. v. Werner Weidenfeld und Dirk Rumberg. Gütersloh 1994, S. 59–73.

Historische Porträts und Betrachtungen

Noch einmal: Abschied von der Geschichte
Aus: Aufgehobene Vergangenheit, S. 239–261. Vortrag vor dem Kulturkreis im Bundesverband der deutschen Industrie am 18. November 1977; gekürzt abgedruckt in: «Frankfurter Allgemeine Zeitung» vom 10. Dezember 1977 (Bilder und Zeiten). Martin Broszat, der damalige Leiter des Instituts für Zeitgeschichte, nahm am 30. Oktober 1978 in der FAZ Stellung zu den gegen das Institut erhobenen Vorwürfen.

Pathetiker der Geschichte und Baumeister aus babylonischem Geist
Aus: Joachim Fest, Wege zur Geschichte. Zürich 1992, S. 27–70. Als Vortrag unter dem Titel «Theodor Mommsen: Zwei Wege zur Geschichte» gehalten vor der Berliner Wissenschaftlichen Gesellschaft am 24. Juni 1982. In der «Frankfurter Allgemeinen Zeitung» erschien am 31. Juli 1982 (Bilder und Zeiten) eine gekürzte Fassung.

Das tragische und wunderbare Schauspiel der Geschichte
Aus: Wege zur Geschichte, S. 71–111. Zuerst erschienen als Nachwort zu einer Neuausgabe von Jacob Burckhardts Weltgeschichtlichen Betrachtungen in der Reihe «Klassiker des modernen Denkens» (Gütersloh 1987); danach gekürzt unter dem Titel «Das tragische Schauspiel der Geschichte. Über Jacob Burckhardt und den ewigen Anachronismus des unabhängigen Denkens» in der «Frankfurter Allgemeinen Zeitung» vom 14. März 1987.

Preußens letzter Untergang
Aus: Aufgehobene Vergangenheit, S. 150–171. Eine gekürzte Version erschien unter dem Titel «Preußens letzter Untergang. Gedanken zu einer aktuellen Diskussion» in der «Frankfurter Allgemeinen Zeitung» vom 8. Oktober 1977 (Bilder und Zeiten).

«Es gibt hier nichts zu schießen …!»
Aus: «Der Spiegel» 45 vom 4. November 1968, S. 84–105.

Unzeitgemäßer Held seiner Zeit
Aus: Aufgehobene Vergangenheit, S. 215–238. Eine frühere Fassung erschien unter dem Titel «Winston Churchill. Anmerkungen zu seinem 100. Geburtstag am 30. November 1974» in der «Frankfurter Allgemeinen Zeitung» vom 30. November 1974 (Bilder und Zeiten).

Die geschuldete Erinnerung
Aus: «Historikerstreit». Die Dokumentation der Kontroverse um die Einzigartigkeit der nationalsozialistischen Judenvernichtung. München, Zürich 1987, S. 100–112 u. 388–390. Joachim Fests Beitrag zur Debatte war ursprünglich in der «Frankfurter Allgemeinen Zeitung» vom 29. August 1986 erschienen; das Nachwort wurde eigens für die Dokumentation geschrieben.

Zeitgenosse Hitler
Aus: Fremdheit und Nähe, S. 167–187. Der Text erschien ursprünglich 1995 als Einleitung zur Neuauflage der Hitler-Biographie; unter der Überschrift «Zeitgenosse Hitler. Versuch, das Unbegreifliche begreifbar zu machen» wurde er auch in der «Frankfurter Allgemeinen Zeitung» vom 7. Oktober 1995 (Bilder und Zeiten) abgedruckt.

Personenregister

445

447